Juristische Fall-Lösungen

Hilgendorf
Fälle zum Strafrecht II

Fälle zum Strafrecht II

Klausurenkurs für Fortgeschrittene

von

Dr. Dr. Eric Hilgendorf
o. Professor an der Universität Würzburg

3., neu bearbeitete Auflage, 2020

Zitiervorschlag: *Hilgendorf* StrafR KK II Fall ... Rn. ...

Übersetzung ins Chinesische von *Dr. Huang Xiaoyan,* erschienen 2019 bei Peking University Press

www.beck.de

ISBN 978 3 406 73756 5

© 2020 Verlag C.H. Beck oHG
Wilhelmstraße 9, 80801 München
Druck und Bindung: Druckhaus Nomos
In den Lissen 12, 76547 Sinzheim

Satz: Druckerei C.H. Beck Nördlingen
Umschlaggestaltung: Martina Busch, Grafikdesign, Homburg Saar

chbeck.de/nachhaltig

Gedruckt auf säurefreiem, alterungsbeständigem Papier
(hergestellt aus chlorfrei gebleichtem Zellstoff)

Vorwort

Für die Neuauflage wurde der gesamte Text durchgesehen und aktualisiert. Dabei haben mich *Adrian Kleine-Kappenberg, Anna Lohmann* und *Paul Vogel* unterstützt, wofür ihnen auch an dieser Stelle noch einmal herzlich gedankt sei.

Konstruktive Kritik ist wie immer willkommen! Sie ist zu richten an *Hilgendorf@jura.uni-wuerzburg.de*.

Würzburg, im April 2020 *Eric Hilgendorf*

Aus dem Vorwort zur 1. Auflage (2010)

Band 2 folgt der im Vorwort von Band 1 beschriebenen Methodik. Die Fälle sind von mittlerem bis hohem Schwierigkeitsgrad. […]

Inhaltsverzeichnis

Abkürzungsverzeichnis IX
Literaturverzeichnis XIII

Fall 1. **Handtaschenraub**
Raub – Unterschlagung – Körperverletzung – Hehlerei – Strafvereitelung 1

Fall 2. **Nachbarschaftswache**
Freiheitsberaubung – Körperverletzung – Festnahmerecht – Erlaubnistatbestandsirrtum – Verbotsirrtum 13

Fall 3. **Der gekündigte Programmierer**
Sachbeschädigung – Hausfriedensbruch – Computersabotage – Datenveränderung – Urkundenunterdrückung 25

Fall 4. **Im Selbstbedienungsladen**
Diebstahl – Gewahrsam – Hausfriedensbruch – Betrug – Unterschlagung – räuberischer Diebstahl – Raub 39

Fall 5. **Scherben bringen Glück**
Sachbeschädigung – Nötigung – fahrlässige Körperverletzung – Nötigungsnotstand – Zurechnungszusammenhang – Irrtum über Beteiligung – Erlaubnistatbestandsirrtum 58

Fall 6. **Mordsschlägerei**
Körperverletzung – Mordmerkmale – Beteiligung an einer Schlägerei – aberratio ictus – Anstiftung – wichtiges Körperglied – Strafrahmenverschiebung nach § 28 StGB 77

Fall 7. **Wahrsagerin**
Betrug – Täuschung über Tatsachen – Raub – schwerer räuberischer Diebstahl – gefährliche Körperverletzung – Körperverletzung mit Todesfolge 91

Fall 8. **Anwaltsschelte**
Beleidigung – üble Nachrede – Verleumdung – Ehrbegriff, öffentliche Verleumdung – tätliche Beleidigung – Personenmehrheiten – Wahrnehmung berechtigter Interessen 108

Fall 9. **Trunkenheitsfahrt**
Gefährdung des Straßenverkehrs – Vollrausch – fahrlässige Tötung – actio libera in causa – Erlaubnistatbestandsirrtum 121

Fall 10. **Der übereifrige Zahnarzt**
Körperverletzung – Einwilligung – Aufklärungspflicht des Arztes – Urteilsfähigkeit des Patienten – Sittenwidrigkeit 133

Inhaltsverzeichnis

Fall 11. Der aufmerksame Nachbar
Sterbehilfe – Körperverletzung – ärztlicher Heileingriff – Einverständnis – mutmaßliche Einwilligung – Hausfriedensbruch 148

Fall 12. Tombstone
Hausfriedensbruch – Freiheitsberaubung – Diebstahl – Unterschlagung – (schwere) Brandstiftung 163

Fall 13. Produkthaftung
Gefährliche Körperverletzung – fahrlässige Körperverletzung – Kausalität und Zurechnung – Sorgfaltsmaßstab – Garantenstellung aus Ingerenz – Mittäterschaft 176

Fall 14. Lkw-Unfall
Tötungsdelikte – Unterlassungsdelikte – Garantenstellung – Notstand – Entschuldigungsgründe – unterlassene Hilfeleistung 190

Fall 15. Fußballspiel
Urkundenfälschung – Betrug – Hehlerei – gefährliche Körperverletzung – Beleidigung 203

Stichwortverzeichnis 231

Abkürzungsverzeichnis

a. A.	andere(r) Ansicht
abl.	ablehnend
Abs.	Absatz
a. E.	am Ende
a. F.	alte Fassung
a. l. i. c.	actio libera in causa
Alt.	Alternative
ArbGG	Arbeitsgerichtsgesetz
AT	Allgemeiner Teil
Aufl.	Auflage
Az.	Aktenzeichen
BAK	Blutalkoholkonzentration
BayObLG	Bayerisches Oberstes Landesgericht
Bd.	Band
BeckRS	Beck-Rechtsprechung (Datenbank)
Bespr.	Besprechung
BGB	Bürgerliches Gesetzbuch
BGBl.	Bundesgesetzblatt
BGH	Bundesgerichtshof
BGHSt	Entscheidungen des Bundesgerichtshofes in Strafsachen (Sammlung)
BT	Besonderer Teil
BT-Drs.	Bundestags-Drucksache
Buchst.	Buchstabe
BVerfG	Bundesverfassungsgericht
bzgl.	bezüglich
bzw.	beziehungsweise
ders.	derselbe
DFB	Deutscher Fußball-Bund e. V.
d. h.	das heißt
dies.	dieselbe(n)
EUR	Euro
e. V.	eingetragener Verein
f.	folgende
ff.	fortfolgende
FIFA	Fédération Internationale de Football Association
FS	Festschrift
GA	Goltdammer's Archiv für Strafrecht
GmbH	Gesellschaft mit beschränkter Haftung
GS	Großer Senat

Abkürzungsverzeichnis

h. A.	herrschende Ansicht
h. L.	herrschende Lehre
h. M.	herrschende Meinung
Hrsg.	Herausgeber
Hs.	Halbsatz
i. S.	im Sinne
i. S. d.	im Sinne der/des
i. S. v.	im Sinne von
i. V. m.	in Verbindung mit
JA	Juristische Arbeitsblätter (Zeitschrift)
JR	Juristische Rundschau (Zeitschrift)
Jura	Juristische Ausbildung (Zeitschrift)
JuS	Juristische Schulung (Zeitschrift)
JW	Juristische Wochenschrift
JZ	Juristenzeitung
Kap.	Kapitel
Kfz	Kraftfahrzeug
krit.	kritisch
LG	Landgericht
Lkw	Lastkraftwagen
m. Anm.	mit Anmerkung
m. Bespr.	mit Besprechung
m. w. N.	mit weiteren Nachweisen
NJW	Neue Juristische Wochenschrift
Nr.	Nummer
NStZ	Neue Zeitschrift für Strafrecht
NStZ-RR	NStZ-Rechtsprechungs-Report Strafrecht
OLG	Oberlandesgericht
Pkw	Personenkraftwagen
RGSt	Entscheidungen des Reichsgerichts in Strafsachen (Sammlung)
Rn.	Randnummer
Rspr.	Rechtsprechung
S.	Seite
sog.	sogenannt
SpuRt	Sport und Recht (Zeitschrift)
StGB	Strafgesetzbuch
StPO	Strafprozeßordnung
str.	strittig

StrÄndG .... Strafrechtsänderungsgesetz
st. Rspr. .... ständige Rechtsprechung
StV .... Strafverteidiger (Zeitschrift)

unstr. .... unstrittig

Var. .... Variante
vgl. .... vergleiche

wistra .... Zeitschrift für Wirtschafts- und Steuerstrafrecht

z. B. .... zum Beispiel
ZJS .... Zeitschrift für das Juristische Studium
ZPO .... Zivilprozessordnung
ZRP .... Zeitschrift für Rechtspolitik
ZStW .... Zeitschrift für die gesamte Strafrechtswissenschaft
zust. .... zustimmend

Literaturverzeichnis

Arzt/Weber/Heinrich/Hilgendorf — *Arzt/Weber/Heinrich/Hilgendorf,* Strafrecht Besonderer Teil, 3. Aufl. 2015

Baumann/Weber/Mitsch/Eisele — *Baumann/Weber/Mitsch/Eisele,* Strafrecht Allgemeiner Teil, 12. Aufl. 2016

BeckOK StGB/*Bearbeiter* — Beck'scher Online-Kommentar StGB, 45. Edition (Stand: 1.2.2020)

Beulke/Zimmermann — *Beulke/Zimmermann,* Klausurenkurs im Strafrecht II, 4. Aufl. 2019

Eisele — *Eisele,* Strafrecht Besonderer Teil II, 5. Aufl. 2019

Fischer — *Fischer,* Strafgesetzbuch, Kommentar, 67. Aufl. 2020

Freund/Rostalski — *Freund/Rostalski,* Strafrecht Allgemeiner Teil – Personale Straftatlehre, 3. Aufl. 2019

Frister — *Frister,* Strafrecht Allgemeiner Teil, 8. Aufl. 2018

Gössel — *Gössel,* Strafrecht Besonderer Teil Bd. 2, 1996

Gropp — *Gropp,* Strafrecht Allgemeiner Teil, 4. Aufl. 2015

Haft — *Haft,* Strafrecht Allgemeiner Teil, 9. Aufl. 2004

Heinrich — *Heinrich,* Strafrecht Allgemeiner Teil, 6. Aufl. 2019

Hilgendorf StrafR KK I — *Hilgendorf,* Fälle zum Strafrecht I, 4. Aufl. 2020

Hilgendorf StrafR KK III — *Hilgendorf,* Fälle zum Strafrecht III, 2. Aufl. 2016

Hilgendorf/Valerius AT — *Hilgendorf/Valerius,* Strafrecht Allgemeiner Teil, 2. Aufl. 2015

Hilgendorf/Valerius BT II — *Hilgendorf/Valerius,* Strafrecht Besonderer Teil II, 2017

Hilgendorf/Valerius CompStR — *Hilgendorf/Valerius,* Computer- und Internetstrafrecht, 2. Aufl. 2012

Hillenkamp BT — *Hillenkamp,* 40 Probleme aus dem Strafrecht Besonderer Teil, 12. Aufl. 2013

Hillenkamp/Cornelius AT — *Hillenkamp/Cornelius,* 32 Probleme aus dem Strafrecht Allgemeiner Teil, 15. Aufl. 2017

Jescheck/Weigend — *Jescheck/Weigend,* Lehrbuch des Strafrechts, Allgemeiner Teil, 5. Aufl. 1996

Joecks/Jäger — *Joecks/Jäger,* Strafgesetzbuch, Kommentar, 12. Aufl. 2018

Kindhäuser/Hilgendorf — *Kindhäuser/Hilgendorf,* Strafgesetzbuch, Lehr- und Praxiskommentar, 8. Aufl. 2020

Kindhäuser/Schramm BT I — *Kindhäuser/Schramm,* Strafrecht Besonderer Teil I, 9. Aufl. 2019

Kindhäuser/Zimmermann AT — *Kindhäuser/Zimmermann,* Strafrecht Allgemeiner Teil, 9. Aufl. 2019

Kühl	*Kühl,* Strafrecht Allgemeiner Teil, 8. Aufl. 2017
Lackner/Kühl/*Bearbeiter*	*Lackner/Kühl,* Strafgesetzbuch, Kommentar, 29. Aufl. 2018
LK/*Bearbeiter*	*Laufhütte/Rissing-van Saan/Tiedemann,* Leipziger Kommentar Strafgesetzbuch, 12. Aufl. 2006 ff.
Maurach/Schroeder/ Maiwald/Hoyer/Momsen	*Maurach/Schroeder/Maiwald/Hoyer/Momsen,* Strafrecht Besonderer Teil, Teilbd. 1, 11. Aufl. 2019
Meyer-Goßner/Schmitt	*Meyer-Goßner/Schmitt,* Strafprozessordnung, Kommentar, 62. Aufl. 2019
MünchKommStGB/ *Bearbeiter*	*Joecks/Miebach,* Münchener Kommentar zum Strafgesetzbuch, 3. Aufl. 2016 ff.
NK/*Bearbeiter*	*Kindhäuser/Neumann/Paeffgen,* Nomos-Kommentar Strafgesetzbuch, 5. Aufl. 2017
Otto AT	*Otto,* Grundkurs Strafrecht – Allgemeine Strafrechtslehre, 7. Aufl. 2004
Otto BT	*Otto,* Grundkurs Strafrecht – Die einzelnen Delikte, 7. Aufl. 2005
Rengier BT I	*Rengier,* Strafrecht Besonderer Teil I – Vermögensdelikte, 21. Aufl. 2019
Rengier BT II	*Rengier,* Strafrecht Besonderer Teil II – Delikte gegen die Person und die Allgemeinheit, 20. Aufl. 2019
Roxin/Greco	*Roxin/Greco,* Strafrecht Allgemeiner Teil, Bd. I, 5. Aufl. 2020
Roxin/Schroth/*Bearbeiter* ..	*Roxin/Schroth,* Handbuch des Medizinstrafrechts, 4. Aufl. 2010
Schmidhäuser	*Schmidhäuser,* Strafrecht Allgemeiner Teil, 1982
Schönke/Schröder/ *Bearbeiter*	*Schönke/Schröder,* Strafgesetzbuch, Kommentar, 30. Aufl. 2019
SK/*Bearbeiter*	*Wolter,* Systematischer Kommentar zum Strafgesetzbuch, 9. Aufl. 2017
Stratenwerth/Kuhlen	*Stratenwerth/Kuhlen,* Strafrecht Allgemeiner Teil, 6. Aufl. 2011
Welzel	*Welzel,* Das deutsche Strafrecht, 11. Aufl. 1969
Wessels/Beulke/Satzger AT ...	*Wessels/Beulke/Satzger,* Strafrecht Allgemeiner Teil, 49. Aufl. 2019
Wessels/Hettinger/ Engländer BT 1	*Wessels/Hettinger/Engländer,* Strafrecht Besonderer Teil 1, 43. Aufl. 2019
Wessels/Hillenkamp/ Schuhr BT 2	*Wessels/Hillenkamp/Schuhr,* Strafrecht Besonderer Teil 2, 42. Aufl. 2019
Zieschang	*Zieschang,* Strafrecht Allgemeiner Teil, 5. Aufl. 2017

Fall 1. Handtaschenraub

Sachverhalt

Handtaschendieb T hat es auf die Tasche der 70-jährigen O abgesehen. Von hinten nähert er sich seinem Opfer und reißt ihm die Handtasche von der Schulter. O kommt dabei ins Strauchen und stürzt zu Boden, wobei sie sich den Arm bricht. Das hatte T nicht vorausgesehen. Er schaut kurz zurück und überlegt, ob er O helfen solle. Aus Angst, gefasst zu werden, wendet er sich aber wieder um, rennt davon und lässt die O mit schmerzverzerrtem Gesicht liegen. Einige hundert Meter weiter und außer Sichtweite der O wirft er, wie er es von Anfang an geplant hatte, den gesamten Inhalt der Tasche mit Ausnahme der Geldbörse fort. Die Geldbörse steckt er ein, um sie für sich zu behalten. Die Handtasche, die er eigentlich ebenfalls selbst behalten wollte, schenkt er aus einem spontanen Impuls der gerade vorbeikommenden Passantin P. P hält es zwar für sehr wahrscheinlich, dass die Tasche unrechtmäßig erworben sein könnte, nimmt die Tasche aber dennoch entgegen, weil sie ihr gut gefällt. Ein weiterer Passant, Q, der die Übergabe der Tasche beobachtet, glaubt ebenfalls nicht, dass die Tasche T gehört. Aus Bequemlichkeit unternimmt er jedoch nichts. Als er später von der Polizei vernommen wird, legt er ein von ihm unterschriebenes Papier vor, in dem er erklärt, von einer Übergabe nichts gesehen zu haben. Die Polizei kann daher die Vorgänge um P und T erst nach weiteren langwierigen Recherchen aufklären, wobei nicht klar ist, ob und inwieweit die Aussage des Q eine schnellere Aburteilung ermöglicht hätte.

Haben sich T, P und Q strafbar gemacht?

Gliederung

	Rn.
I. Strafbarkeit des T	1
1. Raub (§ 249 Abs. 1 StGB)	1
a) Tatbestand	2
Problem: Wie ist der Gewaltbegriff auszulegen?	
b) Ergebnis	5
2. Diebstahl (§ 242 Abs. 1 StGB)	6
a) Tatbestand	7
aa) Objektiver Tatbestand	7
bb) Subjektiver Tatbestand	8
b) Rechtswidrigkeit und Schuld	13
c) Ergebnis	14
3. Unterschlagung (§ 246 Abs. 1 StGB)	15
Problem: Liegt im Weiterverschenken der Handtasche eine erneute Zueignung?	
4. Fahrlässige Körperverletzung (§ 229 StGB)	20
a) Tatbestand	21

	Rn.
b) Rechtswidrigkeit und Schuld	24
c) Ergebnis	25
5. Aussetzung (§ 221 Abs. 1 Nr. 1 StGB)	26
6. Körperverletzung durch Unterlassen (§§ 223 Abs. 1, 13 StGB)	27
a) Tatbestand	28
aa) Objektiver Tatbestand	28
bb) Subjektiver Tatbestand	30
b) Rechtswidrigkeit	31
c) Schuld	32

Problem: War T ein normgemäßes Verhalten zumutbar?

d) Ergebnis	34
7. Unterlassene Hilfeleistung (§ 323c Abs. 1 StGB)	35
8. Ergebnis für T	36
II. Strafbarkeit der P	37
1. Hehlerei (§ 259 Abs. 1 StGB)	37
a) Tatbestand	38
aa) Objektiver Tatbestand	38
bb) Subjektiver Tatbestand	39
b) Rechtswidrigkeit und Schuld	40
c) Ergebnis	41
2. Unterschlagung (§ 246 Abs. 1 StGB)	42
3. Ergebnis für P	43
III. Strafbarkeit des Q	44
1. Falsche uneidliche Aussage (§ 153 StGB)	44
2. Strafvereitelung (§ 258 Abs. 1 StGB)	45

Problem: Reicht eine Verzögerung der Strafverfolgung für den Vereitelungserfolg?

a) Objektiver Tatbestand	46
b) Ergebnis	50
3. Versuchte Strafvereitelung (§§ 258 Abs. 1, 3, 22, 23 Abs. 1 StGB)	51
a) Vorprüfung	52
b) Tatentschluss	53
c) Ergebnis	54
4. Urkundenfälschung (§ 267 Abs. 1 StGB)	55
5. Ergebnis für Q	56
IV. Gesamtergebnis	57

Lösung

I. Strafbarkeit des T

Hinweis: Hier ist es auch denkbar, die Lösung zusätzlich zur Einteilung nach Personen in Tatkomplexe (Wegreißen der Handtasche, Verschenken der Handtasche) zu unterteilen. Da die Strafbarkeit der Beteiligten P und Q nur einen Bereich betrifft, ist dies aber nicht zwingend.

1. Raub (§ 249 Abs. 1 StGB)

T könnte sich durch das Wegreißen der Handtasche wegen Raubes nach § 249 Abs. 1 StGB strafbar gemacht haben.

a) Tatbestand

Dazu müsste er eine fremde bewegliche Sache unter Einsatz eines qualifizierten Nötigungsmittels weggenommen haben. Die Handtasche, eine bewegliche Sache, steht im Eigentum der O und ist somit für T fremd.

T müsste der O die Handtasche unter Anwendung von Gewalt oder durch Drohung mit einer gegenwärtigen Gefahr für Leib oder Leben weggenommen haben. T hat sich der O von hinten genähert und ihr die Handtasche so schnell entrissen, dass sie sich nicht wehren konnte. Fraglich ist bereits, ob T damit Gewalt angewendet hat. Gewalt i.S.d. § 249 Abs. 1 StGB ist der körperlich wirkende Zwang durch unmittelbare oder mittelbare Einwirkung auf einen anderen, die nach Vorstellung des Täters dazu geeignet und bestimmt ist, einen tatsächlich geleisteten oder erwarteten Widerstand zu überwinden oder unmöglich zu machen.[1]

Zu beachten ist, dass aufgrund der hohen Strafandrohung des Raubtatbestandes von einer restriktiven Auslegung des Gewaltbegriffs auszugehen ist. Der BGH zieht zur Einschränkung der Anwendung das Kriterium der Erheblichkeit heran.[2] Danach werden insbesondere unbedeutende Beeinträchtigungen der Körperintegrität[3] oder Handlungen, bei denen die Schnelligkeit und Ausnutzung des Überraschungsmoments im Vordergrund stehen und das Tatbild in erster Linie prägen,[4] nicht als Gewalt angesehen. Insgesamt lässt sich sagen, dass zur Gewaltanwendung der Wille gehören muss, Widerstand zu überwinden.[5] Eine wie hier allein durch Schnelligkeit und List gekennzeichnete Wegnahme stellt demnach noch keine Gewaltanwendung dar.

b) Ergebnis

T hat sich nicht wegen Raubes nach § 249 Abs. 1 StGB strafbar gemacht.

2. Diebstahl (§ 242 Abs. 1 StGB)

T könnte sich durch das Wegreißen der Handtasche jedoch wegen Diebstahls nach § 242 Abs. 1 StGB strafbar gemacht haben.

a) Tatbestand

aa) Objektiver Tatbestand

Dazu müsste er eine fremde bewegliche Sache weggenommen haben. Die Handtasche ist eine fremde bewegliche Sache (→ Rn. 2). Wegnahme meint den Bruch

---

[1] *Hilgendorf/Valerius* BT II § 14 Rn. 10; *Wessels/Hillenkamp/Schuhr* BT 2 Rn. 347.
[2] BGH StV 1990, 262; zust. MünchKommStGB/*Sander* § 249 StGB Rn. 15.
[3] Beispiel: Wegschieben der Hand eines Sterbenden von der Gesäßtasche, in der sich dessen Geldbörse befindet.
[4] Beispiel: Überraschendes Zugreifen auf eine Handtasche.
[5] *Rengier* BT I § 7 Rn. 12.

fremden sowie die Begründung neuen, nicht notwendig tätereigenen Gewahrsams.[6] Dabei ist Gewahrsam die von einem natürlichen Herrschaftswillen getragene tatsächliche Sachherrschaft unter Berücksichtigung der Verkehrsanschauung.[7] Durch das Wegreißen der Tasche und das Sich-Entfernen hat T den ursprünglichen Gewahrsam der O gebrochen und durch eigenen ersetzt, die Sache also weggenommen. Der objektive Tatbestand ist somit erfüllt.

bb) Subjektiver Tatbestand

8 T handelte hinsichtlich der objektiven Tatbestandsmerkmale auch willentlich und wissentlich, also mit Vorsatz i.S.d. § 15 StGB.

9 Zudem muss T mit Zueignungsabsicht gehandelt haben. Dazu müsste er mit Vorsatz bzgl. einer zumindest vorübergehenden Aneignung und mindestens mit bedingtem Vorsatz hinsichtlich einer dauerhaften Enteignung gehandelt haben.[8] Hinsichtlich aller Gegenstände nahm er die dauerhafte Entziehung des Zugriffs der O zumindest billigend in Kauf. Dies ist für die Enteignungskomponente der Zueignungsabsicht ausreichend.

10 Allerdings müsste er zudem die Absicht gehabt haben, sich die Sache zumindest vorübergehend anzueignen, also eine eigentümerähnliche Stellung ausüben zu wollen. Hinsichtlich der Geldbörse ist dies der Fall. T will gerade diese Geldbörse behalten und handelt von Beginn an mit der Intention, sie zu erlangen. Insoweit handelt er mit Aneignungsabsicht. Dasselbe gilt hinsichtlich der Handtasche, die er ebenfalls selbst behalten wollte. Dass er später seinen Vorsatz änderte, spielt keine Rolle, es genügt die Absicht der Zueignung im Moment der Wegnahme.

11 Fraglich ist, inwieweit dies auch für den restlichen Inhalt der Handtasche zutrifft. Diesbezüglich hatte T von vornherein geplant, ihn wegzuwerfen. Insofern will er also zu keinem Zeitpunkt eine eigentümerähnliche Stellung an den Sachen erwerben. Dass er den Inhalt wegwerfen will, ist noch keine Anmaßung einer derartigen Stellung.[9] Dieses von Anfang an geplante Wegwerfen zeigt im Gegenteil, dass der Täter keinerlei Aneignungsabsicht hatte. Bezüglich des restlichen Inhalts der Handtasche fehlt es also am subjektiven Element des Diebstahls.

12 Im Übrigen war die Zueignung mangels gesetzlichen Aneignungsrechts oder fälligen Übereignungsanspruchs objektiv rechtswidrig und T hatte auch diesbezüglichen Vorsatz.

b) Rechtswidrigkeit und Schuld

13 Hinsichtlich der Geldbörse und der Handtasche, für die der Tatbestand des Diebstahls verwirklicht ist, handelte T rechtswidrig und schuldhaft.

c) Ergebnis

14 T hat sich bzgl. der Geldbörse und der Handtasche der O wegen Diebstahls nach § 242 Abs. 1 StGB strafbar gemacht.

---

[6] *Fischer* § 242 StGB Rn. 16.
[7] BGHSt 8, 275.
[8] Schönke/Schröder/*Bosch* § 242 StGB Rn. 46f.
[9] *Wessels/Hillenkamp/Schuhr* BT 2 Rn. 138.

3. Unterschlagung (§ 246 Abs. 1 StGB)

T könnte sich bzgl. der Handtasche zudem wegen Unterschlagung nach § 246 Abs. 1 StGB strafbar gemacht haben. T hat sich bzgl. der Handtasche bereits wegen Diebstahls strafbar gemacht, was einer Unterschlagung entgegenstehen könnte. Andererseits liegt im Verschenken der Handtasche eine erneute Manifestation des Zueignungswillens.

Die Rspr. und ein Teil der Lit. sehen in solchen wiederholten Manifestationen keine Zueignungsakte, sodass eine Unterschlagung bereits tatbestandlich ausscheidet (sog. Tatbestandslösung).[10]

Ein anderer Teil der Lit. sieht demgegenüber – unabhängig von der vorhergehenden Strafbarkeit wegen Diebstahls – in jeder nachfolgenden Handlung des Täters, mit der er seine eigentümerähnliche Stellung manifestiert, eine Unterschlagung, deren Strafbarkeit (als mitbestrafte Nachtat)[11] lediglich im Wege der Konkurrenz hinter der Strafbarkeit der Ursprungstat zurücktritt (sog. Konkurrenzlösung).[12] Für diese Lösung soll sprechen, dass auch deliktisch entzogene Sachen gegen weitere Eigentumsverletzungen zu schützen seien. Außerdem käme es bei Fehlen der Voraussetzungen der §§ 257, 259 StGB (Bereicherungs- bzw. Vorteilssicherungsabsicht) zu Strafbarkeitslücken bei einer eventuellen Teilnahme oder beim potentiellen Teilnehmer.[13]

Für die Tatbestandslösung spricht jedoch, dass eine Zueignung schon dem Wortsinn nach nur die Begründung einer eigentümerähnlichen Position, nicht auch die bloße Ausnutzung einer solchen Stellung sein kann.[14] Darüber hinaus führt die Konkurrenzlösung zu einer faktischen Aufhebung der für die Ursprungstat geltenden Verjährungsfrist. Außerdem würde sich im Rahmen der Konkurrenzlösung jemand, der dem Täter bei der zweiten Zueignung behilflich ist, wegen Beihilfe zur Unterschlagung strafbar machen, obwohl das Gesetz in den §§ 257, 259 StGB spezielle Voraussetzungen für eine Strafbarkeit von solchen Anschlusstaten verlangt.

Diese Argumente lassen die Tatbestandslösung überzeugen. Damit scheidet eine Strafbarkeit wegen Unterschlagung bereits auf Tatbestandsebene aus.

4. Fahrlässige Körperverletzung (§ 229 StGB)

T könnte sich durch das Umstoßen der O wegen fahrlässiger Körperverletzung nach § 229 StGB strafbar gemacht haben.

Hinweis: Eine vorsätzliche Strafbarkeit kommt von vornherein nicht in Betracht, weil dem Sachverhalt eindeutig zu entnehmen ist, dass T das Umstoßen nicht vorhergesehen hatte und auch nicht wollte.

---

[10] BGHSt 14, 38; *Rengier* BT I § 5 Rn. 51 f. m. w. N.
[11] Hier wäre eine Strafbarkeit wegen der Subsidiarität gemäß § 246 Abs. 1 StGB a. E. zu verneinen.
[12] Etwa *Wessels/Hillenkamp/Schuhr* BT 2 Rn. 328 f.; einschränkend Schönke/Schröder/*Bosch* § 246 StGB Rn. 19. Ausführliche Darstellung des Streites mit umfangreichen Literaturhinweisen bei *Kindhäuser/Hilgendorf* § 246 StGB Rn. 38 f.
[13] *Joecks/Jäger* § 246 StGB Rn. 31 ff.
[14] BGHSt 14, 38.

a) Tatbestand

21 Es müsste eine körperliche Misshandlung oder Gesundheitsschädigung i.S.d. § 223 Abs. 1 StGB vorliegen. Körperliche Misshandlung ist eine üble, unangemessene Behandlung, die das körperliche Wohlbefinden oder die körperliche Unversehrtheit mehr als nur unerheblich beeinträchtigt.[15] Eine Gesundheitsschädigung ist das Hervorrufen oder Steigern eines pathologischen Zustands.[16] In dem Bruch des Arms und den damit einhergehenden Schmerzen liegen sowohl eine körperliche Misshandlung als auch eine Gesundheitsschädigung i.S.d. § 223 Abs. 1 StGB.

22 T müsste eine Sorgfaltspflicht verletzt haben, also die im Verkehr erforderliche Sorgfalt außer Acht gelassen haben.[17] Das ist beim ruckartigen An-Sich-Reißen einer Tasche einer Passantin der Fall.

23 Dadurch wurde der tatbestandliche Erfolg herbeigeführt; das Stoßen der O ist kausal für die körperliche Misshandlung und Gesundheitsschädigung. Zudem ist T der Erfolg objektiv zurechenbar. Da es außerdem wahrscheinlich ist, dass eine ältere Frau, der man ruckartig ihre Tasche entreißt, ins Straucheln kommt, dabei stürzt und sich verletzt, war der Erfolg für T auch objektiv vorhersehbar. Der Erfolg war außerdem vermeidbar, T hätte lediglich auf das Entreißen der Tasche verzichten müssen.

b) Rechtswidrigkeit und Schuld

24 T handelte rechtswidrig und schuldhaft, insbesondere ist nichts dafür ersichtlich, dass für ihn der Erfolg nicht auch subjektiv vorhersehbar und vermeidbar war.

c) Ergebnis

25 T ist strafbar wegen fahrlässiger Körperverletzung nach § 229 StGB. Gemäß § 230 Abs. 1 Satz 1 StGB ist zur Verfolgung der Tat ein Strafantrag erforderlich.

5. Aussetzung (§ 221 Abs. 1 Nr. 1 StGB)

26 T könnte sich durch das Entfernen vom Tatort wegen Aussetzung nach § 221 Abs. 1 Nr. 1 StGB strafbar gemacht haben. Hierfür wäre jedoch erforderlich, dass sich O in der Gefahr des Todes oder einer schweren Gesundheitsschädigung befand. Dies war hier zu keinem Zeitpunkt der Fall. Somit ist T nicht wegen Aussetzung strafbar.

6. Körperverletzung durch Unterlassen (§§ 223 Abs. 1, 13 StGB)

27 T könnte sich durch sein Wegrennen im Anschluss an die Wegnahme der Handtasche wegen Körperverletzung durch Unterlassen nach §§ 223 Abs. 1, 13 StGB strafbar gemacht haben.

---

[15] *Fischer* § 223 StGB Rn. 4 m.w.N.
[16] *Fischer* § 223 StGB Rn. 8.
[17] Allgemein zur Fahrlässigkeit *Beck* JA 2009, 111, 114; *Hilgendorf/Valerius* AT § 12 Rn. 1 ff.

a) Tatbestand

aa) Objektiver Tatbestand

Dazu müsste eine körperliche Misshandlung oder eine Gesundheitsschädigung vorliegen. Es steht nicht eindeutig fest, ob der pathologische Zustand der O gegenüber dem Zustand im Zeitpunkt des Umstoßens noch verschlechtert wurde. Somit ist in dubio pro reo davon auszugehen, dass keine Gesundheitsschädigung vorliegt. Allerdings kann im Liegenlassen eines Verletzten eine üble, unangemessene Behandlung gesehen werden, die das körperliche Wohlbefinden des Opfers auch mehr als nur unerheblich beeinträchtigt. Insbesondere ist zu beachten, dass O sich den Arm gebrochen hat und unter Schmerzen am Boden liegt. 28

T hat hier die gebotene Handlung, das Herbeirufen von Hilfe, unterlassen. T müsste weiter Garant sein, also rechtlich dafür einzustehen haben, dass der Erfolg nicht eintritt (§ 13 Abs. 1 StGB). Er könnte Garant aus Ingerenz, d.h. aus vorangegangenem gefährdendem Tun, sein. Die zuvor erfolgte fahrlässige Körperverletzung der O stellt ein derartiges gefährliches Tun dar. Er ist deshalb verpflichtet, anschließend dem Opfer nicht noch durch ein Entfernen vom Tatort weitere körperliche Misshandlungen zuzufügen. Somit ist er Garant aus Ingerenz. Der objektive Tatbestand ist erfüllt. 29

bb) Subjektiver Tatbestand

Bezüglich dieser Handlung liegt auch, im Gegensatz zum vorherigen Stoßen der O, Vorsatz vor (§ 15 StGB). T entschließt sich im Anschluss an den Sturz der O von Neuem, sie liegen zu lassen und sich trotz ihrer Verletzung und ihren offensichtlichen Schmerzen nicht um sie zu kümmern. Er überlegt sich nach dem Sturz explizit, ob er ihr helfen soll, und entscheidet sich bewusst dagegen. Dieser neu gefasste Vorsatz besitzt eine Zäsurwirkung, die dazu führt, dass hier der subjektive Tatbestand bzgl. des Liegenlassens zu bejahen ist. 30

b) Rechtswidrigkeit

T handelte rechtswidrig. 31

c) Schuld

T müsste überdies schuldhaft handeln. Hier könnte man argumentieren, dass ihm ein normgemäßes Verhalten wegen der damit verbundenen Entdeckungsgefahr unzumutbar war und er deshalb nicht schuldhaft handelte. 32

Hinweis: Diese Voraussetzung ist nach a. A. bereits im Tatbestand zu prüfen.[18]

Bei der Frage nach der Unzumutbarkeit ist eine Interessenabwägung vorzunehmen. Hier ist zu berücksichtigen, dass T einen anonymen Hilferuf hätte vornehmen oder sich zumindest kurz nach dem Befinden der O hätte erkundigen können. Diese Hilfemaßnahmen hätten nicht zwingend zu seiner Entdeckung geführt und waren ihm deshalb nicht von vornherein unzumutbar. Zudem überwiegen hier die Interessen der O an ihrer körperlichen Unversehrtheit die des T. T hat deshalb schuldhaft gehandelt. 33

---

[18] *Heinrich* Rn. 904 m. w. N.

Fall 1. Handtaschenraub

Hinweis: Hier ist auch eine andere Lösung mit der Begründung, dass O nicht schwer verletzt ist und andere Passanten unterwegs sind, also alsbaldige Hilfe sicher ist, vertretbar.

d) Ergebnis

34 T ist strafbar wegen Körperverletzung durch Unterlassen nach §§ 223 Abs. 1, 13 StGB.

7. Unterlassene Hilfeleistung (§ 323c Abs. 1 StGB)

35 T ist überdies wegen unterlassener Hilfeleistung nach § 323c Abs. 1 StGB strafbar. Dieses Delikt tritt jedoch im Wege der Subsidiarität hinter §§ 223 Abs. 1, 13 StGB zurück.

Hinweis: Soweit oben die Unzumutbarkeit des Handelns bejaht wird, muss dies konsequent auch hier angenommen werden, sodass diese Strafbarkeit ebenfalls entfiele.

8. Ergebnis für T

36 T ist wegen Diebstahls in Tateinheit mit fahrlässiger Körperverletzung in Tatmehrheit mit Körperverletzung durch Unterlassen strafbar gemäß §§ 242 Abs. 1, 229, 52; 223 Abs. 1, 13; 53 StGB.

II. Strafbarkeit der P

1. Hehlerei (§ 259 Abs. 1 StGB)

37 P könnte sich durch das Annehmen der Handtasche wegen Hehlerei gemäß § 259 Abs. 1 StGB strafbar gemacht haben.

a) Tatbestand

aa) Objektiver Tatbestand

38 Dafür müsste sich P eine Sache verschafft haben, die ein anderer gestohlen oder sonst durch eine gegen fremdes Vermögen gerichtete rechtswidrige Tat erlangt hat. Die Tasche wurde vorher von T durch einen Diebstahl erlangt (→ Rn. 6 ff.). Sich-Verschaffen ist die Herstellung tatsächlicher Sachherrschaft über die Sache im Einverständnis mit dem Vortäter.[19] P hat die Tasche von T mit dessen Einverständnis angenommen und sich somit verschafft.

bb) Subjektiver Tatbestand

39 P rechnete damit, dass die Tasche unrechtmäßig erworben sein könnte. Da ihr die Tasche jedoch gut gefiel, nahm sie dies billigend in Kauf und nahm die Tasche dennoch an. Damit hatte sie bedingten Vorsatz hinsichtlich des Umstands, dass die Sache durch eine rechtswidrige Vortat erlangt wurde. Außerdem handelte sie in der Absicht, sich zu bereichern.

b) Rechtswidrigkeit und Schuld

40 P handelte rechtswidrig und schuldhaft.

---

[19] *Hilgendorf/Valerius* BT II § 21 Rn. 21.

c) Ergebnis

P ist somit wegen Hehlerei strafbar. Je nach Wert der Tasche ist gemäß § 259 Abs. 2 StGB i.V.m. § 248a StGB Strafantrag zu stellen, wenn die Strafverfolgungsbehörde nicht von Amts wegen einschreitet.[20]   **41**

2. Unterschlagung (§ 246 Abs. 1 StGB)

P hat sich auch wegen Unterschlagung nach § 246 Abs. 1 StGB strafbar gemacht, die jedoch wegen der Anordnung formeller Subsidiarität in § 246 Abs. 1 a.E. StGB zurücktritt.[21]   **42**

3. Ergebnis für P

P hat sich somit wegen Hehlerei nach § 259 Abs. 1 StGB strafbar gemacht.   **43**

III. Strafbarkeit des Q

1. Falsche uneidliche Aussage (§ 153 StGB)

Q könnte sich durch das Aushändigen des Papiers, in dem er bekräftigte, nichts gesehen zu haben, wegen uneidlicher Falschaussage nach § 153 StGB strafbar gemacht haben. Zu beachten ist jedoch, dass die Polizei keine zur eidlichen Vernehmung zuständige Stelle ist (vgl. auch § 161a Abs. 1 Satz 3 StPO).[22] Q hat sich somit nicht wegen uneidlicher Falschaussage strafbar gemacht.   **44**

2. Strafvereitelung (§ 258 Abs. 1 StGB)

Q könnte sich wegen Strafvereitelung in Form der Verfolgungsvereitelung nach § 258 Abs. 1 StGB strafbar gemacht haben, indem er der Polizei keine Angaben über die von ihm gesehene Übergabe machte.   **45**

a) Objektiver Tatbestand

Die wahrheitswidrige Aussage gegenüber der Polizei, nichts gesehen zu haben, stellt eine taugliche Tathandlung i.S.d. Verfolgungsvereitelung dar.[23] Da das Geschehen um P und T aufgeklärt werden konnte, wurde die Verfolgung zwar letztlich nicht vereitelt. Andererseits konnte das Geschehen erst nach weiteren langwierigen Recherchen der Polizei aufgeklärt werden. Es stellt sich also die Frage, ob eine Verzögerung der Strafverfolgung bereits ausreicht, um den Eintritt des Vereitelungserfolges bejahen zu können.   **46**

Manche verlangen, die Verfolgung (bzw. Vollstreckung gemäß Abs. 2) müsse endgültig ausbleiben, eine bloße Verzögerung reiche nicht aus, sondern stelle nur einen   **47**

---

[20] Die Geringwertigkeitsgrenze wird unterschiedlich beurteilt. Der BGH (BeckRS 2004, 7428) setzt sie wohl bei 25 EUR an, andere Gerichte bei 50 EUR (OLG Frankfurt NStZ-RR 2008, 311; OLG Zweibrücken NStZ 2000, 536), was für *Fischer* (§ 248a StGB Rn. 3a) wiederum zu hoch ist.

[21] Es ist str., ob die Subsidiaritätsklausel nur bei Vorliegen anderer Vermögensdelikte greifen soll oder auf alle Strafvorschriften mit höherer Strafdrohung zu erstrecken ist. Dazu *Wessels/Hillenkamp/Schuhr* BT 2 Rn. 327.

[22] Dazu LK/*Ruß* § 153 StGB Rn. 5f.

[23] *Fischer* § 258 StGB Rn. 10.

Versuch der Strafvereitelung dar, denn § 258 StGB schütze den staatlichen Strafanspruch und nicht den Beschleunigungsgrundsatz.[24] Wenn aber die Tat letztlich aufgeklärt werden kann, könne man nicht von einer Verletzung des staatlichen Strafanspruches sprechen.

48 Demgegenüber soll nach h. M. bereits eine – wenn nicht ganz unerhebliche – Verzögerung für den Vereitelungserfolg ausreichen,[25] denn schon mit dieser Verzögerung sei der staatliche Strafanspruch verletzt. Lediglich kurzfristige Verzögerungen werden freilich ausgeschlossen. Die Verwirklichung des Strafanspruches müsse für „geraume Zeit" ausbleiben, die Verzögerung also eine gewisse Erheblichkeit aufweisen. Welche Anforderungen hieran im Einzelnen genau zu stellen sind,[26] kann dahinstehen, denn hier musste die Polizei jedenfalls langwierige Recherchen aufnehmen. Damit kann nicht von einer nur unerheblichen Verzögerung ausgegangen werden. Der Vereitelungserfolg ist eingetreten.

49 Die falsche Aussage müsste für den Vereitelungserfolg auch kausal gewesen sein. Da jedoch nicht klar ist, ob und inwieweit die Aussage des Q die Verzögerung hätte vermeiden können, kann keine Kausalität bejaht werden. Damit ist schon der objektive Tatbestand nicht erfüllt.

b) Ergebnis

50 Q hat sich nicht wegen Strafvereitelung nach § 258 Abs. 1 StGB strafbar gemacht.

3. Versuchte Strafvereitelung (§§ 258 Abs. 1, 3, 22, 23 Abs. 1 StGB)

51 Q könnte sich wegen versuchter Strafvereitelung gemäß §§ 258 Abs. 1, 22, 23 Abs. 1 StGB strafbar gemacht haben.

a) Vorprüfung

52 Die Tat ist nicht vollendet, der Versuch der Strafvereitelung ist strafbar gemäß §§ 23 Abs. 1 Alt. 2, 12 Abs. 2, 258 Abs. 4 StGB.

b) Tatentschluss

53 Der Tatbestand der Strafvereitelung setzt voraus, dass der Täter absichtlich oder wissentlich handelt. Absicht liegt nicht vor. Wissentlichkeit ist gegeben, wenn der Handelnde die Besserstellung des Täters als sichere Folge voraussieht.[27] Dies kann dem Q nicht unterstellt werden, zumal es auch tatsächlich nicht nachweisbar ist, ob sein Schreiben zu einer Besserstellung des T geführt hat.

c) Ergebnis

54 Q hat sich nicht nach §§ 258 Abs. 1, 22, 23 Abs. 1 StGB strafbar gemacht.

---

[24] SK/*Hoyer* § 258 StGB Rn. 13 ff. m. w. N.
[25] BGHSt 45, 97, 100; LK/*Walter* § 258 StGB Rn. 35 m. w. N.
[26] So wird ein Zeitraum von zwei Wochen genannt (*Wessels/Hettinger/Engländer* BT 1 Rn. 740; *Rengier* BT I § 21 Rn. 8). Manche gehen von zehn Tagen aus (LG Stuttgart NJW 1976, 2084), andere verlangen mehrere Wochen (*Joecks/Jäger* § 258a StGB Rn. 13).
[27] *Fischer* § 258 StGB Rn. 33; *Kindhäuser/Hilgendorf* § 258 StGB Rn. 18.

4. Urkundenfälschung (§ 267 Abs. 1 StGB)

Q könnte sich wegen Urkundenfälschung gemäß § 267 Abs. 1 StGB strafbar gemacht haben. Das unterschriebene Papier, in dem er erklärt, von einer Übergabe nichts gesehen zu haben, ist eine verkörperte Gedankenerklärung, die zum Beweis im Rechtsverkehr geeignet und bestimmt ist und den Aussteller erkennen lässt[28] und ist somit eine Urkunde. T täuscht jedoch nicht über den Aussteller der Urkunde, er stellt also keine unechte Urkunde her. Die bloße schriftliche Lüge ist nicht vom Tatbestand der Urkundenfälschung umfasst.[29] Damit ist Q nicht wegen Urkundenfälschung nach § 267 Abs. 1 StGB strafbar.

5. Ergebnis für Q

Q hat sich folglich nicht strafbar gemacht.

IV. Gesamtergebnis

T ist strafbar wegen Diebstahls in Tateinheit mit fahrlässiger Körperverletzung in Tatmehrheit mit Körperverletzung durch Unterlassen (§§ 242 Abs. 1, 229, 52; 223 Abs. 1, 13; 53 StGB).

P ist strafbar wegen Hehlerei gemäß § 259 Abs. 1 StGB.

Q hat sich nicht strafbar gemacht.

Fallbeurteilung

Es handelt sich um eine eher leichte Klausur, die Standardprobleme der Vermögensdelikte behandelt.

Zum Raub: In Fallbearbeitungen fällt häufig negativ auf, dass Bearbeiter den Diebstahl und Körperverletzungs- bzw. Nötigungstatbestände ausführlich prüfen, den Raub aber anschließend nur kurz bejahen. Es ist umgekehrt zu verfahren: Immer wenn mittels Gewalt oder Drohung etwas weggenommen wird (oder dies versucht wird), ist vorrangig an Raub zu denken. Sollten Raubqualifikationen einschlägig sein, empfiehlt sich diesbezüglich eine getrennte Prüfung.[30] Das wohl problematischste Merkmal des Raubtatbestandes stellt das Erfordernis der finalen Verknüpfung von qualifiziertem Nötigungsmittel und Wegnahme dar. Hier liegt häufig ein Klausurschwerpunkt. Dabei wird die finale Verknüpfung teilweise im objektiven, teilweise im subjektiven Tatbestand verortet. Für eine Prüfung im subjektiven Tatbestand spricht, dass gerade die Tätervorstellung der Beziehung von Nötigungsmittel und Wegnahme ihren Sinngehalt verleiht.

Zur Unterschlagung: Anders als beim Diebstahl bedarf es bei der Unterschlagung einer objektiven Zueignung. Eine Zueignungsabsicht reicht also nicht aus, der Zueignungswille muss sich vielmehr objektiv niederschlagen (manifestieren).

---

[28] *Kindhäuser/Hilgendorf* § 267 StGB Rn. 2 f.
[29] *Fischer* § 267 StGB Rn. 17.
[30] Dazu *Rengier* BT I § 7 Rn. 4 ff.

Fall 1. Handtaschenraub

Zur Strafvereitelung: Im Rahmen der Strafvereitelung ist stets an die (hier nicht einschlägigen) Absätze 5 und 6 des § 258 StGB zu denken.

§ 258 Abs. 5 StGB schließt eine Strafbarkeit desjenigen aus, der ganz oder zum Teil vereiteln will, dass er selbst bestraft oder einer Maßnahme unterworfen wird oder dass eine gegen ihn verhängte Strafe oder Maßnahme vollstreckt wird. Dabei kommt es darauf an, ob der Täter ausschließlich sich selbst oder sich selbst neben anderen begünstigen will. Begünstigt er nur sich selbst, ist schon der Tatbestand des § 258 Abs. 1 StGB nicht erfüllt („wer vereitelt, dass ein anderer bestraft oder einer Maßnahme (§ 11 Abs. 1 Nr. 8 StGB) unterworfen wird"). Begünstigt er neben sich selbst auch andere, schließt § 258 Abs. 5 StGB die Strafe aus.

§ 258 Abs. 6 StGB betrifft das sog. Angehörigenprivileg. Wer die Tat zugunsten eines Angehörigen (§ 11 Abs. 1 Nr. 1 StGB) begeht, ist demnach ebenfalls straffrei. Strittig ist hier, ob die Norm wie bei § 35 StGB auch auf sonstige nahestehende Personen ausgedehnt werden sollte. Da sich dafür jedoch im Gegensatz zu § 35 StGB keine Stütze im Gesetz finden lässt, besteht hier ein erhöhter Begründungsaufwand. Klausurtaktisch sollte man das Problem (falls es auftritt) kurz ansprechen, sich dann aber mit dem Verweis auf den Wortlaut gegen eine Erstreckung auf sonstige nahestehende Personen entscheiden.

Weiterführende Hinweise: *Böse/Keiser,* Referendarexamensklausur Strafrecht: Ein Handtaschenraub und seine Folgen, JuS 2005, 440–446; *Duttge/Sotelsek,* Die vier Probleme bei der Auslegung des § 246 StGB, Jura 2002, 526–534; *Eckstein,* „Wiederholte Zueignung", Grundsatzentscheidung des BGH zum Verhältnis zwischen Unterschlagung und anderen Vermögensdelikten aus dem Jahre 1959, JA 2001, 25–30; *Kudlich,* Neuere Probleme bei der Hehlerei, JA 2002, 672–677; *Kudlich/Koch,* Die Unterschlagung (§ 246 StGB) in der Fallbearbeitung, JA 2017, 184–189.

Fall 2. Nachbarschaftswache

Sachverhalt

In der Kleinstadt X treibt ein gefährlicher Krimineller sein Unwesen. Schon mehrfach sind Menschen am helllichten Tag in ihrer Wohnung überfallen und ausgeraubt worden; nicht wenige davon wurden lebensgefährlich verletzt. Eines Nachmittags beobachtet A aus seinem Küchenfenster, wie sich ein Fremder (B) an seinem hinter dem Haus gelegenen Gartentor zu schaffen macht und verstohlen das Grundstück betritt. A glaubt, den gesuchten Verbrecher vor sich zu haben, doch in Wirklichkeit ist B ein harmloser Landstreicher, der eine Bleibe für die Nacht sucht. Um sein Hab und Gut zu verteidigen und B festzunehmen, ergreift A ein Paar Handschellen, das er einmal auf einem Flohmarkt erstanden hat, und verlässt das Haus durch die Vordertür. Sodann nähert er sich unauffällig dem Gartentor und verwickelt B in ein Gespräch. Plötzlich zieht er die Handschellen hervor und legt sie dem völlig überraschten B an, noch ehe dieser zu Gegenwehr fähig ist. Dann schleppt er B in sein Haus und sperrt ihn im Keller ein, um den vermeintlichen Verbrecher zunächst ein paar Stunden „schmoren" zu lassen. Er glaubt dazu berechtigt zu sein. Erst später möchte A die Polizei verständigen.

Doch dazu kommt es nicht mehr: B, der seinerseits annimmt, in die Hände des gefürchteten Kriminellen gefallen zu sein, ruft zunächst verzweifelt um Hilfe. Als dies nicht fruchtet, tritt er entschlossen die Kellertür ein und versucht zu fliehen. Vor dem Hauseingang trifft er zu seinem Entsetzen auf A. Dieser, nicht weniger erschrocken, versucht auszuweichen, weil ihm eine offene Konfrontation mit B zu gefährlich ist. B missversteht die Bewegung des A jedoch als Angriff und will sich wehren. Es kommt zu einem Handgemenge, in dessen Verlauf A einige schwere Schläge einstecken muss. Um die Wut des B zu mildern und den Kampf zu beenden, lässt sich A zu Boden fallen. B, der in Wahrheit um sein Leben fürchtet, sieht keine andere Möglichkeit, einer späteren Verfolgung durch den vermeintlich gemeingefährlichen A zu entgehen, als den Kopf seines Widerparts mehrfach heftig auf eine steinerne Bodenplatte zu schlagen. Dass A dabei sterben könnte, ist ihm egal. Alsdann gelingt ihm die Flucht. A wird schwer verletzt, überlebt aber.
Wie haben sich A und B strafbar gemacht?

Gliederung

	Rn.
I. Strafbarkeit des A: Die Fesselung	1
1. Freiheitsberaubung (§ 239 Abs. 1 Alt. 2 StGB)	1
a) Tatbestand	2
aa) Objektiver Tatbestand	2
bb) Subjektiver Tatbestand	3
b) Rechtswidrigkeit	4
aa) Notwehr (§ 32 StGB)	5

	Rn.
bb) Rechtfertigender Notstand gemäß § 34 StGB	8
cc) Festnahmerecht nach § 127 Abs. 1 Satz 1 StPO	9
c) Ergebnis	11
2. Nötigung (§ 240 StGB)	12
II. Strafbarkeit des A: Das Einsperren	13
1. Freiheitsberaubung (§ 239 Abs. 1 Alt. 1 StGB)	13
a) Tatbestand	14
aa) Objektiver Tatbestand	14
bb) Subjektiver Tatbestand	15
b) Rechtswidrigkeit	16
c) Schuld	18
Problem: Wie ist der Irrtum des A zu behandeln?	
d) Ergebnis	20
2. Nötigung (§ 240 StGB)	21
III. Strafbarkeit des B	22
1. Hausfriedensbruch (§ 123 StGB)	22
2. Sachbeschädigung (§ 303 Abs. 1 StGB)	23
a) Tatbestand	24
aa) Objektiver Tatbestand	24
bb) Subjektiver Tatbestand	25
b) Rechtswidrigkeit	26
c) Ergebnis	29
3. Körperverletzung bzgl. der Faustschläge (§ 223 Abs. 1 StGB)	30
a) Tatbestand	31
aa) Objektiver Tatbestand	31
bb) Subjektiver Tatbestand	32
b) Rechtswidrigkeit	33
c) Schuld	35
Problem: Liegt ein Erlaubnistatbestandsirrtum vor und wie ist er zu behandeln?	
d) Ergebnis	41
4. Versuchter Totschlag bzgl. der Bodenplatte (§§ 212 Abs. 1, 22, 23 Abs. 1 StGB)	42
a) Vorprüfung	43
b) Tatentschluss	44
c) Unmittelbares Ansetzen	45
d) Rechtswidrigkeit	46
e) Schuld	47
Problem: Wie ist hier der Irrtum des B in Bezug auf A zu behandeln?	
f) Kein Rücktritt	52
5. Gefährliche Körperverletzung bzgl. der Bodenplatte (§§ 223 Abs. 1, 224 Abs. 1 Nr. 2 Alt. 2, Nr. 5 StGB)	53
a) Tatbestand	54
aa) Objektiver Tatbestand	54
Problem: Ist die Steinplatte ein gefährliches Werkzeug?	
bb) Subjektiver Tatbestand	57

	Rn.
b) Rechtswidrigkeit und Schuld	58
c) Ergebnis	59
IV. Konkurrenzen und Gesamtergebnis	60

Lösung

I. Strafbarkeit des A: Die Fesselung

1. Freiheitsberaubung (§ 239 Abs. 1 Alt. 2 StGB)

A könnte sich durch das Anlegen der Handschellen wegen Freiheitsberaubung gemäß § 239 Abs. 1 Alt. 2 StGB strafbar gemacht haben. **1**

a) Tatbestand

aa) Objektiver Tatbestand

Dazu müsste er den B auf andere Weise als durch Einsperren der Freiheit beraubt haben. In Betracht kommt dabei jede Handlung, die die Fortbewegungsfreiheit des Opfers aufhebt.[1] Infolge des Anlegens der Handschellen und des Festhaltens („Abschleppen") kann sich B nicht mehr frei bewegen. Eine Freiheitsberaubung auf sonstige Weise liegt vor. **2**

Hinweis: Das Einsperren nach § 239 Abs. 1 Alt. 1 StGB muss hiernach nicht geprüft werden, da es offensichtlich nicht vorliegt.

bb) Subjektiver Tatbestand

A handelt vorsätzlich (§ 15 StGB). **3**

b) Rechtswidrigkeit

Er könnte jedoch gerechtfertigt sein. **4**

aa) Notwehr (§ 32 StGB)

In Betracht kommt eine Rechtfertigung durch Notwehr nach § 32 StGB. Diese setzt zunächst das Bestehen einer Notwehrlage, d.h. einen gegenwärtigen rechtswidrigen Angriff auf ein notwehrfähiges Rechtsgut voraus. Angriff ist jede durch menschliches Verhalten drohende Beeinträchtigung rechtlich geschützter Güter oder Interessen.[2] B betritt gegen den Willen des A dessen Garten. Darin liegt zumindest ein Angriff auf das Hausrecht sowie das Eigentumsrecht des A. **5**

Der Angriff ist gegenwärtig, wenn er unmittelbar bevorsteht, bereits begonnen hat oder fortdauert.[3] B hat das Grundstück bereits betreten. Der Angriff hat somit begonnen und ist gegenwärtig. Rechtswidrig ist der Angriff, wenn er nicht seinerseits **6**

---

[1] *Fischer* § 239 StGB Rn. 8.
[2] *Wessels/Beulke/Satzger* AT Rn. 494 ff.; *Zieschang* Rn. 202.
[3] BGH NJW 1973, 255.

durch Rechtfertigungsgründe gedeckt ist. Solche sind hier nicht ersichtlich. Der Angriff ist rechtswidrig, eine Notwehrlage liegt vor.

7   Die Notwehrhandlung müsste erforderlich gewesen sein. Dazu müsste sie geeignet gewesen sein, den Angriff sofort und endgültig zu beenden.[4] Dies ist vorliegend der Fall. Weiterhin müsste die Notwehrhandlung das mildeste der in Betracht kommenden Notwehrmittel darstellen.[5] Im vorliegenden Fall hätte A versuchen können, den B zuerst von seinem Grundstück zu verweisen. Die Fesselung war somit nicht erforderlich. Eine Rechtfertigung durch Notwehr scheidet aus.

bb) Rechtfertigender Notstand gemäß § 34 StGB

8   Zwar liegt eine gegenwärtige Gefahr für das Eigentumsrecht des A vor. Auch der rechtfertigende Notstand setzt jedoch voraus, dass die Gefahr nicht auf andere Weise abwendbar ist. § 34 StGB greift daher aus denselben Gründen nicht wie § 32 StGB.

cc) Festnahmerecht nach § 127 Abs. 1 Satz 1 StPO

9   Die Handlung des A könnte jedoch durch das Festnahmerecht nach § 127 Abs. 1 Satz 1 StPO gerechtfertigt sein. Voraussetzung ist, dass B auf frischer Tat betroffen ist. B könnte einen Hausfriedensbruch gemäß § 123 Abs. 1 StGB begangen haben. Dazu müsste er widerrechtlich in das befriedete Besitztum des A eingedrungen sein. Eindringen ist das Betreten gegen den Willen des Berechtigten.[6] Befriedetes Besitztum ist ein abgegrenzter Bereich, der einer konkreten Person zugeordnet werden kann.[7] B dringt gegen den Willen des A in dessen umzäunten Garten ein und begeht damit einen Hausfriedensbruch.

Hinweis: Der Streit, ob die Tat wirklich begangen sein muss (h. L.) oder ob ein durch die Umstände naheliegender dringender Tatverdacht genügt (Rspr.),[8] kann hier offen gelassen werden, da der Hausfriedensbruch tatsächlich vorliegt.

10 Er ist auf frischer Tat betroffen. Weiterhin müsste er der Flucht verdächtig sein oder seine Identität dürfte nicht sofort festgestellt werden können. Fluchtverdacht liegt vor, wenn nach den Umständen des Falles vernünftigerweise die Annahme gerechtfertigt ist, der Täter werde sich dem Strafverfahren durch Flucht entziehen.[9] Es ist davon auszugehen, dass B nach seiner Entdeckung versuchen wird, zu flüchten, da ihm schließlich eine Anzeige wegen Hausfriedensbruchs droht. Damit ist er der Flucht verdächtig.

c) Ergebnis

11 Die Handlung des A ist nach § 127 Abs. 1 Satz 1 StPO gerechtfertigt. A ist nicht strafbar.

2. Nötigung (§ 240 StGB)

12 A könnte sich wegen Nötigung nach § 240 StGB strafbar gemacht haben. Durch die Fesselung des B hat A diesen vorsätzlich mit Gewalt dazu genötigt, nicht wegzu-

---

[4] *Wessels/Beulke/Satzger* AT Rn. 511 f.
[5] *Wessels/Beulke/Satzger* AT Rn. 511 ff.
[6] *Kindhäuser/Hilgendorf* § 123 StGB Rn. 11.
[7] *Fischer* § 123 StGB Rn. 8.
[8] Vgl. *Hillenkamp/Cornelius* AT, 8. Problem.
[9] *Meyer-Goßner/Schmitt* § 127 StPO Rn. 10.

laufen. Jedoch ist die Handlung des A auch hier durch das Festnahmerecht gerechtfertigt. A bleibt straflos.

II. Strafbarkeit des A: Das Einsperren

1. Freiheitsberaubung (§ 239 Abs. 1 Alt. 1 StGB)

Durch das Einsperren in den Keller könnte sich A wegen Freiheitsberaubung gemäß § 239 Abs. 1 Alt. 1 StGB strafbar gemacht haben. 13

a) Tatbestand

aa) Objektiver Tatbestand

A müsste B eingesperrt haben. Einsperren ist das Festhalten in einem umschlossenen Raum unter Anwendung äußerer Vorrichtungen.[10] A hat B in den Keller gesperrt und diesen abgeschlossen. Ein Einsperren liegt vor. 14

bb) Subjektiver Tatbestand

A handelte vorsätzlich. 15

b) Rechtswidrigkeit

Fraglich ist jedoch wiederum, ob A nach § 127 Abs. 1 Satz 1 StPO gerechtfertigt ist. B ist auf frischer Tat betroffen, die Voraussetzungen des § 127 Abs. 1 Satz 1 StPO liegen grundsätzlich vor (→ Rn. 9 f.). Zweifelhaft ist jedoch, ob A den B für längere Zeit in den Keller sperren durfte, um ihn ein paar Stunden „schmoren" zu lassen. Die Norm verleiht Privatpersonen nicht die Befugnis zur Selbstjustiz, sondern soll lediglich die Strafverfolgung sichern. A hätte sich deshalb sofort um die Identitätsfeststellung bemühen müssen. Das Einsperren, um ihn „schmoren" zu lassen, ist daher nicht mehr von § 127 Abs. 1 StPO gedeckt. Er ist nicht nach § 127 Abs. 1 Satz 1 StPO gerechtfertigt. 16

Da auch andere Rechtfertigungsgründe nicht in Betracht kommen, ist die Tat rechtswidrig. 17

c) Schuld

A müsste auch schuldhaft gehandelt haben. Die Schuld des A könnte jedoch aufgrund eines Erlaubnistatbestandsirrtums ausgeschlossen sein. Dazu müsste A an das Vorliegen der tatsächlichen Voraussetzungen eines Rechtfertigungsgrundes geglaubt haben. Möglicherweise glaubte A, durch das Festnahmerecht gerechtfertigt zu sein. Weiterhin müsste bei Zutreffen der tatsächlichen Annahmen die Handlung auch gerechtfertigt sein. A überschreitet jedoch – auch auf der Grundlage seiner Annahmen – die sich aus § 127 Abs. 1 StPO ergebenden Befugnisse (→ Rn. 16). Dasselbe gilt für die Notwehr, denn das Einsperren war nicht erforderlich. Ein schuldausschließender Erlaubnistatbestandsirrtum liegt daher nicht vor. 18

Wenn A jedoch glaubte, so handeln zu dürfen, unterlag er möglicherweise einem Verbotsirrtum nach § 17 StGB. Dieser führt jedoch nur dann zum Ausschluss der 19

---

[10] *Fischer* § 239 StGB Rn. 7.

Schuld, wenn er unvermeidbar war (§ 17 Satz 1 StGB). Unvermeidbar ist der Verbotsirrtum, wenn der Täter auch bei gehöriger Anspannung seines Gewissens und bei zumutbarem Einsatz aller seiner Erkenntniskräfte das Unrecht seiner Tat nicht hätte einsehen können.[11] Hätte A nachgedacht, hätte er ohne Weiteres erkennen können, dass er nicht dazu befugt war, dem vermeintlichen Kriminellen dergestalt einen Denkzettel zu verpassen, sondern dass die Bestrafung Aufgabe der Strafverfolgungsbehörden ist. Der Irrtum war daher auch für A vermeidbar. A handelt schuldhaft. Eine fakultative Strafmilderung durch das Gericht ist möglich (§ 17 Satz 2 i.V.m. § 49 Abs. 1 StGB).

d) Ergebnis

20 A hat sich wegen Freiheitsberaubung gemäß § 239 Abs. 1 Alt. 1 StGB strafbar gemacht.

2. Nötigung (§ 240 StGB)

21 Durch das Einsperren hat A den B auch vorsätzlich unter Anwendung von Gewalt dazu genötigt, im Keller zu bleiben. Die Tat ist rechtswidrig und schuldhaft, die Nötigung tritt jedoch hinter der Freiheitsberaubung zurück.

III. Strafbarkeit des B

1. Hausfriedensbruch (§ 123 StGB)

22 B dringt vorsätzlich in das befriedete Besitztum des A ein (→ Rn. 9). Der Tatbestand des Hausfriedensbruchs ist erfüllt. B handelt rechtswidrig und schuldhaft und ist strafbar wegen Hausfriedensbruchs. Nach § 123 Abs. 2 StGB muss zur Verfolgung der Tat ein Strafantrag gestellt werden.

2. Sachbeschädigung (§ 303 Abs. 1 StGB)

23 Durch das Eintreten der Kellertür könnte B sich wegen Sachbeschädigung nach § 303 Abs. 1 StGB strafbar gemacht haben.

a) Tatbestand

aa) Objektiver Tatbestand

24 Dazu müsste er eine fremde Sache beschädigt oder zerstört haben. Die Kellertür steht im Eigentum des A und ist für B eine fremde Sache. Durch das Eintreten wurde die Gebrauchsfähigkeit der Tür vollständig aufgehoben, sie wurde zerstört. Der objektive Tatbestand der Sachbeschädigung liegt vor.

bb) Subjektiver Tatbestand

25 B handelte vorsätzlich.

b) Rechtswidrigkeit

26 Er könnte jedoch durch Notwehr gemäß § 32 StGB gerechtfertigt sein. Dazu müsste er sich in einer Notwehrlage befunden haben, d.h. einem gegenwärtigen und

---

[11] BGHSt (GS) 2, 194; *Hilgendorf/Valerius* AT § 8 Rn. 35.

rechtswidrigen Angriff ausgesetzt gewesen sein (→ Rn. 5). Das Einsperren in den Keller war ein Angriff auf die Freiheit des B. Der Angriff war rechtswidrig (→ Rn. 16f.). Der Angriff war gegenwärtig, da er noch nicht beendet war. B war noch eingesperrt. Eine Notwehrlage lag somit vor.

Weiterhin müsste die Notwehrhandlung erforderlich gewesen sein (→ Rn. 7). Das Eintreten der Tür war geeignet, die Freiheitsberaubung zu beenden. Es war auch das mildeste dem B zur Verfügung stehende Mittel und somit erforderlich. **27**

Die Handlung war ebenfalls geboten. Zudem handelte B mit Verteidigungswillen. **28**

c) Ergebnis

Er ist durch Notwehr gerechtfertigt und hat sich somit nicht nach § 303 Abs. 1 StGB strafbar gemacht. **29**

3. Körperverletzung bzgl. der Faustschläge (§ 223 Abs. 1 StGB)

Durch die Faustschläge könnte sich B wegen Körperverletzung nach § 223 Abs. 1 StGB strafbar gemacht haben. **30**

a) Tatbestand

aa) Objektiver Tatbestand

Dazu müsste er den A körperlich misshandelt oder an seiner Gesundheit geschädigt haben. Körperliche Misshandlung ist jede üble und unangemessene Behandlung des Opfers, durch welche das körperliche Wohlbefinden oder die körperliche Unversehrtheit nicht nur unerheblich beeinträchtigt wird.[12] Durch die Schläge wurde das Wohlbefinden des A erheblich beeinträchtigt. Eine körperliche Misshandlung liegt somit vor. Ob eine Gesundheitsschädigung vorliegt, also ein pathologischer Zustand hervorgerufen oder gesteigert[13] wurde, geht dagegen aus dem Sachverhalt nicht hervor. Der objektive Tatbestand der Körperverletzung ist erfüllt (§ 223 Abs. 1 Alt. 1 StGB). **31**

bb) Subjektiver Tatbestand

B schlug den A vorsätzlich. **32**

b) Rechtswidrigkeit

Die Schläge des B könnten jedoch gerechtfertigt sein. In Betracht kommt zunächst die Notwehr nach § 32 StGB. Voraussetzung ist eine Notwehrlage, also ein gegenwärtiger rechtswidriger Angriff seitens des A. B glaubte jedoch nur, dass A ihn angreift, da er die Armbewegung falsch deutete. Tatsächlich lag kein Angriff des A und daher keine Notwehrlage vor. Eine Rechtfertigung aufgrund § 32 StGB scheidet aus. **33**

Ebenso scheidet eine Rechtfertigung nach § 34 StGB aus, da B nur glaubte, ihm drohe eine Gefahr. Tatsächlich lag eine solche jedoch nicht vor; eine Notstandslage war nicht gegeben. B handelte rechtswidrig. **34**

---

[12] *Kindhäuser/Hilgendorf* § 223 StGB Rn. 2.
[13] *Fischer* § 223 StGB Rn. 8.

Fall 2. Nachbarschaftswache

c) Schuld

35 B könnte sich jedoch in einem Erlaubnistatbestandsirrtum befunden haben, da er an das Vorliegen eines gegenwärtigen rechtswidrigen Angriffs durch A glaubte. Fraglich ist, ob die Schläge in diesem Fall eine geeignete und erforderliche Notwehrhandlung gewesen wären. Geeignet wären sie, da sie den vermeintlichen Angriff abwehren können. Erforderlich wären sie gewesen, wenn dem B kein ebenso geeignetes, milderes Mittel zur Verfügung stand. B glaubte dem äußerst gefährlichen Kriminellen gegenüberzustehen, der in der Vergangenheit bereits mehrere Menschen lebensgefährlich verletzt hat. In dieser Situation musste er nicht auf weniger schwere, aber auch weniger wirksame Schläge zurückgreifen. Die Schläge wären erforderlich gewesen. Damit liegt ein Erlaubnistatbestandsirrtum vor.

Hinweis: Vertretbar ist es aber auch, den Erlaubnistatbestandsirrtum wegen eines Exzesses des B zu verneinen. Dann sollte § 33 StGB angesprochen werden (Putativnotwehrexzess). Nach wohl h.M. ist hier sowohl eine direkte als auch eine analoge Anwendung der Norm ausgeschlossen.[14] Eine a.A. ist vertretbar. B fehlt jedoch das Unrechtsbewusstsein (§ 17 StGB), wenn er glaubt, sich so verteidigen zu dürfen. Wer wegen der Notlage des B, die eine schnelle Entscheidung erfordert, die Unvermeidbarkeit des Irrtums annimmt, kommt zur Verneinung der Schuld.

36 Die rechtlichen Folgen des Erlaubnistatbestandsirrtums sind umstritten. Nach der strengen Schuldtheorie ist der Erlaubnistatbestandsirrtum ein Unterfall des Verbotsirrtums, da dem Täter das Unrechtsbewusstsein fehlt, er aber alle Tatumstände kennt und somit vorsätzlich handelt.[15] Anzuwenden ist danach § 17 StGB, der Täter ist also nur straffrei, wenn der Irrtum für ihn unvermeidbar war. Gegen diese Theorie wird jedoch eingewendet, dass sie den Unterschied zwischen Erlaubnistatbestandsirrtum und Verbotsirrtum nicht ausreichend berücksichtigt. Beim Erlaubnistatbestandsirrtum handelt der Täter an sich rechtstreu, er beurteilt lediglich die Tatsachen falsch. Insoweit kann ihm zwar Fahrlässigkeit vorgeworfen werden, jedoch nicht mangelndes Unrechtsbewusstsein. Es wäre ungerecht, den Täter in diesem Fall wegen einer vorsätzlichen Tat zu bestrafen.[16]

37 Nach der Lehre von den negativen Tatbestandsmerkmalen sind die Rechtfertigungsgründe Bestandteile eines Gesamt-Unrechtstatbestandes. Die einzelnen Rechtfertigungsgründe sind dabei negative Tatbestandsvoraussetzungen. Der Vorsatz des Täters muss sich auf diese negativen Tatbestandsvoraussetzungen erstrecken, ein Irrtum hierüber lässt den Vorsatz nach § 16 Abs. 1 Satz 1 StGB entfallen.[17] Diese Ansicht führt zu einem zweistufigen Deliktsaufbau, welcher von der h.M. abgelehnt wird. Die Lehre von den negativen Tatbestandsmerkmalen verkennt den Wertunterschied zwischen Tatbestand und Erlaubnisnorm. Es ist ein Unterschied, ob ein Verhalten von vornherein nicht erlaubt ist oder ob es nur unter ganz bestimmten Voraussetzungen gerechtfertigt ist.[18]

38 Den Argumenten gegen die soeben genannten Theorien trägt die eingeschränkte Schuldtheorie Rechnung, welche zwischen Tatsachen- und Verbotsirrtum unter-

---

[14] Vgl. *Kühl* § 12 Rn. 155 ff.
[15] *Bockelmann* NJW 1950, 830 ff.; *Hartung* NJW 1951, 209; *Hirsch* ZStW 94 (1982), 257 ff.; LK/*Vogel* § 16 StGB Rn. 114; *Zieschang* Rn. 355.
[16] Schönke/Schröder/*Sternberg-Lieben* § 16 StGB Rn. 15 m.w.N.
[17] *Kaufmann* JZ 1954, 653; *Lange* JZ 1953, 9; *Schünemann* GA 1985, 341, 348 ff.
[18] *Jescheck/Weigend* § 25 III.

scheidet. Dabei werden zwei Varianten vertreten. Die reine eingeschränkte Schuldtheorie wendet § 16 Abs. 1 Satz 1 StGB analog an mit der Folge, dass der Tatbestandsvorsatz entfällt.[19] Gegen diese Theorie spricht jedoch, dass dadurch auch die Strafbarkeit des bösgläubigen Teilnehmers ausgeschlossen wird.

Aus diesem Grund ist die rechtsfolgenverweisende eingeschränkte Schuldtheorie vorzugswürdig. Diese wendet zwar auch § 16 Abs. 1 Satz 1 StGB analog an, lässt jedoch nicht den Vorsatz entfallen, sondern den Vorsatzschuldvorwurf.[20] Damit ist die Teilnahme weiterhin möglich, der Täter handelt lediglich ohne Schuld.

Folgt man der letztgenannten Auffassung, dann entfällt bei B der Vorwurf der Schuld. B handelte nicht schuldhaft.

d) Ergebnis

B hat sich nicht wegen Körperverletzung nach § 223 Abs. 1 StGB strafbar gemacht.

Hinweis: Es wäre gut vertretbar, an dieser Stelle noch ein Fahrlässigkeitsdelikt nach § 229 StGB zu prüfen. Allerdings reichen die Angaben im Sachverhalt wohl nicht aus, um Fahrlässigkeit bejahen zu können.

4. Versuchter Totschlag bzgl. der Bodenplatte (§§ 212 Abs. 1, 22, 23 Abs. 1 StGB)

Durch das Schlagen des Kopfes von A auf die Bodenplatte könnte sich B wegen versuchten Totschlags nach §§ 212 Abs. 1, 22, 23 Abs. 1 StGB strafbar gemacht haben.

a) Vorprüfung

A lebt noch, die Tat ist damit nicht vollendet. Der Versuch des Totschlags ist strafbar gemäß §§ 212 Abs. 1, 12 Abs. 1, 23 Abs. 1 Alt. 1 StGB.

b) Tatentschluss

B müsste mit Tatentschluss gehandelt haben. Tatentschluss bedeutet Vorsatz in Bezug auf alle objektiven Tatbestandsmerkmale sowie das Vorliegen etwaiger subjektiver Komponenten. B müsste den Vorsatz gehabt haben, A zu töten. Dazu müsste er den Tod des A zumindest billigend in Kauf genommen haben. Nach dem Sachverhalt ist es dem B egal, dass A sterben könnte. Er erkennt also die Möglichkeit, dass er A töten könnte und nimmt dies billigend in Kauf. Bedingter Vorsatz liegt vor.

Hinweis: Ohne diesen Zusatz im Sachverhalt, dass B der Tod des A egal ist, wäre der bedingte Vorsatz noch umfassender zu problematisieren gewesen, da der BGH bei Tötungsdelikten von einer besonders hohen Hemmschwelle ausgeht.[21] Dabei ist zu beachten, dass der BGH diesen Hinweis auf die Hemmschwelle lediglich als Verweis auf die Bedeutung des Grundsatzes der freien richterlichen Beweiswürdigung (§ 261 StPO) versteht und er nicht die Wertung der hohen Lebensgefährlichkeit einer Gewalthandlung als gewichtiges, auf einen Tötungsvorsatz hindeutendes Beweisanzeichen infrage stellen oder relativieren soll.[22] Das Schlagen des Kopfes auf die Steinplatte wäre daher als offensichtlich lebensge-

---

[19] Schönke/Schröder/*Sternberg-Lieben* § 16 StGB Rn. 17 f.
[20] *Gallas* ZStW 67 (1955), 1, 46; *Jescheck/Weigend* § 41 IV 1d; *Fischer* § 16 StGB Rn. 22d.
[21] BGH StV 1982, 509.
[22] BGH NStZ 2012, 384, 386; 2018, 206, 207.

fährliche Gewalthandlung ein gewichtiges Indiz für einen Tötungsvorsatz, gleichwohl hätte es für dessen Bejahung weiterer Ausführungen (und wohl auch weiterer Anhaltspunkte im Sachverhalt zum inneren Vorstellungsbild des B) bedurft.

c) Unmittelbares Ansetzen

45 Auch das unmittelbare Ansetzen (§ 22 StGB) liegt vor, da B die tatbestandliche Ausführungshandlung bereits vorgenommen hat.

d) Rechtswidrigkeit

46 Die Tat ist rechtswidrig, eine Notwehrlage liegt nicht vor (→ Rn. 33).

e) Schuld

47 Es könnte jedoch wiederum ein Erlaubnistatbestandsirrtum vorliegen, da B glaubt, bei A handle es sich um den gesuchten Kriminellen. Voraussetzung ist wieder, dass die Handlung des B tatsächlich gerechtfertigt wäre, wenn seine falschen Vorstellungen zutreffen würden. In Betracht kommt eine Rechtfertigung durch Notwehr. Es müsste also nach Vorstellung des B ein gegenwärtiger, rechtswidriger Angriff vorliegen. Derzeit ist jedoch kein Angriff gegeben, denn A liegt nach den Faustschlägen am Boden. B will vielmehr „Präventivnotwehr" für den Fall einer späteren Verfolgung üben. Ein gegenwärtiger Angriff liegt auch nach Vorstellung des B nicht vor.

48 Jedoch könnte eine Gefahr und damit eine Notstandslage nach § 34 StGB gegeben sein. In Betracht kommt eine Dauergefahr, also ein Zustand von längerer Dauer, der jederzeit in eine Rechtsgutsbeeinträchtigung umschlagen kann, wobei der Eintritt der Gefahr aber auch noch auf sich warten lassen kann.[23] Fraglich ist dann allerdings, ob das Schlagen des Kopfes auf den Boden wirklich erforderlich war. Der rechtfertigende Notstand scheitert jedoch in jedem Fall daran, dass Leben nicht gegen Leben abgewogen werden darf.

49 Weitere Rechtfertigungsgründe kommen nach der Vorstellung des B nicht in Betracht. Ein Erlaubnistatbestandsirrtum scheidet somit aus.

50 Ein entschuldigender Notstand nach § 35 Abs. 1 StGB scheidet ebenfalls aus, da keine gegenwärtige Gefahr vorliegt. In Betracht kommt aber der Putativnotstand nach § 35 Abs. 2 StGB. Dieser setzt voraus, dass der Täter irrig annimmt, dass er entschuldigt wäre. Eine Dauergefahr kann bejaht werden (→ Rn. 50). Anders als bei § 34 StGB findet hier keine Güterabwägung statt. Jedoch muss die Tat gemäß § 35 Abs. 1 StGB objektiv erforderlich sein, die Gefahr darf „nicht anders abwendbar" sein. Der Täter muss also das mildeste unter mehreren geeigneten Mitteln wählen. Ein mehrfaches Schlagen des Kopfes auf eine steinerne Bodenplatte stellt sich nicht als ein solch mildestes Mittel dar; insbesondere hätte B weniger empfindliche Stellen (etwa die Beine) wählen können.

51 B handelte somit schuldhaft.

f) Kein Rücktritt

52 B könnte jedoch strafbefreiend zurückgetreten sein, indem er die weitere Ausführung der Tat aufgab und floh. Der Versuch ist nicht fehlgeschlagen. Es handelt

---

[23] *Wessels/Beulke/Satzger* AT Rn. 466.

sich um einen beendeten Versuch, da B glaubt, durch das Schlagen des Kopfes auf den Boden könnte der Tod des A herbeigeführt worden sein. Er geht davon aus, alles zur Tatbestandsverwirklichung Erforderliche getan zu haben. Ein Rücktritt ist deshalb nur möglich, wenn B den Eintritt des Erfolgs verhindert hat (§ 24 Abs. 1 Satz 1 Alt. 2 StGB) oder sich zumindest freiwillig und ernsthaft bemüht hat, den Eintritt des Erfolges zu verhindern (§ 24 Abs. 1 Satz 2 StGB). Eine Eigenaktivität zur Erfolgsabwendung ist in jedem Fall erforderlich. B hat vorliegend dem Erfolgseintritt aber nicht aktiv entgegengewirkt. Ein Rücktritt scheidet daher aus.

5. Gefährliche Körperverletzung bzgl. der Bodenplatte (§§ 223 Abs. 1, 224 Abs. 1 Nr. 2 Alt. 2, Nr. 5 StGB)

B könnte sich durch das Schlagen des Kopfes von A auf die Bodenplatte wegen gefährlicher Körperverletzung nach §§ 223 Abs. 1, 224 Abs. 1 Nr. 2 Alt. 2, Nr. 5 StGB strafbar gemacht haben. 53

a) Tatbestand

aa) Objektiver Tatbestand

Durch das Schlagen des Kopfes auf die Steinplatte hat B den A körperlich misshandelt und dessen Gesundheit geschädigt (§ 223 Abs. 1 StGB). 54

Die Steinplatte könnte ein gefährliches Werkzeug nach § 224 Abs. 1 Nr. 2 Alt. 2 StGB sein. Gefährliches Werkzeug ist jeder Gegenstand, der nach seiner objektiven Beschaffenheit und der Art seiner konkreten Verwendung dazu geeignet ist, erhebliche Verletzungen hervorzurufen.[24] Zwar können durch das Schlagen des Kopfes auf die Steinplatte erhebliche Verletzungen hervorgerufen werden, Werkzeug ist jedoch nach der Rspr. und Teilen der Lit. nur ein beweglicher Gegenstand.[25] Die Gegenmeinung subsumiert auch den unbeweglichen Gegenstand unter den Begriff des Werkzeuges, da es vom Schutzzweck der Norm her keinen Unterschied machen kann, ob der Täter einen beweglichen Gegenstand einsetzt oder einen unbeweglichen.[26] Dagegen spricht jedoch, dass mit dieser Auslegung der Begriff des Werkzeuges über seinen Wortsinn hinaus ausgedehnt wird. Die Steinplatte ist daher kein gefährliches Werkzeug. 55

Es liegt jedoch eine das Leben gefährdende Behandlung nach § 224 Abs. 1 Nr. 5 StGB vor. Durch das Schlagen des Kopfs auf die Steinplatte, durch das A schwere Verletzungen erlitt, wurde sein Leben konkret gefährdet, sodass der Meinungsstreit, ob eine abstrakte Gefährdung genügt, dahinstehen kann.[27] 56

bb) Subjektiver Tatbestand

B handelt gemäß der Einheitstheorie mit Körperverletzungsvorsatz bzgl. § 223 Abs. 1 StGB. Er handelt auch mit dem Vorsatz, das Leben des A zu gefährden, d.h. vorsätzlich bzgl. § 224 Abs. 1 Nr. 5 StGB. 57

---

[24] *Fischer* § 224 StGB Rn. 14.
[25] BGHSt 22, 235; NK/*Paeffgen/Böse* § 224 StGB Rn. 14.
[26] *Stree* Jura 1980, 281, 284.
[27] Vgl. dazu Schönke/Schröder/*Stree/Sternberg-Lieben* § 224 StGB Rn. 12.

b) Rechtswidrigkeit und Schuld

58 B handelte rechtswidrig und schuldhaft.

c) Ergebnis

59 B hat sich wegen gefährlicher Körperverletzung nach §§ 223 Abs. 1, 224 Abs. 1 Nr. 5 StGB strafbar gemacht.

IV. Konkurrenzen und Gesamtergebnis

60 A ist strafbar wegen Freiheitsberaubung gemäß § 239 Abs. 1 Alt. 1 StGB.
B ist strafbar wegen Hausfriedensbruchs in Tatmehrheit mit versuchtem Totschlag gemäß §§ 123; 212 Abs. 1, 22, 23 Abs. 1; 53 StGB. Die vollendete gefährliche Körperverletzung steht mit dem versuchten Totschlag in Tateinheit (§ 52 StGB).

Fallbeurteilung

Es handelt sich um eine mittelschwere Klausur, in der überwiegend Probleme des Allgemeinen Teils des Strafrechts geprüft werden. Der Sachverhalt ist relativ kompliziert, da sowohl A als auch B annehmen, dem gefürchteten Kriminellen gegenüberzustehen. Hier muss genau zwischen den einzelnen Handlungen differenziert werden.

Im ersten Handlungsabschnitt war die Strafbarkeit des A wegen Freiheitsberaubung zu prüfen. Wichtig war hier, das Problem der Rechtfertigung zu erkennen und dabei nicht nur die §§ 32, 34 StGB zu prüfen, sondern auch das Festnahmerecht nach § 127 Abs. 1 StPO.

Im zweiten Handlungsabschnitt war zunächst wiederum die Freiheitsberaubung zu prüfen. Hier musste erkannt werden, dass im Gegensatz zum vorangehenden Tatkomplex eine Rechtfertigung ausscheidet. Allerdings liegt ein Verbotsirrtum nach § 17 StGB vor, der jedoch vermeidbar ist.

Auch bei der Strafbarkeit des B spielen die Rechtfertigungsgründe eine wesentliche Rolle. Die Sachbeschädigung ist gerechtfertigt. Bezüglich der ersten Körperverletzungshandlung unterliegt B einem Erlaubnistatbestandsirrtum. Hier muss der Bearbeiter die unterschiedlichen Ansichten darstellen. Empfehlenswert ist es, der (rechtsfolgenverweisenden) eingeschränkten Schuldtheorie zu folgen. Bei der Prüfung des versuchten Totschlags muss erkannt werden, dass B die Grenzen der Notwehr überschreitet und somit ein Erlaubnistatbestandsirrtum ausscheidet. Schließlich ist bei § 124 Abs. 1 Nr. 2 Alt. 2 StGB auf den Streit einzugehen, ob die Steinplatte ein gefährliches Werkzeug sein kann.

Weiterführende Hinweise: *Gasa,* Die Behandlung des Irrtums über rechtfertigende Umstände im Gutachten. Typische Fehler, JuS 2005, 890–895; *Geppert,* Notwehr und Irrtum. Putativnotwehr, intensiver und extensiver Notwehrexzess, Putativnotwehrexzess, Jura 2007, 33–40; *Kretschmer,* Die gefährliche Körperverletzung (§ 224 StGB) anhand neuer Rechtsprechung, Jura 2008, 916–922; *Momsen/Rackow,* Der Erlaubnistatbestandsirrtum in der Fallbearbeitung, JA 2006, 550–555 (Teil 1) und 654–664 (Teil 2); *Rönnau/Faust/Fehling,* Durchblick: Der Irrtum und seine Rechtsfolgen, JuS 2004, 667–674; *Schuster,* Der Doppelirrtum auf Rechtfertigungsebene, JuS 2007, 617–621.

Fall 3. Der gekündigte Programmierer

Sachverhalt

Programmierer A ist gekündigt worden. Um sich an seinem früheren Arbeitgeber und seinen beiden ehemaligen Kollegen X und Y, von denen er sich verraten fühlt, zu rächen, bringt er eines Nachts am Werksgebäude mit einer tief in den Stein eindringenden Spezialfarbe das Wort „Ausbeuter" an. Anschließend dringt er mit Hilfe seines alten Firmenschlüssels in das Gebäude ein und begibt sich in das Großraumbüro, wo er am Computer von X die gesamte Festplatte löscht. Dabei ist A bewusst, dass X gerade eine Bilanz für die Firma F erstellt, der durch die Datenlöschung ein nicht unerheblicher Schaden entsteht. Dem Computer von Y implantiert er einen mit üblichen Schutzprogrammen kaum auffindbaren Virus, der bewirkt, dass sich der Bildschirm alle zwei Minuten automatisch abschaltet. Weitere Schäden entstehen nicht. Seinem früheren Kollegen Z, dem A wohlgesonnen ist, richtet er noch schnell das Textverarbeitungssystem neu ein, das nun bedeutend besser läuft. Dann verlässt er das Gebäude wieder. Auf dem Rückweg wirft er den Firmenschlüssel in einen Teich. Zu Hause angekommen, löscht A alle Dateien, die sich auf seinen alten Betrieb beziehen, darunter auch ein Spielprogramm, das ihm sein früherer Arbeitgeber geschenkt hatte.

Wie hat sich A nach dem StGB strafbar gemacht? Eventuell erforderliche Strafanträge sind gestellt.

Gliederung

	Rn.
I. Erster Tatkomplex: Am Gebäude	1
1. Sachbeschädigung durch Beschmieren (§ 303 Abs. 1 StGB)	1
a) Tatbestand	2
aa) Objektiver Tatbestand	2
Problem: Stellt das Aufsprühen eines Graffitos die Substanzverletzung eines Gebäudes dar?	
bb) Subjektiver Tatbestand	5
b) Rechtswidrigkeit und Schuld	6
c) Ergebnis	7
2. Zerstörung von Bauwerken (§ 305 Abs. 1 StGB)	8
3. Üble Nachrede (§ 186 StGB)	9
Problem: Ist die Bezeichnung als „Ausbeuter" dem Beweis zugänglich?	
4. Beleidigung (§ 185 StGB)	13
Problem: Wurde eine Miss- oder Nichtachtung des A kundgegeben?	
5. Hausfriedensbruch (§ 123 Abs. 1 StGB)	17
a) Tatbestand	18
aa) Objektiver Tatbestand	18
bb) Subjektiver Tatbestand	19

Fall 3. Der gekündigte Programmierer

	Rn.
b) Rechtswidrigkeit und Schuld	20
c) Ergebnis	21
6. Sachbeschädigung durch Eindringen (§ 303 Abs. 1 StGB)	22
7. Ergebnis zum ersten Tatkomplex	23
II. Zweiter Tatkomplex: Der Computer des X	24
1. Sachbeschädigung (§ 303 Abs. 1 StGB)	24
2. Datenveränderung (§ 303a Abs. 1 StGB)	25
a) Tatbestand	26
aa) Objektiver Tatbestand	26
bb) Subjektiver Tatbestand	28
b) Rechtswidrigkeit und Schuld	29
c) Ergebnis	30
3. Computersabotage (§ 303b Abs. 1, 2 StGB)	31
a) Tatbestand	32
aa) Objektiver Tatbestand	32
bb) Subjektiver Tatbestand	34
b) Rechtswidrigkeit und Schuld	35
c) Ergebnis	36
4. Untreue (§ 266 Abs. 1 StGB)	37
5. Urkundenunterdrückung (§ 274 Abs. 1 StGB)	38
a) Tatbestand	39
aa) Objektiver Tatbestand	39
Problem: Liegt eine technische Aufzeichnung i.S.d. § 274 Abs. 1 StGB vor?	
bb) Subjektiver Tatbestand	41
b) Rechtswidrigkeit und Schuld	42
c) Ergebnis	43
6. Ergebnis zum zweiten Tatkomplex	44
III. Dritter Tatkomplex: Der Computer des Y	45
1. Sachbeschädigung (§ 303 Abs. 1 StGB)	45
2. Datenveränderung (§ 303a Abs. 1 StGB)	46
a) Tatbestand	47
b) Ergebnis	49
3. Computersabotage (§ 303b Abs. 1 StGB)	50
a) Tatbestand	51
b) Ergebnis	52
4. Ergebnis zum dritten Tatkomplex	53
IV. Vierter Tatkomplex: Der Computer des Z	54
1. Sachbeschädigung (§ 303 Abs. 1 StGB)	54
2. Datenveränderung (§ 303a Abs. 1 Var. 4 StGB)	55
a) Tatbestand	56
aa) Objektiver Tatbestand	56
bb) Subjektiver Tatbestand	58
b) Rechtswidrigkeit	59
c) Schuld und Ergebnis	60

	Rn.
3. Computersabotage (§ 303b Abs. 1, 2 StGB)	61
4. Ergebnis zum vierten Tatkomplex	62
V. Fünfter Tatkomplex: Wegwerfen des Schlüssels	63
1. Diebstahl (§ 242 Abs. 1 StGB)	63
2. Unterschlagung (§ 246 Abs. 1 StGB)	65
3. Sachbeschädigung (§ 303 Abs. 1 StGB)	66
4. Ergebnis zum fünften Tatkomplex	67
VI. Sechster Tatkomplex: Computer des A zu Hause	68
1. Datenveränderung (§ 303a Abs. 1 StGB)	68
2. Ergebnis zum sechsten Tatkomplex	71
VII. Gesamtergebnis und Konkurrenzen	72

Lösung

I. Erster Tatkomplex: Am Gebäude

1. Sachbeschädigung durch Beschmieren (§ 303 Abs. 1 StGB)

A könnte sich durch das Beschreiben des Werksgebäudes wegen Sachbeschädigung nach § 303 Abs. 1 StGB strafbar gemacht haben. **1**

a) Tatbestand

aa) Objektiver Tatbestand

Dazu müsste er eine fremde Sache beschädigt oder zerstört haben. Das Werksgebäude ist eine für A fremde Sache. Beschädigen ist das Einwirken auf die Substanz einer Sache, bei der ihre bestimmungsgemäße Brauchbarkeit mehr als nur unerheblich verletzt oder beeinträchtigt wird.[1] **2**

Fraglich ist, ob das Aufsprühen eines Graffitos zu einer Substanzverletzung eines Gebäudes führen kann. Zum Teil wird ein Beschädigen bereits bei einer jedenfalls nicht mühelos behebbaren Verunstaltung angenommen; ein Einwirken auf die Sachsubstanz bei der Reinigung sei nicht notwendig.[2] Die Rechtsprechung schränkt das Merkmal hingegen so ein, dass eine Beschädigung nur dann zu bejahen ist, wenn die Entfernung der Verunstaltung zwangsläufig eine Substanzverletzung nach sich zieht.[3] Die Spezialfarbe des A ist tief in den Stein eingedrungen. Wenn man die Verunreinigung beseitigen will, muss man einige Schichten des Steins abnehmen, also in seine Substanz eingreifen. Ein Beschädigen liegt also auch nach der engeren Auffassung vor. **3**

Hinweis: Die einschränkende Gegenmeinung war vor allem für die vom „Graffiti-Unwesen" betroffenen Eigentümer nicht verständlich.[4] Durch das 39. StrÄndG wurde 2005 daher § 303 Abs. 2 StGB neu eingeführt, der das bloße Verändern des Erscheinungsbildes einer Sache, unabhängig von einer etwaigen Substanzverletzung, unter Strafe stellt.

---

[1] RGSt 66, 305.
[2] Vgl. Schönke/Schröder/*Hecker* § 303 StGB Rn. 10.
[3] OLG Düsseldorf NJW 1982, 1167.
[4] Vgl. dazu Schönke/Schröder/*Hecker* § 303 StGB Rn. 9 f.

Fall 3. Der gekündigte Programmierer

Hier ist es aber nicht notwendig, § 303 Abs. 2 StGB heranzuziehen, da die Beseitigung der Verunreinigung eine Substanzverletzung zur Folge hat und damit bereits die engeren Voraussetzungen des § 303 Abs. 1 StGB erfüllt sind.

4 Auch ist die Beeinträchtigung mehr als nur unerheblich, da die Entfernung der Aufschrift einen nennenswerten Aufwand an Zeit, Kosten und Mühen nach sich ziehen wird. A hat also eine fremde Sache beschädigt.

bb) Subjektiver Tatbestand

5 A handelt vorsätzlich.

b) Rechtswidrigkeit und Schuld

6 Er handelte auch rechtswidrig und schuldhaft.

c) Ergebnis

7 A hat sich durch das Beschreiben des Werksgebäudes wegen Sachbeschädigung nach § 303 Abs. 1 StGB strafbar gemacht. Der Strafantrag nach § 303c StGB ist gestellt.

2. Zerstörung von Bauwerken (§ 305 Abs. 1 StGB)

8 A könnte sich durch das Anbringen des Schriftzuges auch wegen Zerstörung von Bauwerken nach § 305 Abs. 1 StGB strafbar gemacht haben. Das Werksgebäude ist ein Gebäude i.S.d. § 305 Abs. 1 StGB. Zerstören setzt aber eine so schwere Beschädigung der Sache voraus, dass ihre Gebrauchsfähigkeit völlig aufgehoben wird.[5] Die Außenwand eines Gebäudes zu beschmieren führt jedoch nicht zu einer Zerstörung, auch nicht zu einer teilweisen. A hat sich demnach nicht wegen Zerstörung von Bauwerken nach § 305 Abs. 1 StGB strafbar gemacht.

3. Üble Nachrede (§ 186 StGB)

9 Durch das Anbringen des Schriftzuges „Ausbeuter" könnte sich A aber wegen übler Nachrede nach § 186 StGB strafbar gemacht haben.

10 Dazu müsste er eine ehrenrührige Tatsache in Beziehung auf einen anderen behauptet haben. Tatsachen sind Ereignisse, Vorgänge oder Zustände der Außen- oder Innenwelt, die der Vergangenheit oder Gegenwart angehören und dem Beweis zugänglich sind. Ehrenrührig ist eine Tatsachenaussage dann, wenn sie geeignet ist, dem Betroffenen den sittlichen, personalen oder sozialen Geltungswert abzusprechen.[6]

11 Problematisch ist, ob die Bezeichnung als „Ausbeuter" dem Beweis zugänglich ist. Ob jemand ein Ausbeuter ist, lässt sich grundsätzlich überprüfen; die Aussage kann wahr oder falsch sein, ist demnach also dem Beweis zugänglich.[7] Allerdings ist die Aussage hier sehr pauschal, es gibt insbesondere keinen Bezug zu bestimmten Geschehnissen. Es überwiegt daher der Bereich des subjektiven Meinens und Wertens.[8] Es liegt also keine Tatsachenaussage, sondern ein Werturteil vor.

12 A hat sich demnach nicht wegen übler Nachrede nach § 186 StGB strafbar gemacht.

---

[5] *Fischer* § 305 StGB Rn. 5 i. V. m. § 303 StGB Rn. 14; *Kindhäuser/Hilgendorf* § 186 StGB Rn. 5.
[6] *Wessels/Hettinger/Engländer* BT 1 Rn. 483.
[7] *Fischer* § 186 StGB Rn. 2.
[8] *Rengier* BT II § 29 Rn. 20 ff.

Hinweis: Ist nicht offensichtlich, ob eine Äußerung als Tatsachenaussage oder Werturteil einzuordnen ist, empfiehlt es sich, in der Prüfung mit §§ 186 f. StGB zu beginnen, um dort die Abgrenzung vornehmen zu können.

4. Beleidigung (§ 185 StGB)

Durch das Anbringen des Schriftzuges „Ausbeuter" könnte sich A jedoch wegen Beleidigung nach § 185 StGB strafbar gemacht haben. 13

Dazu müsste er eine andere Person beleidigt haben. Eine Beleidigung ist der Angriff auf die Ehre eines anderen durch Kundgabe der Miss- oder Nichtachtung.[9] Die Bezeichnung als „Ausbeuter" ist ein Werturteil (→ Rn. 11), mit dem A seine Geringschätzung und Missachtung zum Ausdruck bringen will. 14

Fraglich ist, ob A seine Miss- oder Nichtachtung kundgegeben hat. Eine Kundgabe setzt nämlich voraus, dass der Kundgabeempfänger den ehrenrührigen Inhalt richtig erfassen kann.[10] Hier ist jedoch nicht eindeutig erkennbar, wer von der Kundgabe betroffen ist. Zwar ist es naheliegend, bei einem Schriftzug auf dem Firmengebäude den Inhaber der Firma als Betroffenen anzusehen. Zwingend ist dies jedoch nicht. Der Begriff „Ausbeuter" nimmt keinen direkten Bezug auf den Betroffenen. Es ist genauso möglich, etwa einen Abteilungsleiter als Betroffenen oder die Inschrift als völlig unabhängig von der Firma zu verstehen. Die Beziehung zu einer bestimmten Person ist nicht eindeutig und kann nicht hinreichend sichergestellt werden. 15

Eine Bestrafung wegen Beleidigung nach § 185 StGB kommt daher nicht in Betracht. 16

Hinweis: Bei entsprechender Begründung ist hier eine andere Ansicht vertretbar.

5. Hausfriedensbruch (§ 123 Abs. 1 StGB)

A könnte sich durch das Eindringen in das Firmengebäude wegen Hausfriedensbruchs nach § 123 Abs. 1 Var. 1 StGB strafbar gemacht haben. 17

a) Tatbestand

aa) Objektiver Tatbestand

Dazu müsste er in die Geschäftsräume eines anderen eingedrungen sein. Das Firmengebäude stellt einen Geschäftsraum dar.[11] Eindringen ist das Betreten gegen oder ohne den Willen des Berechtigten.[12] A öffnete die Tür mit seinem alten Firmenschlüssel. Eigentlich ist der Firmenschlüssel zum Öffnen der Tür bestimmt. Allerdings wurde A von seinem nunmehr früheren Arbeitgeber gekündigt; er durfte das Firmengebäude daher nicht mehr ohne Weiteres alleine betreten. A drang in das Gebäude ein, betrat es also zumindest ohne den Willen des Berechtigten. 18

Hinweis: *Widerrechtlich* ist kein Tatbestandsmerkmal des § 123 StGB, sondern ein Hinweis auf das allgemeine Deliktsmerkmal der Rechtswidrigkeit.

---

[9] BGHSt 1, 288; 11, 67.
[10] *Rengier* BT II § 28 Rn. 20.
[11] Vgl. *Fischer* § 123 StGB Rn. 7.
[12] Lackner/Kühl/*Heger* § 123 StGB Rn. 5.

bb) Subjektiver Tatbestand

19   A handelte vorsätzlich.

b) Rechtswidrigkeit und Schuld

20   Er handelte rechtswidrig und schuldhaft.

c) Ergebnis

21   A hat sich durch das Eindringen in das Firmengebäude wegen Hausfriedensbruchs nach § 123 Abs. 1 StGB strafbar gemacht. Der Strafantrag nach § 123 Abs. 2 StGB ist gestellt.

6. Sachbeschädigung durch Eindringen (§ 303 Abs. 1 StGB)

22   A hat sich durch das Eindringen in das Firmengebäude nicht wegen Sachbeschädigung nach § 303 Abs. 1 StGB strafbar gemacht. Da er seinen alten Firmenschlüssel benutzt hat, wurde das Firmengebäude nicht beschädigt.

7. Ergebnis zum ersten Tatkomplex

23   A hat sich nach § 303 Abs. 1 StGB und § 123 Abs. 1 Var. 1 StGB strafbar gemacht. Die Delikte stehen zueinander in Tatmehrheit nach § 53 StGB.

II. Zweiter Tatkomplex: Der Computer des X

1. Sachbeschädigung (§ 303 Abs. 1 StGB)

24   Durch das Löschen der Daten auf der Festplatte des Computers des X könnte sich A wegen Sachbeschädigung nach § 303 Abs. 1 StGB strafbar gemacht haben. Dazu müsste er eine fremde Sache beschädigt haben. Eine Sache ist jeder körperliche Gegenstand.[13] Daten auf einer Festplatte sind jedoch nicht körperlich, sie sind vielmehr lediglich magnetisch gespeicherte Informationen. Die Festplatte selbst ist aber ein körperlicher Gegenstand. Allerdings hat A nicht auf die Sachsubstanz der Festplatte eingewirkt, hat sie also nicht beschädigt. A hat sich demnach nicht wegen Sachbeschädigung nach § 303 Abs. 1 StGB strafbar gemacht.

2. Datenveränderung (§ 303a Abs. 1 StGB)

25   Er könnte sich durch das Löschen der Daten aber wegen Datenveränderung nach § 303a Abs. 1 StGB strafbar gemacht haben.

a) Tatbestand

aa) Objektiver Tatbestand

26   Dazu müsste er rechtswidrig Daten gelöscht haben. Der Inhalt der Festplatte besteht aus magnetisch gespeicherten Daten, also handelt es sich um Daten nach § 202a Abs. 2 StGB. A müsste diese Daten gelöscht haben. Löschen ist das unwiederbringliche Unkenntlichmachen der konkreten Speicherung. A hat die komplette Festplatte des X gelöscht. Ob die Daten tatsächlich unwiederbringlich verloren sind

---

[13] *Kindhäuser/Hilgendorf* § 303 StGB Rn. 3.

oder nicht doch durch ein spezielles Programm zur Datenrettung wiederhergestellt werden können, ist jedoch nicht sicher.[14] § 303a Abs. 1 Var. 4 StGB erfasst aber jedes Verändern, also inhaltliches Umgestalten gespeicherter Daten. Zumindest diese Tatvariante hat A erfüllt.

Das Verändern der Daten müsste rechtswidrig sein, es müsste also ein Eingriff in fremde Rechtspositionen erfolgt sein, der Berechtigte hätte nicht in die Verletzung einwilligen dürfen.[15] X, der Berechtigte an den Daten auf seinem Computer, hat nicht in die Datenveränderung eingewilligt. **27**

Hinweis: Es ist umstritten, ob das Merkmal der Rechtswidrigkeit in § 303a StGB auf das allgemeine Merkmal der Rechtswidrigkeit hinweist oder ein einschränkendes Tatbestandsmerkmal darstellt. Es besteht aber Übereinstimmung, dass der Tatbestand des § 303a Abs. 1 StGB insofern einzuschränken ist, dass nur Daten erfasst sind, an denen ein unmittelbares Recht einer anderen Person auf Verarbeitung, Löschung oder Nutzung besteht.[16] Versteht man „rechtswidrig" bei § 303a Abs. 1 StGB nicht als Tatbestandsmerkmal, ist eine einschränkende Auslegung des Begriffs „Daten" vorzunehmen.

bb) Subjektiver Tatbestand

A handelte vorsätzlich. **28**

b) Rechtswidrigkeit und Schuld

Er handelte rechtswidrig und schuldhaft. **29**

c) Ergebnis

Damit hat sich A wegen Datenveränderung nach § 303a Abs. 1 Var. 4 StGB strafbar gemacht. Der Strafantrag nach § 303c StGB ist gestellt. **30**

3. Computersabotage (§ 303b Abs. 1, 2 StGB)

A könnte sich, indem er am Computer des X die Festplatte gelöscht hat, wegen Computersabotage nach § 303b Abs. 1 und Abs. 2 StGB strafbar gemacht haben. **31**

a) Tatbestand

aa) Objektiver Tatbestand

Er müsste dazu zunächst eine Datenverarbeitung, die für einen fremden Betrieb oder ein fremdes Unternehmen von wesentlicher Bedeutung ist, erheblich gestört haben. Unter Datenverarbeitung sind diejenigen technischen Vorgänge zu verstehen, bei denen durch Aufnahme von Daten und ihre Verknüpfung nach Programmen Arbeitsergebnisse erzielt werden.[17] Das Merkmal der Datenverarbeitung ist bei Computerarbeitsplätzen in der Regel erfüllt. Die Datenverarbeitung muss für einen anderen Betrieb oder ein Unternehmen[18] von wesentlicher Bedeutung sein. X erstellt gerade eine Bilanz für die Firma F. Durch die Datenlöschung entsteht der **32**

---

[14] Vgl. *Hilgendorf/Valerius* CompStR Rn. 590.
[15] Lackner/Kühl/*Heger* § 303a StGB Rn. 4; *Hilgendorf/Valerius* CompStR Rn. 598.
[16] *Fischer* § 303a StGB Rn. 4a.
[17] *Fischer* § 263a StGB Rn. 3.
[18] Ob es sich um einen Betrieb oder ein Unternehmen handelt, braucht nicht geklärt zu werden, da die Unterscheidung kaum vorgenommen werden kann und ohne Bedeutung ist, vgl. Schönke/Schröder/*Perron/Eisele* § 14 StGB Rn. 28 f.

Fall 3. Der gekündigte Programmierer

Firma ein nicht unerheblicher Schaden, die Datenverarbeitung ist also für F von wesentlicher Bedeutung.

33 A müsste die Datenverarbeitung durch eine der in § 303b Abs. 1 Nr. 1–3 StGB genannten Varianten gestört haben. A hat eine Tat nach § 303a Abs. 1 StGB begangen (→ Rn. 25 ff.), also § 303b Abs. 1 Nr. 1 StGB verwirklicht.

bb) Subjektiver Tatbestand

34 A handelte vorsätzlich.

b) Rechtswidrigkeit und Schuld

35 Er handelte rechtswidrig und schuldhaft.

c) Ergebnis

36 A hat sich also wegen Computersabotage nach § 303b Abs. 1 Nr. 1, Abs. 2 StGB strafbar gemacht. § 303b Abs. 1 Nr. 1, Abs. 2 StGB ist eine Qualifikation zu § 303a StGB, der deshalb im Wege der Spezialität zurücktritt.

4. Untreue (§ 266 Abs. 1 StGB)

37 Durch das Löschen der Festplatte vom Computer des X könnte sich A zudem wegen Untreue nach § 266 Abs. 1 StGB strafbar gemacht haben. A wurde aber gekündigt. Er ist nicht mehr Mitarbeiter der Firma F, er hat deshalb keine Vermögensbetreuungspflicht. Eine Strafbarkeit nach § 266 Abs. 1 StGB scheidet somit aus.

5. Urkundenunterdrückung (§ 274 Abs. 1 StGB)

38 A könnte sich durch das Löschen der Festplatte vom Computer des X jedoch wegen Urkundenunterdrückung nach § 274 Abs. 1 StGB strafbar gemacht haben.

a) Tatbestand

aa) Objektiver Tatbestand

39 A könnte durch das Löschen der Festplatte eine technische Aufzeichnung vernichtet, beschädigt oder unterdrückt haben (§ 274 Abs. 1 Nr. 1 StGB). Zunächst müsste die Festplatte eine technische Aufzeichnung sein. Nach § 268 Abs. 2 StGB handelt es sich dabei um die dauerhafte Darstellung von Daten, die durch ein technisches Gerät selbsttätig aufgezeichnet werden. Für eine Darstellung ist eine optisch-visuelle oder sinnliche Wahrnehmung nicht erforderlich, eine elektromagnetische Fixierung auf Festplatten ist ausreichend.[19] Bei der Speicherung von Inhalten auf der Festplatte handelt es sich also um die dauerhafte Darstellung von Daten. Problematisch ist hier aber, dass die Daten auf der Festplatte nicht vom Computer selbsttätig bewirkt wurden. Vielmehr wurden die Daten der Bilanz von X eingegeben. Da die menschliche Mitwirkung am Prozess der Datenerstellung überwiegt, handelt es sich beim Festplatteninhalt nicht um eine technische Aufzeichnung.

---

[19] *Joecks/Jäger* § 268 StGB Rn. 8.

A könnte jedoch § 274 Abs. 1 Nr. 2 StGB verwirklicht haben. Beim Festplatteninhalt handelt es sich um beweiserhebliche Daten i. S. d. § 202a Abs. 2 StGB. Zudem hat A kein Verfügungsrecht an diesen Daten. Er hat sie gelöscht oder zumindest verändert (→ Rn. 26). A hat demnach § 274 Abs. 1 Nr. 2 StGB erfüllt. **40**

bb) Subjektiver Tatbestand

Er müsste das auch vorsätzlich getan haben (§ 15 StGB). A wollte die Daten von der Festplatte löschen. Außerdem müsste er mit Nachteilszufügungsabsicht gehandelt haben, also mit unbedingtem Vorsatz, fremde Beweisführungsrechte zu beeinträchtigen.[20] Das ist der Fall. **41**

b) Rechtswidrigkeit und Schuld

A handelte rechtswidrig und schuldhaft. **42**

c) Ergebnis

Er hat sich demnach wegen Urkundenunterdrückung nach § 274 Abs. 1 Nr. 2 StGB strafbar gemacht. **43**

6. Ergebnis zum zweiten Tatkomplex

A hat sich nach §§ 303b Abs. 1, 274 Abs. 1 Nr. 2, 52 StGB strafbar gemacht. **44**

III. Dritter Tatkomplex: Der Computer des Y

1. Sachbeschädigung (§ 303 Abs. 1 StGB)

Durch das Implantieren des Computervirus auf den Computer des Y könnte sich A wegen Sachbeschädigung nach § 303 Abs. 1 StGB strafbar gemacht haben. Dazu müsste er eine fremde Sache beschädigt oder zerstört haben. Der Bildschirm ist eine fremde Sache. A hat jedoch nicht auf den Bildschirm selbst eingewirkt. Am Bildschirm selbst ist es zu keiner Substanzverletzung gekommen, würde man ihn an einen anderen Rechner anschließen, würde er einwandfrei funktionieren. A hat den Bildschirm also nicht beschädigt. Er könnte indes den Computer selbst beschädigt haben. Voraussetzung für eine Sachbeschädigung ist jedoch die Einwirkung auf die Sachsubstanz, was durch das Aufspielen eines Computervirus gerade nicht geschieht. Auch das Betriebssystem ist kein körperlicher Gegenstand, also kein taugliches Tatobjekt. A hat sich demnach nicht wegen § 303 Abs. 1 StGB strafbar gemacht. **45**

2. Datenveränderung (§ 303a Abs. 1 StGB)

Er könnte sich durch das Aufspielen des Virus aber wegen Datenveränderung nach § 303a Abs. 1 StGB strafbar gemacht haben. **46**

a) Tatbestand

Es könnte ein Fall der Datenunterdrückung nach § 303a Abs. 1 Var. 2 StGB vorliegen. Unterdrücken von Daten bedeutet, dass sie dem Berechtigten auf Dauer oder **47**

---

[20] MünchKommStGB/*Freund* § 274 StGB Rn. 52.

Fall 3. Der gekündigte Programmierer

zeitweilig entzogen werden und er sie deshalb nicht mehr benutzen kann.[21] Das automatische Abschalten des Bildschirms führt dazu, dass Y die Daten auf seinem Computer nicht mehr sehen und deshalb auch nicht mehr benutzen kann. Allerdings ist der Entzug der Daten nur von einer sehr geringen Zeitdauer, Y muss den Bildschirm lediglich wieder einschalten, um die Daten wieder benutzen zu können. Die Dauer der Entziehung bedeutet für Y also keine Beeinträchtigung, eine Datenunterdrückung liegt nicht vor.[22]

Hinweis: Mit der Begründung, das Zeitintervall von zwei Minuten sei so kurz, dass auch der jeweils nur kurze Entzug der Daten auf Dauer zu einer erheblichen Beeinträchtigung führt, ist eine andere Ansicht gut vertretbar.

48 A könnte indessen eine Datenveränderung nach § 303a Abs. 1 Var. 4 StGB begangen haben. Er hat aber gar keine bestehenden Daten inhaltlich umgestaltet, sondern durch das Installieren des Schadprogrammes lediglich neue Daten hinzugefügt. Das bloße Hinzufügen von Daten stellt jedoch keine Datenveränderung dar; vielmehr wurde nur leerer Speicherplatz beschrieben, nicht aber der Bedeutungsgehalt der übrigen Daten verändert.[23]

Hinweis: Es gibt keinen Anhaltspunkt dafür, dass der Virus vorhandene Daten beeinflusst. Von einem Bearbeiter können jedoch keine detaillierten technischen Kenntnisse verlangt werden. Wichtig ist, dass mit dem Wortlaut des Gesetzes argumentiert wird.

b) Ergebnis

49 A hat sich daher nicht nach § 303a Abs. 1 StGB strafbar gemacht.

3. Computersabotage (§ 303b Abs. 1 StGB)

50 A könnte sich jedoch durch das Implantieren des Schadprogrammes wegen Computersabotage nach § 303b Abs. 1 StGB strafbar gemacht haben.

a) Tatbestand

51 Zunächst müsste es sich um eine Datenverarbeitung handeln, die für einen Betrieb oder ein Unternehmen von wesentlicher Bedeutung ist. Der Computer des Y müsste also grundlegende Informationen für die Firma F enthalten. Anders als beim Computer des X, auf dem gerade eine Bilanz erstellt wird, fehlen Angaben, die auf eine wesentliche Bedeutung des Computers des Y schließen lassen. Im Zweifel ist daher anzunehmen, dass es sich bei den Informationen auf dem Computer des Y um keine Daten von wesentlicher Bedeutung für F handelt.

Hinweis: Eine andere Ansicht erscheint hier mit der Begründung, dass auf Betriebsrechnern in der Regel bedeutsame Daten gespeichert sind, *gerade noch* vertretbar.
Dann ist aber zu beachten, dass § 303b Abs. 1 Nr. 1 StGB nicht gegeben ist. In Betracht kommt aber § 303b Abs. 1 Nr. 2 StGB in der Form des Eingebens von Daten. Ob § 303b Abs. 1 Nr. 3 StGB vorliegt, ist zweifelhaft. Denkbar wäre die Tatvariante des Unbrauchbarmachens. Voraussetzung dafür ist jedoch eine Einwirkung auf die Sache, also auf die Hardware. Ob ein Computervirus dazu ausreicht, ist umstritten, wohl aber zu verneinen.[24]

---

[21] *Fischer* § 303a StGB Rn. 10.
[22] Vgl. Schönke/Schröder/*Hecker* § 303a StGB Rn. 6.
[23] LK/*Wolff* § 303a StGB Rn. 27 f.; *Ernst* NJW 2003, 3233, 3238.
[24] Vgl. *Hilgendorf/Valerius* CompStR Rn. 596, 605.

b) Ergebnis

A hat sich also nicht wegen Computersabotage nach § 303b Abs. 1 StGB strafbar gemacht. **52**

4. Ergebnis zum dritten Tatkomplex

A hat sich im dritten Tatkomplex nicht strafbar gemacht. **53**

IV. Vierter Tatkomplex: Der Computer des Z

1. Sachbeschädigung (§ 303 Abs. 1 StGB)

Durch das Einrichten des Textverarbeitungsprogrammes auf dem Computer des Z könnte sich A wegen Sachbeschädigung nach § 303 Abs. 1 StGB strafbar gemacht haben. Wie beim Computer des Y im dritten Tatkomplex fehlt es auch beim Computer des Z bereits an der Sacheigenschaft des Tatobjekts bzw. an einer Substanzverletzung. A hat sich demnach nicht wegen Sachbeschädigung nach § 303 Abs. 1 StGB strafbar gemacht. **54**

2. Datenveränderung (§ 303a Abs. 1 Var. 4 StGB)

A könnte sich durch das Modifizieren des Textverarbeitungsprogrammes wegen Datenveränderung nach § 303a Abs. 1 Var. 4 StGB strafbar gemacht haben. **55**

a) Tatbestand

aa) Objektiver Tatbestand

Beim Textverarbeitungsprogramm handelt es sich um Daten i.S.d. § 202a Abs. 2 StGB. Diese Daten müsste A verändert haben. Verändern ist jedes inhaltliche Umgestalten. A hat das Textverarbeitungsprogramm inhaltlich verändert. Eigentlich ist die Tatvariante des § 303a Abs. 1 Var. 4 StGB erfüllt. Allerdings hat A das Programm objektiv verbessert. Man könnte infrage stellen, ob eine objektive Verbesserung überhaupt in den Anwendungsbereich des § 303a StGB fallen soll. Es wäre etwa eine teleologische Reduktion des Tatbestandes dahin denkbar, nur schädliche Veränderungen der Daten zu pönalisieren. Dem ist jedoch entgegenzuhalten, dass eine objektive Verbesserung nicht zwingend zu einer subjektiven Verbesserung für den an den Daten Berechtigten führen muss.[25] Wenn dieser einen Ablauf in einer bestimmten Art und Weise ausführen will, kann selbst eine objektive Verbesserung unerwünscht sein. A hat also i.S.d. § 303a Abs. 1 Var. 4 StGB Daten verändert. **56**

A hatte kein Verfügungsrecht am Textverarbeitungsprogramm, sodass die Datenänderung auch rechtswidrig war.[26] **57**

bb) Subjektiver Tatbestand

A handelte auch vorsätzlich (§ 15 StGB). **58**

b) Rechtswidrigkeit

Die Tat des A könnte aber über eine mutmaßliche Einwilligung des Z gerechtfertigt sein. Der Rechtfertigungsgrund greift dann ein, wenn die Handlung im Interesse **59**

---

[25] *Hilgendorf/Valerius* CompStR Rn. 589.
[26] Zur systematischen Einordnung des Merkmals der Rechtswidrigkeit → Rn. 27.

des Betroffenen vorgenommen wird und dieser vermutlich einwilligen würde, aber nicht rechtzeitig einwilligen kann.[27] Eine Rechtfertigung über eine mutmaßliche Einwilligung ist aber dann auszuschließen, wenn es problemlos möglich gewesen wäre, den Rechtsgutsinhaber vorher zu befragen.[28] A hätte Z, zu dem er – gerade im Vergleich zu den anderen Kollegen – ein offenkundig besseres Verhältnis hatte, ohne Weiteres vorher fragen können. A ist demnach nicht über eine mutmaßliche Einwilligung gerechtfertigt.

c) Schuld und Ergebnis

60 A handelte schuldhaft. Er hat sich wegen Datenveränderung nach § 303a Abs. 1 Var. 4 StGB strafbar gemacht.

3. Computersabotage (§ 303b Abs. 1, 2 StGB)

61 A könnte sich zudem wegen Computersabotage nach § 303b Abs. 1, 2 StGB strafbar gemacht haben. Es gibt jedoch keine Anhaltspunkte dafür, dass es sich beim Textverarbeitungsprogramm des Z um eine Datenverarbeitung von wesentlicher Bedeutung für die Firma F handelt (→ Rn. 32). Eine Strafbarkeit des A nach § 303b Abs. 1, 2 StGB ist somit nicht gegeben.

4. Ergebnis zum vierten Tatkomplex

62 A hat sich nach § 303a Abs. 1 Var. 4 StGB strafbar gemacht.

V. Fünfter Tatkomplex: Wegwerfen des Schlüssels

1. Diebstahl (§ 242 Abs. 1 StGB)

63 A könnte sich durch das Wegwerfen des Schlüssels wegen Diebstahls nach § 242 Abs. 1 StGB strafbar gemacht haben.

64 Dazu müsste er eine fremde bewegliche Sache weggenommen haben. Beim Schlüssel handelt es sich um eine bewegliche Sache; er steht im Eigentum der Firma und ist daher für A fremd. A müsste den Schlüssel weggenommen haben. Wegnahme ist der Bruch fremden und die Begründung neuen, nicht notwendig tätereigenen Gewahrsams.[29] A hat den Schlüssel aber nicht weggenommen, vielmehr wurde er ihm im Rahmen seines Arbeitsverhältnisses ausgehändigt. Mangels Wegnahme hat sich A also nicht wegen Diebstahls nach § 242 Abs. 1 StGB strafbar gemacht.

2. Unterschlagung (§ 246 Abs. 1 StGB)

65 Er könnte sich aber durch das Werfen des Schlüssels in den Teich wegen Unterschlagung nach § 246 Abs. 1 StGB strafbar gemacht haben. Dazu müsste er sich eine fremde bewegliche Sache zugeeignet haben. Zueignung ist die Manifestation des Zueignungswillens, es muss also nach außen hin erkennbar sein, dass der Täter die Sache behalten will.[30] A wirft den Schlüssel in einen Teich und maßt sich damit

---

[27] *Fischer* Vor § 32 StGB Rn. 4.
[28] Schönke/Schröder/*Sternberg-Lieben* Vor §§ 32 ff. StGB Rn. 59.
[29] *Fischer* § 242 StGB Rn. 16.
[30] *Kindhäuser/Hilgendorf* § 246 StGB Rn. 12.

eine Eigentümerstellung an. Im Wegwerfen des Schlüssels zeigt sich jedoch gerade nicht der Wille, ihn auch behalten zu wollen. A eignet sich den Schlüssel nicht an. Er hat sich damit nicht wegen Unterschlagung nach § 246 Abs. 1 StGB strafbar gemacht.

3. Sachbeschädigung (§ 303 Abs. 1 StGB)

A könnte sich indes wegen Sachbeschädigung nach § 303 Abs. 1 StGB strafbar gemacht haben. Dazu müsste er eine fremde Sache beschädigt oder zerstört haben. Der Firmenschlüssel steht im Eigentum der Firma und ist damit eine für A fremde Sache. Ob A den Schlüssel aber beschädigt hat, ist fraglich. Der bloße Sachentzug stellt nämlich kein Beschädigen i.S.d. § 303 Abs. 1 StGB dar.[31] Hinweise auf eine Substanzverletzung des Schlüssels gibt es nicht; im Zweifel ist davon auszugehen, dass der Schlüssel nicht von A beschädigt wurde. A hat sich demnach nicht wegen Sachbeschädigung nach § 303 Abs. 1 StGB strafbar gemacht. **66**

4. Ergebnis zum fünften Tatkomplex

A hat sich nicht strafbar gemacht. **67**

VI. Sechster Tatkomplex: Computer des A zu Hause

1. Datenveränderung (§ 303a Abs. 1 StGB)

A hat alle Dateien, die sich auf seinen alten Betrieb beziehen, von seinem Computer gelöscht, unter anderem das geschenkte Spielprogramm. Er könnte sich deshalb wegen Datenveränderung nach § 303a Abs. 1 StGB strafbar gemacht haben. Sowohl bei den betriebsbezogenen Dateien als auch bei dem Spielprogramm handelt es sich um Daten nach § 202a Abs. 2 StGB. A hat diese Daten gelöscht (§ 303a Abs. 1 Var. 1 StGB) oder zumindest verändert (Var. 4, → Rn. 26). **68**

Fraglich ist, ob er das auch rechtswidrig tat.[32] Die Löschung bzw. Veränderung der Daten war nicht rechtswidrig, wenn sie im Interesse des Berechtigten erfolgte. Wegen der Kündigung hatte der frühere Arbeitgeber gerade kein Interesse mehr am Verbleib firmenbezogener Daten auf dem Privatrechner des A. Das Löschen dieser Daten war somit nicht rechtswidrig. Das Spielprogramm ist A sogar geschenkt worden; er ist daher Verfügungsberechtigter an den Daten des Spielprogramms. Das Löschen des Spielprogramms war daher ebenfalls nicht rechtswidrig. **69**

A hat sich nicht wegen Datenveränderung nach § 303a Abs. 1 StGB strafbar gemacht. **70**

2. Ergebnis zum sechsten Tatkomplex

A hat sich nicht strafbar gemacht. **71**

VII. Gesamtergebnis und Konkurrenzen

A hat sich nach §§ 303 Abs. 1; 123 Abs. 1; 303b Abs. 1, 274 Abs. 1 Nr. 2, 52; 303a Abs. 1; 53 StGB strafbar gemacht. **72**

---

[31] *Joecks/Jäger* § 303 StGB Rn. 14.
[32] Zur systematischen Einordnung des Merkmals der Rechtswidrigkeit → Rn. 27.

Fall 3. Der gekündigte Programmierer

Fallbeurteilung

Die Schwerpunkte des eher einfach gehaltenen Falls liegen im Bereich der Sachbeschädigungs- und Computerdelikte. Von einem Bearbeiter werden im Bereich der Computerdelikte keine detaillierten technischen Kenntnisse verlangt, allerdings sollte er zeigen, in der Lage zu sein, Probleme aus dem Gesetzeswortlaut entwickeln und lösen zu können.

Das Graffiti-Problem im ersten Tatkomplex gehört zum Standardwissen im Bereich der Sachbeschädigungsdelikte. Hier kommt es darauf an, zu erkennen, dass die Entfernung des Graffitos zwangsläufig eine Substanzverletzung nach sich zieht, sodass eher § 303 Abs. 1 StGB zu bejahen ist – jedenfalls sollte nicht ohne Argumentation auf § 303 Abs. 2 StGB ausgewichen werden. Bei § 185 StGB sollte das Problem der Erkennbarkeit des Betroffenen bei der Kundgabe herausgearbeitet werden.

Die Definition der technischen Aufzeichnung i.S.d. § 274 Abs. 1 StGB, die im zweiten Tatkomplex eine Rolle spielt, gehört zum Basiswissen.

Die Tatkomplexe 2 bis 4 und 6 beinhalten verschiedene Probleme der §§ 303a und 303b StGB. Der Sachverhalt ist dabei so angelegt, dass sich notwendige Differenzierungen geradezu aufdrängen. So gilt es etwa zu erkennen, dass es für das Merkmal der wesentlichen Bedeutung i.S.d. § 303b Abs. 1 StGB einen Unterschied zwischen dem Computer des X, auf dem eine Bilanz erstellt wird, und den Rechnern von Y und Z gibt. Dabei sollte eine Auseinandersetzung mit der Einordnung des Deliktsmerkmals der Rechtswidrigkeit im Rahmen des § 303a Abs. 1 StGB stattfinden.

Im fünften Tatkomplex ist der klassische Fall einer Unterschlagung einer Sache durch Wegwerfen zu prüfen, dessen Behandlung beherrscht werden muss.

Weiterführende Hinweise: *Ernst,* Hacker und Computerviren im Strafrecht, NJW 2003, 3233–3239; *Fülling/Rath,* Internet-Dialer – Eine strafrechtliche Untersuchung, JuS 2005, 598–602; *Hilgendorf,* Grundfälle zum Computerstrafrecht, JuS 1996, 1082–1084 (Teil 1) und 1997, 323–331 (Teil 2); *Kudlich/Noltensmeier,* Die Fremdheit der Sache als Tatbestandsmerkmal in strafrechtlichen Klausuren, JA 2007, 863–867; *Ladiges,* Grundfälle zu den Sachbeschädigungsdelikten, §§ 303–305a StGB, JuS 2018, 657–661 (Teil 1) und 754–759 (Teil 2); *Rönnau,* Grundwissen – Strafrecht: Mutmaßliche Einwilligung, JuS 2018, 851–856; *Satzger,* Der Tatbestand der Sachbeschädigung (§ 303 StGB) nach der Reform durch das Graffiti-Bekämpfungsgesetz, Jura 2006, 428–436; *Schuhr,* Verändern des Erscheinungsbildes einer Sache als Straftat, JA 2009, 169–175.

Fall 4. Im Selbstbedienungsladen

Sachverhalt

In einem Supermarkt nimmt A eine Musik-CD und legt sie auf den Boden seines Einkaufswagens. Darüber deckt er einen Warenprospekt. Eine Armbanduhr, die ihm besonders gefällt, steckt er gleich in seine Hosentasche. An der Kasse legt er, wie er es von Anfang an vorhatte, alle Waren mit Ausnahme der noch immer von dem Prospekt verdeckten CD und der Armbanduhr auf das Band und bezahlt den von der Kassiererin genannten Betrag. Dann schiebt er den Wagen durch die Kasse. Anschließend verpackt A die gekauften Waren in eine mitgebrachte Tasche. Als er gerade die CD dazu stecken möchte, wird er von dem Ladendetektiv B, der ihn die ganze Zeit über beobachtet hatte, gestellt. A übergibt dem B die Tasche mit der Musik-CD. B fordert A auf, auch noch die Armbanduhr herauszugeben, doch dieser weigert sich mit der Bemerkung, es handele sich um seine eigene Uhr. Als der Detektiv B insistiert, entreißt A dem B die Tasche und die CD, stößt ihn zu Boden und stürmt aus dem Laden. B bleibt völlig überrascht zurück. Erst ein paar Tage später kann A von der Polizei verhaftet werden.

Wie hat sich A strafbar gemacht?

Gliederung

	Rn.
I. Erster Tatkomplex: Das Geschehen im Ladenbereich	1
1. Diebstahl bzgl. der Armbanduhr (§ 242 Abs. 1 StGB)	1
a) Tatbestand	2
aa) Objektiver Tatbestand	2
Problem: Wie ist der Gewahrsamsbegriff einzugrenzen?	
bb) Subjektiver Tatbestand	6
b) Rechtswidrigkeit und Schuld	8
c) Zwischenergebnis	9
2. Diebstahl bzgl. der CD (§ 242 Abs. 1 StGB)	10
a) Tatbestand	11
b) Zwischenergebnis	12
3. Hausfriedensbruch durch Betreten des Supermarktes (§ 123 Abs. 1 StGB)	13
a) Tatbestand	13
Problem: Begeht der Ladendieb bereits beim Betreten des Ladens einen Hausfriedensbruch?	
b) Zwischenergebnis	16
4. Ergebnis zum ersten Tatkomplex	17
II. Zweiter Tatkomplex: Das Geschehen an der Kasse	18
1. Diebstahl bzgl. der CD (§ 242 Abs. 1 StGB)	18
a) Tatbestand	19
b) Zwischenergebnis	21

Fall 4. Im Selbstbedienungsladen

	Rn.
2. Versuchter Diebstahl bzgl. der CD (§§ 242, 22, 23 Abs. 1 StGB)	22
a) Vorprüfung	23
b) Tatentschluss	24
c) Unmittelbares Ansetzen	26
d) Rechtswidrigkeit und Schuld	27
e) Kein Rücktritt	28
f) Zwischenergebnis	30
3. Betrug bzgl. der CD (§ 263 Abs. 1 StGB)	31
a) Objektiver Tatbestand	32

Problem: Liegt eine Vermögensverfügung durch das Passieren-Lassen eines Kassenbereichs vor?

b) Zwischenergebnis	40
4. Versuchter Betrug bzgl. der CD (§§ 263, 22, 23 Abs. 1 StGB)	41
a) Vorprüfung	42
b) Tatentschluss	43
c) Unmittelbares Ansetzen	44
d) Rechtswidrigkeit und Schuld	45
e) Kein Rücktritt	46
f) Zwischenergebnis	47
5. Betrug bzgl. der Armbanduhr (§ 263 Abs. 1 StGB)	48
a) Tatbestand	49
aa) Objektiver Tatbestand	49
bb) Subjektiver Tatbestand	50
b) Rechtswidrigkeit und Schuld	51
c) Zwischenergebnis	52
6. Unterschlagung bzgl. der Armbanduhr (§ 246 Abs. 1 StGB)	53
a) Tatbestand	54
aa) Objektiver Tatbestand	54

Problem: Ist eine mehrfache Zueignung möglich?

bb) Subjektiver Tatbestand	57
b) Rechtswidrigkeit und Schuld	58
c) Zwischenergebnis	59
7. Ergebnis zum zweiten Tatkomplex	60
III. Dritter Tatkomplex: Das Geschehen hinter der Kasse	61
1. Räuberischer Diebstahl bzgl. der Armbanduhr (§ 252 StGB)	61
a) Tatbestand	62
aa) Objektiver Tatbestand	62
bb) Subjektiver Tatbestand	63
b) Rechtswidrigkeit und Schuld	65
c) Zwischenergebnis	66
2. Versuchter Betrug bzgl. der Armbanduhr (§§ 263, 22, 23 Abs. 1 StGB)	67
a) Vorprüfung	68
b) Tatentschluss	69
c) Unmittelbares Ansetzen	70
d) Rechtswidrigkeit und Schuld	71
e) Kein Rücktritt	72

	Rn.
f) Zwischenergebnis	73
3. Räuberischer Diebstahl bzgl. der CD (§ 252 StGB)	74
4. Raub bzgl. der CD und der Tasche (§ 249 Abs. 1 StGB)	75
a) Tatbestand	76
aa) Objektiver Tatbestand	76
bb) Subjektiver Tatbestand	79
b) Rechtswidrigkeit und Schuld	80
c) Zwischenergebnis	81
5. Nötigung bzgl. der Tasche (§ 240 StGB)	82
a) Tatbestand	83
aa) Objektiver Tatbestand	83
bb) Subjektiver Tatbestand	84
b) Rechtswidrigkeit und Schuld	85
c) Zwischenergebnis	86
6. Körperverletzung durch Niederstoßen (§ 223 Abs. 1 StGB)	87
a) Tatbestand	88
aa) Objektiver Tatbestand	88
bb) Subjektiver Tatbestand	89
b) Rechtswidrigkeit und Schuld	90
c) Zwischenergebnis	91
7. Ergebnis zum dritten Tatkomplex	92
IV. Konkurrenzen und Gesamtergebnis	93

Lösung

I. Erster Tatkomplex: Das Geschehen im Ladenbereich

1. Diebstahl bzgl. der Armbanduhr (§ 242 Abs. 1 StGB)

A könnte sich durch das Einstecken der Armbanduhr im Ladenbereich wegen Diebstahls nach § 242 Abs. 1 StGB strafbar gemacht haben. **1**

a) Tatbestand

aa) Objektiver Tatbestand

A müsste hierzu nach § 242 Abs. 1 StGB einem anderen eine fremde bewegliche Sache weggenommen haben. Fremd ist eine Sache, die im Eigentum eines anderen steht. Maßgeblich hierfür ist die Bestimmung des Eigentums im Bürgerlichen Recht.[1] Bei der Armbanduhr handelt es sich jedenfalls um eine fremde bewegliche Sache, die auch tatsächlich fortgeschafft werden kann. **2**

Zusätzlich müsste A auch das Tatbestandsmerkmal der Wegnahme erfüllt haben. Wegnahme bedeutet Bruch fremden und Begründung neuen, nicht notwendig tä- **3**

---

[1] BGH NStZ-RR 2000, 234; Lackner/Kühl/*Kühl* § 242 StGB Rn. 4.

tereigenen Gewahrsams.² Gewahrsam wiederum ist ein tatsächliches, von einem entsprechenden Beherrschungswillen getragenes Herrschaftsverhältnis, dessen genaue Grenzen sich nach der Verkehrsanschauung bestimmen.³ Gewahrsam besteht nur dann, wenn der Verwirklichung des Herrschaftswillens zur unmittelbaren Einwirkung auf die Sache keine Hindernisse entgegenstehen.⁴ Der Herrschaftswille des Gewahrsamsinhabers kann sich dabei auch auf einen generellen Herrschaftsbereich erstrecken.⁵

4   Im vorliegenden Fall besaß zunächst der Geschäftsinhaber Gewahrsam an der Armbanduhr. Indem A die Uhr in seine Hosentasche steckte, hat er diesen Gewahrsam gegen den Willen des Berechtigten aufgehoben, ihn also gebrochen.⁶

5   A müsste ferner bereits neuen, eigenen Gewahrsam an der Uhr begründet haben. Dies ist im vorliegenden Fall aus zwei Gründen problematisch: Zum einen befand sich A zu dem Zeitpunkt, als er die Uhr einsteckte, noch im Ladengeschäft, also im generellen Herrschaftsbereich des Geschäftsinhabers, zum anderen wurde das Einstecken der Uhr vom Ladendetektiv beobachtet. Letzteres ist allerdings im Hinblick auf die Definition des Gewahrsamsbegriffs grundsätzlich unerheblich; Diebstahl ist kein heimliches Delikt.⁷ Fraglich könnte allenfalls sein, ob A unter den gegebenen Umständen bereits eigenen Gewahrsam i.S. eines unbehinderten Herrschaftsverhältnisses begründen konnte. Dies lässt sich nach überwiegender Ansicht bei kleinen, unauffälligen Sachen jedenfalls dann bejahen, wenn der Täter diese Gegenstände so eng an seinem Körper trägt, dass auf sie nur unter Verletzung seiner höchstpersönlichen Sphäre zugegriffen werden kann (sog. Gewahrsamsenklave).⁸ Das Einstecken der Uhr in die Hosentasche erfüllt diese Voraussetzungen. A hat somit nicht nur fremden Gewahrsam gebrochen, sondern auch bereits eigenen Gewahrsam an der Armbanduhr begründet, sodass insgesamt eine Wegnahme i.S.v. § 242 Abs. 1 StGB bejaht werden kann.

bb) Subjektiver Tatbestand

6   A müsste zudem vorsätzlich hinsichtlich aller objektiven Tatbestandsmerkmale gehandelt haben (§ 15 StGB), d.h. in Kenntnis und mit dem Willen zu ihrer Verwirklichung, und zudem Zueignungsabsicht gehabt haben. A steckte die Armbanduhr wissentlich und willentlich in die Hosentasche und legte sie gerade nicht zu den anderen Waren in dem Einkaufswagen.

7   Auch müsste eine Zueignungsabsicht vorgelegen haben. Zueignen meint das Einverleiben einer Sache in das eigene Vermögen selbst oder wenigstens den in ihr verkörperten Sachwert (Aneignungskomponente) unter dauerndem Ausschluss des Berechtigten (Enteignungskomponente).⁹ Absicht ist hier der auf die Zueignung

---

² Lackner/Kühl/*Kühl* § 242 StGB Rn. 8; *Wessels/Hillenkamp/Schuhr* BT 2 Rn. 82.
³ Ausführlich hierzu Lackner/Kühl/*Kühl* § 242 StGB Rn. 8a ff.
⁴ Lackner/Kühl/*Kühl* § 242 StGB Rn. 9.
⁵ OLG Düsseldorf NJW 1988, 1335; Lackner/Kühl/*Kühl* § 242 StGB Rn. 11.
⁶ Vgl. *Otto* BT § 40 Rn. 15 ff.
⁷ *Fischer* § 242 StGB Rn. 16; vgl. aber auch *Gössel* § 7 Rn. 52, 81.
⁸ OLG Düsseldorf NJW 1986, 2266; krit. *Roßmüller/Rohrer* Jura 1994, 469, 474; vgl. auch *Wessels/Hillenkamp/Schuhr* BT 2 Rn. 125 mit umfangreichen Nachweisen.
⁹ Lackner/Kühl/*Kühl* § 242 StGB Rn. 21.

zielgerichtete Wille.[10] A steckte die Armbanduhr gerade mit dem Ziel ein, sich eine eigentümerähnliche Verfügungsgewalt zu verschaffen. Die beabsichtigte Zueignung war auch rechtswidrig, und A wusste dies. Er handelte damit auch mit Zueignungsabsicht, weshalb der subjektive Tatbestand erfüllt ist.

b) Rechtswidrigkeit und Schuld

Es sind keine Rechtfertigungsgründe ersichtlich. A handelte zudem schuldhaft. 8

c) Zwischenergebnis

A hat sich demnach durch das Einstecken der Armbanduhr wegen Diebstahls nach 9 § 242 Abs. 1 StGB strafbar gemacht. Es finden sich keine Hinweise im Sachverhalt, die eine Anwendbarkeit des § 248a StGB andeuten.

Hinweis: Im Regelfall würde bei einem Vorliegen des § 248a StGB[11] zumindest ein Hinweis im Sachverhalt zu finden sein, dass es sich um eine geringwertige Sache handelt. Dies könnte beispielsweise die Angabe eines Preises sein.

2. Diebstahl bzgl. der CD (§ 242 Abs. 1 StGB)

A könnte sich des Weiteren wegen Diebstahls nach § 242 Abs. 1 StGB hinsichtlich 10 der CD strafbar gemacht haben, indem er diese in den Wagen gelegt und durch einen Warenprospekt verdeckt hat.

a) Tatbestand

Hierzu müsste es sich bei der CD wiederum um eine fremde bewegliche Sache 11 handeln und er müsste den Gewahrsam des Geschäftsleiters gebrochen und eigenen, neuen Gewahrsam begründet haben.[12] Jedoch ist hier schon der Bruch des fremden Gewahrsams problematisch. Wenn ein Käufer eine Ware aus dem Regal entnimmt und in seinen Einkaufswagen legt, entspricht dies in aller Regel dem Willen der Geschäftsleitung. Die äußerlich noch nicht erkennbar gewordene Zielsetzung des A, die CD auf unrechtmäßige Weise an sich zu bringen, steht dem nicht entgegen. Ein Gewahrsamsbruch dürfte auch nicht in dem Verdecken der CD mit einem Prospekt zu erblicken sein, denn die Zugriffsmöglichkeit des Geschäftsführers bzw. der für ihn handelnden Personen auf die CD wurde dadurch kaum eingeschränkt. Ein Eingriff in die höchstpersönliche Sphäre des A war hier, anders als bei der in seiner Hosentasche befindlichen Armbanduhr, nicht erforderlich. Es spricht deshalb einiges dafür, hier noch von einem gelockerten Gewahrsam des Geschäftsinhabers auszugehen.[13] Letztlich kann die Frage aber offen bleiben: Aus den genannten Gründen fehlt es jedenfalls an einer sicheren Gewahrsamserlangung durch A. Unter Berücksichtigung der tatsächlichen Zugriffsmöglichkeiten auf die CD hatte er nach der Verkehrsanschauung noch keine ungehinderte Sachherrschaft erlangt, als er die CD unter dem Prospekt verbarg.[14]

---

[10] Lackner/Kühl/*Kühl* § 242 StGB Rn. 25.
[11] Ausführlich hierzu Lackner/Kühl/*Kühl* § 248a StGB Rn. 3.
[12] Wird ein Tatbestand ein zweites Mal geprüft, kann hinsichtlich der Definitionen nach oben verwiesen werden.
[13] So auch *Gössel* § 7 Rn. 82.
[14] Vgl. auch *Hillenkamp* JuS 1997, 217, 221.

b) Zwischenergebnis

12 Demnach hat sich A durch das Legen der CD in den Einkaufswagen nicht nach § 242 Abs. 1 StGB strafbar gemacht.

3. Hausfriedensbruch durch Betreten des Supermarktes (§ 123 Abs. 1 StGB)

a) Tatbestand

13 A könnte sich wegen Hausfriedensbruchs nach § 123 Abs. 1 StGB strafbar gemacht haben, indem er den Supermarkt mit der Absicht, einen Diebstahl nach § 242 Abs. 1 StGB zu begehen, betreten hat.

14 A müsste hierzu in einen Geschäftsraum gemäß § 123 Abs. 1 StGB widerrechtlich eingedrungen sein. Ein Geschäftsraum muss dazu bestimmt sein, für eine gewisse Dauer zum Betrieb von Geschäften irgendwelcher Art zu dienen.[15] Der Ladenbereich des Supermarktes, wie im vorliegenden Fall, stellt einen solchen Geschäftsraum dar.

15 Ein Eindringen i.S.v. § 123 Abs. 1 StGB setzt voraus, dass der Täter zumindest zum Teil einen Raum gegen den Willen des Berechtigten betritt.[16] Jedoch könnte hier ein tatbestandsausschließendes Einverständnis vorliegen.[17] Ein solches Einverständnis kommt bei den Tatbeständen in Betracht, die ein Handeln gegen den Willen des Betroffenen voraussetzen. Dies ist bei dem Hausfriedensbruch, der im Tatbestand einen entgegenstehenden Willen des Berechtigten fordert, der Fall. Hier könnte ein generelles tatbestandsausschließendes Einverständnis vorliegen, denn der Supermarkt stand dem allgemeinen Publikumsverkehr offen, sodass grundsätzlich jeder den Ladenbereich betreten durfte. Es lässt sich allenfalls argumentieren, dem Hausrechtsinhaber sei nicht daran gelegen gewesen, Personen mit kriminellen Absichten Zutritt zu gewähren. Um aber nicht bereits die böse Gesinnung zu pönalisieren, wird man verlangen müssen, dass die kriminelle Intention des Täters zum Zeitpunkt des Zutritts objektiv erkennbar geworden ist.[18] Da dies hier jedoch nicht der Fall war, entfällt aufgrund des Einverständnisses bereits der objektive Tatbestand.

b) Zwischenergebnis

16 A ist nicht strafbar nach § 123 Abs. 1 StGB.

4. Ergebnis zum ersten Tatkomplex

17 A hat sich durch das Einstecken der Armbanduhr nach § 242 Abs. 1 StGB strafbar gemacht.

---

[15] OLG Köln NJW 1982, 2740; Lackner/Kühl/*Heger* § 123 StGB Rn. 3.
[16] Lackner/Kühl/*Heger* § 123 StGB Rn. 5.
[17] Zur Abgrenzung von (tatbestandsausschließendem) Einverständnis und (rechtfertigender) Einwilligung vgl. *Wessels/Beulke/Satzger* AT Rn. 552 ff.
[18] OLG Düsseldorf NJW 1982, 2678; *Wessels/Hettinger/Engländer* BT 1 Rn. 597.

II. Zweiter Tatkomplex: Das Geschehen an der Kasse

1. Diebstahl bzgl. der CD (§ 242 Abs. 1 StGB)

A könnte sich wegen Diebstahls nach § 242 Abs. 1 StGB strafbar gemacht haben, indem er die CD, die im Kassenbereich noch immer unter dem Werbeprospekt versteckt war, beim Passieren des Kassenbereichs nicht bezahlt hat. **18**

a) Tatbestand

Hierzu müsste A die Ware weggenommen haben, also fremden Gewahrsam gebrochen und eigenen Gewahrsam begründet haben (zur Definition → Rn. 3). Fraglich ist hierbei, ob im Passieren der Kasse eine Wegnahme i.S.d. § 242 Abs. 1 StGB zu sehen ist. **19**

Für einen Gewahrsamsbruch spricht, dass A durch das Passieren des Kassenbereichs die CD bereits aus dem Ladenbereich als solchem entfernt hat. Es fehlt jedoch an einer neuen, eigenen Gewahrsamsbegründung, denn der Ladendetektiv erwartete A gleich hinter der Kasse, um die CD, die A noch nicht eingesteckt hatte, wieder an sich zu nehmen. Unter diesen Umständen lässt sich nicht von einer ungehinderten Herrschaftsmöglichkeit des A sprechen.[19] Daher fehlt es an einer neuen Gewahrsamsbegründung von A, weshalb der objektive Tatbestand nicht gegeben ist. **20**

b) Zwischenergebnis

Somit hat sich A nicht wegen vollendeten Diebstahls der CD nach § 242 Abs. 1 StGB strafbar gemacht. **21**

2. Versuchter Diebstahl bzgl. der CD (§§ 242, 22, 23 Abs. 1 StGB)

A könnte sich jedoch wegen versuchten Diebstahls nach §§ 242, 22, 23 Abs. 1 StGB strafbar gemacht haben. **22**

a) Vorprüfung

Wie bereits ausgeführt (→ Rn. 20), wurde A von B noch bevor er Gewahrsam an der CD begründen konnte gestellt. Aus diesem Grund war die Tat noch nicht vollendet. Aus §§ 242 Abs. 2, 12 Abs. 2, 23 Abs. 1 Alt. 2 StGB ergibt sich die Strafbarkeit des versuchten Diebstahls. **23**

b) Tatentschluss

A müsste zudem Tatentschluss gehabt haben. Dieser umfasst den Vorsatz hinsichtlich der objektiven Tatbestandsmerkmale sowie das Vorliegen weiterer subjektiver Merkmale.[20] Die CD ist, wie A weiß, eine fremde bewegliche Sache. A wollte den Gewahrsam an der CD brechen und eigenen Gewahrsam begründen, die CD also wegnehmen. Er hatte diesbezüglich Vorsatz. **24**

Auch müsste eine Zueignungsabsicht vorliegen (→ Rn. 7). A legte die CD in den Wagen und überdeckte sie mit dem Werbeprospekt. Man kann davon ausgehen, **25**

---

[19] A.A. *Hillenkamp* JuS 1997, 217, 222.
[20] *Wessels/Beulke/Satzger* AT Rn. 940.

dass A die CD nach Passieren des Kassenbereiches auch in das eigene Vermögen einverleiben wollte. Vor allem das Verstecken der CD im Vorfeld deutet auf diese Zueignungsabsicht hin. Die Zueignung war, wie A wusste, rechtswidrig. Somit hat A auch mit Tatentschluss gehandelt.

c) Unmittelbares Ansetzen

26 A müsste außerdem zur Verwirklichung des Tatbestandes unmittelbar angesetzt haben. Ein unmittelbares Ansetzen ist bei Handlungen des Täters gegeben, die nach dem Tatplan der Verwirklichung eines Tatbestandsmerkmals unmittelbar vorgelagert sind und im Falle eines ungehinderten Fortschreitens unmittelbar in die Tatbestandsverwirklichung münden würden.[21] Im vorliegenden Falle kann zweifelsfrei von einem unmittelbaren Ansetzen ausgegangen werden. A hatte die CD bereits im Einkaufswagen versteckt und auch den Kassenbereich passiert. Die Schwelle zum „Jetzt geht's los" war demnach schon übertreten. A hat mithin auch unmittelbar zur Tatbestandsverwirklichung i. S. v. § 22 StGB angesetzt.

d) Rechtswidrigkeit und Schuld

27 A handelte rechtswidrig und schuldhaft.

e) Kein Rücktritt

28 A könnte jedoch vom Versuch des Diebstahls nach § 24 Abs. 1 StGB strafbefreiend zurückgetreten sein. Ein Rücktritt nach § 24 StGB ist jedoch dann ausgeschlossen, wenn ein fehlgeschlagener Versuch vorliegt.

29 Fehlgeschlagen ist ein Versuch dann, wenn aus objektiven oder subjektiven Gründen der Taterfolg aus der Sicht des Täters mit den bereits eingesetzten oder den zur Hand liegenden Mitteln nicht mehr erreicht werden kann, ohne dass er eine ganz neue Handlungs- oder Kausalkette in Gang setzt.[22] A wurde unmittelbar nach Passieren des Kassenbereichs vom Detektiv B gestellt, weshalb die Vollendung des Diebstahls nicht mehr möglich war. Daher liegt hier ein fehlgeschlagener Versuch vor, weshalb ein Rücktritt nach § 24 Abs. 1 StGB ausscheidet.

f) Zwischenergebnis

30 Demnach hat sich A wegen versuchten Diebstahls gemäß §§ 242, 22, 23 Abs. 1 StGB strafbar gemacht.

Hinweis: Streng genommen hätte sich der Diebstahlsversuch bereits im ersten Handlungsabschnitt prüfen lassen. Da es sich jedoch um ein und dieselbe Tat handelt, ist es aus taktischen Erwägungen zweckmäßiger, die Prüfung erst im zweiten Handlungsabschnitt durchzuführen, wo das „unmittelbare Ansetzen" keine besonderen Probleme mehr aufwirft.

3. Betrug bzgl. der CD (§ 263 Abs. 1 StGB)

31 A könnte sich außerdem wegen Betruges nach § 263 Abs. 1 StGB strafbar gemacht haben, indem er den Einkaufswagen durch die Kasse schob.

---

[21] BGHSt 26, 201, 203 f.; Lackner/Kühl/*Kühl* § 22 StGB Rn. 4.
[22] BGHSt 39, 221, 228; *Fischer* § 24 StGB Rn. 7.

a) Objektiver Tatbestand

A müsste hierzu die Kassiererin des Supermarktes getäuscht haben. Infrage kommt hierbei das Passieren der Kasse, ohne dabei die CD auf das Band zu legen. Hierbei könnte er konkludent über das Vorhandensein der unbezahlten Ware getäuscht haben. **32**

Fraglich ist, ob sich das Verhalten des A nicht eher als ein Unterlassen deuten lässt. Die Abgrenzung zwischen Tun und Unterlassen ist außerordentlich umstritten. Die h. M. stellt auf einen „normativ" verstandenen „Schwerpunkt der Vorwerfbarkeit" ab; es ist aber nicht zu übersehen, dass dieses Kriterium außerordentlich vage ist.[23] Der Täuschungscharakter im Verhalten des A entstand im vorliegenden Fall nicht nur dadurch, dass er das Vorhandensein der CD verschwieg (Unterlassen), sondern auch dadurch, dass er die anderen Waren auf das Band legte und so den Eindruck erweckte, weitere abzurechnende Waren seien nicht vorhanden (aktives Tun). In derartigen Situationen, in denen sich beide Ansätze mit guten Gründen vertreten lassen, dürfte es vorzugswürdig sein, grundsätzlich dem Begehungsdelikt den Vorrang einzuräumen.[24] Im Ergebnis heißt dies, dass A hier keine Täuschung durch Unterlassen, sondern eine Täuschung durch aktives Tun vorzuwerfen ist.[25] **33**

Um § 263 Abs. 1 StGB bejahen zu können, müsste durch die Täuschung bei der Kassiererin ein Irrtum entstanden sein. Ein Irrtum besteht in dem Auseinanderfallen von Vorstellung und Wirklichkeit,[26] die Kassiererin müsste also täuschungsbedingt unrichtige oder unvollständige Vorstellungen über die abzurechnenden Waren und insbesondere über die CD gehabt haben. Eine positive Fehlvorstellung über die Existenz (oder Nicht-Existenz) von Waren unter dem Prospekt wird man dabei kaum annehmen können, wohl aber die allgemein gebliebene Vorstellung, es sei „alles in Ordnung". Nach zutreffender h. M. reicht ein derartiges Bewusstsein trotz seiner mangelnden Konkretisierung für den Tatbestand des § 263 StGB aus.[27] Damit ist im vorliegenden Fall ein täuschungsbedingter Irrtum gegeben.[28] **34**

Fraglich ist aber das Vorliegen einer Vermögensverfügung. Eine Vermögensverfügung ist jedes Handeln, Dulden oder Unterlassen, das sich unmittelbar vermögensmindernd auswirkt.[29] Ein Verfügungsbewusstsein, also die Erkenntnis des Getäuschten, eine Verfügung zu treffen, ist dabei nicht unbedingt erforderlich.[30] Eine Verfügung könnte hier darin zu sehen sein, dass die Kassiererin den A mitsamt der versteckten CD unbehelligt passieren ließ.[31] Dem steht jedoch entgegen, dass **35**

---

[23] *Jescheck/Weigend* § 58 II 3; *Zieschang* Rn. 591.
[24] Es handelt sich dabei um eine rein pragmatische Begründung, um Mischsituationen wie die vorliegende zu lösen.
[25] So auch OLG Düsseldorf NStZ 1993, 286; ebenso offenbar auch BGHSt 41, 198, 200 f., wo die Frage allerdings gar nicht thematisiert wird; a. A. *Hillenkamp* JuS 1997, 217, 221.
[26] Näher *Rengier* BT I § 13 Rn. 40.
[27] BGHSt 24, 389; *Wessels/Hillenkamp/Schuhr* BT 2 Rn. 511; krit. *Maurach/Schroeder/Maiwald/Hoyer/Momsen* § 41 Rn. 58 ff.
[28] A. A. *Hillenkamp* JuS 1997, 217, 221.
[29] BGHSt 14, 170; ausführlich zum Merkmal der Vermögensverfügung *Kindhäuser/Nikolaus*, JuS 2006, 193, 197 ff.
[30] BGHSt 14, 170, 172; *Wessels/Hillenkamp/Schuhr* BT 2 Rn. 518.
[31] So OLG Düsseldorf NJW 1993, 1407, 1408; vgl. auch OLG Düsseldorf NJW 1988, 922.

Fall 4. Im Selbstbedienungsladen

bei Zugrundelegung dieser Konstruktion eine Abgrenzung zwischen Betrug und heimlichem Diebstahl nicht mehr möglich wäre. Die h. M. verlangt deshalb für den Sachbetrug ausnahmsweise ein Verfügungsbewusstsein.[32] Im vorliegenden Fall hat die Verkäuferin über die Waren auf dem Band verfügt und, stellvertretend für den Geschäftsinhaber, das Eigentum daran dem A übertragen. Dagegen wusste sie von der CD nichts, sodass insoweit eine Verfügung nicht in Betracht kommt.[33]

36 Man könnte allerdings erwägen, ob nicht eine generelle Verfügung über den gesamten Inhalt des Einkaufswagens anzunehmen ist, die auch die CD miterfasst. Hierbei handelt es sich jedoch offenkundig um eine Fiktion, die im vorliegenden Fall schon deshalb nicht überzeugt, weil A die Waren auf ein Band gelegt hatte, wo sie von der Verkäuferin nacheinander erfasst und abgerechnet wurden. Eine generelle, auf den gesamten Inhalt des Einkaufswagens bezogene Vermögensverfügung ist deshalb nicht anzunehmen.

37 Um eine Vermögensverfügung bejahen zu können, ließe sich aber auch darauf abstellen, dass es die Kassiererin irrtumsbedingt unterlassen hat, für den Geschäftsinhaber einen Herausgabeanspruch[34] hinsichtlich der CD geltend zu machen. Auf diese Weise könnte man das Geschehen an der Kasse als Forderungsbetrug interpretieren, bei dem, wie bereits festgestellt wurde (→ Rn. 35), ein Verfügungsbewusstsein des Getäuschten nicht erforderlich ist. Gegen diese Konstruktion lässt sich zwar vorbringen, dass dadurch die These von der Exklusivität zwischen Betrug und heimlichem Diebstahl infrage gestellt wird. Die Entscheidung über die Anwendbarkeit des § 263 StGB ergibt sich jedoch allein aus einer Prüfung der Tatbestandsmerkmale; die Exklusivitätsthese ist deshalb keineswegs sakrosankt, sondern ihrerseits abhängig von der Interpretation des § 263 StGB.[35] Lässt man mit der h. M. einen Forderungsbetrug ohne Verfügungsbewusstsein des Getäuschten zu, so muss in Fällen wie dem vorliegenden eine Verfügung angenommen werden.[36]

38 Im Ergebnis heißt dies, dass eine Verfügung der Kassiererin über die CD zu bejahen ist.

39 Zu prüfen ist schließlich noch das Vorliegen eines Vermögensschadens. Dazu bedarf es einer Gesamtsaldierung der Vermögenssituation des Geschäftsinhabers vor und nach der Verfügung seiner Kassiererin.[37] Durch die Nichtgeltendmachung eines Herausgabeanspruchs ist dem Geschäftsinhaber letztlich kein Schaden entstanden, weil der Detektiv hinter der Kasse bereitstand, um A die CD wieder abzunehmen. Fraglich ist allerdings, ob nicht zumindest eine schadensgleiche Vermögensgefährdung anzunehmen ist. Dies wäre dann der Fall, wenn die Gefahr eines Schadens bereits so hoch einzustufen gewesen wäre, dass aus wirtschaftlicher Sicht eine Ver-

---

[32] *Wessels/Hillenkamp/Schuhr* BT 2 Rn. 518.
[33] So auch BGHSt 41, 198, 202 f.; vgl. auch *Rengier* BT I § 13 Rn. 64.
[34] Ein Anspruch aus § 433 Abs. 2 BGB kommt nicht infrage, da ein Kaufvertrag noch nicht abgeschlossen wurde, wohl aber ein Herausgabeanspruch gemäß § 985 BGB; a. A. *Zopfs* NStZ 1996, 191. Außerdem sind Ansprüche aus den §§ 859, 862, 1004 BGB gegen die drohende Besitzentziehung gegeben.
[35] Vgl. auch *Hillenkamp* JuS 1997, 217, 222, der von der Notwendigkeit eines „vorurteilsfreien Subsumtionsversuchs" spricht.
[36] Vgl. *Hillenkamp* JuS 1997, 217, 222; Schönke/Schröder/*Perron* § 263 StGB Rn. 60.
[37] Lackner/Kühl/*Kühl* § 263 StGB Rn. 36; vgl. auch *Rengier* BT I § 13 Rn. 155 f.

mögensminderung angenommen werden müsste.[38] Auch dies dürfte im vorliegenden Fall aber zu verneinen sein, da A sogleich vom Ladendetektiv gestellt wurde.

b) Zwischenergebnis

Mangels Vermögensschaden scheidet damit hinsichtlich der CD ein Betrug nach § 263 Abs. 1 StGB aus. **40**

4. Versuchter Betrug bzgl. der CD (§§ 263, 22, 23 Abs. 1 StGB)

A könnte sich jedoch wegen versuchten Betruges gemäß §§ 263, 22, 23 Abs. 1 StGB strafbar gemacht haben. **41**

a) Vorprüfung

Wie bereits festgestellt (→ Rn. 20), wurde A von B noch bevor er Gewahrsam an der CD begründen konnte gestellt. Daher wurde die Tat mangels Vorliegen eines Vermögensschadens nicht vollendet. Eine Strafbarkeit des versuchten Betruges ergibt sich aus §§ 263 Abs. 2, 12 Abs. 2, 23 Abs. 1 StGB. **42**

b) Tatentschluss

Außerdem müsste A einen Tatentschluss gefasst haben. Dieser umfasst den Vorsatz hinsichtlich der objektiven Tatbestandsmerkmale sowie das Vorliegen weiterer subjektiver Merkmale des § 263 Abs. 1 StGB.[39] A wollte die Kassiererin über das Vorhandensein der CD täuschen, um zu erreichen, dass sie keinen Herausgabeanspruch geltend machte (→ Rn. 32 f., 37). In der Nichtgeltendmachung dieses Anspruchs hätte ein Vermögensschaden des Eigentümers der Ware gelegen (→ Rn. 39). Dass die Wegnahme der CD gleichzeitig auch einen vollendeten Diebstahl (§ 242 Abs. 1 StGB) bedeutet hätte, steht der Annahme eines Vermögensschadens nicht entgegen.[40] Auch Bereicherungsabsicht liegt vor. Im Ergebnis heißt dies, dass im vorliegenden Fall ein auf einen Betrug gerichteter Tatentschluss anzunehmen ist. **43**

c) Unmittelbares Ansetzen

Auch müsste A unmittelbar zur Tatbestandsverwirklichung angesetzt haben (§ 22 StGB). Ein unmittelbares Ansetzen ist bei Handlungen des Täters gegeben, die nach dem Tatplan der Verwirklichung eines Tatbestandsmerkmals unmittelbar vorgelagert sind und im Falle eines ungehinderten Fortschreitens unmittelbar in die Tatbestandsverwirklichung münden würden.[41] A hatte bereits den Kassenbereich durchquert und wollte das Geschäft verlassen. Daher hat er die Schwelle zum „Jetzt geht's los" übertreten. Ein unmittelbares Ansetzen liegt demnach vor. **44**

d) Rechtswidrigkeit und Schuld

A handelte rechtswidrig und schuldhaft. **45**

---

[38] Lackner/Kühl/*Kühl* § 263 StGB Rn. 40.
[39] *Hilgendorf/Valerius* AT § 10 Rn. 19; *Wessels/Beulke/Satzger* AT Rn. 940.
[40] A.A. *Hillenkamp* JuS 1997, 217, 222 mit umfangreichen Nachweisen zu anderen Lösungsvorschlägen.
[41] BGHSt 26, 204; *Fischer* § 22 StGB Rn. 10.

e) Kein Rücktritt

46 Auch scheidet der Rücktritt gemäß § 24 StGB wegen eines fehlgeschlagenen Versuchs aus.

f) Zwischenergebnis

47 Somit ist A wegen versuchten Betruges gemäß §§ 263, 22, 23 Abs. 1 StGB strafbar. Da es sich bei dieser Tat lediglich um eine Sicherung des zeitgleich versuchten Diebstahls handelte, tritt die Strafbarkeit nach §§ 263, 22, 23 Abs. 1 StGB hinter der des versuchten Diebstahls nach §§ 242, 22, 23 Abs. 1 StGB zurück.[42]

5. Betrug bzgl. der Armbanduhr (§ 263 Abs. 1 StGB)

48 A könnte sich außerdem wegen Betruges nach § 263 Abs. 1 StGB strafbar gemacht haben, indem er die Armbanduhr, die sich in seiner Hosentasche befand, durch den Kassenbereich transportiert hat, ohne diese zu bezahlen.

a) Tatbestand

aa) Objektiver Tatbestand

49 A hat die Kassiererin über das Vorhandensein der Armbanduhr getäuscht und diese hat eine Vermögensverfügung vorgenommen (→ Rn. 32–38). Anders als oben (→ Rn. 39) liegt hier ein Vermögensschaden vor, da es dem Detektiv nicht gelungen ist, dem A die Armbanduhr abzunehmen.

bb) Subjektiver Tatbestand

50 A handelte vorsätzlich und mit Bereicherungsabsicht.

b) Rechtswidrigkeit und Schuld

51 Die Tat war rechtswidrig, A handelte schuldhaft.

c) Zwischenergebnis

52 Er ist strafbar wegen Betruges gemäß § 263 Abs. 1 StGB. Allerdings tritt die Strafbarkeit nach § 263 Abs. 1 StGB subsidiär hinter der des bereits verwirklichten Diebstahls (dazu → Rn. 1 ff.) der Armbanduhr als Sicherungsbetrug zurück.[43]

Hinweis: Mitbestrafte Nachtat ist der Betrug, wenn er nur die aus einer Vortat gewonnenen Vorteile sichern oder verwerten soll und keinen andersartigen Schaden verursacht.

6. Unterschlagung (§ 246 Abs. 1 StGB)

53 A könnte sich außerdem wegen Unterschlagung nach § 246 Abs. 1 StGB strafbar gemacht haben, indem er die Kasse mit der in die Tasche eingesteckten Uhr passierte.

---

[42] A.A. OLG Düsseldorf NJW 1961, 1368 (Tateinheit); weitere Nachweise bei *Rengier* BT I § 13 Rn. 270 f.
[43] Hier unstr., vgl. nur Lackner/Kühl/*Kühl* § 263 StGB Rn. 69.

a) Tatbestand

aa) Objektiver Tatbestand

Hierzu müsste A sich eine fremde bewegliche Sache rechtswidrig zugeeignet haben. Bei der Armbanduhr handelt es sich um eine bewegliche Sache, die auch fremd i.S.d. § 246 Abs. 1 StGB ist. **54**

Weiterhin müsste A das Tatbestandsmerkmal der Zueignung erfüllt haben. Eine Zueignung ist dann gegeben, wenn ein Täter die Sache oder den in ihr verkörperten Sachwert mit Ausschlusswirkung gegenüber dem Eigentümer seinem eigenen oder dem Vermögen eines Dritten in der Weise zuführt, dass er selbst oder der Dritte zum Scheineigentümer wird.[44] Im Gegensatz zu der Zueignungsabsicht im Tatbestand des Diebstahls nach § 242 Abs. 1 StGB kommt es bei der Unterschlagung auf einen objektiv erkennbaren Zueignungsakt nach außen an.[45] Diese Manifestation der Zueignungsabsicht kann hier in der Tatsache erblickt werden, dass A die Kasse passierte, ohne die Uhr herauszunehmen und zu bezahlen. In diesem Moment wurde sein Zueignungswille in unmissverständlicher Weise objektiv erkennbar. **55**

Problematisch ist allerdings, dass A bereits durch das Einstecken der Uhr auf strafbare Weise eigenen Gewahrsam begründet hatte. Die Rechtsprechung vertritt den Standpunkt, dass eine mehrfache Zueignung begrifflich ausgeschlossen ist,[46] während in der Lit. bei der wiederholten Betätigung einer bereits deliktisch erlangten Sache überwiegend der Tatbestand des § 246 Abs. 1 StGB bejaht wird.[47] Der zweiten Ansicht sollte hierbei jedoch gefolgt werden, da sich ansonsten erhebliche Strafbarkeitslücken beispielsweise in Fällen der Teilnahme an einer deliktischen Zweitzueignung ergeben. Somit ist der objektive Tatbestand gegeben.[48] **56**

bb) Subjektiver Tatbestand

A müsste zudem vorsätzlich gehandelt haben. Der Vorsatz besteht hierbei in dem Willen des Täters, sich oder einem Dritten rechtswidrig eine fremde bewegliche Sache zuzueignen. A passiert wissentlich den Kassenbereich, ohne die eingesteckte Armbanduhr zu zahlen. Daher ist auch der subjektive Tatbestand gegeben. **57**

b) Rechtswidrigkeit und Schuld

A handelt rechtswidrig und schuldhaft. **58**

c) Zwischenergebnis

Im vorliegenden Fall hat sich A deshalb nach § 246 Abs. 1 StGB strafbar gemacht. Die Unterschlagung tritt in derartigen Fällen allerdings grundsätzlich als straflose Nachtat hinter der Ersttat zurück.[49] **59**

---

[44] BGHSt 1, 264; *Fischer* § 246 StGB Rn. 5.
[45] Schönke/Schröder/*Bosch* § 246 StGB Rn. 10; ausführlich *Hillenkamp* BT, 24. Problem.
[46] Sog. Tatbestandslösung, vgl. BGHSt 14, 38.
[47] Schönke/Schröder/*Bosch* § 246 StGB Rn. 19; *Wessels/Hillenkamp/Schuhr* BT 2 Rn. 330; *Mitsch* JuS 1998, 307, 312.
[48] Weitere Fälle bei *Wessels/Hillenkamp/Schuhr* BT 2 Rn. 330. Für eine ausführliche Darlegung des Streitstandes vgl. *Hillenkamp* BT, 24. Problem. Für eine Lösung über den Tatbestand → Fall 1 Rn. 15 ff.
[49] *Tenckhoff* JuS 1984, 775, 779; *Wessels/Hillenkamp/Schuhr* BT 2 Rn. 329.

7. Ergebnis zum zweiten Tatkomplex

60 A hat sich im zweiten Handlungsabschnitt demnach gemäß §§ 242 Abs. 1, 2, 22, 23 Abs. 1 StGB strafbar gemacht.

III. Dritter Tatkomplex: Das Geschehen hinter der Kasse

1. Räuberischer Diebstahl bzgl. der Armbanduhr (§ 252 StGB)

61 A könnte sich wegen räuberischen Diebstahls nach § 252 StGB strafbar gemacht haben, indem er B zu Boden gestoßen hat, als dieser die Uhr von A herausverlangte.

a) Tatbestand

aa) Objektiver Tatbestand

62 A müsste hierzu nach Vollendung eines Diebstahls auf frischer Tat ertappt worden sein, Gewalt gegen eine Person ausgeübt haben und sich den Besitz am gestohlenen Gut erhalten haben. Als Vortat eines räuberischen Diebstahls kommt hier der (vollendete) Diebstahl der Armbanduhr in Betracht (dazu → Rn. 1 ff.). Im Rahmen des Diebstahls müsste A auf frischer Tat ertappt werden. Auf frischer Tat betroffen ist der Täter, der in Tatortnähe und alsbald nach Tatausführung wahrgenommen wird.[50] Detektiv B spricht A unmittelbar nach dem Passieren des Kassenbereichs an, weshalb eine unmittelbare örtliche und zeitliche Nähe zur Vortat bestanden hat. Indem A sich weigerte, dem Detektiv die Uhr herauszugeben und ihn stattdessen zu Boden stieß, hat er physische Gewalt, deren körperliche Auswirkung der Krafteinwirkung dabei nicht erheblich sein muss,[51] i. S. d. § 252 StGB gegen eine Person verübt. Somit ist der objektive Tatbestand erfüllt.

bb) Subjektiver Tatbestand

63 A handelte vorsätzlich.

64 Weiterhin müsste A in der Absicht gehandelt haben, sich den Besitz der Armbanduhr zu erhalten. Dass er sich dabei möglicherweise gleichzeitig einer Bestrafung entziehen wollte, ist unerheblich. Neben dem Fluchtmotiv muss jedoch die Absicht vorhanden gewesen sein, sich das Diebesgut zu sichern.[52] Dabei kann zwar allein aus der Tatsache, dass der Täter sich der Beute nicht entledigt, nicht darauf geschlossen werden, dass er sie in Gewahrsamserhaltungsabsicht mitnimmt.[53] Jedoch liegt in diesen Fällen der Schluss nahe, dass er zumindest auch in der Absicht gehandelt hat, sich die Beute zu erhalten.[54] Hier trägt A nicht nur die Armbanduhr bei seiner Flucht mit sich, er entreißt dem Detektiv noch die CD, um diese ebenso an sich zu bringen. Dieses Verhalten spricht dafür, dass er nicht nur fliehen wollte, sondern mit dem Weglaufen auch bezweckte, sich das Diebesgut, und somit auch die Armbanduhr, zu erhalten. Der subjektive Tatbestand liegt also vor.

---

[50] BGHSt 9, 257.
[51] BGHSt 18, 329.
[52] *Fischer* § 252 StGB Rn. 9.
[53] OLG Brandenburg NStZ-RR 2008, 201, 202.
[54] OLG Köln JuS 2005, 1053.

Hinweis: Bei einem auf frischer Tat ertappten Dieb steht erfahrungsgemäß die Absicht, sich einer Identifizierung zu entziehen, im Vordergrund. In diesen Fällen ist deshalb die Beuteerhaltungsabsicht immer problematisch.

b) Rechtswidrigkeit und Schuld

Rechtswidrigkeit und Schuld liegen vor. 65

c) Zwischenergebnis

A hat sich nach § 252 StGB strafbar gemacht. 66

2. Versuchter Betrug bzgl. der Armbanduhr (§§ 263, 22, 23 Abs. 1 StGB)

A könnte sich außerdem wegen versuchten Betruges gemäß §§ 263, 22, 23 Abs. 1 67
StGB strafbar gemacht haben, indem er B gesagt hat, dass es sich um seine Armbanduhr handele.

a) Vorprüfung

Die Strafbarkeit des versuchten Betruges ergibt sich aus §§ 263 Abs. 2, 12 Abs. 2, 68
23 Abs. 1 StGB. Da der Detektiv dem A nicht glaubte, dass es sich um seine eigene Armbanduhr handelt, kommt ein vollendeter Betrug mangels Vorliegens eines Irrtums nicht in Betracht.

b) Tatentschluss

Fraglich ist, ob sich ein entsprechender Tatentschluss bei A annehmen lässt. A woll- 69
te über die Eigentumsverhältnisse an der Uhr täuschen und bei B einen entsprechenden Irrtum erregen. Die Vermögensverfügung des B sollte darin liegen, dass er den Herausgabeanspruch des Geschäftsinhabers nicht geltend machte. Dass sich B bei einer geglückten Täuschung des Verfügungscharakters seines Verhaltens nicht bewusst gewesen wäre, ist unschädlich, denn beim Forderungsbetrug ist ein Verfügungsbewusstsein nach h.M. nicht nötig.[55] Der Vermögensschaden sollte beim Eigentümer des Supermarktes auftreten.[56] Damit ist Vorsatz hinsichtlich aller Merkmale des objektiven Tatbestandes gegeben. A handelte außerdem mit Bereicherungsabsicht.

c) Unmittelbares Ansetzen

A hat unmittelbar zur Tatausführung angesetzt, da er die Tathandlung bereits vor- 70
genommen hat.

d) Rechtswidrigkeit und Schuld

Rechtswidrigkeit und Schuld liegen vor. 71

e) Kein Rücktritt

Anhaltspunkte für einen strafbefreienden Rücktritt gemäß § 24 StGB liegen nicht 72
vor.

---

[55] BGHSt 14, 170, 172; *Hilgendorf/Valerius* BT II § 7 Rn. 150; *Wessels/Hillenkamp/Schuhr* BT 2 Rn. 518.
[56] Getäuschter und Geschädigter müssen beim Betrug nicht identisch sein, wohl aber Getäuschter und Verfügender.

f) Zwischenergebnis

73 Demnach ist A strafbar nach §§ 263, 22, 23 Abs. 1 StGB. Diese Strafbarkeit tritt als Sicherungsbetrug erneut hinter den im ersten Handlungsabschnitt begangenen Diebstahl an der Armbanduhr zurück.

3. Räuberischer Diebstahl bzgl. der CD (§ 252 StGB)

74 A könnte sich wegen räuberischen Diebstahls nach § 252 StGB strafbar gemacht haben, indem er B zu Boden gestoßen und die CD mitgenommen hat. Hierzu müsste jedoch eine rechtswidrige Vortat vorliegen. Nach h.M. kommt für eine solche Vortat jede Form der Wegnahme in Zueignungsabsicht infrage.[57] Jedoch müssen diese Vortaten vollendet sein, da § 252 StGB die Erlangung des Gewahrsams voraussetzt.[58] A wollte durch sein Handeln gerade fremden Gewahrsam brechen und nicht eigenen Gewahrsam verteidigen, weshalb der Tatbestand des § 252 StGB nicht erfüllt ist. Es fehlt an einem vollendeten Diebstahl als taugliche Vortat.

4. Raub bzgl. der CD und der Tasche (§ 249 Abs. 1 StGB)

75 A könnte sich wegen Raubes nach § 249 Abs. 1 StGB strafbar gemacht haben, indem er B zu Boden gestoßen und ihm die CD und die Tasche entrissen hat.

a) Tatbestand

aa) Objektiver Tatbestand

76 Dazu müsste A nach § 249 Abs. 1 StGB einem anderen unter Anwendung von Gewalt oder einer Drohung mit einer gegenwärtigen Gefahr für Leib oder Leben eine fremde bewegliche Sache weggenommen haben.

77 Hinsichtlich der Tasche ist bereits das Merkmal der fremden beweglichen Sache fraglich. A brachte die Tasche selbst mit, weshalb davon auszugehen ist, dass es sich bei der Tasche um sein Eigentum handelte. Somit ist der objektive Tatbestand hinsichtlich der Tasche nicht gegeben. Anders verhält es sich hinsichtlich der CD. Diese stand noch immer im Eigentum des Geschäftsinhabers, weshalb die CD „fremd" i.S.d. § 249 Abs. 1 StGB war.

78 Zudem müsste A die Sache weggenommen haben. Wegnahme bedeutet Bruch fremden und die Begründung neuen, nicht zwingend eigenen Gewahrsams. Indem A dem B die Tasche mit der CD entreißt, begründet er zweifelsfrei eigenen Gewahrsam und bricht fremden Gewahrsam. Zuletzt müsste A auch noch physische Gewalt angewendet haben. Die körperliche Auswirkung der Krafteinwirkung muss dabei nicht erheblich sein.[59] A stößt B im vorliegenden Fall zu Boden. Hierin ist eine Anwendung physischer Gewalt zu sehen. Diese Gewaltanwendung diente auch aus Sicht des A gerade der Ermöglichung der Wegnahme, sodass der erforderliche Finalzusammenhang vorliegt. Somit ist der objektive Tatbestand gegeben.

---

[57] *Fischer* § 252 StGB Rn. 3.
[58] BGHSt 9, 256; 16, 277.
[59] BGHSt 18, 329.

bb) Subjektiver Tatbestand

A handelte in Kenntnis aller Tatbestandsmerkmale und somit vorsätzlich. Zudem handelte A auch in der Absicht, sich die CD rechtswidrig zuzueignen. 79

b) Rechtswidrigkeit und Schuld

Rechtswidrigkeit und Schuld liegen vor. 80

c) Zwischenergebnis

A hat sich nach § 249 Abs. 1 StGB strafbar gemacht. 81

5. Nötigung bzgl. der Tasche (§ 240 StGB)

A könnte sich zudem wegen Nötigung nach § 240 StGB strafbar gemacht haben, indem er B die Tasche entrissen hat. 82

a) Tatbestand

aa) Objektiver Tatbestand

Nach § 240 Abs. 1, 2 StGB müsste A hierzu einen Menschen rechtswidrig mit Gewalt oder durch Drohung mit einem empfindlichen Übel zu einer Handlung, Duldung oder Unterlassung genötigt haben. Gewalt i.S.v. § 240 Abs. 1 StGB ist ein körperlich wirkender Zwang zur Überwindung eines geleisteten oder zu erwartenden Widerstandes.[60] Durch das Entreißen der Tasche hat A Gewalt i.S.d. § 240 Abs. 1 StGB gegenüber B angewendet und diese Gewalteinwirkung hatte auch zur Folge, dass der Wille des B gebrochen wurde. Mit der Gewaltanwendung wurde der Detektiv dazu genötigt, die Wegnahme der Tasche zu dulden. Der objektive Tatbestand ist in diesem Fall gegeben. 83

bb) Subjektiver Tatbestand

Auch handelte A vorsätzlich, d.h. in Kenntnis aller objektiven Tatbestandsmerkmale. 84

b) Rechtswidrigkeit und Schuld

Die Tat war rechtswidrig, insbesondere ist die Anwendung der Gewalt zum angestrebten Zweck verwerflich (§ 240 Abs. 2 StGB). A handelte schuldhaft. 85

c) Zwischenergebnis

A hat sich nach § 240 Abs. 1, 2 StGB strafbar gemacht. 86

6. Körperverletzung durch Niederstoßen (§ 223 Abs. 1 StGB)

Zudem könnte sich A wegen Körperverletzung gemäß § 223 Abs. 1 Alt. 1 StGB strafbar gemacht haben, indem er B niedergestoßen hat. 87

---

[60] Lackner/Kühl/*Heger* § 240 StGB Rn. 5.

Fall 4. Im Selbstbedienungsladen

a) Tatbestand
aa) Objektiver Tatbestand

88 Hierzu müsste A den B nach § 223 Abs. 1 Alt. 1 StGB körperlich misshandelt haben. Eine körperliche Misshandlung ist jede üble, unangemessene Behandlung, die das körperliche Wohlbefinden nicht unerheblich beeinträchtigt.[61] In dem Niederstoßen des B ist bei lebensnaher Betrachtung auf jeden Fall von einer Beeinträchtigung des körperlichen Wohlbefindens auszugehen. Somit ist der objektive Tatbestand gegeben. Ob darüber hinaus eine Gesundheitsbeschädigung vorliegt, geht aus dem Sachverhalt nicht hervor.

bb) Subjektiver Tatbestand

89 Auch handelte A in Kenntnis aller objektiven Tatbestandsmerkmale und somit vorsätzlich.

b) Rechtswidrigkeit und Schuld

90 Rechtswidrigkeit und Schuld liegen vor.

c) Zwischenergebnis

91 A hat sich nach § 223 Abs. 1 Alt. 1 StGB strafbar gemacht.

7. Ergebnis zum dritten Tatkomplex

92 A hat sich nach §§ 252, 249 Abs. 1, 240, 223 Abs. 1 Alt. 1, 52 StGB strafbar gemacht.

IV. Konkurrenzen und Gesamtergebnis

93 Der im ersten Handlungsabschnitt begangene vollendete Diebstahl an der Armbanduhr gemäß § 242 Abs. 1 StGB tritt subsidiär hinter dem ebenfalls verwirklichten § 252 StGB zurück.[62] Der versuchte Diebstahl an der CD bildet auf dem Weg zur Gewahrsamserlangung ein Durchgangsstadium und tritt deshalb ebenfalls als subsidiär hinter den Raub zurück. Dasselbe gilt für die im dritten Handlungsabschnitt begangene Nötigung, deren Unrechtsgehalt vollständig durch den Raub erfasst wird. Dagegen wird man § 223 Abs. 1 Alt. 1 StGB im Verhältnis zum Raub eigenständig zur Geltung bringen müssen, da Raub und Körperverletzung weder begriffsnotwendig noch auch nur regelmäßig zusammengehören. Raub und räuberischer Diebstahl betreffen hier verschiedene Gegenstände (nämlich CD und Armbanduhr), sodass keine Gesetzeseinheit anzunehmen ist. Im Ergebnis stehen also die §§ 249 Abs. 1, 252 und 223 Abs. 1 Alt. 1 StGB (da sie durch eine Handlung im natürlichen Sinn verwirklicht wurden) zueinander im Verhältnis der Tateinheit (§ 52 StGB).

---

[61] BGHSt 14, 269, 271.
[62] Vgl. Schönke/Schröder/*Bosch* § 252 StGB Rn. 13.

Fallbeurteilung

Der vorliegende Fall enthält allgemeine Probleme im Zusammenhang mit den verschiedenen Stadien der Tatbestände des Diebstahls sowie des Raubes. Vor allem ist es für den Bearbeiter zuerst wichtig, den Sachverhalt in verschiedene Handlungsabschnitte zu unterteilen. Es bietet sich an, die einzelnen Vorgänge in insgesamt drei verschiedene Handlungsabschnitte zu gliedern.

Im ersten Handlungsabschnitt liegt der Schwerpunkt in der Eingrenzung des Gewahrsamsbegriffs. Der Bearbeiter muss dabei genau unterscheiden, dass der Tatbestand des Diebstahls erst dann erfüllt ist, wenn der Täter eine ungehinderte Herrschaft über die Sache ausüben kann. Dies ist bei kleinen Dingen, die noch im Ladenbereich in die Hosentasche gesteckt werden, der Fall. Der alleinige Wille zur absoluten Sachherrschaft ist noch nicht ausreichend. Zudem steht dem Bruch des Gewahrsams auch ein Beobachten des Gewahrsamsinhabers nicht entgegen, da es sich bei dem Tatbestand des Diebstahls um kein heimliches Delikt handelt.

Im zweiten Handlungsabschnitt sollte der Schwerpunkt auf die Frage gerichtet werden, ob durch das Passieren des Kassenbereichs ein vollendeter Betrug nach § 263 Abs. 1 StGB bejaht werden kann. Nach einer durchgeführten Abgrenzung zwischen aktivem Tun und Unterlassen kommt man zum Ergebnis, dass die Kassiererin zwar getäuscht wurde, es jedoch durch das Stellen direkt noch im Ladenbereich an einem Vermögensschaden fehlt. Deshalb kommt nur eine Strafbarkeit wegen versuchten Betruges in Betracht.

Im dritten Handlungsabschnitt sind schließlich noch die Gewalteinwirkung gegenüber B und die Beuteerhaltungsabsicht zu besprechen.

Zusammenfassend zeigt sich durch den vorliegenden Fall deutlich, dass der Bearbeiter hinsichtlich der Diebstahlstatbestände sehr genau am Sachverhalt arbeiten muss und diesen genau unter die einzelnen Tatbestandsmerkmale subsumieren muss. Hierfür sollte auf jeden Fall bereits vor Lösung des Falles eine umfangreiche Gliederung erstellt werden.

Weiterführende Hinweise: *Dehne-Niemann,* Wissenswertes zum räuberischen Diebstahl (§ 252 StGB), Jura 2008, 742–749; *Kindhäuser/Nikolaus,* Der Tatbestand des Betrugs (§ 263 StGB), JuS 2006, 193–198 (Teil 1) und 293–298 (Teil 2); *dies.,* Sonderfragen des Betrugs (§ 263 StGB), JuS 2006, 590–593; *Mikolajczyk,* Das Aneignungselement der Zueignung, ZJS 2008, 18–24; *Rönnau,* Grundwissen Strafrecht. Die Zueignungsabsicht, JuS 2007, 806–808; *Schramm,* Grundfälle zum Diebstahl, JuS 2008, 678–682 (Teil 1) und 773–779 (Teil 2); *Schwarzer,* Zum Merkmal des Betreffens bei § 252 StGB, ZJS 2008, 265–270.

Fall 5. Scherben bringen Glück

Sachverhalt

C hat dem A die Freundin ausgespannt, der sich daraufhin an ihm rächen will. Da A die „Drecksarbeit" jedoch nicht selbst erledigen will, zwingt er den B mit vorgehaltener Pistole, mit herumliegenden Steinen die Fensterscheiben am Haus des C einzuwerfen. D, der zufällig in der Nähe ist, bemerkt den Vorgang und sieht die Steine fliegen. Er will B helfen und stößt A zu Boden. Dabei löst sich aus der Waffe des A ein Schuss, der B leicht verletzt. C hat sich vor den Steinwürfen im Schlafzimmer versteckt und deshalb das Geschehen nicht mitverfolgt. Als er den Schuss hört, glaubt er, es werde auf ihn geschossen. Entschlossen greift er eine schwere Keramikvase, eilt zum Fenster und wirft sie dem unbeteiligten Passanten E, den er für den Hauptverantwortlichen hält, gezielt an den Kopf. E wird schwer verletzt.

Beurteilen Sie die Strafbarkeit von A, B, C und D.

Gliederung

	Rn.
I. Strafbarkeit des B	1
1. Sachbeschädigung (§ 303 Abs. 1 StGB)	1
a) Tatbestand	2
aa) Objektiver Tatbestand	2
bb) Subjektiver Tatbestand	3
b) Rechtswidrigkeit	4
aa) Notwehr nach § 32 StGB	4
bb) Rechtfertigender Notstand nach § 34 StGB	6
Problem: Ist eine im Nötigungsnotstand begangene Tat nach § 34 StGB gerechtfertigt oder lediglich entschuldigt?	
c) Schuld	11
d) Ergebnis	12
2. Hausfriedensbruch (§ 123 Abs. 1 StGB)	13
a) Tatbestand	14
b) Ergebnis	15
3. Ergebnis für B	16
II. Strafbarkeit des A	17
1. Nötigung (§ 240 StGB)	17
a) Tatbestand	18
aa) Objektiver Tatbestand	18
bb) Subjektiver Tatbestand	20
b) Rechtswidrigkeit	21
c) Schuld	22
d) Ergebnis	23

	Rn.
2. Sachbeschädigung in mittelbarer Täterschaft (§§ 303 Abs. 1, 25 Abs. 1 Alt. 2 StGB)	24
a) Tatbestand	25
aa) Objektiver Tatbestand	25
bb) Subjektiver Tatbestand	27
b) Rechtswidrigkeit und Schuld	28
c) Ergebnis	29
3. Fahrlässige Körperverletzung (§ 229 StGB)	30
a) Erfolgseintritt, Handlung, Kausalität	31
b) Objektive Sorgfaltswidrigkeit, objektive Vorhersehbarkeit und objektive Zurechnung	32
Problem: Wird der Zurechnungszusammenhang durch das Dazwischentreten des D unterbrochen?	
c) Rechtswidrigkeit und Schuld	35
d) Ergebnis	36
4. Ergebnis für A und Konkurrenzen	37
III. Strafbarkeit des D	38
1. Körperverletzung zu Lasten des A (§ 223 Abs. 1 StGB)	38
a) Tatbestand	39
aa) Objektiver Tatbestand	39
bb) Subjektiver Tatbestand	40
b) Rechtswidrigkeit	41
c) Ergebnis	44
2. Fahrlässige Körperverletzung zu Lasten des B (§ 229 StGB)	45
a) Erfolgseintritt, Handlung, Kausalität	46
b) Objektive Sorgfaltswidrigkeit, objektive Vorhersehbarkeit und objektive Zurechnung	47
c) Ergebnis	49
3. Ergebnis für D	50
IV. Strafbarkeit des C	51
1. Versuchter Totschlag (§§ 212 Abs. 1, 22, 23 Abs. 1 StGB)	51
a) Vorprüfung	52
b) Tatentschluss	53
c) Ergebnis	56
2. Gefährliche Körperverletzung (§§ 223 Abs. 1, 224 Abs. 1 StGB)	57
a) Tatbestand	58
aa) Objektiver Tatbestand	58
bb) Subjektiver Tatbestand	63
b) Rechtswidrigkeit	64
c) Schuld	65
Problem: Wie wirkt sich der Irrtum über die Beteiligung des Passanten E aus?	
aa) Bezugspunkt des Irrtums: Erlaubnistatbestand	66
bb) Rechtliche Behandlung des Erlaubnistatbestandsirrtums	68
(1) Vorsatztheorie	69
(2) Lehre von den negativen Tatbestandsmerkmalen	71

Fall 5. Scherben bringen Glück

	Rn.
(3) Strenge Schuldtheorie	73
(4) Eingeschränkte Schuldtheorie	76
d) Ergebnis	78
3. Fahrlässige Körperverletzung (§ 229 StGB)	79
a) Erfolgseintritt, Handlung, Kausalität	80
b) Objektive Sorgfaltswidrigkeit, objektive Vorhersehbarkeit und objektive Zurechnung	81
c) Rechtswidrigkeit und Schuld	82
4. Ergebnis für C	83
V. Gesamtergebnis	84

Lösung

I. Strafbarkeit des B

Hinweis: Die Prüfung sollte immer mit dem Tatnächsten beginnen. Dies ist hier der B, der die Steine auf die Scheibe des C wirft. Die Prüfungsreihenfolge ist vorliegend besonders wichtig, da B ein Werkzeug des mittelbaren Täters A sein könnte und die Strafbarkeit des Werkzeuges immer vor der des Hintermannes geprüft werden muss.

1. Sachbeschädigung (§ 303 Abs. 1 StGB)

1 Durch das Einwerfen der Fensterscheiben des C könnte sich B wegen Sachbeschädigung nach § 303 Abs. 1 StGB strafbar gemacht haben.

a) Tatbestand

aa) Objektiver Tatbestand

2 B müsste eine fremde Sache beschädigt oder zerstört haben. Bei den Fensterscheiben handelt es sich um das Eigentum des C und somit um eine für B fremde Sache. Eine Beschädigung i.S.v. § 303 Abs. 1 StGB liegt vor, wenn der Täter auf die Sache in einer Weise körperlich einwirkt, die ihre Unversehrtheit oder bestimmungsgemäße Brauchbarkeit mehr als nur unerheblich beeinträchtigt.[1] Beim Zerstören wird die bestimmungsgemäße Brauchbarkeit völlig aufgehoben.[2] Indem B mit Steinen die Fensterscheiben des C einwirft, beseitigt er ihre bestimmungsgemäße Brauchbarkeit. Ein Zerstören liegt vor. Der objektive Tatbestand der Sachbeschädigung ist somit verwirklicht.

bb) Subjektiver Tatbestand

3 B müsste vorsätzlich, also mit Wissen und Wollen der Verwirklichung der objektiven Tatbestandsmerkmale gehandelt haben (§ 15 StGB). B hat gewusst, dass die Fensterscheibe zerstört werden würde, diese Folge nahm er zumindest billigend in Kauf. Es ist dabei nicht erforderlich, dass er die Folge gutheißt, sondern es genügt, dass sich der Täter mit einem an sich unerwünschten Erfolg abfindet.[3] Daher ist der

---

[1] *Hilgendorf/Valerius* BT II § 23 Rn. 8.
[2] *Fischer* § 303 StGB Rn. 14.
[3] BGHSt 7, 369; 36, 9.

Umstand, dass er von A zu diesem Verhalten gezwungen wird, für die Betrachtung des Vorsatzes irrelevant. B handelte vorsätzlich i.S.v. § 15 StGB.

b) Rechtswidrigkeit

aa) Notwehr nach § 32 StGB

B könnte aber nach § 32 StGB gerechtfertigt sein. Der Rechtfertigungsgrund der Notwehr setzt einen gegenwärtigen rechtswidrigen Angriff voraus, der als unmittelbare Bedrohung rechtlich geschützter Güter durch menschliches Verhalten definiert wird.[4] Durch das Vorhalten der Pistole bedrohte A das Leben und die körperliche Unversehrtheit des B. Diese Bedrohung war auch gegenwärtig und rechtswidrig. Eine Notwehrlage für B lag demnach vor.

Problematisch ist jedoch die Notwehrhandlung. Diese darf sich nur gegen den Angreifer und nicht gegen Rechtsgüter Dritter richten.[5] Da sich die Würfe des B mit den Steinen auf die Fensterscheibe des C und nicht gegen A richten, können diese daher nicht nach § 32 StGB gerechtfertigt sein. Aus diesem Grund scheidet eine Rechtfertigung wegen Notwehr aus.

bb) Rechtfertigender Notstand nach § 34 StGB

B könnte aber gemäß § 34 StGB gerechtfertigt sein. Voraussetzung hierfür ist, dass sich B in einer Notstandslage befindet. Diese setzt eine gegenwärtige, nicht anders abwendbare Gefahr für ein notstandsfähiges Rechtsgut voraus. Unter einer gegenwärtigen Gefahr ist ein Zustand zu verstehen, dessen Weiterentwicklung den Eintritt oder die Intensivierung eines Schadens ernstlich befürchten lässt.[6] Durch das Vorhalten der Pistole ist eine gegenwärtige Gefahr für das Leben und die körperliche Unversehrtheit des B zu bejahen.

Des Weiteren müsste die Handlung des B objektiv erforderlich und subjektiv von einem Rettungswillen getragen sein.[7] Da A den B mit der Pistole dazu zwang, die Scheiben des C einzuwerfen, stellte diese Handlung die einzige Möglichkeit dar, der Gefahr zu begegnen. Die Notstandshandlung war daher erforderlich und auch Ausdruck eines Rettungswillens seitens des B.

Außerdem müsste die Interessenabwägung zugunsten des B ausfallen und die Tat darüber hinaus ein angemessenes Mittel darstellen, die Gefahr abzuwenden.[8] Das geschützte Interesse, hier das Leben des B, überwiegt als höherrangiges Rechtsgut das beeinträchtigte Interesse des C an seinem Eigentum wesentlich. Unter dem Gesichtspunkt der Angemessenheit ist der vorliegende Sachverhalt jedoch problematisch. Vorliegend handelt es sich um einen Fall, in dem eine Person von einem Dritten unter Androhung einer Gefahr für Leib und Leben zu einer tatbestandsmäßigen Handlung gezwungen wird. Es liegt somit ein sog. Nötigungsnotstand vor. Ob dieser als rechtfertigender Notstand nach § 34 StGB gewertet werden kann, ist umstritten.

---

[4] Vgl. Schönke/Schröder/*Perron/Eisele* § 32 StGB Rn. 3.
[5] BGHSt 5, 245.
[6] *Fischer* § 34 StGB Rn. 4, 7; *Hilgendorf/Valerius* AT § 5 Rn. 74.
[7] *Wessels/Beulke/Satzger* AT Rn. 468.
[8] Näher zur Angemessenheitsklausel *Grebing* GA 1979, 81; *Joerden* GA 1991, 411.

Fall 5. Scherben bringen Glück

Hinweis: Bis 1975 war in § 52 StGB a. F. eine besondere Regelung über den Nötigungsnotstand enthalten. Bei der Einführung der heutigen Notstandsregelungen hat der Reformgesetzgeber auf eine derartige Spezialvorschrift verzichtet, sodass dieser heute nach den allgemeinen Notstandsregelungen beurteilt werden muss. Umstritten ist nun, ob § 34 StGB oder § 35 StGB Anwendung findet.

9 Eine Ansicht bejaht in den Fällen des Nötigungsnotstandes stets eine Rechtfertigung nach § 34 StGB. Begründet wird dies mit dem Argument, dass es für die Interessenabwägung unwesentlich ist, ob die Gefahr von einer Naturgewalt oder dem rechtswidrigen Verhalten eines anderen ausgeht.[9] Folglich wäre B nach dieser Ansicht gerechtfertigt.

10 Nach der wohl h. M. im Schrifttum soll in Fällen eines Nötigungsnotstandes eine Rechtfertigung nach § 34 StGB stets ausscheiden, da der Täter, wenn auch gezwungenermaßen, auf die Seite des Unrechts tritt.[10] Diese Ansicht verdient vor allem deshalb Zustimmung, da dem Angegriffenen (hier C) im Falle einer Rechtfertigung des Genötigten (hier B) jegliche Abwehrrechte gegen diesen vollständig versagt bleiben müssten. Das Vertrauen in die Geltungskraft der Rechtsordnung würde zutiefst erschüttert, wenn der Angegriffene auf eine zumeist weniger effektive Verteidigungsbefugnis gegenüber dem Nötigenden (hier A) verwiesen würde. Dieser Ansicht folgend muss ein rechtfertigender Notstand nach § 34 StGB ausscheiden. Es bleibt der Entschuldigungsgrund des entschuldigenden Notstandes nach § 35 StGB.

Hinweis: Dieses Argument ist unter dem Stichwort der „Notwehrprobe" bekannt. Dem Opfer der von dem Genötigten ausgehenden Handlung darf die Verteidigung gegen den Angriff auf seine Rechtsgüter nicht versagt werden.

c) Schuld

11 B könnte aufgrund eines entschuldigenden Notstandes nach § 35 Abs. 1 StGB entschuldigt sein. Wie bereits ausgeführt (→ Rn. 6) ist eine gegenwärtige Gefahr für das Leben und die körperliche Unversehrtheit des B gegeben, der er aufgrund der Nötigungssituation nur durch das Werfen der Steine begegnen kann. Es liegt daher eine Notstandslage vor, welche die Handlung des Werfens der Steine erforderlich macht. Die Hinnahme dieser Gefahr kann B aufgrund der überragenden Bedeutung der infrage stehenden Rechtsgüter nicht zugemutet werden. Die Ausnahmeregelung des § 35 Abs. 1 Satz 2 StGB kann daher nicht eingreifen. Da B auch mit Notstandswillen gehandelt hat, um die von A ausgehende Gefahr von sich abzuwenden, hat er gemäß § 35 Abs. 1 StGB ohne Schuld gehandelt.

d) Ergebnis

12 B hat sich nicht wegen Sachbeschädigung nach § 303 Abs. 1 StGB strafbar gemacht.

2. Hausfriedensbruch (§ 123 Abs. 1 StGB)

13 B könnte sich durch das Werfen der Steine ferner wegen Hausfriedensbruchs nach § 123 StGB strafbar gemacht haben.

---

[9] LK/*Zieschang* § 34 StGB Rn. 69a; differenzierend nach der Schwere des abgenötigten Delikts bzw. nach der Art des Eingriffs *Roxin/Greco* § 16 Rn. 67 ff.; *Neumann* JA 1988, 329.

[10] So z. B. *Wessels/Beulke/Satzger* AT Rn. 474; *Jescheck/Weigend* § 44 II 3; Schönke/Schröder/*Perron* § 34 StGB Rn. 41b.

a) Tatbestand

Bei der Wohnung des C handelt es sich um ein taugliches Tatobjekt des Hausfriedensbruchs. B müsste ferner in die Wohnung eingedrungen sein. Eindringen i.S.v. § 123 Abs. 1 StGB ist das Betreten gegen den ausdrücklich erklärten oder mutmaßlichen Willen des Berechtigten.[11] Dabei ist Voraussetzung, dass der Körper des Täters zumindest zum Teil in den geschützten Bereich eindringt.[12] B betritt jedoch nicht die Wohnung, er wirft lediglich Steine hinein. Dies stellt kein Eindringen i.S.d. § 123 StGB dar. Der objektive Tatbestand ist daher nicht gegeben.

14

b) Ergebnis

A hat sich nicht wegen Hausfriedensbruchs nach § 123 Abs. 1 StGB strafbar gemacht.

15

3. Ergebnis für B

B hat sich nicht strafbar gemacht.

16

II. Strafbarkeit des A

1. Nötigung (§ 240 StGB)

A könnte sich wegen Nötigung nach § 240 StGB zum Nachteil des B strafbar gemacht haben, indem er den B mit vorgehaltener Pistole gezwungen hat, die Scheiben des C einzuwerfen.

17

a) Tatbestand

aa) Objektiver Tatbestand

A müsste den B durch Gewalt oder durch Drohung mit einem empfindlichen Übel zu einem Verhalten genötigt haben. Gewalt i.S.v. § 240 Abs. 1 StGB ist ein körperlich wirkender Zwang zur Überwindung eines geleisteten oder zu erwartenden Widerstandes.[13] Eine körperliche Kraftentfaltung des Täters ist hierbei nicht erforderlich. Ob in dem Vorhalten einer Schusswaffe bereits schon ein körperlich wirkender Zwang zu sehen ist, ist umstritten.[14] B ist zwar dadurch zu keinem anderen Verhalten fähig, das Vorhalten einer Pistole könnte jedoch jedenfalls als Drohung mit einem empfindlichen Übel interpretiert werden. Drohen ist das In-Aussicht-Stellen eines zukünftigen Übels, auf dessen Eintritt der Drohende Einfluss zu haben vorgibt.[15] Ein empfindliches Übel i.S.d. § 240 Abs. 1 StGB ist ein Nachteil von solcher Erheblichkeit, dass es möglich ist, den Betroffenen i.S.d. Täterverlangens zu motivieren.[16] Das Drohen des A mit einer Pistole ist ein empfindliches Übel, da es

18

---

[11] *Rengier* BT II § 30 Rn. 8ff.
[12] Ein beliebtes Beispiel hierfür ist der Fuß, der in die Tür gestellt wird, um deren Schließen zu verhindern.
[13] Lackner/Kühl/*Heger* § 240 StGB Rn. 5.
[14] Bejaht von BGHSt 23, 126; 39, 133; abl. *Hillenkamp* JuS 1994, 769, 771; *Rengier* BT II § 23 Rn. 28.
[15] Lackner/Kühl/*Heger* § 240 StGB Rn. 12.
[16] *Fischer* § 240 StGB Rn. 32a.

Fall 5. Scherben bringen Glück

eine Verletzung der körperlichen Unversehrtheit oder gar des Lebens des C in Aussicht stellt und somit geeignet ist, den B zum Scheibeneinwerfen zu motivieren.

Hinweis: Der Streit, ob das Vorhalten einer Waffe als Gewalt i. S. d. § 240 Abs. 1 StGB angesehen werden kann, braucht nicht ausführlich diskutiert zu werden, wenn – wie hier – das Drohungsmerkmal des § 240 Abs. 1 Alt. 2 StGB unproblematisch gegeben ist.

19 Des Weiteren müsste durch die Drohung des A ein Nötigungserfolg eingetreten sein. Ein solcher ist in der Handlung des B, dem Einwerfen der Fensterscheiben des C mit Steinen, gegeben. Der objektive Tatbestand ist damit erfüllt.

bb) Subjektiver Tatbestand

20 A müsste ferner vorsätzlich gehandelt haben (§ 15 StGB). A wollte dem B ein ihm widerstrebendes Verhalten in Gestalt der Beschädigung des Hauses aufzwingen und beabsichtigte ebenfalls, ihn zu diesem Verhalten mit der Androhung des Gebrauchs der Schusswaffe zu nötigen. Der Vorsatz ist somit gegeben. Die von der Lit. geforderte Nötigungsabsicht i. S. eines zielgerichteten Handelns[17] liegt ebenfalls vor. Der subjektive Tatbestand ist damit erfüllt.

b) Rechtswidrigkeit

21 Die Tat müsste außerdem rechtswidrig sein. Allgemeine Rechtfertigungsgründe sind nicht ersichtlich. Nach § 240 Abs. 2 StGB müsste die Nötigung zudem verwerflich sein, d. h. das Mittel, der Zweck oder die Zweck-Mittel-Relation müsste sittlich bzw. sozial in hohem Maße zu missbilligen sein.[18] Der Einsatz des Nötigungsmittels (Vorhalten einer Waffe) zum angestrebten Nötigungszweck (Sachbeschädigung) ist in hohem Maße zu missbilligen und daher als verwerflich i. S. v. § 240 Abs. 2 StGB einzustufen. Die Tat des A war daher rechtswidrig.

Hinweis: Bei der Nötigung nach § 240 StGB muss nach der Prüfung der allgemeinen Rechtfertigungsgründe wegen § 240 Abs. 2 StGB die Verwerflichkeit der Tat positiv festgestellt werden. Es handelt sich um einen sog. offenen Tatbestand, bei dem die Tatbestandsmäßigkeit die Rechtswidrigkeit nicht indiziert. Die Verwerflichkeit kann sich aus dem Nötigungsmittel, dem angestrebten Zweck oder der Relation aus Mittel und Zweck ergeben.

c) Schuld

22 A handelte auch schuldhaft.

d) Ergebnis

23 A hat sich daher wegen Nötigung zu Lasten des B gemäß § 240 Abs. 1 StGB strafbar gemacht.

2. Sachbeschädigung in mittelbarer Täterschaft (§§ 303 Abs. 1, 25 Abs. 1 Alt. 2 StGB)

24 A könnte sich durch die Bedrohung des B mit der Schusswaffe, der daraufhin die Fensterscheibe des C einwarf, wegen Sachbeschädigung in mittelbarer Täterschaft nach §§ 303 Abs. 1, 25 Abs. 1 Alt. 2 StGB strafbar gemacht haben.

---

[17] Vgl. dazu Schönke/Schröder/*Eisele* § 240 StGB Rn. 34.
[18] Vgl. *Rengier* BT II § 23 Rn. 59 ff.

a) Tatbestand

aa) Objektiver Tatbestand

B hat den objektiven Tatbestand des § 303 Abs. 1 StGB erfüllt. Falls eine mittelbare Täterschaft vorliegt, könnte das Handeln des B dem A zugerechnet werden. Fraglich ist, ob sich A zur Ausführung der tatbestandsmäßigen Handlung einer weiteren Person, also des B, bedient hat, um durch ihn mittelbar eine Sachbeschädigung zu begehen. Generell kennzeichnend für die mittelbare Täterschaft ist die Eigenschaft des Handelnden als „Werkzeug" des mittelbaren Täters. Der mittelbare Täter muss faktisch die Tatherrschaft besitzen und das Gesamtgeschehen kraft seines planvoll lenkenden Willens in der Hand halten.[19] Weithin anerkannt ist, dass auch eine Nötigung des Tatmittlers einen Fall der mittelbaren Täterschaft darstellen kann. Die Herrschaft des Hintermannes drückt sich hierbei in der Herrschaft über den Willen des Vordermannes aus.[20] Der Vordermann weiß zwar, was er tut, dient aber lediglich dem Hintermann als Zwischenschaltungselement, um dessen Willen zu verwirklichen.

A hat bei B einen Nötigungsnotstand provoziert. A besitzt die Tatherrschaft, indem er B als Zwischenschaltungselement einsetzt, um ihn zu der Sachbeschädigung zu zwingen. Er hält den Tatablauf damit steuernd in den Händen und nutzt B als sein willenloses Werkzeug. Eine weitere Voraussetzung für die mittelbare Täterschaft ist grundsätzlich das straflose Handeln des Vordermannes. B hat sich vorliegend nicht wegen Sachbeschädigung strafbar gemacht, da er nach § 35 StGB wegen des Nötigungsnotstandes entschuldigt ist. Der objektive Tatbestand der Sachbeschädigung nach § 303 Abs. 1 StGB ist somit dem A als mittelbarem Täter zuzurechnen.

Hinweis: Ist der Vordermann selbst strafrechtlich verantwortlich, so ist der Hintermann nur in Ausnahmefällen mittelbarer Täter, etwa bei Vorliegen mafiaähnlicher Organisationsstrukturen als Täter hinter dem Täter oder im sog. Katzenkönigfall (BGHSt 35, 347).

bb) Subjektiver Tatbestand

A hat Vorsatz, sowohl eine Sachbeschädigung an den Fenstern des C zu begehen als auch den B als Tatmittler dazu einzusetzen. Der subjektive Tatbestand der mittelbaren Täterschaft ist somit auch gegeben.

Hinweis: Der subjektive Tatbestand einer Strafbarkeit wegen mittelbarer Täterschaft umfasst sowohl den Vorsatz bzgl. der Tatbestandsverwirklichung als auch den Vorsatz bzgl. der Tatherrschaft. Darüber hinaus müssen gegebenenfalls die sonstigen subjektiven Merkmale (etwa die Bereicherungsabsicht bei § 263 StGB) angesprochen werden.

b) Rechtswidrigkeit und Schuld

A handelte rechtswidrig und schuldhaft.

c) Ergebnis

A hat sich wegen Sachbeschädigung in mittelbarer Täterschaft nach §§ 303 Abs. 1, 25 Abs. 1 Alt. 2 StGB zum Nachteil des C strafbar gemacht. Nach § 303c StGB ist ein Strafantrag erforderlich.

---

[19] *Wessels/Beulke/Satzger* AT Rn. 841.
[20] Schönke/Schröder/*Heine/Weißer* § 25 StGB Rn. 7; Lackner/Kühl/*Kühl* § 25 StGB Rn. 4.

Fall 5. Scherben bringen Glück

3. Fahrlässige Körperverletzung (§ 229 StGB)

30 A könnte sich ferner wegen fahrlässiger Körperverletzung nach § 229 StGB strafbar gemacht haben, indem sich ein Schuss aus der Pistole des A löste und den B traf.

a) Erfolgseintritt, Handlung, Kausalität

31 Hierzu müsste durch die Handlung des A bei B zunächst ein Körperverletzungserfolg i. S. d. § 223 Abs. 1 StGB eingetreten sein. B wurde durch die Schussverletzung sowohl in seinem körperlichen Wohlbefinden als auch in seiner körperlichen Unversehrtheit nicht nur unerheblich beeinträchtigt. Darüber hinaus ist bei B ein pathologischer Zustand in Gestalt der Schusswunde gegeben. Eine körperliche Misshandlung liegt demnach ebenso wie eine Gesundheitsschädigung vor. Die Nutzung der Waffe zur Nötigung des B kann nicht hinweggedacht werden, ohne dass der Erfolg in seiner konkreten Gestalt entfiele.[21] Damit war die Handlung kausal für den Erfolg.

b) Objektive Sorgfaltswidrigkeit, objektive Vorhersehbarkeit und objektive Zurechnung

32 Bei der Erfolgsverursachung müsste A objektiv sorgfaltswidrig gehandelt haben und der Eintritt des Erfolgs müsste objektiv vorhersehbar gewesen sein. Objektiv sorgfaltswidrig handelt, wer die im Verkehr erforderliche Sorgfalt außer Acht lässt.[22] Das Nötigen mit einer vorgehaltenen Waffe ist hinsichtlich der körperlichen Unversehrtheit des Genötigten objektiv sorgfaltswidrig, da dadurch eine rechtlich relevante Gefahr für Leib und Leben geschaffen wird. Objektiv vorhersehbar ist, was ein umsichtig handelnder Mensch aus dem Verkehrskreis des Täters unter den jeweils gegebenen Umständen aufgrund der allgemeinen Lebenserfahrung in Rechnung stellen würde.[23] Dass Unbeteiligte dem Genötigten zu Hilfe eilen und durch Abwehrhandlungen versuchen die Nötigung zu beenden, liegt zumindest nicht außerhalb jeglicher Lebenserfahrung und ist daher ebenso objektiv vorhersehbar wie dass sich aus einer geladenen Pistole ein Schuss lösen kann.

33 Des Weiteren müsste der Erfolg dem B auch objektiv zurechenbar sein. Objektiv zurechenbar ist dem Täter der Erfolg, wenn er eine rechtlich relevante Gefahr geschaffen hat, die sich im tatbestandlichen Erfolg realisiert. Vorliegend könnte der Zurechnungszusammenhang durch ein eigenverantwortliches Dazwischentreten des D, der sich auf den A stürzte und so den Schuss auslöste, unterbrochen worden sein. Die Verantwortung des Erstverursachers endet grundsätzlich, wenn ein Dritter vollverantwortlich eine neue, selbständig auf den Erfolg hinwirkende Gefahr begründet, die sich dann im Erfolg realisiert. Dagegen ist die Zurechnung zu bejahen, wenn das Verhalten des Dritten so spezifisch mit der Ausgangsgefahr verbunden ist, dass es bereits als typischerweise in der Ausgangsgefahr begründet erscheint.[24]

---

[21] So das Ergebnis bei korrekter Anwendung der Conditio-sine-qua-non-Formel. Hätte A den B nicht mit der Waffe bedroht, hätte D den A nicht zu Boden geworfen, wobei sich der die Verletzung auslösende Schuss gelöst hat.
[22] *Wessels/Beulke/Satzger* AT Rn. 1115; *Stratenwerth/Kuhlen* § 15 Rn. 12; *Kindhäuser/Zimmermann* AT § 33 Rn. 13 ff.
[23] *Wessels/Beulke/Satzger* AT Rn. 1116.
[24] *Hilgendorf/Valerius* AT § 4 Rn. 60; *Wessels/Beulke/Satzger* AT Rn. 288.

Wird jemand mit einer Waffe bedroht, ist es nicht unwahrscheinlich, dass ihm ein 34
Dritter zu Hilfe eilt. Die neue Gefahrensituation, die durch das Einschreiten des
Dritten entsteht, ist direkte Folge der besonderen Gefährlichkeit der Ausgangsgefahr, die durch das Bedrohen mit der Waffe geschaffen wurde. Daher kann das Dazwischentreten des D den Zurechnungszusammenhang nicht unterbrechen. Durch
das Drohen mit einer geladenen Waffe hat A eine rechtlich relevante Gefahr für die
körperliche Unversehrtheit geschaffen und diese hat sich letztlich in der Schussverletzung des B realisiert. Der Erfolg ist dem A daher objektiv zurechenbar.

c) Rechtswidrigkeit und Schuld

Die Handlungen des A waren rechtswidrig. Die Verursachung möglicher Körper- 35
verletzungen durch das Nötigen eines anderen mit einer Waffe war für A auch subjektiv vorhersehbar. Er handelte somit auch subjektiv sorgfaltswidrig, sodass die
Schuld ebenfalls zu bejahen ist.

d) Ergebnis

A hat sich wegen fahrlässiger Körperverletzung nach § 229 StGB strafbar gemacht. 36

4. Ergebnis für A und Konkurrenzen

A hat sich wegen Nötigung nach § 240 Abs. 1 StGB, Sachbeschädigung in mittelba- 37
rer Täterschaft nach §§ 303 Abs. 1, 25 Abs. 1 Alt. 2 StGB und fahrlässiger Körperverletzung nach § 229 StGB strafbar gemacht. Die verwirklichten Delikte stehen in
Tateinheit gemäß § 52 StGB.

III. Strafbarkeit des D

1. Körperverletzung zu Lasten des A (§ 223 Abs. 1 StGB)

Durch das Umstoßen des A könnte sich D wegen Körperverletzung nach § 223 38
Abs. 1 StGB strafbar gemacht haben.

a) Tatbestand

aa) Objektiver Tatbestand

Hierzu müsste eine körperliche Misshandlung nach § 223 Abs. 1 Alt. 1 StGB bzw. 39
eine Gesundheitsschädigung nach § 223 Abs. 1 Alt. 2 StGB bei A eingetreten sein.
Durch den Stoß und den dadurch verursachten Aufprall auf dem Boden hat D den
A übel und unangemessen behandelt und zumindest sein körperliches Wohlbefinden nicht nur unerheblich beeinträchtigt. Ein Hervorrufen oder Steigern eines pathologischen Zustandes geht jedoch nicht aus dem Sachverhalt hervor. D hat den
objektiven Tatbestand somit in Gestalt einer körperlichen Misshandlung nach
§ 223 Abs. 1 Var. 1 StGB verwirklicht.

bb) Subjektiver Tatbestand

Des Weiteren müsste D vorsätzlich gehandelt haben (§ 15 StGB). Dies ist vorlie- 40
gend zu bejahen, da er eventuelle Verletzungen des A bei dem Stoß zumindest billigend in Kauf nahm.

b) Rechtswidrigkeit

41 Fraglich ist, ob D rechtswidrig gehandelt hat. In Betracht kommt eine Rechtfertigung durch Nothilfe nach § 32 Abs. 1, Abs. 2 Alt. 2 StGB zugunsten des genötigten B.

42 Zu prüfen ist zunächst, ob eine Nothilfelage, also ein gegenwärtiger, rechtswidriger Angriff, vorlag. Ein Angriff ist jede durch menschliches Verhalten drohende Verletzung rechtlich geschützter Güter oder Interessen.[25] Wie bereits ausgeführt (→ Rn. 4) war durch das Vorhalten der Waffe durch A ein gegenwärtiger Angriff auf das Leben, die körperliche Unversehrtheit und die freie Willensbetätigung des B gegeben. Dieser war auch rechtswidrig, da er nicht im Einklang mit der Rechtsordnung stand. Eine Nothilfelage war somit gegeben.

43 Die Nothilfehandlung gegenüber dem Angreifer müsste ferner erforderlich und geboten sein. Erforderlich ist eine Handlung, wenn sie geeignet ist, den Angriff abzuwehren und das mildeste zur Verfügung stehende Abwehrmittel darstellt.[26] Das Wegstoßen des A war geeignet, die Nötigung des B zu beenden. Ein milderes, ebenso wirksames Mittel ist nicht ersichtlich. Die Nothilfehandlung war ebenfalls gegen den Angreifer gerichtet und geboten und D handelte mit Nothilfewillen. Das Handeln des D war somit durch die Nothilfe nach § 32 Abs. 1, Abs. 2 Alt. 2 StGB zugunsten des B gerechtfertigt.

c) Ergebnis

44 D hat sich nicht wegen einer Körperverletzung nach § 223 Abs. 1 StGB strafbar gemacht.

2. Fahrlässige Körperverletzung zu Lasten des B (§ 229 StGB)

45 Zu prüfen ist ferner, ob D sich durch den von A abgegebenen Schuss wegen fahrlässiger Körperverletzung zum Nachteil des B nach § 229 StGB strafbar gemacht hat.

a) Erfolgseintritt, Handlung, Kausalität

46 Ein Körperverletzungserfolg ist bei B, wie ausgeführt (→ Rn. 31), gegeben. Das Wegstoßen des A durch den D kann nicht hinweggedacht werden, ohne dass die Abgabe des Schusses und damit der Eintritt des Körperverletzungserfolgs bei B entfiele. Die Abgabe des Schusses wurde daher durch den Stoß des D nach der Conditio-sine-qua-non-Formel kausal verursacht.

b) Objektive Sorgfaltswidrigkeit, objektive Vorhersehbarkeit und objektive Zurechnung

47 Die Erfolgsverursachung müsste objektiv sorgfaltswidrig herbeigeführt und der Erfolg müsste vorhersehbar und vermeidbar gewesen sein. Bei der Sorgfaltswidrigkeit kommt es darauf an, wie ein besonnener und gewissenhafter Dritter aus dem Verkehrskreis des Täters in der konkreten Situation ex ante gehandelt hätte.[27] D hat

---

[25] *Fischer* § 32 StGB Rn. 5; *Hilgendorf/Valerius* AT § 5 Rn. 23.
[26] *Wessels/Beulke/Satzger* AT Rn. 511.
[27] *Zieschang* Rn. 430.

hier durch das Stoßen des A ein neues Risiko geschaffen, nämlich das Risiko, dass sich durch die Gefahr ein Schuss löst. Ein objektiver Dritter hätte das erkennen können. D handelte daher sorgfaltswidrig. Auch hätte ein Dritter den Eintritt des Erfolgs vorhersehen können.

Zudem müsste D der Erfolg objektiv zuzurechnen sein. Die objektive Zurechnung **48** entfällt unter anderem dann, wenn der Täter einen Kausalverlauf in der Weise modifiziert, dass er die für das Opfer bereits bestehende Gefahr verringert, die Situation des Rechtsgutes also verbessert.[28] Durch die Bedrohung mit einer Waffe war das Leben des B gefährdet. Der Stoß des D führte lediglich zu einer Verletzung der Gesundheit. Die Gefahr für B wurde durch das Handeln des D also verringert. Wegen einer Risikoverringerung entfällt daher die objektive Zurechnung.

c) Ergebnis

D hat sich damit nicht wegen fahrlässiger Körperverletzung nach § 229 StGB straf- **49** bar gemacht.

Hinweis: Mit entsprechender Begründung ist es möglich, die objektive Zurechnung zu bejahen. Dann ist aber zu beachten, dass D über den rechtfertigenden Notstand nach § 34 StGB gerechtfertigt ist.

3. Ergebnis für D

D hat sich folglich nicht strafbar gemacht. **50**

IV. Strafbarkeit des C

1. Versuchter Totschlag (§§ 212 Abs. 1, 22, 23 Abs. 1 StGB)

Indem C dem E eine schwere Vase gezielt an den Kopf geworfen hat, könnte er sich **51** wegen versuchten Totschlags nach §§ 212 Abs. 1, 22, 23 Abs. 1 StGB strafbar gemacht haben.

a) Vorprüfung

Zunächst dürfte die Tat nicht vollendet und der Versuch müsste strafbar sein. Da E **52** noch lebt, ist der tatbestandliche Erfolg des § 212 Abs. 1 StGB nicht eingetreten. Der Versuch des Totschlags ist nach §§ 23 Abs. 1 Alt. 1, 12 Abs. 1, 212 Abs. 1 StGB strafbar.

b) Tatentschluss

C müsste außerdem Tatentschluss gehabt haben. Dieser umfasst den Vorsatz hin- **53** sichtlich der objektiven Tatbestandsmerkmale sowie das Vorliegen weiterer subjektiver Merkmale.[29] Fraglich ist, ob C die Vase dem E mit Tötungsvorsatz an den Kopf werfen wollte. Es ist davon auszugehen, dass ihm das generelle hohe Körperverletzungsrisiko eines Wurfes mit einem schweren Gegenstand gegen den Kopf eines anderen bewusst war. Bezüglich eines Tötungsvorsatzes käme mangels näherer Angaben im Sachverhalt lediglich ein bedingter Vorsatz (dolus eventualis) infrage, der

---

[28] *Roxin/Greco* § 11 Rn. 53; a. A. *Kindhäuser* ZStW 120 (2008), 481, 490 ff.
[29] *Wessels/Beulke/Satzger* AT Rn. 940; *Kindhäuser/Zimmermann* AT § 31 Rn. 4; *Stratenwerth/Kuhlen* § 11 Rn. 23.

jedoch von der bewussten Fahrlässigkeit abzugrenzen ist. Die h. L. und Rspr. folgen in diesem Punkt der sog. Billigungstheorie. Nach ihr handelt der Täter mit bedingtem Vorsatz, wenn er die konkret drohende Gefahr einer Rechtsgutsverletzung erkannt hat, sie auch ernst genommen hat und das Risiko der Tatbestandsverwirklichung billigend in Kauf genommen hat.[30] Lediglich bewusst fahrlässig handelt, wer zwar um die Möglichkeit der Tatbestandsverwirklichung weiß, aber ernsthaft darauf vertraut, dass diese nicht eintritt.[31]

54 C griff zu der Vase, da er davon ausging, dass auf ihn geschossen wurde. Mangels näherer Angaben kann hier nur gemutmaßt werden, ob der C bei dem Wurf der Vase gegen den Kopf des E das Risiko seiner Tötung billigend in Kauf nahm. Es ist eher davon auszugehen, dass der C mit dem Wurf eine Körperverletzung des E zur Beendigung seines vermeintlichen Angriffes anstrebte.

55 Außerdem ist zu beachten, dass vor dem Tötungsvorsatz eine höhere Hemmschwelle als vor dem Gefährdungs- oder Verletzungsvorsatz steht.[32] Daher ist hier in dubio pro reo davon auszugehen, dass C keinen bedingten Tötungsvorsatz hatte.

Hinweis: Die vielfach sog. Hemmschwellentheorie wird vom BGH nicht als besondere Strafbarkeitsvoraussetzung, sondern als bloßer Verweis auf die Bedeutung der freien richterlichen Beweiswürdigung (§ 261 StPO) verstanden; sie soll gerade nicht eine etwaige hohe Lebensgefährlichkeit einer Gewalthandlung als auf einen Tötungsvorsatz hindeutendes Beweisanzeichen relativieren.[33]

c) Ergebnis

56 C hat sich nicht wegen versuchten Totschlags nach §§ 212 Abs. 1, 22, 23 Abs. 1 StGB zum Nachteil des E strafbar gemacht.

2. Gefährliche Körperverletzung (§§ 223 Abs. 1, 224 Abs. 1 StGB)

57 Indem C dem E eine schwere Keramikvase an den Kopf geworfen hat, könnte er sich wegen gefährlicher Körperverletzung nach §§ 223 Abs. 1, 224 Abs. 1 Nr. 2 Alt. 2, Nr. 3, 5 StGB strafbar gemacht haben.

a) Tatbestand

aa) Objektiver Tatbestand

58 Zu prüfen ist zunächst, ob der objektive Tatbestand des Grunddelikts gemäß § 223 Abs. 1 StGB gegeben ist. Der Aufprall des schweren Gegenstandes auf dem Kopf des E ist eine üble, unangemessene Behandlung, die sowohl das körperliche Wohlbefinden als auch die körperliche Unversehrtheit des E nicht nur unerheblich beeinträchtigt. Eine körperliche Misshandlung nach § 223 Abs. 1 Alt. 1 StGB liegt daher vor. Ebenfalls ist durch die schwere Verletzung des E die Hervorrufung eines pathologischen Zustandes und somit eine Gesundheitsschädigung nach § 223 Abs. 1 Alt. 2 StGB gegeben. Der objektive Tatbestand des Grunddelikts ist somit erfüllt.

---

[30] *Hilgendorf/Valerius* AT § 4 Rn. 83; *Wessels/Beulke/Satzger* AT Rn. 341.
[31] *Wessels/Beulke/Satzger* AT Rn. 340.
[32] BGHSt 36, 1, 15.
[33] BGH NStZ 2012, 384, 386; 2018, 206, 207; auch → Fall 2 Rn. 44.

Des Weiteren ist zu prüfen, ob der objektive Tatbestand einer gefährlichen Körperverletzung nach § 224 Abs. 1 Nr. 2, 3, 5 StGB gegeben ist. Indem C die Körperverletzung mit einer schweren Vase herbeiführte, könnte er sich eines gefährlichen Werkzeuges nach § 224 Abs. 1 Nr. 2 Var. 2 StGB bedient haben. Ein gefährliches Werkzeug ist ein Gegenstand der nach seiner objektiven Beschaffenheit und der Art der Nutzung im konkreten Einzelfall dazu geeignet ist, erhebliche Verletzungen hervorzurufen.[34] Eine schwere Vase, die gezielt an den Kopf geworfen wird, stellt demnach ein gefährliches Werkzeug dar. **59**

Ein hinterlistiger Überfall nach § 224 Abs. 1 Nr. 3 StGB ist jeder plötzliche, unerwartete Angriff auf einen Ahnungslosen, bei dem der Täter seine wahren Absichten planmäßig berechnend verdeckt, um gerade dadurch dem Angegriffenen die Abwehr zu erschweren.[35] Das bloße Ausnutzen eines Überraschungsmomentes reicht jedoch nicht aus.[36] Der Täter muss vielmehr den geplanten Angriff durch weitere Vorkehrungen verschleiert haben. Im vorliegenden Fall hat D seine Absichten nicht planmäßig verdeckt, er nutzt lediglich das Überraschungsmoment. Ein hinterlistiger Überfall liegt daher nicht vor. **60**

Zu prüfen bleibt, ob der Wurf mit der Vase eine das Leben gefährdende Behandlung nach § 224 Abs. 1 Nr. 5 StGB darstellt. Nach der h.M. muss die Verletzung den konkreten Umständen nach objektiv geeignet sein, das Leben des Opfers in Gefahr zu bringen.[37] Teile der Lit. verlangen darüber hinaus, dass nicht nur eine abstrakte, sondern auch eine konkrete Lebensgefährdung des Opfers gegeben sein muss.[38] In diesem Fall liegt nach beiden Ansichten eine das Leben gefährdende Behandlung vor, da E schwere Verletzungen erlitten hat. **61**

Der objektive Tatbestand der gefährlichen Körperverletzung ist somit aufgrund des gefährlichen Werkzeuges und der das Leben gefährdenden Behandlung nach §§ 223 Abs. 1, 224 Abs. 1 Nr. 2, 5 StGB erfüllt. **62**

bb) Subjektiver Tatbestand

C handelte außerdem mit Wissen und Wollen der objektiven Tatbestandsmerkmale des § 223 Abs. 1 StGB und § 224 Abs. 1 Nr. 2 Alt. 2, Nr. 5 StGB. Der subjektive Tatbestand liegt somit ebenfalls vor. **63**

b) Rechtswidrigkeit

Fraglich ist jedoch, ob C gerechtfertigt ist. Eine eventuelle Rechtfertigung wegen Notwehr gemäß § 32 StGB scheitert bereits an dem Vorliegen eines objektiv gegenwärtigen, rechtswidrigen Angriffes durch E, da dieser nur ein unbeteiligter Passant war. Eine Rechtfertigung wegen eines rechtfertigenden Notstandes nach § 34 StGB kommt ebenfalls nicht in Betracht, da keine gegenwärtige Gefahr für ein notstandsfähiges Rechtsgut von E ausgeht. Aufgrund des Fehlens einschlägiger Rechtfertigungsgründe handelte C daher rechtswidrig. **64**

---

[34] Lackner/Kühl/*Kühl* § 224 StGB Rn. 5.
[35] *Fischer* § 224 StGB Rn. 22.
[36] Lackner/Kühl/*Kühl* § 224 StGB Rn. 6.
[37] BGHSt 2, 160, 163; *Wessels/Hettinger/Engländer* BT 1 Rn. 244.
[38] So etwa *Schröder* JZ 1967, 522; *Stree* Jura 1980, 281, 291.

c) Schuld

65 Die Schuld könnte jedoch aufgrund eines Irrtums des C entfallen, da er glaubt, dass E auf ihn geschossen habe.

aa) Bezugspunkt des Irrtums: Erlaubnistatbestand

Hinweis: Steht wie hier ein Erlaubnistatbestandsirrtum im Raum, muss zunächst hypothetisch geprüft werden, ob der Täter gerechtfertigt wäre, würden seine Vorstellungen zutreffen. Erst danach kann auf die rechtliche Behandlung dieses Problems eingegangen werden.[39]

66 Die irrige Annahme des C, dass E auf ihn geschossen habe, könnte einen Erlaubnistatbestandsirrtum darstellen. Ein solcher ist gegeben, wenn der Täter über die sachlichen Voraussetzungen eines anerkannten Rechtfertigungsgrundes irrt, d.h. irrig Umstände für gegeben hält, die im Falle ihres tatsächlichen Bestehens die Tat rechtfertigen würden.[40] Zu überprüfen ist daher, ob bei der Annahme, dass die Vorstellungen des Täters zutreffend sind, ein Rechtfertigungsgrund vorliegen würde. Hier unterlag C irrig der Vorstellung, E würde auf ihn schießen. Es ist also fraglich, ob in diesem Fall eine Notwehr nach § 32 StGB gegeben wäre.

67 Nach der Vorstellung des C geht von E durch den Gebrauch einer Schusswaffe ein Angriff auf seine körperliche Integrität und sein Leben aus. Der Angriff wäre auch gegenwärtig, da er nach der Ansicht des C bereits begonnen hat und immer noch fortdauert. Mangels entgegenstehender Angaben muss es sich nach der Vorstellung des C auch um einen rechtswidrigen Angriff handeln, da mögliche Rechtfertigungsgründe für den Angriff nicht ersichtlich sind. Damit war eine Notwehrlage gegeben. Dem E gezielt einen schweren Gegenstand an den Kopf zu werfen, stellt ebenfalls ein geeignetes Mittel zur Abwehr des Angriffes dar. Ein milderes Mittel ist aufgrund der von C irrig angenommenen konkreten Gefährdung von Leib und Leben nicht ersichtlich. Die Verteidigungshandlung richtet sich nach der Ansicht des C gegen denjenigen, von dem der Angriff ausgeht. Zweifel hinsichtlich der Gebotenheit der Handlung sind dem Sachverhalt ebenfalls nicht zu entnehmen. Ferner handelte C auch mit Verteidigungswillen. Insgesamt wäre somit die Handlung des C wegen Notwehr gerechtfertigt, wenn seine Vorstellungen vom Tatgeschehen zuträfen. C befindet sich in einem Erlaubnistatbestandsirrtum, und es fehlt ihm somit das Unrechtsbewusstsein.

bb) Rechtliche Behandlung des Erlaubnistatbestandsirrtums

68 Die rechtliche Behandlung und Einordnung des Erlaubnistatbestandsirrtums ist jedoch umstritten.

(1) Vorsatztheorie

69 Nach der Vorsatztheorie[41] ist das Unrechtsbewusstsein ein Bestandteil des Vorsatzes. Fehlt das Unrechtsbewusstsein, entfällt der Vorsatz, egal auf welchem Irrtum das Fehlen des Unrechtsbewusstseins beruht. Wenn der Täter sich also bei dem Vorliegen der tatsächlichen Voraussetzungen eines Rechtfertigungsgrundes irrt, liegt da-

---

[39] Zum Erlaubnistatbestandsirrtum vgl. auch *Hilgendorf* StrafR KK I Fall 7 („Die Selbstschussanlage") und *Hilgendorf* StrafR KK III Fall 14 („Die Autobahnwerfer").
[40] *Wessels/Beulke/Satzger* AT Rn. 740.
[41] Vertreten von *Mezger* NJW 1951, 500; 1953, 2; vgl. MünchKommStGB/*Joecks* § 16 StGB Rn. 124 f.

mit ein Tatbestandsirrtum vor und der Vorsatz entfällt nach § 16 Abs. 1 Satz 1 StGB. Nach dieser Ansicht läge bei C demnach keine vorsätzliche gefährliche Körperverletzung vor.

Gegen die Vorsatztheorie spricht jedoch, dass das Unrechtbewusstsein mit der Einführung des § 17 StGB ausdrücklich als Teil der Schuld definiert wurde. Da diese Theorie insofern dem Gesetzeswortlaut widerspricht, ist sie abzulehnen. 70

(2) Lehre von den negativen Tatbestandsmerkmalen

Die Lehre von den negativen Tatbestandsmerkmalen[42] erblickt in den einzelnen Rechtfertigungsvoraussetzungen negative Tatbestandsmerkmale, die schon unter dem Blickwinkel der Tatbestandsverwirklichung relevant sein sollen. Zum Vorsatz zählt hier nicht nur die Kenntnis der positiven Umstände des gesetzlich umschriebenen Tatbestandes, sondern auch die Vorstellung vom Fehlen der negativen Tatbestandsmerkmale. Geht der Täter irrig von dem Vorliegen rechtfertigender Umstände aus, entfällt nach dieser Ansicht der Vorsatz nach § 16 Abs. 1 Satz 1 StGB. 71

Dieser Ansicht lässt sich jedoch entgegenhalten, dass sie die Voraussetzungen der Tatbestandsmäßigkeit und der Rechtswidrigkeit in unzulässiger Weise vermengt. Dadurch wird der Wertunterschied zwischen einem von vornherein tatbestandslosen Verhalten und einem solchen, das geschützte Rechtsgüter beeinträchtigt und erst durch einen besonderen Rechtfertigungsgrund gedeckt wird, unterlaufen. Des Weiteren gibt das Gesetz in § 32 Abs. 1 StGB mit der Formulierung „handelt nicht rechtswidrig" selbst zu erkennen, dass es in den Rechtfertigungsgründen gerade keine (negativen) Tatbestandsmerkmale erblickt.[43] 72

(3) Strenge Schuldtheorie

Nach der strengen Schuldtheorie[44] bezieht sich der Vorsatz nur auf den objektiven Tatbestand, nicht auf die Rechtswidrigkeit. Das Unrechtbewusstsein ist ein selbstständiges Schuldelement i. S. d. § 17 StGB und kann daher nur im Rahmen der Schuld von Bedeutung sein. Da in § 17 StGB keine speziellen Ausnahmen vorgesehen sind, ist daher von einem Verbotsirrtum nach § 17 StGB auszugehen. 73

Nach der strengen Schuldtheorie kommt es für die Strafbarkeit des C in dem vorliegenden Fall gemäß § 17 StGB darauf an, ob der Irrtum vermeidbar gewesen wäre oder nicht. Vermeidbar ist ein Irrtum, wenn dem Täter sein Vorhaben unter Berücksichtigung seiner Fähigkeiten hätte Anlass geben müssen, über dessen Rechtswidrigkeit nachzudenken, und er auf diesem Wege zur Unrechtseinsicht gekommen wäre.[45] Bei einer genaueren Sondierung der Lage, etwa durch vorsichtiges Spähen aus dem Fenster, hätte C erkennen können, dass nicht auf ihn geschossen wurde, und somit den Irrtum vermeiden können. C handelte nach dieser Theorie schuld- 74

---

[42] Vertreten von *Kaufmann* JZ 1954, 653; 1956, 353.
[43] Vgl. *Wessels/Beulke/Satzger* AT Rn. 192.
[44] Unter anderem vertreten von *Welzel* S. 168 ff.; *Bockelmann* NJW 1950, 830; *Fukuda* JZ 1958, 143; *Hirsch* ZStW 94 (1982), 239, 257.
[45] *Fischer* § 17 StGB Rn. 8. In diesem Zusammenhang wird auch von der Rspr. verlangt, dass der Täter sein Gewissen anspannt und alle seine Erkenntniskräfte und Wertvorstellungen einsetzt, vgl. *Otto* Jura 1990, 645.

haft, es kommt allenfalls eine Strafmilderung nach § 17 Satz 2 i.V. m. § 49 Abs. 1 StGB in Betracht.

75 Die strenge Schuldtheorie verkennt jedoch, dass sich der in einem Erlaubnistatbestandsirrtum befindliche Täter an sich rechtstreu verhalten will. Daher wird die Bestrafung wegen einer vorsätzlichen Tat bei bloßer Vermeidbarkeit des Irrtums überwiegend für grob unbillig gehalten.[46] Darüber hinaus soll nach der strengen Schuldtheorie auch in den Fällen eines unvermeidbaren Irrtums lediglich die Schuld und nicht die Rechtswidrigkeit entfallen. Dagegen ist es allgemein anerkannt, dass ein objektiv sorgfaltsgemäßes Verhalten nicht rechtswidrig sein kann.[47] Die strenge Schuldtheorie ist daher ebenfalls abzulehnen.

(4) Eingeschränkte Schuldtheorie

76 Die eingeschränkte Schuldtheorie geht schließlich davon aus, dass ein Erlaubnistatbestandsirrtum wie ein Tatbestandsirrtum nach § 16 Abs. 1 Satz 1 StGB analog zu behandeln ist. Diese Ansicht verdient insoweit Zustimmung, als sie berücksichtigt, dass sich der Täter eigentlich rechtstreu verhalten will. Uneinigkeit besteht jedoch darüber, ob bei einem Irrtum über das tatsächliche Vorliegen eines Rechtfertigungsgrundes bereits der Tatbestandsvorsatz[48] oder lediglich die Vorsatzschuld entfallen soll.[49] Für die zweite Variante spricht vornehmlich, dass bei einem Entfallen des Tatbestandsvorsatzes mangels rechtswidriger Haupttat auch keine Teilnahme an der Tat mehr möglich wäre, was eine Strafbarkeitslücke für bösgläubige Anstifter oder Gehilfen nach sich ziehen würde.

77 Der Irrtum über das tatsächliche Vorliegen eines Rechtfertigungsgrundes wird daher zwar aus dem Anwendungsbereich des § 17 StGB herausgenommen, jedoch nur in seinen Rechtsfolgen dem Tatbestandsirrtum gleichgestellt. Es entfällt lediglich der Schuldvorsatzvorwurf, während der Tatbestandsvorsatz erhalten bleibt. Beruht der Irrtum auf Fahrlässigkeit, wird der Täter nach § 16 Abs. 1 Satz 2 StGB analog wegen fahrlässiger Tatbegehung bestraft, soweit diese im konkreten Fall mit Strafe bedroht ist. Eine Bestrafung wegen einer vorsätzlichen Tat scheidet somit im konkreten Fall aus, da C über den Erlaubnistatbestandsirrtum nach der rechtsfolgenverweisenden eingeschränkten Schuldtheorie entschuldigt ist.

Hinweis: Dies ist einer der wenigen Fälle, in denen die Doppelfunktion des Vorsatzes als Tatbestandselement (Tatbestandsvorsatz) und Schuldelement (Vorsatzschuld) tatsächlich Bedeutung erlangt. Nach h. M. entfällt lediglich das Schuldelement, wobei der Tatbestandsvorsatz bestehen bleibt.

d) Ergebnis

78 C hat sich nicht wegen gefährlicher Körperverletzung nach §§ 223 Abs. 1, 224 Abs. 1 StGB strafbar gemacht.

3. Fahrlässige Körperverletzung (§ 229 StGB)

79 Es bleibt zu überprüfen, ob sich C wegen des gezielten Wurfes der schweren Vase an den Kopf des E wegen fahrlässiger Körperverletzung nach § 229 StGB strafbar gemacht hat.

---

[46] Vgl. dazu *Jescheck/Weigend* § 41 IV 1b.
[47] Vgl. Schönke/Schröder/*Sternberg-Lieben/Schuster* § 16 StGB Rn. 15.
[48] So die Rspr. in BGHSt 3, 105.
[49] So etwa *Fischer* § 16 StGB Rn. 22d; *Wessels/Beulke/Satzger* AT Rn. 756.

a) Erfolgseintritt, Handlung, Kausalität

Der Körperverletzungserfolg ist eingetreten, E ist schwer verletzt. Die Verletzung wurde kausal durch den Wurf der Vase verursacht. 80

b) Objektive Sorgfaltswidrigkeit, objektive Vorhersehbarkeit und objektive Zurechnung

Fraglich ist, ob das Handeln des C objektiv sorgfaltswidrig, der Körperverletzungserfolg objektiv vorhersehbar und bei korrektem Verhalten vermeidbar gewesen war. Ein besonnener Dritter hätte in der konkreten Situation, als der Schuss fiel, wohl nicht sofort zu einer Vase gegriffen, um sie einem unbeteiligten Passanten an den Kopf zu werfen. Im Sachverhalt sind keine Anhaltspunkte gegeben, die darauf hindeuten, dass sich E im räumlichen Umfeld des C befunden hat, oder sonstige Hinweise, die einen besonnenen Dritten zu dem Schluss kommen lassen würden, E schieße auf ihn. Das Werfen der Vase ist somit objektiv sorgfaltswidrig. Die objektive Vorhersehbarkeit einer schweren Körperverletzung durch das Werfen eines schweren Gegenstandes an den Kopf eines anderen ist ebenfalls gegeben. Ferner ist das Geschehen dem C auch objektiv zurechenbar. 81

c) Rechtswidrigkeit und Schuld

C handelt rechtswidrig und schuldhaft. Insbesondere handelte er auch individuell sorgfaltswidrig, der Erfolg war außerdem individuell vorhersehbar. 82

4. Ergebnis für C

C hat sich wegen fahrlässiger Körperverletzung nach § 229 StGB strafbar gemacht. 83

V. Gesamtergebnis

A hat sich wegen Nötigung nach § 240 StGB und Sachbeschädigung in mittelbarer Täterschaft nach §§ 303 Abs. 1, 25 Abs. 1 Alt. 2 StGB und fahrlässiger Körperverletzung nach § 229 StGB in Tateinheit nach § 52 StGB strafbar gemacht. 84

C hat sich ebenfalls wegen fahrlässiger Körperverletzung nach § 229 StGB strafbar gemacht. B und D sind nicht strafbar.

Fallbeurteilung

Der vorliegende Fall enthält zum Teil recht anspruchsvolle Probleme und ist nicht zuletzt aufgrund der Tatsache, dass vier Tatbeteiligte zu prüfen sind, dem gehobenen Schwierigkeitsgrad zuzuordnen. Schwerpunkte bestehen im Rahmen der Rechtswidrigkeit und Schuld, der Täterschaft und Teilnahme und der Irrtumsproblematik.

Zunächst gilt es, die richtige Prüfungsreihenfolge einzuhalten. Tatnächster ist vorliegend der B, der die Steine auf die Fensterscheibe des C wirft. Danach ist die Strafbarkeit des A zu prüfen, der aufgrund der Nötigungssituation mittelbarer Täter hinsichtlich der Handlungen des B sein könnte. Anschließend ist auf den hinzueilenden D einzugehen und schließlich auf C, der erst aufgrund des sich lösenden Schusses gehandelt hat.

Fall 5. Scherben bringen Glück

Bei der Strafbarkeit des B steht in erster Linie die Problemkonstellation des Nötigungsnotstandes im Vordergrund, da er von A zum Einwerfen der Scheiben gezwungen wird. Zwar führt der Nötigungsnotstand nach der h.M. nicht zu einer Rechtfertigung der Tat, sondern kann diese allenfalls entschuldigen. Dennoch muss die Problematik zunächst anhand des § 34 StGB im Rahmen der Rechtswidrigkeit erörtert werden.

Bei der Prüfung des A ist die typische Konstellation der mittelbaren Täterschaft aufgrund der Herbeiführung eines Nötigungsnotstands zu diskutieren. Außerdem muss erörtert werden, ob ihm das Dazwischentreten des D, das zu dem Schuss geführt hat, im Rahmen des § 229 StGB zugerechnet werden kann. D hingegen ist aufgrund der vorliegenden Nothilfesituation sowohl hinsichtlich einer vorsätzlichen als auch einer fahrlässigen Körperverletzung gerechtfertigt.

Da C irrig davon ausgeht, E hätte auf ihn geschossen, stellt sich das Problem eines Erlaubnistatbestandsirrtums. Hier wird vom Bearbeiter erwartet, dass er sowohl auf dessen Voraussetzungen als auch auf die rechtliche Behandlung dieses Instituts einzugehen vermag. Ferner gilt es herauszuarbeiten, dass die Strafbarkeit wegen fahrlässigen Handelns vom Erlaubnistatbestandsirrtum nicht betroffen wird.

Weiterführende Hinweise: *Jakobs,* Unorthodoxe Bemerkungen zum objektiven Tatbestand der Nötigung, JuS 2017, 97–103; *Kelker,* Erlaubnistatumstands- und Erlaubnisirrtum – eine systematische Erörterung, Jura 2006, 591–597; *Koch,* Grundfälle zur mittelbaren Täterschaft (§ 25 Abs. 1 Alt. 2 StGB), JuS 2008, 496–499; *Meyer,* Die Problematik des Nötigungsnotstands auf der Grundlage eines Solidaritätsprinzips, GA 2004, 356–369; *Momsen/Rackow,* Der Erlaubnistatbestandsirrtum in der Fallbearbeitung, JA 2006, 550–555 (Teil 1) und 654–664 (Teil 2); *Rönnau,* Grundwissen – Strafrecht: Entschuldigender Notstand (§ 35 StGB), JuS 2016, 786–790; *Zieschang,* Der rechtfertigende und der entschuldigende Notstand, JA 2007, 679–685.

Fall 6. Mordsschlägerei

Sachverhalt

A erteilt B den Auftrag, seinen Geschäftspartner C zu töten. Er soll ihm in einer Kneipe, in die C jeden Abend zu gehen pflegt, unbemerkt ein giftiges Pulver in das Bier schütten. A will C aus dem Weg räumen lassen, weil dieser mit einem sehr lukrativen Geschäft, das A zu tätigen gedenkt, nicht einverstanden ist. Außerdem will A den gesamten Geschäftserlös für sich behalten. Er bietet B 10.000 EUR für die Tat an, die dieser annimmt. A weiß nicht, dass B gegen C schon lange schweren Groll hegt, weil sich X, die frühere Freundin des B, dem C zugewandt hat. B hatte die Beziehung zu X selbst beendet, er will jedoch, dass sie nach ihm keine Beziehungen zu anderen Männern mehr aufnimmt. Auch deshalb will er C töten.

In der Kneipe verwechselt B allerdings das Bierglas des C mit dem des D. D trinkt einen kräftigen Schluck, doch als geübter Biertrinker schmeckt er sofort, dass etwas nicht stimmt und spuckt das Bier wieder aus. Dann schlägt er C, den er in Verdacht hat, etwas in sein Bier getan zu haben, mit einem kräftigen Schlag zu Boden. C rappelt sich auf, wobei die anwesende X ihn anfeuert, sich „nichts gefallen zu lassen", und es beginnt eine Prügelei, an der sich auch der E beteiligt. E erhält dabei von C einen kräftigen Schlag mit dem Bierglas auf die Hand, sodass der linke Mittelfinger gebrochen wird und seine Bewegungsfähigkeit dauerhaft verliert. Dies trifft E besonders schlimm, weil er Linkshänder ist und bereits seinen linken Zeigefinger verloren hat. Auch B prügelt eine Zeitlang mit, um nicht aufzufallen, zieht sich dann aber zurück, bevor E den Schlag auf seine Hand erhält.

Wie haben sich A, B, C, D, E und X strafbar gemacht? Gegebenenfalls erforderliche Strafanträge wurden gestellt.

Gliederung

	Rn.
I. Erster Tatkomplex: Der Giftanschlag	1
1. Strafbarkeit des B	1
a) Versuchter Mord (§§ 211, 212 Abs. 1, 22, 23 Abs. 1 StGB)	1
aa) Vorprüfung	2
bb) Tatentschluss	3
Problem: Wie ist der Irrtum des B zu behandeln?	
cc) Unmittelbares Ansetzen	8
dd) Rechtswidrigkeit, Schuld und Rücktritt	9
ee) Ergebnis	10
b) Versuchte gefährliche Körperverletzung (§§ 223 Abs. 1, 224 Abs. 1, Abs. 2, 22, 23 Abs. 1 StGB)	11
c) Fahrlässige Körperverletzung zum Nachteil des D (§ 229 StGB)	12
d) Ergebnis für B	13

	Rn.
2. Strafbarkeit des A	14
a) Versuchter Mord in Mittäterschaft (§§ 211, 212 Abs. 1, 22, 23 Abs. 1, 25 Abs. 2 StGB)	14
aa) Vorprüfung	15
bb) Tatentschluss	16
cc) Ergebnis	17
b) Anstiftung zum versuchten Mord (§§ 211, 212 Abs. 1, 22, 23 Abs. 1, 26 StGB)	18
aa) Objektiver Tatbestand	19
bb) Subjektiver Tatbestand	21
cc) Tatbestandsannex (§ 28 StGB)	22
Problem: Findet § 28 Abs. 1 oder Abs. 2 StGB Anwendung?	
dd) Rechtswidrigkeit, Schuld und Rücktritt	26
ee) Ergebnis	27
c) Anstiftung zur versuchten gefährlichen Körperverletzung (§§ 223 Abs. 1, 224 Abs. 1, Abs. 2, 22, 23 Abs. 1, 26 StGB)	28
d) Ergebnis für A	29
II. Zweiter Tatkomplex: Die Prügelei	30
1. Strafbarkeit des D	30
a) Körperverletzung zum Nachteil des C (§ 223 Abs. 1 StGB)	30
aa) Objektiver Tatbestand	31
bb) Subjektiver Tatbestand	33
cc) Rechtswidrigkeit	34
dd) Schuld	35
ee) Ergebnis	37
b) Beteiligung an einer Schlägerei (§ 231 StGB)	38
aa) Objektiver Tatbestand	39
bb) Subjektiver Tatbestand	41
cc) Objektive Bedingung der Strafbarkeit	42
Problem: Wann ist ein Körperglied wichtig i. S. d. § 226 StGB?	
dd) Rechtswidrigkeit und Schuld	47
ee) Ergebnis	48
c) Ergebnis für D	49
2. Strafbarkeit des C	50
a) Schwere Körperverletzung zum Nachteil des E (§§ 223 Abs. 1, 226 Abs. 1 Nr. 2 StGB)	50
aa) Gefährliche Körperverletzung (§§ 223 Abs. 1, 224 Abs. 1 StGB)	51
bb) Eintritt der schweren Folge (§ 226 Abs. 1 Nr. 2 StGB)	52
cc) Tatbestandsspezifischer Gefahrzusammenhang	53
dd) Fahrlässigkeit	54
ee) Rechtswidrigkeit und Schuld	55
ff) Ergebnis	56
b) Beteiligung an einer Schlägerei (§ 231 StGB)	57
c) Ergebnis und Konkurrenzen für C	58
3. Strafbarkeit des B	59
a) Körperverletzung (§ 223 Abs. 1 StGB)	59

	Rn.
b) Beteiligung an einer Schlägerei (§ 231 StGB)	60
Problem: Wie wirkt sich das vorzeitige Zurückziehen des B aus?	
c) Ergebnis für B	61
4. Strafbarkeit des E	62
a) Beteiligung an einer Schlägerei (§ 231 StGB)	62
b) Ergebnis für E	63
5. Strafbarkeit der X	64
a) Beteiligung an einer Schlägerei (§ 231 StGB)	64
b) Anstiftung zur schweren Körperverletzung (§§ 223 Abs. 1, 226 Abs. 1 Nr. 2, 26 StGB)	67
c) Beihilfe zur schweren Körperverletzung (§§ 223 Abs. 1, 226 Abs. 1 Nr. 2, 27 StGB)	68
d) Ergebnis für X	69
III. Konkurrenzen und Gesamtergebnis	70

Lösung

I. Erster Tatkomplex: Der Giftanschlag

1. Strafbarkeit des B

a) Versuchter Mord (§§ 211, 212 Abs. 1, 22, 23 Abs. 1 StGB)

B könnte sich durch das Mischen von Gift in das Bierglas des D in der Kneipe wegen versuchten Mordes zu Lasten des C nach §§ 211, 212 Abs. 1, 22, 23 Abs. 1 StGB strafbar gemacht haben. 1

aa) Vorprüfung

Die Tat ist nicht vollendet, C lebt noch. Der Versuch des Mordes ist strafbar gemäß §§ 23 Abs. 1 Alt. 1, 12 Abs. 1, 212, 211 StGB. 2

bb) Tatentschluss

B müsste Tatentschluss, d.h. den Vorsatz gehabt haben, den C zu töten. B handelte mit Tötungsvorsatz. Problematisch ist hier jedoch, dass B den C töten wollte und nicht den D. Fraglich ist, ob es sich um eine bloße Personenverwechslung (error in persona) handelt oder um ein Fehlgehen der Tat (aberratio ictus). Beim error in persona sieht der Täter eine bestimmte Person vor sich, die Opfer seiner Tat werden soll, er irrt sich jedoch über die Identität der Person.[1] Bei der aberratio ictus geht dagegen die Tat fehl. Der Täter trifft mit seinem Tatwerkzeug nicht das von ihm anvisierte Opfer, sondern eine andere Person bzw. ein anderes Objekt.[2] Angriffsmittel des B ist hier das mit dem Gift versehene Glas. B stellt sich vor, dass dieses von C ausgetrunken wird, stattdessen trinkt jedoch D daraus. Damit geht sein Angriffsmittel fehl, es handelt sich um eine aberratio ictus. Folglich hatte B keinen Tötungsvorsatz bzgl. D, sondern bzgl. C. 3

---

[1] *Fischer* § 16 StGB Rn. 5; *Hilgendorf/Valerius* AT § 8 Rn. 20 ff.
[2] *Wessels/Beulke/Satzger* AT Rn. 375 f.

Fall 6. Mordsschlägerei

Hinweis: Zu einem anderen Ergebnis käme man, wenn man den Sachverhalt so versteht, dass A seinen Vorsatz auf diejenige Person konkretisiert hat, die aus dem Glas trinkt, und nur eine falsche Vorstellung über ihre Identität hat. Mit dieser Begründung kann man hier auch einen error in persona annehmen; zu prüfen wäre dann der versuchte Mord zum Nachteil des D.

4   Fraglich ist, ob B auch ein Mordmerkmal verwirklichen wollte. In Betracht kommt zunächst die Heimtücke, also das bewusste Ausnutzen der Arg- und Wehrlosigkeit des Opfers in feindseliger Willensrichtung.[3] Nach a. A. ist ein besonders verwerflicher Vertrauensbruch erforderlich.[4] Dem steht jedoch entgegen, dass in denjenigen Fällen, in denen sich Täter und Opfer nicht kennen, kein Vertrauensbruch stattfinden kann. Damit wäre der Tatbestand des Mordes zu stark eingeschränkt. C ist arglos und infolge seiner Arglosigkeit auch wehrlos. B nutzt dies bewusst aus und handelt in feindseliger Willensrichtung. Heimtücke liegt somit vor; insbesondere umfasste sein Vorsatz auch das Merkmal der Heimtücke.

5   Weiterhin könnte B aus Habgier gehandelt haben. Habgier ist das rücksichtslose Streben nach Gewinn um jeden Preis.[5] B begeht die Tat, um sich 10.000 EUR zu verdienen. Er handelt aus Habgier.

6   Daneben könnten auch niedrige Beweggründe vorliegen, weil B mit der Tat verhindern wollte, dass seine frühere Freundin eine andere Beziehung unterhält. Niedrige Beweggründe sind Motive, die sittlich auf tiefster Stufe stehen und besonders verachtenswert sind.[6] B hat die Freundin selbst verlassen, will jedoch nicht, dass sie sich einem anderen Mann zuwendet. Er macht damit eine Art Besitzrecht gegenüber der ehemaligen Freundin geltend, obwohl er sie selbst verlassen hat. Die Tötung des neuen Partners zur Durchsetzung dieses vermeintlichen Anspruchs ist besonders verachtenswert. Ein niedriger Beweggrund liegt vor.[7] Allerdings ist beim Zusammentreffen mehrerer Motive, dem sog. Motivbündel, zu beachten, dass ein Mord aus niedrigen Beweggründen nur in Betracht kommt, wenn der niedrige Beweggrund (auch ein) leitendes Motiv des Täters war.[8] Hier ist B gleichermaßen von Habgier und von Rache zur Tat getrieben, beide Motive sind leitend. B handelt somit auch aus niedrigen Beweggründen.

7   Somit ist der Tatentschluss zu bejahen.

cc) Unmittelbares Ansetzen

8   B hat das Gift bereits in das Glas gemischt. Nach seiner Vorstellung soll diese Handlung unmittelbar dazu führen, dass C aus dem Glas trinkt und stirbt. Nach der gemischt subjektiv-objektiven Theorie liegt somit ein unmittelbares Ansetzen nach § 22 StGB vor.

dd) Rechtswidrigkeit, Schuld und Rücktritt

9   Die Tat war rechtswidrig. B handelte schuldhaft. B ist auch nicht strafbefreiend vom Versuch zurückgetreten (§ 24 Abs. 1 StGB).

---

[3] BGHSt 30, 105, 119; *Fischer* § 211 StGB Rn. 34, 44a.
[4] Schönke/Schröder/*Eser*/Sternberg-Lieben § 211 StGB Rn. 26; *Hassemer* JuS 1971, 626, 630; *Schmidhäuser* JR 1978, 265, 270.
[5] *Fischer* § 211 StGB Rn. 10.
[6] BGHSt 47, 128; 50, 1, 8.
[7] Vgl. auch BGHSt 3, 180; 22, 12; BGH StV 2001, 571.
[8] BGH NStZ 1997, 81; 2005, 332; NStZ-RR 2004, 14.

ee) Ergebnis

B ist strafbar wegen versuchten Mordes zum Nachteil des C gemäß §§ 211, 212 Abs. 1, 22, 23 Abs. 1 StGB.

b) Versuchte gefährliche Körperverletzung (§§ 223 Abs. 1, 224 Abs. 1, Abs. 2, 22, 23 Abs. 1 StGB)

Daneben könnte auch eine versuchte gefährliche Körperverletzung zu Lasten des C nach §§ 223 Abs. 1, 224 Abs. 1 Nr. 1, 5, Abs. 2, 22, 23 Abs. 1 StGB vorliegen. Die Tat ist nicht vollendet, der Versuch der gefährlichen Körperverletzung ist gemäß §§ 23 Abs. 1 Alt. 2, 12 Abs. 2, 224 Abs. 2 StGB strafbar. Durch die Gabe des Giftes wollte A die Gesundheit des C schädigen und je nach Wirkweise des Giftes auch körperlich misshandeln. Er verwendete Gift nach § 224 Abs. 1 Nr. 1 StGB und wollte das Leben des C gefährden (§ 224 Abs. 1 Nr. 5 StGB). Ein hinterlistiger Überfall nach § 224 Abs. 1 Nr. 3 StGB liegt dagegen nicht vor, da B seine wahren Absichten nicht planmäßig berechnend verdeckt hat, um C gerade hierdurch die Abwehr zu erschweren.[9] Tatentschluss liegt vor, ebenso unmittelbares Ansetzen, Rechtswidrigkeit und Schuld. Die Tat tritt jedoch hinter dem versuchten Mord zurück.

c) Fahrlässige Körperverletzung zum Nachteil des D (§ 229 StGB)

Daneben könnte B strafbar sein wegen fahrlässiger Körperverletzung nach § 229 StGB zum Nachteil des D. Dazu müsste er diesen körperlich misshandelt oder dessen Gesundheit beschädigt haben. D hat jedoch das Gift sofort wieder ausgespuckt. Seine Gesundheit wurde nicht geschädigt. Allein der unangenehme Geschmack begründet auch keine körperliche Misshandlung, da es an der Erheblichkeit fehlt. Der Tatbestand der fahrlässigen Körperverletzung ist daher nicht erfüllt.

d) Ergebnis für B

B ist strafbar wegen versuchten Mordes zum Nachteil des C gemäß §§ 211, 212 Abs. 1, 22, 23 Abs. 1 StGB.

2. Strafbarkeit des A

a) Versuchter Mord in Mittäterschaft (§§ 211, 212 Abs. 1, 22, 23 Abs. 1, 25 Abs. 2 StGB)

A könnte sich wegen versuchten Mordes in Mittäterschaft zum Nachteil des C strafbar gemacht haben.

aa) Vorprüfung

C lebt noch, die Tat ist nicht vollendet. Der Versuch des Mordes ist strafbar gemäß §§ 23 Abs. 1 Alt. 1, 12 Abs. 1 StGB.

bb) Tatentschluss

A müsste den Tatentschluss, d.h. den Vorsatz gehabt haben, den Mord in Mittäterschaft zu begehen. Täter ist nach der Rspr.[10] derjenige, der die Tat als eigene will

---

[9] Zur Definition der Hinterlist vgl. *Fischer* § 224 StGB Rn. 22. Anders als hier wohl BGH NStZ 1992, 490.

[10] BGHSt 37, 291. In jüngerer Zeit tendiert der BGH allerdings auch zu Kriterien der Tatherrschaftslehre, stellt aber subjektive Elemente weiterhin in eine „umfassende Gesamtabwägung" ein, vgl. *Fischer* § 25 StGB Rn. 4.

(animus-Theorie) bzw. nach h. L.,[11] wer Tatherrschaft hat, also das vom Vorsatz umfasste In-den-Händen-Halten des tatbestandsmäßigen Geschehensablaufs. A will die Tat nicht als eigene, sondern beauftragt gerade B mit der Tatausführung. Auch hat er keine Tatherrschaft, da er die Ausführung allein dem B überlässt. Im Übrigen liegen weder ein gemeinsamer Tatplan noch ein arbeitsteiliges Handeln vor, wie die Mittäterschaft sie voraussetzt.

cc) Ergebnis

17   Der versuchte Mord in Mittäterschaft scheidet daher aus.

b) Anstiftung zum versuchten Mord (§§ 211, 212 Abs. 1, 22, 23 Abs. 1, 26 StGB)

18   A könnte jedoch wegen Anstiftung zum versuchten Mord gemäß §§ 211, 212 Abs. 1, 22, 23 Abs. 1, 26 StGB strafbar sein.

aa) Objektiver Tatbestand

19   Die gemäß § 26 StGB erforderliche vorsätzliche und rechtswidrige Haupttat liegt im versuchten Mord durch B (→ Rn. 1 ff.).

20   Anstiftungshandlung ist das Bestimmen eines anderen zur Tatbegehung. A hat bei B den Tatentschluss hervorgerufen bzw. gesteigert und ihn somit zur Begehung der Haupttat bestimmt. Der objektive Tatbestand ist somit erfüllt.

bb) Subjektiver Tatbestand

21   Weiterhin müsste A Vorsatz in Bezug auf die Haupttat sowie in Bezug auf die Anstiftungshandlung gehabt haben. A wollte, dass B den C tötet. Die aberratio ictus des B spielt dabei keine Rolle, da sowohl der Vorsatz des A als auch des Haupttäters B auf die Tötung des C gerichtet waren. Da A dem B die Tötung durch Beimengung des Giftes empfohlen hatte, liegt auch Vorsatz in Bezug auf die heimtückische Begehungsweise vor. A weiß außerdem, dass B aus Habgier handelt, da er selbst ihn für den Mord bezahlen will. A hat B auch vorsätzlich zur Haupttat bestimmt. Der doppelte Anstiftungsvorsatz ist somit gegeben.

cc) Tatbestandsannex (§ 28 StGB)

22   Die bei dem Haupttäter vorliegenden Mordmerkmale Habgier und niedrige Beweggründe sind täterbezogene besondere persönliche Merkmale nach § 14 Abs. 1 StGB.[12] Grundsätzlich gilt für diese § 28 StGB, das Akzessorietätsprinzip wird hier durchbrochen. Umstritten ist jedoch, ob bei den täterbezogenen Mordmerkmalen § 28 Abs. 1 StGB Anwendung findet oder § 28 Abs. 2 StGB. Dies hängt vom Verhältnis des § 211 StGB zu § 212 StGB ab.

23   Nach der Rspr. sind § 211 und § 212 StGB selbständige, voneinander unabhängige Tatbestände. Folglich sind die Mordmerkmale strafbegründende Merkmale, es gilt § 28 Abs. 1 StGB.[13]

24   Die h. L. sieht dagegen im Mord einen Qualifikationstatbestand des Totschlags. Danach sind die Mordmerkmale strafschärfende Merkmale nach § 28 Abs. 2

---

[11] *Jescheck/Weigend* § 61 V; MünchKommStGB/*Joecks* § 25 StGB Rn. 33; LK/*Schünemann* § 25 StGB Rn. 36.
[12] BGHSt 22, 375; 23, 39; LK/*Roxin* § 28 StGB Rn. 47.
[13] BGHSt 22, 375; 23, 39; 50, 1.

StGB.[14] Die täterbezogenen Mordmerkmale werden daher nur demjenigen zugerechnet, bei dem sie tatsächlich vorliegen. Bei A selbst könnte das Mordmerkmal der Habgier vorliegen. A will C töten lassen, um ein lukratives Geschäft tätigen zu können. Auch bei ihm liegt somit ein Gewinnstreben um jeden Preis vor. A handelt mit Habgier.

A ist daher sowohl bei Anwendung des § 28 Abs. 1 StGB als auch bei Anwendung des § 28 Abs. 2 StGB strafbar wegen Anstiftung zum versuchten Mord. Der Meinungsstreit kann deshalb dahinstehen. 25

Hinweis: Im Übrigen ist A schon deshalb strafbar wegen Anstiftung zum versuchten Mord, weil B auch heimtückisch handelt und A diesbezüglich Vorsatz hat. Die Heimtücke ist ein tatbezogenes Merkmal (§ 28 StGB) findet hier keine Anwendung.

dd) Rechtswidrigkeit, Schuld und Rücktritt

Die Tat war rechtswidrig. A handelte schuldhaft. A ist auch nicht strafbefreiend vom Versuch zurückgetreten (§ 24 Abs. 1 StGB). 26

ee) Ergebnis

A ist strafbar wegen Anstiftung zum versuchten Mord. 27

c) Anstiftung zur versuchten gefährlichen Körperverletzung (§§ 223 Abs. 1, 224 Abs. 1, Abs. 2, 22, 23 Abs. 1, 26 StGB)

A ist auch strafbar wegen Anstiftung zur versuchten gefährlichen Körperverletzung gemäß §§ 223 Abs. 1, 224 Abs. 1 Nr. 1, 5, Abs. 2, 22, 23 Abs. 1, 26 StGB. Diese tritt jedoch hinter der Anstiftung zum versuchten Mord zurück. 28

d) Ergebnis für A

A ist strafbar wegen Anstiftung zum versuchten Mord gemäß §§ 211, 212 Abs. 1, 22, 23 Abs. 1, 26 StGB. 29

II. Zweiter Tatkomplex: Die Prügelei

1. Strafbarkeit des D

a) Körperverletzung zum Nachteil des C (§ 223 Abs. 1 StGB)

Indem er C kräftig zu Boden schlug, könnte sich D wegen Körperverletzung gemäß § 223 Abs. 1 StGB strafbar gemacht haben. 30

aa) Objektiver Tatbestand

D müsste C körperlich misshandelt oder dessen Gesundheit geschädigt haben. Körperliche Misshandlung ist jede üble und unangemessene Behandlung, durch die das körperliche Wohlbefinden oder die körperliche Unversehrtheit nicht nur unerheblich beeinträchtigt wird.[15] Der Schlag war so heftig, dass C zu Boden ging. Dies ist eine üble und unangemessene Behandlung. Eine körperliche Misshandlung liegt vor. 31

---

[14] LK/*Schünemann* § 28 StGB Rn. 31, 47 ff.; *Engländer* JA 2004, 410.
[15] BGHSt 14, 269, 271.

Fall 6. Mordsschlägerei

32 Weiterhin könnte D die Gesundheit des C geschädigt haben. Unter Gesundheitsschädigung versteht man das Hervorrufen oder Steigern eines pathologischen Zustands.[16] Ob C durch den Schlag oder den Sturz auf den Boden verletzt wurde, geht aus dem Sachverhalt nicht eindeutig hervor. Eine Gesundheitsschädigung scheidet daher aus.

bb) Subjektiver Tatbestand

33 D handelt vorsätzlich.

cc) Rechtswidrigkeit

34 Die Tat war rechtswidrig. Insbesondere liegt keine Notwehr nach § 32 StGB vor, da kein Angriff auf D durch C gegeben war, zumal er nicht das Gift in das Bierglas des D geschüttet hat.

dd) Schuld

35 D könnte jedoch einem Erlaubnistatbestandsirrtum unterliegen, da er annahm, dass C ihn angreifen wollte. Voraussetzung ist, dass D bei tatsächlichem Zutreffen seiner Vorstellungen gerechtfertigt wäre. In Betracht käme eine Rechtfertigung durch Notwehr gemäß § 32 StGB. Diese setzt zunächst eine Notwehrlage, nämlich einen gegenwärtigen, rechtswidrigen Angriff voraus. Angriff ist jede durch menschliches Verhalten drohende Gefährdung rechtlich geschützter Güter oder Interessen.[17] Hier hat B versucht, den D durch Gift zu töten. Ein Angriff auf das Leben des D liegt vor. Dieser ist rechtswidrig, da er nicht seinerseits durch einen Rechtfertigungsgrund gedeckt ist. Der Angriff wäre gegenwärtig, wenn er unmittelbar bevorsteht, bereits begonnen hat oder noch andauert.[18] Der Giftanschlag ist jedoch mit dem Ausleeren des Glases beendet. Der Angriff auf D ist daher nicht gegenwärtig. Bei Vorliegen der Umstände, die nach der Vorstellung des D gegeben waren, wäre dieser also nicht gerechtfertigt. Ein Erlaubnistatbestandsirrtum scheidet aus.

36 Dafür, dass D sein Verhalten irrtümlich als erlaubt betrachtet und somit einem Erlaubnisirrtum unterliegt, bestehen keine Anhaltspunkte.

ee) Ergebnis

37 A ist strafbar wegen Körperverletzung nach § 223 Abs. 1 StGB. Der nach § 230 Abs. 1 Satz 1 StGB erforderliche Strafantrag wurde gestellt.

b) Beteiligung an einer Schlägerei (§ 231 StGB)

38 Durch sein Mitwirken an der Schlägerei könnte sich D wegen Beteiligung an einer Schlägerei gemäß § 231 StGB strafbar gemacht haben.

aa) Objektiver Tatbestand

39 Dazu müsste eine Schlägerei vorliegen. Eine Schlägerei ist ein Streit von mindestens drei Personen mit gegenseitigen Körperverletzungen.[19] Hier verletzen sich C, D, B und E gegenseitig. Eine Schlägerei liegt vor. D ist daran beteiligt.

---

[16] *Fischer* § 223 StGB Rn. 8.
[17] *Wessels/Beulke/Satzger* AT Rn. 495.
[18] BGH NJW 1973, 255.
[19] BGHSt 15, 369.

Umstritten ist, ob die Nichtvorwerfbarkeit der Beteiligung nach § 231 Abs. 2 StGB **40** Tatbestandsmerkmal ist oder ob sie nur zum Ausschluss der Rechtswidrigkeit oder Schuld führt.[20] Da dem D die Beteiligung jedoch vorwerfbar ist – schließlich hat er mit der Prügelei begonnen –, kann der Streit dahinstehen. Der objektive Tatbestand ist erfüllt.

bb) Subjektiver Tatbestand

D beteiligt sich vorsätzlich an der Schlägerei. **41**

cc) Objektive Bedingung der Strafbarkeit

Durch die Schlägerei müsste der Tod eines Menschen oder eine schwere Körperver- **42** letzung nach § 226 StGB verursacht worden sein.

> **Hinweis:** Nach überwiegender Ansicht[21] ist der Eintritt des Todes bzw. die schwere Körperverletzung kein Tatbestandsmerkmal, sondern objektive Bedingung der Strafbarkeit. Der Vorsatz muss sich also nicht darauf beziehen, daher wird dies erst nach dem subjektiven Tatbestand geprüft.

In Betracht kommt hier § 226 Abs. 1 Nr. 2 StGB, die dauerhafte Gebrauchsunfähig- **43** keit eines wichtigen Gliedes. E kann seinen Mittelfinger nicht mehr bewegen, er ist dauerhaft nicht mehr gebrauchsfähig. Fraglich ist jedoch, ob der Mittelfinger ein wichtiges Glied i. S. d. § 226 Abs. 1 Nr. 2 StGB ist. Unter einem wichtigen Glied ist jedes nach außen in Erscheinung tretende Körperteil zu verstehen, das im Gesamtorganismus eine besondere Funktion einnimmt.[22]

Umstritten ist jedoch, nach welchen Kriterien die Wichtigkeit zu bestimmen ist. **44** Nach einer Ansicht[23] ist die Wichtigkeit abstrakt und generell zu bestimmen; maßgeblich ist danach die generelle Bedeutung des jeweiligen Gliedes für jeden Menschen. Dagegen spricht jedoch, dass dabei die körperlichen Gegebenheiten des Verletzten völlig außer Acht gelassen werden. So ist z. B. der kleine Finger für die meisten Menschen eher unwichtig, für eine Person, die schon vorher den Ring- und Mittelfinger verloren hat, ist er dagegen sehr wichtig. Eine andere Ansicht[24] stellt deshalb auf die jeweiligen Besonderheiten des Betroffenen ab und bestimmt die Wichtigkeit individuell. Die heutige Rspr. und Teile der Lit. folgen einer differenzierten Auffassung: Danach ist die Wichtigkeit des Gliedes zwar grundsätzlich abstrakt-generell zu bestimmen, es sind jedoch auch die körperlichen Besonderheiten des Betroffenen zu berücksichtigen, nicht jedoch die individuellen sozialen Bezüge wie beispielsweise der Beruf.[25]

Zwar ist der Mittelfinger der linken Hand generell kein Glied, das für den Gesamtor- **45** ganismus eine besondere Bedeutung einnimmt, da dessen Funktion durch die anderen Finger ausgeglichen werden kann. Bei E besteht jedoch die Besonderheit, dass er bereits den Zeigefinger der linken Hand verloren hat und Linkshänder ist. Für Menschen wie ihn ist der Mittelfinger ein wichtiges Glied. Folgt man der individuellen Betrachtung oder der differenzierenden Ansicht, liegt ein wichtiges Glied vor.

---

[20] Vgl. dazu *Fischer* § 231 StGB Rn. 10.
[21] BGHSt 33, 103; *Fischer* § 231 StGB Rn. 5 m. w. N.
[22] RGSt 3, 392.
[23] RGSt 62, 161, 162; *Wessels/Hettinger/Engländer* BT 1 Rn. 253; NK/*Paeffgen/Böse* § 226 StGB Rn. 27.
[24] Schönke/Schröder/*Sternberg-Lieben* § 226 StGB Rn. 2; Lackner/Kühl/*Kühl* § 226 StGB Rn. 3.
[25] BGHSt 51, 252, 255; *Fischer* § 226 StGB Rn. 7 m. w. N.

Fall 6. Mordsschlägerei

46 Die objektive Bedingung der Strafbarkeit ist damit eingetreten. Daneben könnte auch eine Lähmung nach § 226 Abs. 1 Nr. 3 StGB vorliegen, da E den Finger nicht mehr bewegen kann. Eine Lähmung liegt jedoch nur vor, wenn der ganze Körper in Mitleidenschaft gezogen wird.[26] Dies ist bei der bloßen Bewegungsunfähigkeit eines Fingers nicht der Fall.

dd) Rechtswidrigkeit und Schuld

47 Die Tat ist rechtswidrig. D handelt schuldhaft.

ee) Ergebnis

48 D ist strafbar wegen Beteiligung an einer Schlägerei gemäß § 231 StGB.

c) Ergebnis für D

49 D ist strafbar wegen Körperverletzung zum Nachteil des C in Tatmehrheit mit Beteiligung an einer Schlägerei gemäß §§ 223 Abs. 1, 231, 53 StGB. Die Delikte stehen zueinander in Tatmehrheit, weil die Körperverletzung zum Nachteil des C mit dem Schlag beendet war und sich die Schlägerei erst im Anschluss daran entwickelt hat. Es liegen zwei selbständige Handlungen vor.

Hinweis: Eine a. A. ist vertretbar mit dem Argument, dass ein enger räumlicher und zeitlicher Zusammenhang zwischen den Handlungen vorliegt. In diesem Fall könnte man aufgrund einer natürlichen Handlungseinheit Tateinheit bejahen.

2. Strafbarkeit des C

a) Schwere Körperverletzung zum Nachteil des E (§§ 223 Abs. 1, 226 Abs. 1 Nr. 2 StGB)

50 C könnte sich durch die Verletzung des E wegen schwerer Körperverletzung nach §§ 223 Abs. 1, 226 Abs. 1 Nr. 2 StGB strafbar gemacht haben.

aa) Gefährliche Körperverletzung (§§ 223 Abs. 1, 224 Abs. 1 StGB)

51 Durch den Schlag hat C die Gesundheit des E geschädigt, da dessen Mittelfinger gebrochen wurde. Gleichzeitig liegt eine körperliche Misshandlung vor. C handelt zumindest mit bedingtem Vorsatz, da er die Verletzung des E jedenfalls billigend in Kauf nimmt. Das Bierglas ist ein gefährliches Werkzeug nach § 224 Abs. 1 Nr. 2 Alt. 2 StGB, da es aufgrund seiner Beschaffenheit und der Art seiner konkreten Verwendung dazu geeignet ist, erhebliche Verletzungen hervorzurufen. Der Grundtatbestand der gefährlichen Körperverletzung ist damit erfüllt.

bb) Eintritt der schweren Folge (§ 226 Abs. 1 Nr. 2 StGB)

52 E kann ein wichtiges Glied seines Körpers dauerhaft nicht gebrauchen. Die schwere Folge nach § 226 Abs. 1 Nr. 2 StGB ist eingetreten.

cc) Tatbestandsspezifischer Gefahrzusammenhang

53 Der Verlust des Gliedes beruht unmittelbar auf dem Körperverletzungserfolg; der tatbestandsspezifische Zusammenhang ist zu bejahen.

---

[26] Schönke/Schröder/*Sternberg-Lieben* § 226 StGB Rn. 7.

dd) Fahrlässigkeit

Nach § 18 StGB müsste C bzgl. des Eintritts der schweren Folge zumindest fahrlässig **54** gehandelt haben. Da nach der h. M. beim erfolgsqualifizierten Delikt die Sorgfaltswidrigkeit bereits aufgrund der Verletzung des Grunddelikts bejaht werden kann, ist nach dieser Auffassung lediglich die objektive Vorhersehbarkeit zu prüfen.[27] Nach a. A. ergibt sich die Sorgfaltswidrigkeit nicht bereits aus dem Grunddelikt und bleibt deshalb eigenständig zu prüfen.[28] Der Meinungsstreit kann jedoch dahinstehen, da der Schlag mit dem Glas jedenfalls sorgfaltswidrig ist. Es ist außerdem für einen besonnenen und gewissenhaften Menschen vorhersehbar, dass bei einem solchen Schlag der Mittelfinger gebrochen werden und gegebenenfalls auch dauerhaft bewegungsunfähig bleiben kann. Die objektive Vorhersehbarkeit ist ebenfalls zu bejahen. C handelt bzgl. der schweren Folge fahrlässig.

ee) Rechtswidrigkeit und Schuld

Aus dem Sachverhalt ergibt sich nicht, dass C gerade von E angegriffen wurde und **55** deshalb nach § 32 StGB gerechtfertigt sein könnte. Die Tat ist daher rechtswidrig. C handelt schuldhaft. Insbesondere ist die Tat auch subjektiv sorgfaltswidrig und für C vorhersehbar.

ff) Ergebnis

C ist strafbar wegen schwerer Körperverletzung gemäß §§ 223 Abs. 1, 226 Abs. 1 **56** Nr. 2 StGB.

b) Beteiligung an einer Schlägerei (§ 231 StGB)

Wie bereits D ist C strafbar wegen Beteiligung an einer Schlägerei gemäß § 231 **57** StGB. Hier gelten die Ausführungen zu D entsprechend. Allerdings stellt sich bei C die Frage, ob ihm die Beteiligung an der Schlägerei vorzuwerfen ist (§ 231 Abs. 2 StGB), da er zuvor von D angegriffen wurde. Jedoch war der Angriff seitens des D bereits beendet. C befand sich nicht mehr in einer Notwehrlage. Ein Ausschluss der Vorwerfbarkeit scheidet daher aus.[29]

c) Ergebnis und Konkurrenzen für C

C ist strafbar wegen schwerer Körperverletzung gemäß §§ 223, 226 Abs. 1 Nr. 2 **58** StGB in Tateinheit mit der Beteiligung an einer Schlägerei gemäß § 231 StGB. Zwischen § 226 und § 231 StGB besteht Idealkonkurrenz, es sei denn das Unrecht des § 231 StGB wird von § 226 StGB voll erfasst, beispielsweise wenn alle an der Schlägerei Beteiligten mittäterschaftlich die schwere Körperverletzung herbeiführen.[30] Dies ist hier nicht der Fall.

3. Strafbarkeit des B

a) Körperverletzung (§ 223 Abs. 1 StGB)

Aus dem Sachverhalt geht nicht hervor, ob B eine andere Person körperlich misshan- **59** delt oder an der Gesundheit geschädigt hat. Die Strafbarkeit wegen Körperverletzung scheidet daher aus.

---

[27] BGHSt 24, 213; BGH NStZ 2001, 478; *Jescheck/Weigend* § 54 III 2.
[28] *Wessels/Beulke/Satzger* AT Rn. 1148.
[29] *Fischer* § 231 StGB Rn. 10 f.
[30] Schönke/Schröder/*Sternberg-Lieben* § 231 StGB Rn. 13.

b) Beteiligung an einer Schlägerei (§ 231 StGB)

60 Auch B könnte sich wegen Beteiligung an einer Schlägerei gemäß § 231 StGB strafbar gemacht haben. Es gelten die Ausführungen zu D und C. Im Unterschied zu diesen hat sich B jedoch aus der Schlägerei zurückgezogen, bevor die schwere Körperverletzung eingetreten ist. Nach h. M. ist dies jedoch unbeachtlich.[31] Derjenige, der sich vor Eintritt der schweren Folge beteiligt hat, hat jedenfalls zur Eskalation der Schlägerei beigetragen. Außerdem soll § 231 StGB gerade Beweisschwierigkeiten umgehen, die sich daraus ergeben, dass man nach einer Schlägerei nur schwer feststellen kann, wer zu welchem Zeitpunkt beteiligt war.

Hinweis: Umstritten ist die Strafbarkeit dagegen, wenn sich der Täter erst nach Eintritt der schweren Folge an der Schlägerei beteiligt, da er in diesem Fall nicht zur Eskalation beigetragen hat.[32]

c) Ergebnis für B

61 B ist strafbar gemäß § 231 StGB.

4. Strafbarkeit des E

a) Beteiligung an einer Schlägerei (§ 231 StGB)

62 Auch E könnte sich wegen Beteiligung an einer Schlägerei gemäß § 231 StGB strafbar gemacht haben. Allerdings ist er selbst derjenige, an dem die schwere Folge eingetreten ist. Dies ist jedoch unerheblich: Auch der Verletzte ist strafbar, da gerade die Gefährlichkeit von Schlägereien pönalisiert wird. Anders als beim Angriff ist bei einer Schlägerei jeder als Täter beteiligt.[33] Das Gericht kann aber gemäß § 60 StGB von einer Bestrafung absehen. Im Übrigen gelten die Ausführungen für D.

b) Ergebnis für E

63 E ist strafbar gemäß § 231 StGB.

5. Strafbarkeit der X

a) Beteiligung an einer Schlägerei (§ 231 StGB)

64 Durch die Anfeuerungsrufe könnte sich X wegen Beteiligung an einer Schlägerei gemäß § 231 StGB strafbar gemacht haben. X hat jedoch keine andere Person geschlagen, sondern lediglich den Beteiligten C angefeuert. Fraglich ist, ob dies ausreicht. Nach überwiegender Ansicht ist jedoch nicht erforderlich, dass der Täter aktiv mitschlägt. Es genügt jede andere aktive Beteiligung, etwa durch anfeuernde Zurufe.[34]

65 Die Beteiligung könnte jedoch dadurch ausgeschlossen sein, dass zum Zeitpunkt des Anfeuerns noch gar keine Schlägerei im Gange war. Bis zu diesem Zeitpunkt handelte es sich um einen Streit zwischen zwei Personen, nämlich D und C. Erst durch Mitwirken der X entstand eine Schlägerei. Dies genügt jedoch.[35]

---

[31] BGHSt 16, 130; MünchKommStGB/*Hohmann* § 231 StGB Rn. 24; *Fischer* § 231 StGB Rn. 8c m. w. N.
[32] Vgl. dazu Schönke/Schröder/*Sternberg-Lieben* § 231 StGB Rn. 9.
[33] RGSt 32, 37; Schönke/Schröder/*Sternberg-Lieben* § 231 StGB Rn. 4.
[34] BGHSt 15, 369; *Fischer* § 231 StGB Rn. 8.
[35] Schönke/Schröder/*Sternberg-Lieben* § 231 StGB Rn. 2.

Im Übrigen gelten die obigen Ausführungen (→ Rn. 40 ff.). X hat sich gemäß § 231 StGB strafbar gemacht. **66**

b) Anstiftung zur schweren Körperverletzung (§§ 223 Abs. 1, 226 Abs. 1 Nr. 2, 26 StGB)

X könnte sich auch wegen Anstiftung des C zu einer schweren Körperverletzung zum Nachteil des E strafbar gemacht haben. Eine vorsätzliche und rechtswidrige Haupttat liegt vor (→ Rn. 51 ff.). X müsste bei C den Tatentschluss hervorgerufen haben, den E zu verletzen. Dies ist jedoch fraglich, da aus dem Sachverhalt nur hervorgeht, dass X den C zu Beginn der Schlägerei angefeuert hat. Eine Strafbarkeit wegen Anstiftung scheidet daher aus. **67**

c) Beihilfe zur schweren Körperverletzung (§§ 223 Abs. 1, 226 Abs. 1 Nr. 2, 27 StGB)

Wie bei der Anstiftung steht nicht fest, ob X den C zum Zeitpunkt des Schlages auf die Hand noch angefeuert hat. Zwar muss nach einer Ansicht die Beihilfehandlung nicht kausal für die Tat des Haupttäters sein, jedoch muss der Haupttäter in irgendeiner Form bei der Tat unterstützt worden sein. Dies geht aus dem Sachverhalt nicht hervor. Die Strafbarkeit wegen Beihilfe scheidet ebenfalls aus. **68**

d) Ergebnis für X

X ist strafbar wegen Beteiligung an einer Schlägerei gemäß § 231 Abs. 1 StGB. **69**

III. Konkurrenzen und Gesamtergebnis

A ist strafbar wegen Anstiftung zum versuchten Mord zum Nachteil des C gemäß §§ 212 Abs. 1, 211, 22, 23 Abs. 1, 26 StGB. **70**
B ist strafbar wegen versuchten Mordes in Tatmehrheit mit Beteiligung an einer Schlägerei gemäß §§ 212 Abs. 1, 211, 22, 23 Abs. 1, 231 Abs. 1, 53 StGB.
C ist strafbar wegen schwerer Körperverletzung in Tateinheit mit Beteiligung an einer Schlägerei gemäß §§ 223 Abs. 1, 226 Abs. 1 Nr. 2, 231 Abs. 1, 52 StGB.
D ist strafbar wegen Körperverletzung in Tatmehrheit mit Beteiligung an einer Schlägerei gemäß §§ 223 Abs. 1, 231 Abs. 1, 53 StGB.
E und X sind strafbar wegen Beteiligung an einer Schlägerei gemäß § 231 StGB.

> **Fallbeurteilung**

Es handelt sich um eine umfangreiche Klausur, bei der eine gute Zeiteinteilung und eine Konzentration auf die wesentlichen Problempunkte des Sachverhalts erforderlich sind.

Im ersten Tatkomplex werden mit der Abgrenzung der Mittäterschaft von der Anstiftung und den verschiedenen Mordmerkmalen sowie § 28 StGB Standardprobleme abgeprüft, die jedem Bearbeiter bekannt sein sollten. Die Schwierigkeit bestand in der Abgrenzung zwischen dem error in persona und der aberratio ictus. Hier soll der Bearbeiter das Problem erkennen und mit vernünftiger Argumentation zu einer eigenen Lösung gelangen.

Fall 6. Mordsschlägerei

Der zweite Tatkomplex befasst sich mit der Beteiligung an einer Schlägerei nach § 231 StGB. Da hier die Beteiligung mehrerer Personen geprüft wird, muss § 231 StGB nur einmal ausführlich durchgeprüft werden. Schon aus Zeitgründen ist bei der Prüfung der Strafbarkeit der weiteren Beteiligten der Verweis auf die Ausführungen zur Strafbarkeit des ersten Beteiligten zu empfehlen, sodass dann nur noch auf die jeweiligen Besonderheiten eingegangen wird. Die im Rahmen des § 231 StGB vorhandenen Probleme sind überwiegend Standardprobleme, die der Bearbeiter erkennen muss und bei deren Lösung er auf die verschiedenen in Rspr. und Rechtslehre vertretenen Meinungen eingehen sollte.

Weiterer Schwerpunkt des zweiten Tatkomplexes ist die Frage, ob der Mittelfinger ein wichtiges Glied ist. Bei aufmerksamem Lesen des Sachverhalts ist dieses Problem als solches bereits zu erkennen, da relativ ausführlich auf die Linkshändigkeit des E und auf den Verlust des Zeigefingers eingegangen wird.

Insgesamt ist die Klausur, da der Sachverhalt überwiegend bekannte Probleme enthält, nicht sehr schwer. Die Schwierigkeit liegt eher in der richtigen Zeiteinteilung und Schwerpunktsetzung.

Weiterführende Hinweise: BGHSt 51, 252 (= BGH NJW 2007, 1988–1989 [Tatbestandsmerkmal der „Wichtigkeit" eines Körperglieds]); *Engländer,* Die Teilnahme an Mord und Totschlag, JA 2004, 410–413; *Geppert,* Die Akzessorietät der Teilnahme (§ 28 StGB) und die Mordmerkmale, Jura 2008, 34–40; *Jesse,* Beruf des Opfers und Wichtigkeit eines Körpergliedes in § 226 StGB, NStZ 2008, 605–608; *Kühl,* „Wer einen Menschen tötet". Der objektive Tatbestand des Totschlags gemäß § 212 StGB, JA 2009, 321–327; *Lubig,* Die Auswirkungen von Personenverwechslungen auf übrige Tatbeteiligte. Zur Abgrenzung von Motiv- und Tatbestandsirrtümern, Jura 2006, 655–660; *Otto,* „Besondere persönliche Merkmale" im Sinne des § 28 StGB, Jura 2004, 469–474; *Rönnau/Faust/Fehling,* Durchblick: Der Irrtum und seine Rechtsfolgen, JuS 2004, 667–674; *Satzger,* Die objektive Bedingung der Strafbarkeit, Jura 2006, 108–113.

Fall 7. Wahrsagerin

Sachverhalt

A tritt auf einem Jahrmarkt als Wahrsagerin auf. Sie residiert in einem pompösen Zelt und wirbt auf Plakaten damit, die bedeutendste Astrologin aller Zeiten zu sein und noch bei Nostradamus selbst studiert zu haben. Der intellektuell nur mäßig begabte B ist ungeheuer beeindruckt und bittet darum, ein Privathoroskop zu erhalten. A ist einverstanden, verlangt aber ein Honorar von 100 EUR, das Zehnfache ihres normalen Preises. Als B ihr das geforderte Geld ohne Weiteres überreicht, erklärt sie ihm, für einen so sympathischen jungen Mann sei sie zu einer außerordentlichen Anstrengung bereit: Es gebe nämlich die Möglichkeit, die Sterne durch ein besonderes, allerdings extrem aufwendiges Verfahren zu beeinflussen und so ein günstiges Horoskop zu erreichen. Dafür müsste B noch einmal 300 EUR bezahlen. Trotz einiger Zweifel händigt B ihr auch diese Summe aus und verabredet sich mit ihr für den nächsten Tag. A legt das Geld in eine leere Schatulle.

Als B am nächsten Morgen voller Erwartungen die Wahrsagerin aufsucht, erklärt diese zu seiner großen Überraschung, sie habe ihn noch nie gesehen. B verlangt sein Geld zurück, doch A lacht nur und fordert ihn auf, schleunigst zu verschwinden. Daraufhin schlägt B, der als Boxer ausgebildet ist, die A so heftig zu Boden, dass sie das Bewusstsein verliert. Dann ergreift er die Geldschatulle, die – wie er schon beim Eintreten bemerkt hatte – offen in einem Wandregal steht. Als er gerade das Zelt verlassen will, sieht er C herankommen. Um das Geld behalten zu können und nicht erkannt zu werden, versteckt er sich hinter der Zelttür und schlägt dem C mit aller Kraft die hölzerne, ungefähr 500 g schwere Schatulle auf den Kopf. Dabei trifft er ihn so unglücklich, dass C einige Zeit später verstirbt.

Wie haben sich A und B strafbar gemacht?

Gliederung

	Rn.
I. Strafbarkeit der A	1
1. Betrug bzgl. der 100 EUR (§ 263 Abs. 1 StGB)	1
a) Objektiver Tatbestand	2
aa) Täuschung über Tatsachen	2
(1) Einwirkung auf das Vorstellungsbild	3
(2) Tatsachenaussage als Täuschungsgegenstand	4
(a) Bedeutendste Astrologin	5
(b) Studium bei Nostradamus	6
(c) Zuverlässige Zukunftsvorhersage durch Horoskop	7
bb) Irrtum	9
cc) Vermögensverfügung	10
dd) Vermögensschaden	11
b) Subjektiver Tatbestand	12
aa) Vorsatz	12

	Rn.
bb) Bereicherungsabsicht	13

Problem: Hat A einen (zivilrechtlichen) Anspruch auf die Entgeltzahlung?

	Rn.
c) Rechtswidrigkeit und Schuld	14
d) Ergebnis	15
2. Betrug bzgl. der 300 EUR (§ 263 Abs. 1 StGB)	16
a) Objektiver Tatbestand	17
b) Subjektiver Tatbestand	19
c) Rechtswidrigkeit und Schuld	20
d) Ergebnis	21
II. Strafbarkeit des B	22
1. Gefährliche Körperverletzung zum Nachteil der A (§§ 223 Abs. 1, 224 Abs. 1 StGB)	22
a) Objektiver Tatbestand	23
b) Subjektiver Tatbestand	25
c) Rechtswidrigkeit	26
d) Schuld	27
e) Ergebnis	28
2. Raub bzgl. der Schatulle bzw. der 400 EUR (§ 249 Abs. 1 StGB)	29
a) Objektiver Tatbestand	30

Problem: Wer ist Eigentümer der 400 EUR?

	Rn.
b) Subjektiver Tatbestand	34
aa) Vorsatz	34
bb) Absicht rechtswidriger Zueignung	35
c) Rechtswidrigkeit und Schuld	36
d) Ergebnis	37
3. Schwerer Raub (§ 250 Abs. 1, 2 StGB)	38
a) Objektiver Tatbestand	39
aa) Gefahr einer schweren Gesundheitsschädigung (§ 250 Abs. 1 Nr. 1 Buchst. c StGB)	39
bb) Schwere körperliche Misshandlung (§ 250 Abs. 2 Nr. 3 Buchst. a StGB)	40
cc) Gefahr des Todes (§ 250 Abs. 2 Nr. 3 Buchst. b StGB)	41
b) Ergebnis	42
4. Nötigung (§ 240 StGB)	43
5. Totschlag zum Nachteil des C (§ 212 Abs. 1 StGB)	46
a) Objektiver Tatbestand	47
b) Subjektiver Tatbestand	48
c) Ergebnis	49
6. Gefährliche Körperverletzung zum Nachteil des C (§§ 223 Abs. 1, 224 Abs. 1 StGB)	50
a) Objektiver Tatbestand des Grunddelikts (§ 223 Abs. 1 StGB)	51
b) Objektiver Tatbestand der Qualifikation (§ 224 Abs. 1 StGB)	52
aa) Gefährliches Werkzeug (§ 224 Abs. 1 Nr. 2 Alt. 2 StGB)	52
bb) Hinterlistiger Überfall (§ 224 Abs. 1 Nr. 3 StGB)	53
cc) Lebensgefährdende Behandlung (§ 224 Abs. 1 Nr. 5 StGB)	54

	Rn.
c) Subjektiver Tatbestand	55
d) Rechtswidrigkeit und Schuld	56
e) Ergebnis	57
7. Körperverletzung mit Todesfolge zum Nachteil des C (§ 227 Abs. 1 StGB)	58
a) Grunddelikt	59
b) Schwere Folge	60
c) Gefahrspezifischer Zusammenhang	61
d) Wenigstens Fahrlässigkeit (§ 18 StGB)	62
e) Ergebnis	63
8. Fahrlässige Tötung zum Nachteil des C (§ 222 StGB)	64
9. Räuberischer Diebstahl (§ 252 StGB)	65
a) Objektiver Tatbestand	66
b) Subjektiver Tatbestand	69
c) Rechtswidrigkeit und Schuld	70
d) Ergebnis	71
10. Schwerer räuberischer Diebstahl (§§ 252, 250 Abs. 1, 2 StGB)	72
a) Grunddelikt	73
b) § 250 Abs. 1 Nr. 1 Buchst. a StGB	74
Problem: Wann ist ein Werkzeug „gefährlich"?	
c) § 250 Abs. 1 Nr. 1 Buchst. b StGB	78
d) § 250 Abs. 1 Nr. 1 Buchst. c StGB	79
e) § 250 Abs. 2 Nr. 1 StGB	80
f) § 250 Abs. 2 Nr. 3 Buchst. a StGB	81
g) § 250 Abs. 2 Nr. 3 Buchst. b StGB	82
h) Ergebnis	83
11. Räuberischer Diebstahl mit Todesfolge zum Nachteil des C (§§ 252, 251 StGB)	84
a) Grunddelikt (§ 252 StGB)	85
b) Schwere Folge (§ 251 StGB), Kausalität, gefahrspezifischer Zusammenhang	86
c) Wenigstens Leichtfertigkeit	87
d) Ergebnis	88
12. Hausfriedensbruch (§ 123 Abs. 1 StGB)	89
III. Gesamtergebnis und Konkurrenzen	90

Lösung

I. Strafbarkeit der A

1. Betrug bzgl. der 100 EUR (§ 263 Abs. 1 StGB)

A könnte sich durch die Beratung des B und die Annahme der 100 EUR wegen Betruges nach § 263 Abs. 1 StGB strafbar gemacht haben.[1]

1

---

[1] Zu den Voraussetzungen *Kindhäuser/Nikolaus* JuS 2006, 193 ff.

Fall 7. Wahrsagerin

a) Objektiver Tatbestand

aa) Täuschung über Tatsachen

2   A müsste B zunächst über Tatsachen getäuscht haben.

(1) Einwirkung auf das Vorstellungsbild

3   Täuschung ist die Einwirkung auf das intellektuelle Vorstellungsbild eines Anderen mit dem Ziel, einen Irrtum über Tatsachen hervorzurufen.[2] Als Täuschungshandlung kommt hier das Vorspiegeln falscher Tatsachen in Betracht. Eine Einwirkung auf das Vorstellungsbild des B liegt in der Angabe, die bedeutendste Astrologin der Gegenwart zu sein und noch bei Nostradamus selbst studiert zu haben, sowie in der Angabe, ein die Wirklichkeit widerspiegelndes Horoskop erstellen zu können.

(2) Tatsachenaussage als Täuschungsgegenstand

4   Die Täuschung muss sich auf Tatsachen beziehen. Tatsachen sind gegenwärtige oder vergangene Ereignisse oder Zustände, die dem Beweis zugänglich sind.[3]

(a) Bedeutendste Astrologin

5   Die Bezeichnung als „bedeutendste Astrologin aller Zeiten" könnte eine Tatsachenaussage sein. Dies würde voraussetzen, dass es möglich wäre, über die Bedeutung der A als Astrologin Beweis zu erheben. Dies erscheint schwer denkbar. Es ist nicht möglich, greifbare Kriterien dafür festzulegen. Damit fehlt es der Aussage an einem Tatsachenkern. Es handelt sich um bloße marktschreierische Reklame.

(b) Studium bei Nostradamus

6   Nostradamus ist eine historische Person. Bei ihm studiert zu haben ist eine Tatsache, die dem Beweis zugänglich ist. Nostradamus *(Michel de Nostredame)* starb im Jahr 1566. Damit ist selbst bei Unterstellung eines außerordentlich hohen Lebensalters der A ausgeschlossen, dass A noch bei ihm studiert hat. Die Tatsachenaussage ist falsch.

(c) Zuverlässige Zukunftsvorhersage durch Horoskop

7   Die Behauptung, im Privathoroskop zutreffende Vorhersagen treffen zu können, ist eine Aussage über gegenwärtige Tatsachen. Sie ist nach den wissenschaftlichen Erkenntnissen und allgemeiner Ansicht falsch, da solche Vorhersagen unmöglich sind.

8   Allerdings nimmt man bei Kartenlegen, Handlesen und ähnlichen Praktiken in der Regel an, dass bei den üblicherweise vereinbarten niedrigen Honoraren weder der Anbieter noch der Kunde davon ausgehen, dass übersinnliche Leistungen erbracht werden.[4] Es handelt sich vielmehr um eine jahrmarktähnliche Unterhaltung wie beispielsweise das Vorführen von Zauberkunststücken. Hier ist jedoch ein erhebliches Honorar (100 EUR) vereinbart, zudem ist der B intellektuell eher schwach und glaubt deshalb an die übersinnlichen Fähigkeiten der A, die sich im Preis niederschlagen. Damit ist hier eine Täuschung über Tatsachen gegeben.

---

[2] Vgl. *Fischer* § 263 StGB Rn. 14.
[3] *Wessels/Hillenkamp/Schuhr* BT 2 Rn. 493.
[4] LG Mannheim NJW 1993, 1488 f.; vgl. auch RGSt 33, 322.

bb) Irrtum

Durch die Tatsachentäuschung müsste A bei B einen Irrtum erregt haben. Irrtum ist **9** jede von der Wirklichkeit abweichende Vorstellung über Tatsachen. B ist intellektuell schwach und besonders leichtgläubig. Deshalb glaubt er, A habe bei Nostradamus studiert, könne ihm im Privathoroskop zutreffende Aussagen über die Zukunft machen und die Sterne beeinflussen. Diese Vorstellungen stimmten nicht mit der Wirklichkeit überein. Damit lag in der Person des B ein Irrtum vor. Dieser ging auch kausal auf die entsprechenden Täuschungshandlungen der A zurück.

cc) Vermögensverfügung

B müsste durch den Irrtum zu einer Vermögensverfügung veranlasst worden sein. **10** Vermögensverfügung ist jedes Tun, Dulden oder Unterlassen, das sich unmittelbar vermögensmindernd auswirkt.[5] Die Weggabe der 100 EUR hat sich direkt auf das Vermögen des B ausgewirkt. Ohne die irrtumsursächlichen Behauptungen der A, entsprechende übersinnliche Gegenleistungen erbringen zu können, hätte B diese Vermögensverfügungen nicht vorgenommen. Damit ist auch Kausalität gegeben.

dd) Vermögensschaden

B müsste durch die Verfügung einen Vermögensschaden erlitten haben. Ein Vermö- **11** gensschaden liegt vor, wenn der Vergleich des Vermögensstandes vor und nach der Verfügung eine nachteilige Vermögensdifferenz ergibt, die nicht durch ein unmittelbar aus der Vermögensverfügung fließendes Äquivalent wirtschaftlich voll ausgeglichen wird.[6] Dem Vermögen des B sind nach der Verfügung 100 EUR entzogen. Er hat zwar zivilrechtliche Ansprüche in dieser Höhe gegen A, allerdings ist deren Realisierung mit Schwierigkeiten und Unsicherheiten verbunden. Damit liegt jedenfalls eine konkrete Vermögensgefährdung vor, in der auch ein Vermögensschaden zu sehen ist.

b) Subjektiver Tatbestand

aa) Vorsatz

A hatte Vorsatz (§ 15 StGB) bzgl. aller Merkmale des objektiven Tatbestandes. **12**

bb) Bereicherungsabsicht

A müsste in der Absicht gehandelt haben, sich oder einen Dritten rechtswidrig und **13** stoffgleich zu bereichern. Der Vermögensvorteil über 100 EUR, der A zufloss, ging unmittelbar zu Lasten des B. Damit liegt Stoffgleichheit zwischen Vermögensschaden und Bereicherung vor. Ein Vermögensvorteil ist rechtswidrig, wenn der Täter keinen entsprechenden durchsetzbaren Anspruch innehat.[7] Der Vertrag bzgl. des Horoskops ist anfechtbar nach § 123 Abs. 1 BGB. A, deren Leistung unmöglich ist, hat nach §§ 326 Abs. 1 Satz 1, 275 Abs. 1 BGB jedenfalls keinen Anspruch auf die Gegenleistung. Damit standen A keine entsprechenden Ansprüche zu, der Vermögensvorteil war rechtswidrig. A hatte auch Vorsatz bzgl. Stoffgleichheit und Rechtswidrigkeit des Vermögensvorteils.

---

[5] BGHSt 14, 170, 171.
[6] BGHSt 16, 220.
[7] BGHSt 20, 136, 137.

Fall 7. Wahrsagerin

Hinweis: An dieser Stelle müssen Sie die zivilrechtliche Wirksamkeit des Vertrages begutachten. Dies kann jedoch in groben Zügen geschehen, längere Ausführungen zu schuldrechtlichen Problemen sind in Strafrechtsklausuren verfehlt.

c) Rechtswidrigkeit und Schuld

14 A hat auch rechtswidrig und schuldhaft gehandelt.

d) Ergebnis

15 A hat sich nach § 263 Abs. 1 StGB strafbar gemacht.

2. Betrug bzgl. der 300 EUR (§ 263 Abs. 1 StGB)

16 A könnte sich auch durch die Annahme der 300 EUR wegen Betruges nach § 263 Abs. 1 StGB strafbar gemacht haben.

Hinweis: Die Prüfung der Strafbarkeit bzgl. der 100 EUR und der 300 EUR kann auch gemeinsam erfolgen. Da die 300 EUR jedoch für eine andere Leistung gefordert wurden, also gegebenenfalls neue Tatumstände vorliegen, bietet sich eine getrennte Prüfung an.

a) Objektiver Tatbestand

17 Die Aussage, durch Beeinflussung der Sterne ein günstiges Horoskop erzielen zu können, ist eine Aussage über gegenwärtige Tatsachen. Es ist jedoch unmöglich, die Sterne zu beeinflussen. Damit ist die Aussage falsch. Auch bzgl. dieser Aussage kommt angesichts der erheblichen Gegenleistung (300 EUR) die übereinstimmende Vorstellung, es sei nur eine Gaukelei geschuldet, nicht in Betracht. Eine konkludente Täuschung kann auch darin liegen, dass A dem B bei Annahme des Geldes vorspiegelte, sie werde am nächsten Tag zum vorgesehenen Termin für ihn eine astrologische Leistung erbringen, sofern sie von Anfang an vorhatte, dieses Leistungsversprechen nicht einzuhalten. A täuschte also über ihre Erfüllungsfähigkeit und -willigkeit.

18 Durch die Aussage wurde bei B ein Irrtum bewirkt, nämlich die Vorstellung erweckt, A könne wirklich Einfluss auf die Sterne ausüben und würde ihm ein Horoskop erstellen. Der Irrtum veranlasste B dazu, A 300 EUR zu zahlen, war somit kausal für eine Vermögensverfügung. B hat auch durch die Vermögensverfügung einen Vermögensschaden erlitten (insofern → Rn. 11).

b) Subjektiver Tatbestand

19 A hatte Vorsatz in Bezug auf alle Merkmale des objektiven Tatbestandes. Sie hat auch in der Absicht gehandelt, sich rechtswidrig und stoffgleich zu bereichern.

c) Rechtswidrigkeit, Schuld

20 Sie handelte auch rechtswidrig und schuldhaft.

d) Ergebnis

21 A hat sich auch bzgl. der 300 EUR nach § 263 Abs. 1 StGB strafbar gemacht.

II. Strafbarkeit des B

1. Gefährliche Körperverletzung zum Nachteil der A (§§ 223 Abs. 1, 224 Abs. 1 StGB)

B könnte sich wegen gefährlicher Körperverletzung nach §§ 223 Abs. 1, 224 Abs. 1 **22**
StGB strafbar gemacht haben, indem er A niederschlug.

a) Objektiver Tatbestand

B müsste A körperlich misshandelt oder an der Gesundheit geschädigt haben. Körper- **23**
liche Misshandlung (§ 223 Abs. 1 Alt. 1 StGB) ist jede üble, unangemessene Behandlung, die das körperliche Wohlbefinden oder die körperliche Unversehrtheit mehr als nur unerheblich beeinträchtigt.[8] Ein heftiger Schlag beeinträchtigt das körperliche Wohlbefinden mehr als nur unerheblich. Gesundheitsschädigung (§ 223 Abs. 1 Alt. 2 StGB) ist das Herbeiführen eines vom Normalzustand negativ abweichenden körperlichen Zustands.[9] Die Bewusstlosigkeit ist ein solcher pathologischer Zustand. Damit hat B die A körperlich misshandelt und an der Gesundheit geschädigt.

B könnte auch eine der Qualifikationen des § 224 Abs. 1 StGB verwirklicht haben. **24**
Nach überwiegender Ansicht sind Körperteile des Täters, auch wenn sie in gefährlicher Art und Weise eingesetzt werden, keine gefährlichen Werkzeuge (§ 224 Abs. 1 Nr. 2 Alt. 2 StGB).[10] Zwar lässt sich durchaus in gewissen Konstellationen eine erhöhte Gefährlichkeit beim Einsatz von Körperteilen feststellen (gerade bei einem Boxer), doch ist nach h. M. eine derartige Auslegung nicht mehr vom Wortlaut der Vorschrift gedeckt.[11] B könnte die Körperverletzung jedoch durch eine das Leben gefährdende Behandlung begangen haben (§ 224 Abs. 1 Nr. 5 StGB). Eine konkrete Lebensgefahr muss hierbei nach h. A. nicht eingetreten sein, lediglich die Handlung muss abstrakt geeignet sein, das Leben zu gefährden.[12] Hier ist eine konkrete Lebensgefahr nicht eingetreten. Der Schlag war jedoch so heftig, dass A zu Boden ging und bewusstlos wurde. Solch ein Schlag kann lebensgefährdende Folgen nach sich ziehen. Damit liegt eine das Leben gefährdende Behandlung vor.

b) Subjektiver Tatbestand

B hatte Vorsatz bzgl. der körperlichen Misshandlung und der Gesundheitsschädi- **25**
gung. Für § 224 Abs. 1 Nr. 5 StGB genügt, wenn der Täter die Tatumstände kennt, die zur Lebensgefährlichkeit seines Tuns führen. Hier war sich B über die Stärke des Schlages bewusst. Damit hat er vorsätzlich gehandelt.

c) Rechtswidrigkeit

Ein Rechtfertigungsgrund, der dem Opfer eines Betruges gestatten würde, sich mit **26**
Gewalt zu rächen, existiert nicht. Insbesondere fehlt es für eine Notwehr nach § 32 StGB schon an der Gegenwärtigkeit des Angriffs. B hat rechtswidrig gehandelt.

---

[8] *Wessels/Hettinger/Engländer* BT 1 Rn. 216.
[9] *Wessels/Hettinger/Engländer* BT 1 Rn. 219.
[10] Lackner/Kühl/*Kühl* § 224 StGB Rn. 3; Schönke/Schröder/*Sternberg-Lieben* § 224 StGB Rn. 3a; MünchKommStGB/*Hardtung* § 224 StGB Rn. 15; *Rengier* BT II § 14 Rn. 36.
[11] Mit entsprechender Argumentation erscheint auch die Gegenansicht vertretbar, vgl. *Hilgendorf* ZStW 112 (2000), 811, 822ff.
[12] BGHSt 36, 1, 9; *Rengier* BT II § 14 Rn. 50f.

Fall 7. Wahrsagerin

d) Schuld

27 B hat auch schuldhaft gehandelt.

e) Ergebnis

28 B hat sich nach § 224 Abs. 1 Nr. 5 StGB strafbar gemacht. § 223 Abs. 1 StGB tritt dahinter zurück.

2. Raub bzgl. der Schatulle bzw. der 400 EUR (§ 249 Abs. 1 StGB)

29 B könnte sich nach § 249 Abs. 1 StGB strafbar gemacht haben, indem er A niederschlug und die Schatulle an sich nahm.

a) Objektiver Tatbestand

30 B könnte mit Gewalt gegen eine Person eine fremde bewegliche Sache weggenommen haben. Gewalt gegen eine Person ist jedenfalls körperlicher Zwang gegen einen anderen zur Überwindung eines wirklich geleisteten oder angenommenen Widerstands.[13] Indem B die A niederschlug, hat er mit körperlichem Zwang den Widerstand, den A gegen die Wegnahme der Schatulle hätte leisten können, überwunden.

31 Fremd ist eine Sache, die weder im Alleineigentum des Täters steht noch herrenlos ist.[14] Die Schatulle und ein über die von B bezahlten 400 EUR hinausgehender eventueller weiterer Inhalt standen im Eigentum der A. Fraglich ist die Eigentumslage bzgl. der von B bezahlten 400 EUR. Grundsätzlich ist die Übereignung (§ 929 Satz 1 BGB) nach dem Abstraktionsprinzip auch bei Unwirksamkeit des Verpflichtungsgeschäfts wirksam. In Fällen der arglistigen Täuschung (§ 123 Abs. 1 BGB) erfasst der Mangel jedoch in der Regel auch das Verfügungsgeschäft (Fehleridentität). Indem B das Geld zurückverlangte, hat er zum Ausdruck gebracht, an den Vertrag nicht mehr gebunden sein zu wollen. Damit ist auch die Übereignungserklärung des B und damit die Übereignung nach § 142 Abs. 1 BGB durch Anfechtung rückwirkend nichtig. Strafrechtlich ist diese Rückwirkungsfiktion nicht anzuwenden,[15] jedoch hat die Anfechtung wenigstens Ex-nunc-Wirkung. Ein Eigentumsübergang aus Rechtsgeschäft liegt damit nicht vor, die 400 EUR waren zumindest für B zum Zeitpunkt der Wegnahme nicht fremd.

Hinweis: Eine andere Ansicht ist hier mit der Begründung vertretbar, dass die Anfechtungserklärung immer auch die Angabe des Anfechtungsgrunds voraussetzt, dieser aber aus dem Rückgabeverlangen des B nicht hervorgeht. Dann sind die 400 EUR für B fremd.

32 Wegnahme bedeutet Bruch fremden und Begründung neuen, nicht notwendigerweise tätereigenen, Gewahrsams.[16] Gewahrsam ist die Sachherrschaft, die von einem natürlichen Herrschaftswillen getragen ist und sich nach der Verkehrsauffassung beurteilt.[17] A hatte die Sachherrschaft über die in ihrem Zelt befindliche Geldschatulle inne. Dass A in diesem Zeitpunkt bewusstlos war, steht dem nicht entgegen.[18] Indem

---

[13] *Hilgendorf/Valerius* BT II § 14 Rn. 10; *Fischer* § 249 StGB Rn. 4a.
[14] *Wessels/Hillenkamp/Schuhr* BT 2 Rn. 79.
[15] *Rengier* BT I § 2 Rn. 16; *Wessels/Hillenkamp/Schuhr* BT 2 Rn. 81.
[16] *Hilgendorf/Valerius* BT II § 2 Rn. 18; *Wessels/Hillenkamp/Schuhr* BT 2 Rn. 82.
[17] *Wessels/Hillenkamp/Schuhr* BT 2 Rn. 82.
[18] *Fischer* § 242 StGB Rn. 13.

B die Schatulle gegen den Willen der A an sich nahm, hat er die Sachherrschaft der A gebrochen und selbst Sachherrschaft begründet.

Die Gewaltanwendung müsste final im Hinblick auf die Wegnahme erfolgt sein. **33** B schlug die A nieder, gerade um an das Geld und die Schatulle zu gelangen, damit ist Finalität gegeben.

b) Subjektiver Tatbestand

aa) Vorsatz

B wusste, dass die Schatulle für ihn fremd war. Er hatte auch Vorsatz (§ 15 StGB) **34** bzgl. Wegnahme und Gewaltanwendung gegen eine Person.

bb) Absicht rechtswidriger Zueignung

B wollte über die Sachen wie ein Eigentümer verfügen können und A aus ihrer **35** Eigentümerstellung faktisch verdrängen. Er hatte keinen Anspruch auf die Schatulle und wusste dies auch. Die Absicht rechtswidriger Zueignung liegt somit vor.

c) Rechtswidrigkeit und Schuld

B hat rechtswidrig und schuldhaft gehandelt. **36**

d) Ergebnis

B hat sich nach § 249 Abs. 1 StGB wegen Raubes zum Nachteil der A strafbar ge- **37** macht.

3. Schwerer Raub (§ 250 Abs. 1, 2 StGB)

B könnte sich auch nach § 250 Abs. 1 Nr. 1 Buchst. c, Abs. 2 Nr. 3 Buchst. a, b StGB **38** wegen schweren Raubes strafbar gemacht haben. Das Grunddelikt liegt vor (→ Rn. 29 ff.).

a) Objektiver Tatbestand

aa) Gefahr einer schweren Gesundheitsschädigung (§ 250 Abs. 1 Nr. 1 Buchst. c StGB)

B könnte A in die Gefahr einer schweren Gesundheitsschädigung gebracht haben. **39** Die Gefahr muss sich nicht auf eine schwere Körperverletzung i. S. d. § 226 Abs. 1 StGB beziehen, jedoch auf eine Gesundheitsschädigung von vergleichbarem Schweregrad,[19] wie etwa eine ernste langwierige Krankheit oder der Verlust der Arbeitskraft.[20] Es muss eine konkrete Gefahr eingetreten sein. Eine solche ist hier für A nicht ersichtlich. Die Gesundheitsbeeinträchtigung in Form der Bewusstlosigkeit war bloß vorübergehender Art.

bb) Schwere körperliche Misshandlung (§ 250 Abs. 2 Nr. 3 Buchst. a StGB)

Um eine schwere körperliche Misshandlung bejahen zu können, ist es erforderlich, **40** dass entweder eine vorsätzlich herbeigeführte schwere Gesundheitsschädigung

---

[19] Lackner/Kühl/*Kühl* § 250 StGB Rn. 3; *Wessels/Hillenkamp/Schuhr* BT 2 Rn. 377.
[20] *Schroth* NJW 1998, 2861, 2865.

gemäß § 250 Abs. 1 Nr. 1 Buchst. c StGB oder eine nicht unerhebliche Beeinträchtigung der körperlichen Unversehrtheit durch besonders rohe Misshandlungen vorliegen.[21] Schon das Bestehen einer konkreten Gefahr der schweren Gesundheitsschädigung ist abzulehnen (→ Rn. 39). Bei lediglich einem kräftigen Schlag liegt auch keine die körperliche Integrität erheblich verletzende besonders rohe Misshandlung vor.

cc) Gefahr des Todes (§ 250 Abs. 2 Nr. 3 Buchst. b StGB)

41 Auch eine konkrete Lebensgefahr hat für A nicht bestanden.

b) Ergebnis

42 B hat keine der Qualifikationen des § 250 Abs. 1, 2 StGB verwirklicht.

4. Nötigung (§ 240 StGB)

43 B könnte sich außerdem nach § 240 StGB strafbar gemacht haben, indem er A zwang, die Wegnahme der Schatulle und des Geldes zu dulden. Er hat dabei körperlich wirkenden Zwang, also Gewalt, ausgeübt.

44 Es müsste sich aus dem angewandten Mittel, dem Zweck oder der Zweck-Mittel-Relation die Verwerflichkeit der Tat ergeben, damit B rechtswidrig gehandelt hat (§ 240 Abs. 2 StGB). B hat eine gefährliche Körperverletzung begangen und ein Raubmittel eingesetzt, um wieder in den Besitz des Geldes zu gelangen. Dieses Mittel ist schon für sich betrachtet verwerflich. Allgemeine Rechtfertigungsgründe sind nicht ersichtlich. Damit hat B rechtswidrig gehandelt.

45 B hat auch schuldhaft gehandelt. Er hat sich nach § 240 StGB strafbar gemacht.

5. Totschlag zum Nachteil des C (§ 212 Abs. 1 StGB)

46 B könnte strafbar sein wegen Totschlags gemäß § 212 Abs. 1 StGB zum Nachteil des C.

a) Objektiver Tatbestand

47 B hat den Tod eines anderen Menschen, des C, herbeigeführt und damit den objektiven Tatbestand des § 212 Abs. 1 StGB verwirklicht.

b) Subjektiver Tatbestand

48 B müsste auch vorsätzlich gehandelt haben (§ 15 StGB). Er hat nicht absichtlich oder wissentlich den Tod des C herbeigeführt. Es kommt allein dolus eventualis in Betracht. Es ist jedoch zu beachten, dass bei der Tötung eines Menschen eine besonders hohe Hemmschwelle angenommen wird.[22] Mangels weiterer, auf billigende Inkaufnahme des Todeserfolgs hinweisender Anzeichen ist davon auszugehen, dass B nicht vorsätzlich handelte.

c) Ergebnis

49 B hat sich nicht nach § 212 Abs. 1 StGB strafbar gemacht.

---

[21] *Hilgendorf/Valerius* BT II § 15 Rn. 20; *Wessels/Hillenkamp/Schuhr* BT 2 Rn. 385.
[22] BGHSt 36, 1, 5.

6. Gefährliche Körperverletzung zum Nachteil des C (§§ 223 Abs. 1, 224 Abs. 1 StGB)

B könnte sich durch das Niederschlagen des C wegen gefährlicher Körperverletzung nach §§ 223 Abs. 1, 224 Abs. 1 Nr. 2, 5 StGB strafbar gemacht haben.

a) Objektiver Tatbestand des Grunddelikts (§ 223 Abs. 1 StGB)

B hat den C durch den Schlag mit der Schatulle körperlich misshandelt und an der Gesundheit geschädigt.

b) Objektiver Tatbestand der Qualifikation (§ 224 Abs. 1 StGB)

aa) Gefährliches Werkzeug (§ 224 Abs. 1 Nr. 2 Alt. 2 StGB)

Gefährliches Werkzeug ist jeder bewegliche Gegenstand, der nach seiner objektiven Beschaffenheit und der konkreten Art der Verwendung geeignet ist, erhebliche Verletzungen herbeizuführen.[23] Die Schatulle hatte ein Gewicht von zumindest einem halben Kilogramm, war aus einem harten Material und wurde als Schlagwerkzeug gegen den Kopf benutzt. Nach alledem ist sie geeignet, erhebliche Verletzungen zu verursachen, was sich im Tod des C in Folge des Schlages manifestiert hat.

bb) Hinterlistiger Überfall (§ 224 Abs. 1 Nr. 3 StGB)

Ein hinterlistiger Überfall setzt voraus, dass der Täter seine Absichten planvoll verdeckt, um dadurch dem Opfer die Abwehr zu erschweren. Hier hat B lediglich die Gunst der Situation genutzt und C von hinten angegriffen. Dies genügt nicht für ein planmäßiges Verdecken der Verletzungsabsicht.[24]

cc) Lebensgefährdende Behandlung (§ 224 Abs. 1 Nr. 5 StGB)

C ist an dem Schlag gegen den Kopf gestorben. Damit war diese Handlung jedenfalls auch konkret geeignet, das Leben zu gefährden.

c) Subjektiver Tatbestand

B hatte Vorsatz in Bezug auf die körperliche Misshandlung und Gesundheitsschädigung. Er hat auch die Schatulle bewusst und gewollt als gefährliches Werkzeug eingesetzt. Er kannte die Tatumstände und den Einsatz eines schweren Gegenstandes gegen den Kopf, welche die Lebensgefährlichkeit seines Tuns begründeten. Er hat vorsätzlich gehandelt.

d) Rechtswidrigkeit und Schuld

B hat auch rechtswidrig und schuldhaft gehandelt.

e) Ergebnis

§ 223 Abs. 1 StGB tritt im Wege der Spezialität zurück. B hat sich nach § 224 Abs. 1 Nr. 2, 5 StGB strafbar gemacht.

7. Körperverletzung mit Todesfolge zum Nachteil des C (§ 227 Abs. 1 StGB)

B könnte sich wegen Körperverletzung mit Todesfolge gemäß § 227 Abs. 1 StGB zum Nachteil des C strafbar gemacht haben.

---

[23] BGHSt 3, 109.
[24] Vgl. *Rengier* BT II § 14 Rn. 44 f.

a) Grunddelikt

59 B hat eine vorsätzliche Körperverletzung gegen C begangen und § 224 Abs. 1 Nr. 2, 5 StGB verwirklicht.

b) Schwere Folge

60 Die schwere Folge des § 227 StGB – der Tod des C – ist hier eingetreten; laut Sachverhalt verstarb C kurze Zeit nach dem Schlag mit der Schatulle. Dieser war ebenfalls kausal für den Eintritt der schweren Folge.

c) Gefahrspezifischer Zusammenhang

61 Es müsste sich im Eintritt der schweren Folge die spezifische Gefährlichkeit des Grunddelikts verwirklicht haben. Ein Schlag mit einem harten Gegenstand auf den Kopf ist typischerweise geeignet, tödliche Verletzungen hervorzurufen, und der Tod des C beruht unmittelbar auf dieser Körperverletzung. Somit hat sich hier die typischerweise vom Grunddelikt beinhaltete Gefahr im eingetretenen Erfolg realisiert. Damit ist der gefahrspezifische Zusammenhang zu bejahen.

d) Wenigstens Fahrlässigkeit (§ 18 StGB)

62 B müsste bzgl. des Eintritts der schweren Folge wenigstens Fahrlässigkeit vorzuwerfen sein (§ 18 StGB). Fahrlässig handelt, wer bei Vorhersehbarkeit und Vermeidbarkeit des Erfolges die im Verkehr erforderliche Sorgfalt außer Acht lässt.[25] Der Tod des C war eine vorhersehbare und vermeidbare Folge eines schweren Schlages auf den Kopf. Indem B diesen dennoch ausführte, hat er einen Sorgfaltsverstoß begangen und damit fahrlässig gehandelt.

e) Ergebnis

63 B hat sich nach § 227 Abs. 1 StGB strafbar gemacht.

8. Fahrlässige Tötung zum Nachteil des C (§ 222 StGB)

64 Die ebenfalls verwirklichte fahrlässige Tötung (§ 222 StGB) tritt im Wege der Gesetzeskonkurrenz hinter § 227 Abs. 1 StGB zurück, der lex specialis ist.

9. Räuberischer Diebstahl (§ 252 StGB)

65 B könnte sich durch den Schlag gegen den Kopf des C wegen räuberischen Diebstahls (§ 252 StGB) strafbar gemacht haben.

a) Objektiver Tatbestand

66 Der von B an der Schatulle der A begangene Raub (§ 249 Abs. 1 StGB) beinhaltet einen Diebstahl (§ 242 Abs. 1 StGB) und ist damit taugliche Vortat des § 252 StGB.

67 B hatte noch keinen sicheren Gewahrsam an der Schatulle erlangt. Der Raub war damit vollendet, aber noch nicht beendet. Die Frische der Tat ist somit gegeben. Be-

---

[25] BGHSt 49, 1; vgl. *Neubacher* Jura 2005, 857.

troffen ist der Täter, wenn er in Tatortnähe alsbald nach der Tat wahrgenommen wird oder sich selbst für betroffen hält.[26] Ausreichend ist es auch, wenn der Täter zwar noch nicht tatsächlich entdeckt ist, allerdings durch sein schnelles Zuschlagen lediglich einer unausweichlichen, unmittelbar bevorstehenden Entdeckung zuvorkommt.[27] B war somit auf frischer Tat betroffen.

Indem er den Schlag gegen den Kopf des C führte, hat B Gewalt gegen eine Person ausgeübt. **68**

b) Subjektiver Tatbestand

B hatte Vorsatz bzgl. aller Merkmale des objektiven Tatbestandes. Er müsste gehandelt haben, um sich im Besitz des gestohlenen Gutes zu erhalten. B wollte nicht erkannt werden, dies hätte auch zum Verlust der Schatulle führen können. Er handelte damit auch, um sich den Besitz der geraubten Schatulle zu erhalten. **69**

c) Rechtswidrigkeit und Schuld

B handelte auch rechtswidrig und schuldhaft. **70**

d) Ergebnis

B hat sich nach § 252 StGB strafbar gemacht. **71**

10. Schwerer räuberischer Diebstahl (§§ 252, 250 Abs. 1, 2 StGB)

Weiterhin könnte sich B wegen schweren räuberischen Diebstahls gemäß §§ 252, 250 Abs. 1 Nr. 1 Buchst. a, c, Abs. 2 Nr. 3 Buchst. a und b StGB strafbar gemacht haben. **72**

a) Grunddelikt

Der Täter wird nach § 252 StGB gleich einem Räuber bestraft. Damit finden auch die Qualifikationen nach §§ 250, 251 StGB Anwendung. B hat im Rahmen der gewaltsamen Wegnahme der Schatulle bei A einen Raub gemäß § 249 StGB als Grunddelikt verwirklicht. **73**

b) § 250 Abs. 1 Nr. 1 Buchst. a StGB

B könnte während der Ausführung der Tat ein gefährliches Werkzeug, nämlich die Schatulle, mitgeführt haben. Fraglich ist, welche Anforderungen an die Bestimmung der Gefährlichkeit zu stellen sind. **74**

Manche bestimmen die Gefährlichkeit des Werkzeuges allein objektiv und verlangen etwa eine „objektive Waffenähnlichkeit"[28] oder eine Waffenersatzfunktion. Eine Geldschatulle ist objektiv nicht waffenähnlich und wird in Bedrängnissituationen typischerweise nicht als Waffe gebraucht. Nach dieser Ansicht handelte es sich also nicht um ein gefährliches Werkzeug. Innerhalb dieses objektivierenden Ansatzes wird jedoch auch vertreten, die Gefährlichkeit dürfe wegen der Weite der sonst unter den Werkzeugbegriff fallenden Gegenstände nicht rein objektiv bestimmt werden, **75**

---

[26] *Fischer* § 252 StGB Rn. 6.
[27] BGHSt 26, 96; a. A. *Wessels/Hillenkamp/Schuhr* BT 2 Rn. 401.
[28] Schönke/Schröder/*Bosch* § 244 StGB Rn. 5; vgl. auch BGH NJW 2002, 2889; 2008, 2861.

sondern müsse sich auch aus der konkreten Situation ergeben, was etwa bei sozialtypischen Gegenständen zu verneinen sei.²⁹ Die Gefährlichkeit liege somit bei Werkzeugen vor, deren Bei-sich-Führen den Anschein begründet, zu einem gefährlichen Einsatz gegen Menschen bestimmt zu sein.³⁰ Das Bei-sich-Führen einer Geldschatulle begründet aber nicht den Anschein, dass sie gegen Menschen eingesetzt werden soll. Auch nach dieser Ansicht handelt es sich nicht um ein gefährliches Werkzeug.

76 Andere wiederum lassen jedes Werkzeug genügen, das nach einem Verwendungsvorbehalt beim Täter in gefährlicher Art und Weise gebraucht werden soll.³¹ B hatte, als er die Schatulle an sich genommen hat, keinen bewussten Vorbehalt, diese notwendigenfalls als Waffenersatz zum Einsatz zu bringen. Spätestens direkt vor dem Einsatz war die Verwendung jedoch direkt von seinem Vorsatz umfasst. Gegen diese Ansicht spricht jedoch, dass sie die objektive Beschaffenheit des gefährlichen Werkzeuges nicht in ihre Erwägungen einbezieht. Außerdem lässt sie sich schwerlich mit dem Gesetzeswortlaut vereinbaren, der ausweislich nur bei § 250 Abs. 1 Nr. 1 Buchst. b StGB einen Verwendungsvorbehalt voraussetzt. Soweit es um das bloße Mit-sich-Führen geht, kann es somit gerade nicht auf einen wie auch immer gearteten Verwendungsvorsatz ankommen.

77 Somit hat B kein gefährliches Werkzeug bei sich geführt und der Streit muss an dieser Stelle daher nicht weiter entschieden werden.

c) § 250 Abs. 1 Nr. 1 Buchst. b StGB

78 B hat die Schatulle nicht bei sich geführt, um den Widerstand einer anderen Person zu verhindern oder zu überwinden, sondern weil er sich das in ihr befindliche Geld einverleiben wollte. Die Qualifikation des § 250 Abs. 1 Nr. 1 Buchst. b StGB scheitert somit am Verwendungsvorbehalt.

d) § 250 Abs. 1 Nr. 1 Buchst. c StGB

79 C ist gestorben. Damit lagen eine konkrete Lebensgefahr und eine konkrete Gefahr schwerer Gesundheitsschädigung vor, die sich sogar in seinem Tode realisiert hat.

e) § 250 Abs. 2 Nr. 1 StGB

80 Das gefährliche Werkzeug kann hier grundsätzlich nicht anders als bei § 250 Abs. 1 Nr. 1 Buchst. a StGB zu bestimmen sein. Damit hat B kein gefährliches Werkzeug verwendet.

f) § 250 Abs. 2 Nr. 3 Buchst. a StGB

81 Durch den Schlag mit einem schweren Gegenstand auf den Kopf hat B den C roh misshandelt. Dadurch kam es zu einer erheblichen Beeinträchtigung dessen körperlicher Integrität, die sogar zum Tode führte. Damit hat B eine andere Person bei der Tat körperlich schwer misshandelt.

---

[29] Etwa mitgeführter Bleistift oder Feuerzeug.
[30] *Rengier* BT I § 4 Rn. 31.
[31] *Wessels/Hillenkamp/Schuhr* BT 2 Rn. 274 f., 371.

g) § 250 Abs. 2 Nr. 3 Buchst. b StGB

Der Tod des C ist eingetreten. Damit lag als Minus auch eine konkrete Todesgefahr 82
vor.

h) Ergebnis

§ 250 Abs. 1 Nr. 1 Buchst. c StGB wird von § 250 Abs. 2 Nr. 3 Buchst. b StGB ver- 83
drängt. B hat sich nach § 250 Abs. 2 Nr. 3 Buchst. a und b StGB strafbar gemacht.

11. Räuberischer Diebstahl mit Todesfolge zum Nachteil des C (§§ 252, 251 StGB)

B könnte sich wegen räuberischen Diebstahls mit Todesfolge (§§ 252, 251 StGB) 84
zum Nachteil des C strafbar gemacht haben.[32]

a) Grunddelikt (§ 252 StGB)

B hat § 252 StGB vorsätzlich verwirklicht. 85

b) Schwere Folge (§ 251 StGB), Kausalität, gefahrspezifischer Zusammenhang

Die schwere Folge – der Tod eines anderen Menschen – ist eingetreten. Er ging kausal 86
auf die Anwendung von Gewalt gegen eine Person zurück. Es hat sich im Tod durch
den Schlag auf den Kopf auch die spezifische Gefahr, die mit dem Einsatz des Raub-
mittels verbunden ist, realisiert.

c) Wenigstens Leichtfertigkeit

Nach § 251 StGB ist abweichend von § 18 StGB wenigstens Leichtfertigkeit erfor- 87
derlich. Unter Leichtfertigkeit ist, ähnlich der groben Fahrlässigkeit im Zivilrecht,
ein gesteigerter Sorgfaltsverstoß zu verstehen.[33] Es musste nicht jedem unmittelbar
einleuchten, dass der Schlag mit der Schatulle zum Tode führen konnte. Die Schatulle war kein ihrer Beschaffenheit nach besonders gefährlicher Gegenstand. Eine die
Schwelle der Leichtfertigkeit überschreitende Sorgfaltsverletzung liegt damit nicht
vor.

d) Ergebnis

B hat sich nicht nach § 251 StGB strafbar gemacht. 88

12. Hausfriedensbruch (§ 123 Abs. 1 StGB)

Das Zelt dient der A als Geschäftsraum. Das erstmalige Betreten war noch von der 89
generellen Einwilligung der A gedeckt; somit ist B nicht widerrechtlich eingedrungen. Als A ihn jedoch zum Gehen aufforderte, blieb B noch im Zelt. Hinsichtlich des
Verweilens handelt B auch vorsätzlich. Die Tat war rechtswidrig und schuldhaft.
B hat sich nach § 123 Abs. 1 StGB strafbar gemacht. Gemäß § 123 Abs. 2 StGB ist
ein Strafantrag erforderlich.

---

[32] Zum Aufbau vgl. *Rengier* BT I § 9 Rn. 1 f.
[33] Lackner/Kühl/*Kühl* § 251 StGB Rn. 2.

Fall 7. Wahrsagerin

III. Gesamtergebnis und Konkurrenzen

90 A hat sich wegen Betruges in zwei Fällen nach §§ 263 Abs. 1, 53 StGB strafbar gemacht.
B hat sich strafbar gemacht nach § 224 Abs. 1 Nr. 5; §§ 227; 252, 250 Abs. 2 Nr. 3 Buchst. a, b; 52; § 53 StGB. § 224 Abs. 1 Nr. 5 StGB zu Lasten der A steht in Tatmehrheit zu den anderen Delikten. § 249 Abs. 1 StGB tritt als Vortat hinter §§ 252, 250 Abs. 2 Nr. 3 Buchst. a, b StGB zurück. Die Nötigung (§ 240 StGB), tritt im Wege der Gesetzeskonkurrenz als konsumiert zurück. § 224 Abs. 1 Nr. 2, 5 StGB zum Nachteil des C tritt hinter § 227 StGB zurück.

Fallbeurteilung

Es handelt sich um einen mittelschweren Fall, dessen Schwierigkeit sich nicht zuletzt aus der Vielzahl der zu prüfenden Delikte bzw. Qualifikations- und Erfolgsqualifikationstatbestände ergibt. Dabei müssen die Voraussetzungen der einzelnen Delikte und die entsprechenden Definitionen gut beherrscht werden, um die verschiedenen Probleme richtig zu verorten und bei der Bearbeitung keine Zeit mit Aufbaufragen zu verlieren.

Der Betrug der A verlangt vom Bearbeiter, sich genau mit dem Sachverhalt auseinanderzusetzen, so etwa die in Betracht kommenden Täuschungshandlungen zu erkennen und einzeln zu würdigen. Die Argumente, die das LG Mannheim im Originalfall (NJW 1993, 1488) zur Bejahung des Betrugtatbestandes aufgeführt hat, kann der Bearbeiter hier selbständig entwickeln und dabei durch eigene Argumentation punkten. Im Rahmen der Bereicherungsabsicht kommt es auf die zivilrechtliche Wirksamkeit der Vereinbarung zwischen A und B an, die jedoch nicht intensiv geprüft werden muss. Dies wird bei der Prüfung des Raubes im Rahmen der Fremdheit der Sache erneut relevant.

Auch die Prüfung der Körperverletzungsdelikte muss gut beherrscht werden. Hierbei müssen die relevanten Qualifikationstatbestände des § 224 StGB und die Erfolgsqualifikation des § 227 StGB gesehen, insbesondere die entsprechenden Definitionen wiedergegeben werden.

Bezüglich der Verletzung des C muss die Abgrenzung von Raub (§ 249 StGB) und räuberischem Diebstahl (§ 252 StGB) anhand der Vollendung der Vortat vorgenommen werden. Die Besonderheit der Qualifikation nach § 250 StGB bzw. der Erfolgsqualifikation nach § 251 StGB, die aufgrund der Gleichstellung mit dem Räuber nach § 252 StGB auch hier anzuwenden sind, stellt eine zusätzliche Herausforderung dar.

Im Übrigen zeichnet sich der Fall dadurch aus, dass die Schwerpunktsetzung durch den Bearbeiter überlegt erfolgen muss. Da zusätzlich zu den Schwerpunkten einige unproblematische Tatbestände – wie etwa § 212, § 222 oder § 123 StGB – zumindest anzusprechen sind, kann eine zu ausführliche Darstellung dieser Delikte schnell zu Zeitproblemen führen. Eine Beherrschung der gutachterlichen Schwerpunktsetzung ist also dringend erforderlich.

Fall 7. Wahrsagerin

Weiterführende Hinweise: *Dehne-Niemann,* Wissenswertes zum räuberischen Diebstahl (§ 252 StGB), Jura 2008, 742–749; *Eisele/Bechtel,* Der Schadensbegriff bei den Vermögensdelikten, JuS 2018, 97–103; *Hilgendorf,* Tatsachenaussagen und Werturteile im Strafrecht, 1998; *Kindhäuser/Nikolaus,* Der Tatbestand des Betrugs (§ 263 StGB), JuS 2006, 193–198, 293–298; *dies.,* Sonderfragen des Betrugs (§ 263 StGB), JuS 2006, 590–593; *Kudlich/Noltensmeier,* Die Fremdheit der Sache als Tatbestandsmerkmal in strafrechtlichen Klausuren, JA 2007, 863–867; *Neubacher,* Zur Konkretisierung von Sorgfaltspflichten beim fahrlässigen Erfolgsdelikt. Überlegungen im Anschluss an BGHSt 49, 1 (Az. 5 StR 327/03), Jura 2005, 857–862.

Fall 8. Anwaltsschelte

Sachverhalt

In einem Prozess gegen die B hat Rechtsanwalt R die Gegenpartei vertreten. Dabei kamen auch sehr persönliche Dinge aus dem Vorleben der B ans Licht, die R für seinen Mandanten auswertete. B verlor den Prozess. A, der Vater der B, will dies nicht hinnehmen und schreibt daraufhin an R folgenden Brief:

„Sehr geehrter Herr R,
was fällt Ihnen ein, meine Tochter vor Gericht schlecht zu machen? Ich will es Ihnen offen sagen: Ich halte Sie für einen miesen Charakter und obendrein für einen Rechtsverdreher, bei dem eine Nachschulung dringend angezeigt ist. Sie sind damit ein typisch deutscher Jurist. Herzlichen Glückwunsch! Machen Sie sich darauf gefasst, dass Ihr Verhalten Folgen haben wird.

Würzburg, den 1.6.2009 – A"

Die B ist ebenfalls nicht untätig. Sie erzählt überall herum, R habe ein Verhältnis mit ihr anfangen wollen, weil er seiner eigenen Frau überdrüssig sei. Nur weil sie, die B, das Ansinnen des R abgelehnt habe, habe er sie vor Gericht „fertig gemacht". Alles ist völlig aus der Luft gegriffen. R ist über das Verhalten von A und B empört. Als er einmal zufällig in der Nähe steht, als B ihre Geschichte erzählt, geht er auf sie zu und ohrfeigt sie.

Wie haben sich A, B und R strafbar gemacht?

Gliederung

	Rn.
I. Strafbarkeit des A	1
1. Üble Nachrede durch die Behauptung, R habe B „schlecht gemacht" (§ 186 StGB)	1
a) Äußerung als Tatsachenaussage	2
Problem: Abgrenzung Tatsachenaussage – Werturteil	
b) Behaupten oder Verbreiten	4
2. Beleidigung durch die Behauptung, R habe B „schlecht gemacht" (§ 185 StGB)	5
a) Objektiver Tatbestand	6
aa) Kundgabe von Miss- oder Nichtachtung	6
bb) Ehrverletzung	7
Problem: Der Ehrbegriff	
(1) Leumund des R	8
(2) „Innere Ehre" des R	9
(3) Normative Komponente des Ehrbegriffs	10
b) Zwischenergebnis	11

	Rn.
3. Beleidigung durch die Behauptung, R sei ein „mieser Charakter" und ein „Rechtsverdreher" (§ 185 StGB)	12
a) Tatbestand	13
aa) Objektiver Tatbestand	13
(1) Behauptung, R sei ein „mieser Charakter"	13
(2) Behauptung, R sei ein „Rechtsverdreher"	14
bb) Subjektiver Tatbestand	15
b) Rechtswidrigkeit	16
Problem: Kann sich A auf berechtigte Interessen (§ 193 StGB) berufen?	
aa) Berechtigtes Interesse des A	17
bb) Interesse an korrekter Rechtsanwendung	18
cc) Angemessene Mittel zur Wahrnehmung des berechtigten Interesses	19
dd) Zwischenergebnis	20
c) Schuld und Zwischenergebnis	21
4. Beleidigung durch die Behauptung, R sei ein „typisch deutscher Jurist" (§ 185 StGB)	22
a) Objektiver Tatbestand	23
aa) Beleidigtes Subjekt	23
bb) Beleidigungsfähigkeit	25
Problem: Sind „die deutschen Juristen" beleidigungsfähig?	
(1) Beleidigungsfähigkeit als Personenmehrheit	26
(2) Beleidigung unter einer Kollektivbezeichnung	27
(a) Abgrenzbarkeit	28
(b) Zahlenmäßige Überschaubarkeit	29
(c) Erstrecken auf die fragliche Personengruppe	30
b) Zwischenergebnis	31
5. Bedrohung durch die Ankündigung, das Verhalten des R werde „Folgen haben" (§ 241 Abs. 1 StGB)	32
6. Konkurrenzen und Ergebnis für A	33
II. Strafbarkeit der B	34
1. Verleumdung des R (§ 187 StGB)	34
a) Tatbestand des § 187 Var. 1 StGB	35
b) Öffentlich begangene Verleumdung (§ 187 Var. 2 StGB)	36
Problem: Ist die Tat durch das „überall Herumerzählen" bereits öffentlich begangen?	
c) Rechtswidrigkeit und Schuld	37
d) Zwischenergebnis	38
2. Verleumdung der Ehefrau des R (§ 187 StGB)	39
3. Ergebnis für B	40
III. Strafbarkeit des R	41
1. Körperverletzung (§ 223 Abs. 1 StGB)	41
a) Tatbestand	42
b) Rechtswidrigkeit	44
aa) Notwehr (§ 32 StGB)	44

	Rn.
(1) Notwehrlage	45
(2) Notwehrhandlung	46
Problem: Ist eine Ohrfeige noch „erforderlich" i. S. d. § 32 StGB?	
bb) Zwischenergebnis	47
c) Schuld	48
d) Zwischenergebnis	49
2. Tätliche Beleidigung zum Nachteil der B (§ 185 Alt. 2 StGB)	50
3. Ergebnis	53
IV. Gesamtergebnis	54

Lösung

I. Strafbarkeit des A

1. Üble Nachrede durch die Behauptung, R habe B „schlecht gemacht" (§ 186 StGB)

1   A könnte sich wegen übler Nachrede nach § 186 StGB strafbar gemacht haben, indem er die Behauptung aufstellte, R habe die Tochter des A in dem vorangegangenen Prozess „schlecht gemacht".

a) Äußerung als Tatsachenaussage

2   Dazu muss es sich bei der infrage stehenden Äußerung um eine Tatsachenaussage handeln. Der Gegenbegriff zur Tatsachenaussage ist das Werturteil. Die Abgrenzung zwischen Tatsachenaussagen und Werturteilen ist seit jeher umstritten. Tatsachenaussagen übermitteln Information, während Werturteile im Wesentlichen eine Meinungsäußerung darstellen. Tatsachenaussagen können deshalb wahr oder falsch sein, während Werturteile von einer subjektiven Stellungnahme geprägt und deshalb nicht wahrheitsfähig sind.[1] Ausschlaggebend ist nach h. M., ob sich in der fraglichen Äußerung ein „Tatsachenkern" befindet oder nicht.[2]

3   Die Behauptung, R habe die Tochter des A in dem Prozess „schlecht gemacht", ist so zu verstehen, dass R dort Äußerungen abgegeben habe, die den Ruf der B zu schädigen geeignet waren. Ob derartige Aussagen gefallen sind oder nicht, ist ersichtlich eine Tatsachenfrage, die dem Beweis zugänglich ist. Es handelt sich bei dieser Äußerung also um eine Tatsachenaussage.

b) Behaupten oder Verbreiten

4   Diese Tatsache müsste A behauptet oder verbreitet haben. Dabei verlangt § 186 StGB, dass die Behauptung „in Beziehung auf einen anderen" zu erfolgen hat. Daraus folgt, dass der Empfänger der Kundgabe und der Betroffene verschiedene Personen

---

[1] Lackner/Kühl/*Kühl* § 186 StGB Rn. 3; vgl. MünchKommStGB/*Regge/Pegel* § 186 StGB Rn. 5 f.
[2] *Wessels/Hettinger/Engländer* BT 1 Rn. 495 m. w. N.

Fall 8. Anwaltsschelte

sein müssen.³ Im vorliegenden Fall ist der Empfänger des Briefs jedoch gleichzeitig derjenige, der durch die Behauptung betroffen ist. § 186 StGB scheidet deshalb aus.

2. Beleidigung durch die Behauptung, R habe B „schlecht gemacht" (§ 185 StGB)

In Betracht kommt jedoch eine Beleidigung (§ 185 StGB). 5

a) Objektiver Tatbestand
aa) Kundgabe von Miss- oder Nichtachtung

Beleidigung ist jede Kundgabe von Miss- oder Nichtachtung gegenüber dem Betroffenen selbst oder gegenüber Dritten.⁴ Ob sie mittels eines Werturteils oder einer Tatsachenaussage erfolgt, ist unerheblich. Die Annahme einer Beleidigung scheitert vorliegend also nicht daran, dass es sich bei der fraglichen Äußerung (R habe die B „schlecht gemacht") um eine Tatsachenaussage handelt. 6

bb) Ehrverletzung

Fraglich ist, ob dadurch die Ehre des R verletzt wurde. Der Ehrbegriff ist außerordentlich umstritten.⁵ Zu unterscheiden sind zum einen der sog. faktische Ehrbegriff, der im individuellen Ehrgefühl oder dem guten Ruf (dem Leumund) bestehen kann,⁶ und andererseits der im Vordringen begriffene sog. normative Ehrbegriff,⁷ also der aus der Menschenwürde des Einzelnen entspringende Achtungsanspruch. Die h. M. kombiniert alle diese Gesichtspunkte im sog. normativ-faktischen Ehrbegriff.⁸ Überträgt man diese Gesichtspunkte auf den vorliegenden Fall, so ergibt sich folgendes Bild: 7

(1) Leumund des R

Die Behauptung, R habe die B „schlecht gemacht", ist zunächst kaum geeignet, den Leumund des R zu zerstören. Es ist allgemein bekannt, dass Rechtsanwälte bei der Wahl ihrer Argumente nicht allzu zimperlich sein dürfen, wenn sie die Interessen ihrer Mandanten wirksam verteidigen wollen. Dass dabei die Gegenseite nicht immer ungeschoren davonkommt, liegt in der Natur der Sache. Der Ruf, ein besonders rabiater Anwalt zu sein, könnte dem R unter Umständen sogar mehr nützen als schaden. 8

(2) „Innere Ehre" des R

Was die „innere Ehre" des R angeht, also sein Ehrgefühl, so dürfte der Vorwurf des „Schlechtmachens" ebenfalls nicht geeignet sein, eine ernsthafte Verletzung zu bewirken. Zwar besitzen Rechtsanwälte keine gegenüber der Allgemeinheit verminderte Ehre, sodass man sie eher beleidigen dürfte als andere Personen. Doch kann davon ausgegangen werden, dass R Behauptungen wie die des A häufig zu hören bekommt.⁹ 9

---

[3] *Kindhäuser/Hilgendorf* § 186 StGB Rn. 10.
[4] *Kindhäuser/Hilgendorf* § 185 StGB Rn. 4.
[5] Für einen Überblick vgl. etwa *Wessels/Hettinger/Engländer* BT 1 Rn. 454 ff.
[6] Dazu LK/*Hilgendorf* Vor § 185 StGB Rn. 6 m. w. N.
[7] *Fischer* Vor § 185 StGB Rn. 3; SK/*Rogall* Vor § 185 StGB Rn. 3; *Tenckhoff* JuS 1988, 199, 201 ff.
[8] Ausführlich Schönke/Schröder/*Eisele/Schittenhelm* Vor §§ 185 ff. StGB Rn. 1 m. w. N.; LK/*Hilgendorf* Vor § 185 StGB Rn. 7 ff.
[9] Es scheint sogar vertretbar, hier noch Sozialadäquanz anzunehmen. Allgemein zur Sozialadäquanz Lackner/Kühl/*Kühl* Vor § 32 StGB Rn. 29 m. w. N.

Fall 8. Anwaltsschelte

Es ist deshalb anzunehmen, dass derartige Äußerungen den R in seinem Ehrgefühl nicht mehr zu verletzen vermögen, zumal sie, wie bereits dargelegt (→ Rn. 8), durchaus auch ansehenssteigernd wirken können.

(3) Normative Komponente des Ehrbegriffs

10 Die normative Komponente des Ehrbegriffs beruht auf dem Achtungsanspruch, der jeder Person auf Grund ihres Menschseins zukommt. Es handelt sich dabei um ein sehr hochrangiges und gleichzeitig recht allgemeines Prinzip, aus dem sich nur in Ausnahmefällen, etwa bei Kindern oder Geisteskranken, die über den „faktischen Ehrbegriff" nicht geschützt werden können, unmittelbar eine Entscheidung ableiten lässt. Im vorliegenden Fall ist nicht ersichtlich, wie R über die bereits diskutierten Gesichtspunkte (→ Rn. 8 f.) hinaus in seinem personenrechtlichen Achtungsanspruch verletzt sein könnte.

b) Zwischenergebnis

11 Zusammenfassend lässt sich damit feststellen, dass R durch die infrage stehende Behauptung des A nicht in seiner Ehre verletzt wurde. Eine Beleidigung scheidet insoweit aus.

3. Beleidigung durch die Behauptung, R sei ein „mieser Charakter" und ein „Rechtsverdreher" (§ 185 StGB)

Hinweis: Die einzelnen infrage kommenden Beleidigungshandlungen bzw. Äußerungen hätten auch in einer gemeinsamen Prüfung angesprochen werden können. Dann ist jedoch auch im Rahmen der Rechtfertigung zwischen den beiden Behauptungen zu unterscheiden. Im Sinne der Übersichtlichkeit werden die Äußerungen hier getrennt geprüft.

12 A könnte sich durch die Behauptung, R sei ein „mieser Charakter" und ein „Rechtsverdreher", wegen Beleidigung nach § 185 StGB strafbar gemacht haben.

a) Tatbestand

aa) Objektiver Tatbestand

(1) Behauptung, R sei ein „mieser Charakter"

13 Die Behauptung, R sei ein „mieser Charakter", ist dem Beweis nicht zugänglich und somit ein Werturteil. Sie stellt eine Kundgabe von Miss- und Nichtachtung dar, welche die tatbestandliche Schwelle zur Ehrverletzung überschreitet. Damit liegt der Tatbestand einer Beleidigung vor.

Hinweis: Man beachte, dass die grammatikalische Form hier irreführend ist, weil die Äußerung des A danach auch als Bericht über seine Ansichten bzgl. R („Ich halte Sie [...]") und damit als eine Tatsachenaussage verstanden werden könnte. Ihrem Sinn nach ist die Äußerung jedoch gleichbedeutend mit dem Satz „Sie sind ein mieser Charakter".

(2) Behauptung, R sei ein „Rechtsverdreher"

14 Die in dem Schreiben vom 1.6.2009 ebenfalls vorgebrachte Erklärung, R sei ein Rechtsverdreher, bei dem eine Nachschulung dringend erforderlich sei, enthält als Tatsachenkern die Behauptung, R sei als Jurist schlecht qualifiziert und beuge absichtlich das Recht. Es handelt sich mithin um eine Tatsachenbehauptung. Die Herabsetzung der beruflichen Fähigkeiten des R kann ohne Weiteres als Kundgabe von

Nicht- und Missachtung angesehen werden.[10] Der Tatbestand des § 185 StGB ist deshalb auch insofern erfüllt.

Hinweis: Ob der Ausdruck „Rechtsverdreher" allein schon als beleidigend anzusehen ist, erscheint fraglich. Nicht selten wird das Wort bloß als saloppe Bezeichnung für Juristen ohne kränkende Absicht verwendet, vergleichbar mit dem Ausdruck „Pillendreher" für Apotheker. Hier wird deutlich, dass bei der Prüfung von Beleidigungen sehr genau auf den sozialen Kontext geachtet werden muss. Vorliegend ergibt sich aus dem Zusammenhang der Verwendung, dass die Bezeichnung ehrverletzend gemeint ist.

bb) Subjektiver Tatbestand

Es kam A gerade darauf an, die Ehre des R zu verletzen. Er handelte vorsätzlich (§ 15 StGB) bzgl. aller objektiven Tatbestandsmerkmale. 15

b) Rechtswidrigkeit

Zu denken ist jedoch in beiden Fällen an eine Rechtfertigung gemäß § 193 StGB durch Wahrnehmung berechtigter Interessen. 16

aa) Berechtigtes Interesse des A

Dann müsste zunächst auf Seiten des A ein berechtigtes Interesse gegeben sein. Unter einem berechtigten Interesse i.S.d. § 193 StGB ist ein von der Rechtsordnung als schutzwürdig anerkannter, öffentlicher oder privater, ideeller oder materieller Zweck zu verstehen.[11] Zwecke, die dem Recht oder den guten Sitten widersprechen, kommen damit von vornherein nicht für eine Rechtfertigung in Betracht.[12] Es muss sich ferner grundsätzlich um eigene Interessen des Täters handeln, also um persönliche Belange, deren Verteidigung durch den Täter objektiv nachvollziehbar ist.[13] 17

bb) Interesse an korrekter Rechtsanwendung

Es fragt sich nun, auf welche berechtigten Interessen sich A berufen kann. Dem Schreiben des A ist zu entnehmen, dass er sich in erster Linie gegen die vermeintlich schlechte Behandlung seiner Tochter im vorangegangenen Prozess wendet. Dem liegt ein Interesse an korrekter Rechtsanwendung in einem konkreten Fall zugrunde, das nicht nur der – primär betroffenen – Tochter, sondern auch ihrem Vater in nachvollziehbarer Weise unterstellt werden kann. Dass A nicht selbst Verfahrensbeteiligter im rechtlichen Sinne war, ist demgegenüber ohne Belang. 18

cc) Angemessene Mittel zur Wahrnehmung des berechtigten Interesses

Um die von A begangene Ehrverletzung zu rechtfertigen, reicht die Verfolgung eines berechtigten Zwecks allein allerdings noch nicht aus. Hinzukommen muss vielmehr, dass die Ehrverletzung unter Berücksichtigung der gesamten Umstände des Einzelfalls auch das angemessene Mittel zur Wahrnehmung des berechtigten Interesses ist.[14] Dies setzt voraus, dass die Äußerung zur Wahrnehmung des berechtigten Interesses geeignet und erforderlich ist.[15] Im vorliegenden Fall ist nicht ersichtlich, wie der Brief 19

---

[10] Schönke/Schröder/*Eisele/Schittenhelm* § 185 StGB Rn. 2.
[11] Schönke/Schröder/*Eisele/Schittenhelm* § 193 StGB Rn. 9.
[12] RGSt 15, 15, 17; Schönke/Schröder/*Eisele/Schittenhelm* § 193 StGB Rn. 9.
[13] RGSt 63, 229, 231; Schönke/Schröder/*Eisele/Schittenhelm* § 193 StGB Rn. 13; SK/*Rogall* § 193 StGB Rn. 14f.
[14] *Wessels/Hettinger/Engländer* BT 1 Rn. 509.
[15] Vgl. auch BayObLG NJW 1991, 1493, 1495 zur Wahrnehmung berechtigter Interessen bei der Beleidigung von Bundeswehrsoldaten.

Fall 8. Anwaltsschelte

des A dazu dienen könnte, möglichen Übergriffen des R im vorangegangenen Prozess entgegenzutreten. Rechtliche Mängel wären mit Rechtsmitteln anzugreifen gewesen, Taktlosigkeiten des R im Prozess hätten bei dem die Verhandlung leitenden Richter gerügt werden können. Wenn A dagegen den R persönlich auf mögliche Fehlleistungen hätte aufmerksam machen wollen, so hätte er sich dazu in seinem Schreiben substantiierter äußern müssen. In seiner jetzigen Form ist das Schreiben nicht geeignet, das berechtigte Interesse des A an einem korrekten Rechtsgang zu fördern.

dd) Zwischenergebnis

20 Eine Rechtfertigung der in dem Brief enthaltenen beleidigenden Äußerungen über § 193 StGB scheidet deshalb aus. Die Tat war somit rechtswidrig.

c) Schuld und Zwischenergebnis

21 Hinweise, die auf ein fehlendes Unrechtsbewusstsein bei A hindeuten könnten, liegen nicht vor. Er handelte also auch schuldhaft, sodass § 185 StGB in beiden Fällen zu bejahen ist. Gemäß § 194 Abs. 1 Satz 1 StGB ist zur Verfolgung ein Strafantrag erforderlich.

4. Beleidigung durch die Behauptung, R sei ein „typisch deutscher Jurist" (§ 185 StGB)

22 Eine Beleidigung nach § 185 StGB könnte ferner in der Äußerung liegen, mit den in den ersten beiden Sätzen des Briefes angesprochenen Eigenschaften sei R ein „typisch deutscher Jurist".

a) Objektiver Tatbestand

aa) Beleidigtes Subjekt

23 Fraglich ist zunächst, wer mit dieser Äußerung beleidigt sein könnte. R wird mit der Äußerung persönlich konfrontiert. Er selbst kommt als beleidigtes Subjekt hier jedoch nicht infrage, weil die Bezeichnung als „typisch deutscher Jurist" über die beiden zuvor geäußerten Sätze hinaus keine eigenständige Bedeutung hat.

24 Die infrage stehende Äußerung enthält jedoch implizit die Behauptung, alle deutschen Juristen wiesen einen „miesen Charakter" auf und seien einer Nachschulung dringend bedürftige „Rechtsverdreher". Die Äußerung richtet sich also (auch) gegen den deutschen Juristenstand im Ganzen.

bb) Beleidigungsfähigkeit

25 Damit ergibt sich die weitere Frage, ob eine Personenmehrheit, wie die deutschen Juristen, überhaupt beleidigungsfähig ist.

(1) Beleidigungsfähigkeit als Personenmehrheit

26 In Rspr. und Lehre ist weitgehend anerkannt, dass Personenmehrheiten als solche nur dann beleidigungsfähig sind, wenn sie eine anerkannte soziale Funktion erfüllen, einen einheitlichen Willen bilden können und nicht vom Wechsel ihrer Mitglieder abhängig sind.[16] Zwar dürfte der deutsche Juristenstand die erste Voraussetzung noch erfüllen, doch mangelt es offenkundig an der Möglichkeit einer einheitlichen

---

[16] BGHSt 6, 186; 36, 83, 88; OLG Frankfurt NJW 1989, 1367.

Willensbildung. Als Personengemeinschaft sind die deutschen Juristen somit nicht beleidigungsfähig.[17]

(2) Beleidigung unter einer Kollektivbezeichnung

Man könnte jedoch auch alle deutschen Juristen als Einzelpersonen beleidigt sehen. Eine derartige Beleidigung unter einer Kollektivbezeichnung ist unter drei Voraussetzungen möglich: 27

(a) Abgrenzbarkeit

Zum anderen muss sich die fragliche Personengruppe so deutlich von der Allgemeinheit abheben, dass der Kreis der Betroffenen klar umgrenzt ist.[18] Bei den deutschen Juristen ließe sich hier auf die Befähigung zum Richteramt oder zumindest auf das Bestehen des Ersten Juristischen Staatsexamens abstellen. Das Kriterium der Abgrenzbarkeit ist gegeben. 28

(b) Zahlenmäßige Überschaubarkeit

Hinzukommen muss, dass der bezeichnete Personenkreis zahlenmäßig noch überschaubar ist.[19] Es ist fraglich, wann dieses Kriterium genau erfüllt ist. Im Hinblick auf die Entscheidung des BGH im „Soldatenurteil",[20] in dem eine Beleidigung aller aktiven Soldaten der Bundeswehr für möglich gehalten wurde, könnte auch im vorliegenden Fall eine Beleidigungsfähigkeit des deutschen Juristenstandes angenommen werden. Dagegen spricht aber, dass die Beleidigung ihren Charakter als gezielte Ehrverletzung einbüßt, wenn man sie auch dann noch bejaht, wenn sich die herabsetzende Äußerung in der Masse verliert. Die Beleidigung eines Einzelnen und die Herabwürdigung eines fast unübersehbaren Personenkreises sind nicht gleichzusetzen. Die Figur der Kollektivbeleidigung muss deshalb restriktiv gehandhabt werden.[21] Schon dies spricht dagegen, die deutschen Juristen als solche für beleidigungsfähig zu erklären. 29

(c) Erstrecken auf die fragliche Personengruppe

Um eine Beleidigung jedes einzelnen Mitgliedes eines Kollektivs annehmen zu können, muss sich die beleidigende Äußerung zudem ihrem Sinn nach auf alle Mitglieder der fraglichen Personengruppe erstrecken.[22] Daran fehlt es hier: Die Charakterisierung als „typisch deutscher Jurist" trifft im vorliegenden Fall in erster Linie den R. Die Zuordnung des beleidigenden Inhalts zu den deutschen Juristen insgesamt ergibt sich erst aus einer differenzierenden Interpretation des Schreibens und ist kei- 30

---

[17] Das LG Ravensburg JW 1937, 181 hat immerhin „die deutschen Anwälte" für beleidigungsfähig gehalten.
[18] Schönke/Schröder/*Eisele/Schittenhelm* Vor §§ 185 ff. StGB Rn. 7a m. w. N.
[19] BayObLG NJW 1990, 1742; OLG Frankfurt NJW 1989, 1367. Vgl. auch Schönke/Schröder/*Eisele/Schittenhelm* Vor §§ 185 ff. StGB Rn. 7b.
[20] BGHSt 36, 83 m. Anm. *Arzt* JZ 1989, 647 und *Dau* NStZ 1989, 361; *Maiwald* JR 1989, 485; vgl. ferner BayObLG NJW 1991, 1493 (Beleidigung aller aktiven Soldaten der Bundeswehr). Das BVerfG hat in seinen „Soldatenurteilen" (NJW 1994, 2943; 1995, 3303) die Meinungsfreiheit pauschal über den Ehrenschutz gestellt. Dazu mit Recht krit. *Stark* JuS 1995, 689; *Kriele* NJW 1994, 1897.
[21] So auch Schönke/Schröder/*Eisele/Schittenhelm* Vor §§ 185 ff. StGB Rn. 7b mit überzeugender Kritik an der Rspr.
[22] Schönke/Schröder/*Eisele/Schittenhelm* Vor §§ 185 ff. StGB Rn. 7c.

neswegs unmittelbar evident. Damit fehlt der Äußerung die erforderliche Intensität, um als Beleidigung aller deutschen Juristen gewertet werden zu können.

b) Zwischenergebnis

31   Eine Beleidigung (§ 185 StGB) der deutschen Juristen als solche scheidet aus.

5. Bedrohung durch die Ankündigung, das Verhalten des R werde „Folgen haben" (§ 241 Abs. 1 StGB)

32   In der Ankündigung, das Verhalten des R werde „Folgen haben", könnte schließlich eine Bedrohung (§ 241 Abs. 1 StGB) zu sehen sein. Dann müsste A dem R mit der Begehung eines gegen ihn oder eine R nahestehende Person gerichteten Verbrechens gedroht haben. „Bedrohen" meint das In-Aussicht-Stellen eines künftigen Übels in der Weise, dass der Täter vorgibt, über den Eintritt des Übels bestimmen zu können.[23] Das Übel muss dabei den Charakter eines Verbrechens i. S. v. § 12 Abs. 1 StGB aufweisen. Jedenfalls an letzterem fehlt es hier: A hat dem R lediglich „Folgen" in Aussicht gestellt, ohne anzugeben, worin diese Folgen im Einzelnen bestehen werden. Dies ist für eine Bedrohung zu unbestimmt. § 241 StGB scheidet aus, da nicht mit einem Verbrechen gedroht wird.

6. Konkurrenzen und Ergebnis für A

33   A hat in zwei Äußerungen den R beleidigt (§ 185 StGB). Die Beleidigungen stehen zwar in einem Brief, doch fehlt es an einer Handlung im natürlichen Sinn, die alle Äußerungen[24] i. S. einer Handlungseinheit verbinden könnte. Allerdings erfolgten die Beleidigungen in rascher Folge, beruhten auf einem einheitlichen Tatentschluss und betrafen dasselbe Rechtsgut. Insofern kann also das Vorliegen einer natürlichen Handlungseinheit bejaht werden, sodass zwischen den einzelnen Beleidigungen Tateinheit nach § 52 StGB besteht.[25]

II. Strafbarkeit der B

1. Verleumdung des R (§ 187 StGB)

34   B könnte sich durch das Herumerzählen der angeblichen Vorgänge wegen Verleumdung gemäß § 187 StGB zum Nachteil des R strafbar gemacht haben.

a) Tatbestand des § 187 Var. 1 StGB

35   Voraussetzung ist das Behaupten oder Verbreiten unwahrer ehrenrühriger Tatsachen in Beziehung auf einen anderen. Die Äußerung, R habe mit ihr ein Verhältnis anfangen wollen und sie dann vor Gericht „fertig gemacht", weil sie ihn zurückgewiesen habe, ist eine unwahre Tatsachenbehauptung. Sie ist geeignet, den Ruf des R schwer zu schädigen und ihn verächtlich zu machen. Da die B positives Wissen von der Unwahrheit ihrer Behauptungen hatte, handelte sie wider besseres Wissen. Der Tatbestand des § 187 Var. 1 StGB liegt deshalb vor.

---

[23] *Kindhäuser/Hilgendorf* § 241 StGB Rn. 2; *Rengier* BT II § 23 Rn. 39 ff.; krit. MünchKommStGB/*Sinn* § 240 StGB Rn. 69 f.

[24] Vertretbar erscheint es aber auch, auf das Einwerfen des Briefes abzustellen und so eine Handlung im natürlichen Sinne zu bejahen.

[25] *Kühl* § 21 Rn. 18 ff.

b) Öffentlich begangene Verleumdung (§ 187 Var. 2 StGB)

Es könnte sich um eine öffentlich begangene Verleumdung handeln (§ 187 Var. 2 **36** StGB). B hat ihre Geschichte überall herumerzählt. Ob dies allerdings ausreicht, um die Verleumdung als „öffentlich" zu qualifizieren, ist fraglich. Ein Vergleich mit den in § 187 Var. 2 StGB ebenfalls genannten Fällen des Verbreitens der Verleumdung durch Schriften und des Äußerns im Rahmen einer Versammlung zeigt, dass es auf zwei Gesichtspunkte ankommt: Entweder ist die Zahl der Adressaten gänzlich unbestimmt oder aber zwar bestimmt, aber in ihrer Zusammensetzung nicht voraussehbar. Eine Äußerung ist also öffentlich, wenn sie für einen nach Zahl und Individualität unbestimmten Kreis oder für einen nicht durch persönliche Beziehungen innerlich verbundenen größeren bestimmten Kreis von Personen unmittelbar wahrnehmbar ist.[26] Die Angaben im Sachverhalt dürften so zu verstehen sein, dass B bei jeder sich bietenden Gelegenheit ihre verleumderischen Äußerungen wiederholte. Die Zahl der Adressaten ist also unbestimmt. Problematisch ist allerdings, dass dieser Personenkreis nicht auf einmal, sondern nach und nach erreicht wurde. Es handelt sich also um ein wiederholtes nicht-öffentliches Begehen. Mit der h. M. sind deshalb Fälle wie der vorliegende nicht als qualifizierte Verleumdung zu betrachten.[27]

c) Rechtswidrigkeit und Schuld

B handelte rechtswidrig und schuldhaft. **37**

d) Zwischenergebnis

Sie hat sich deshalb (nur) gemäß § 187 Atl. 1 StGB strafbar gemacht. Gemäß § 194 **38** Abs. 1 Satz 1 StGB ist ein Strafantrag erforderlich.

2. Verleumdung der Ehefrau des R (§ 187 StGB)

Zu prüfen ist weiter, ob in der Behauptung, R sei seiner Frau überdrüssig, auch eine **39** Verleumdung (§ 187 StGB), der Ehefrau des R erblickt werden kann. Es handelt sich dabei um eine unwahre Tatsachenaussage. Fraglich ist, ob sie die Ehefrau des R verächtlich zu machen oder in der öffentlichen Meinung herabzuwürdigen geeignet ist. Sowohl das Verächtlichmachen als auch das Herabwürdigen erfasst alle Bestandteile des Ehrbegriffs, sodass eine exakte Abgrenzung zwischen beiden Begehungsweisen nicht erforderlich ist.[28] Zu prüfen ist aber, ob durch die Äußerungen der B die Ehre der Ehefrau des R in einem ihrer Aspekte getroffen werden konnte. Dies dürfte zu verneinen sein, da B sich über die Gründe vom angeblichen Überdruss des R nicht geäußert hat. Die Äußerung der B bleibt damit unterhalb der Schwelle einer Ehrverletzung.[29] § 187 StGB scheidet insoweit aus.

3. Ergebnis für B

B hat sich gemäß § 187 Var. 1 StGB zum Nachteil des R strafbar gemacht. **40**

---

[26] LK/*Hilgendorf* § 186 StGB Rn. 13; Schönke/Schröder/*Eisele/Schittenhelm* § 186 StGB Rn. 19.
[27] Schönke/Schröder/*Eisele/Schittenhelm* § 186 StGB Rn. 19.
[28] *Fischer* § 186 StGB Rn. 4.
[29] Vgl. in diesem Zusammenhang auch die Entwicklung der Rspr. zur Sexualbeleidigung, insbesondere BGHSt 36, 145 und zusammenfassend *Sick* JZ 1991, 330.

III. Strafbarkeit des R

1. Körperverletzung (§ 223 Abs. 1 StGB)

41 R könnte sich wegen Körperverletzung gemäß § 223 Abs. 1 Alt. 1 StGB strafbar gemacht haben, indem er B ohrfeigte.

a) Tatbestand

42 Der Tatbestand könnte in Form einer körperlichen Misshandlung (§ 223 Abs. 1 Alt. 1 StGB) vorliegen. In der Ohrfeige liegt eine üble und unangemessene Behandlung, durch die das körperliche Wohlbefinden des B mehr als nur unerheblich beeinträchtigt wurde.[30] Eine körperliche Misshandlung i. S. v. § 223 Abs. 1 Alt. 1 StGB ist deshalb tatbestandlich gegeben. Für eine Gesundheitsschädigung bestehen demgegenüber keine Anhaltspunkte.

43 Des Weiteren handelte R vorsätzlich (§ 15 StGB).

b) Rechtswidrigkeit

aa) Notwehr (§ 32 StGB)

44 Die Ohrfeige könnte aufgrund eines Rechtfertigungsgrundes rechtmäßig gewesen sein. In Betracht kommt Notwehr (§ 32 StGB).

(1) Notwehrlage

45 Notwehr setzt nach § 32 Abs. 2 StGB zunächst einen gegenwärtigen rechtswidrigen Angriff voraus (Notwehrlage). Vorliegend kommt ein rechtswidriger Angriff auf die Ehre des R in Betracht. Fraglich ist, ob dieser Angriff zum Zeitpunkt der Tat gegenwärtig war. Gegenwärtig ist ein Angriff, der unmittelbar bevorsteht, gerade stattfindet oder noch andauert.[31] Bei einer problemorientierten Auslegung des Sachverhalts kann davon ausgegangen werden, dass B ihre Geschichte noch nicht beendet hatte, als R ihr die Ohrfeige gab. Der Angriff der B auf die Ehre des R war somit noch gegenwärtig. Eine Notwehrlage war also gegeben.

(2) Notwehrhandlung

46 Weiter ist zu prüfen, ob auch die Notwehrhandlung des R den Anforderungen des § 32 StGB standhält. Die Notwehrhandlung müsste erforderlich und angemessen („geboten") sein. Geht man davon aus, dass die B daraufhin ihre Geschichte nicht weiter herumzählte, war die Ohrfeige wohl geeignet, den Angriff auf die Ehre des R abzuwehren. Sehr zweifelhaft ist aber, ob die körperliche Misshandlung der B erforderlich war, um den Angriff auf die Ehre des R abzuwehren. Es ist nicht unwahrscheinlich, dass eine entsprechend scharfe verbale Reaktion des R ausgereicht hätte, um die B zum Schweigen zu bringen. Die Ohrfeige war deshalb nicht erforderlich i. S. d. § 32 Abs. 2 StGB.[32]

bb) Zwischenergebnis

47 Eine Berufung auf Notwehr (§ 32 StGB) scheidet somit aus. Weitere Rechtfertigungsgründe sind nicht ersichtlich.

---

[30] *Kindhäuser/Hilgendorf* § 223 StGB Rn. 2.
[31] *Kindhäuser/Hilgendorf* § 132 StGB Rn. 16; Lackner/Kühl/*Kühl* § 32 StGB Rn. 4.
[32] Ein anderes Ergebnis ist hier gut vertretbar.

c) Schuld

Bei der Schuldprüfung ist an einen Notwehrexzess gemäß § 33 StGB zu denken, der nach h. M. entschuldigend wirkt.[33] § 33 StGB greift jedoch nur ein, wenn der Täter die Grenzen der Notwehr aus Verwirrung, Furcht oder Schrecken, also aus sog. asthenischen Affekten,[34] überschreitet. Dies war hier nicht der Fall. R handelte primär aus Verärgerung (sthenischer Affekt). Auch § 33 StGB scheidet deshalb aus. Dafür, dass R einem Erlaubnisirrtum (= indirekter Verbotsirrtum) gemäß § 17 StGB unterlag, enthält der Sachverhalt keine Anhaltspunkte. Insbesondere wäre ein solcher Irrtum über die Reichweite des Notwehrrechts bei einem Rechtskundigen wie R gewiss vermeidbar. R handelte folglich schuldhaft. **48**

d) Zwischenergebnis

R hat sich somit wegen Körperverletzung i. S. d. § 223 Abs. 1 Alt. 1 StGB strafbar gemacht. Gemäß § 230 Abs. 1 Satz 1 StGB ist ein Strafantrag erforderlich. **49**

2. Tätliche Beleidigung zum Nachteil der B (§ 185 Alt. 2 StGB)

R könnte sich durch die Ohrfeige wegen (tätlicher) Beleidigung nach § 185 Alt. 2 StGB strafbar gemacht haben. Die Ohrfeige, eine Tätlichkeit i. S. d. § 185 Alt. 2 StGB, ist im vorliegenden Fall als Kundgabe von Nicht- und Missachtung der B anzusehen.[35] **50**

Fraglich ist das Vorliegen einer Ehrverletzung. Man könnte argumentieren, B habe durch ihr vorangegangenes Verhalten ihre Ehre zumindest teilweise verwirkt. Eine genauere Prüfung der faktischen und normativen Komponenten des Ehrbegriffs zeigt jedoch, dass weder das Ehrgefühl noch der personenrechtliche Achtungsanspruch der B durch ihr vorangegangenes Verhalten eingeschränkt sein dürften. Allenfalls kommt eine Beschränkung des guten Rufs in Betracht, was jedoch wegen der beiden anderen Komponenten des Ehrbegriffs nicht ausreicht, um hier eine Ehrverletzung der B durch die Ohrfeige zu verneinen. **51**

Da R vorsätzlich, rechtswidrig und schuldhaft handelte, liegt die Beleidigung in Form der Qualifikation des § 185 Alt. 2 StGB also vor. **52**

3. Ergebnis

Körperverletzung und Beleidigung wurden durch ein und dieselbe Handlung begangen (Handlung im natürlichen Sinn[36]), sodass im Ergebnis für R eine Strafbarkeit nach §§ 223 Abs. 1 Alt. 1; 185 Alt. 2; 52 StGB vorliegt. **53**

IV. Gesamtergebnis

A ist strafbar gemäß §§ 185 Alt. 1 (in zwei Fällen), 52 StGB. B ist strafbar gemäß § 187 Alt. 1 StGB. R ist strafbar gemäß §§ 223 Abs. 1 Alt. 1; 185 Alt. 2; 52 **54**

---

[33] Lackner/Kühl/*Kühl* § 33 StGB Rn. 1.
[34] Schönke/Schröder/*Perron/Eisele* § 33 StGB Rn. 2. Zusammenfassend zum Notwehrexzess *Müller-Christmann* JuS 1989, 717 m. w. N.
[35] Schönke/Schröder/*Eisele/Schittenhelm* § 185 StGB Rn. 18. Man beachte, dass nicht jede Ohrfeige beleidigenden Charakter haben muss.
[36] Hilgendorf/*Valerius* AT § 13 Rn. 11.

Fall 8. Anwaltsschelte

StGB. Zu denken ist an das Strafantragserfordernis nach §§ 194 Abs. 1 Satz 1, 230 Abs. 1 Satz 1 StGB.

Fallbeurteilung

Dieser mittelschwere Fall behandelt die Grundkonstellationen der Beleidigungsdelikte. Die Systematik der §§ 185 ff. StGB muss beherrscht werden, da eine entsprechende Problematik sehr leicht in einen Fall eingebaut werden kann, wodurch vielfältige Konstellationen, besonders aus dem Allgemeinen Teil, abgeprüft werden können.

Besonders zu achten ist auf die Unterteilung der Tatkomplexe bzw. der Prüfungsreihenfolge, da hier der Brief des A gleich mehrere strafrechtlich zu begutachtende Äußerungen enthält. Grundsätzlich ist jede für sich isoliert zu betrachten, wobei der Kontext zur Bewertung herangezogen werden kann. Die Äußerungen könnten zwar auch alle im Rahmen einer einzigen Deliktsprüfung untersucht werden. Um die nötige Trennschärfe und Übersichtlichkeit zu bewahren, bietet sich aber oft eine völlig getrennte Prüfung an. Jedenfalls müssen Elemente wie Vorsatz, Rechtswidrigkeit und Schuld für jede Äußerung separat vorliegen.

Die Definitionen der Tatsachenaussage, des Ehrbegriffs und der Kundgabe, sowie die Voraussetzungen einer Rechtfertigung nach § 193 StGB und der Beleidigung unter einer Kollektivbezeichnung müssen beherrscht werden. Stets zu bedenken ist, dass auch ein Angriff auf das Rechtsgut „Ehre" eine Notwehrlage darstellen kann.

Weiterführende Hinweise: BVerfG NJW 1994, 2943–2944; 1995, 3303–3310 („Soldatenurteile"); NJW 2000, 3196–3198 (Wahrnehmung berechtigter Interessen im Strafverfahren); *Eppner/Hahn,* Allgemeine Fragen der Beleidigungsdelikte, JA 2006, 702–706; *dies.,* Die Tatbestände der Beleidigungsdelikte, JA 2006, 860–864; *Fahl,* Üble Nachrede durch Beweisantragstellung, JA 2003, 452–454 (Besprechung von LG Düsseldorf StV 2002, 660); *Geppert,* Zur passiven Beleidigungsfähigkeit von Personengemeinschaften und von Einzelpersonen unter einer Kollektivbezeichnung, Jura 2005, 244–247; *Kriele,* Ehrenschutz und Meinungsfreiheit, NJW 1994, 1897–1905; *Stark,* Die Rechtsprechung des BVerfG zum Spannungsverhältnis von Meinungsfreiheit und Ehrenschutz (zu BVerfG NJW 1994, 2943), JuS 1995, 689–692.

Fall 9. Trunkenheitsfahrt

Sachverhalt

A, ein Schweizer Staatsbürger, fährt mit einem Lieferwagen von seinem Wohnort in Kreuzlingen (Schweiz) nach Konstanz. Noch vor der Einreise trinkt er eine erhebliche Menge Alkohol. Auf der deutschen Seite der Grenze übersieht A ein am rechten Fahrbahnrand geparktes Kraftfahrzeug und rammt es mit hoher Geschwindigkeit. Beide Insassen kommen dabei ums Leben. Infolge seines Rausches ist A allerdings gar nicht bewusst, was er angerichtet hat.

Als der uniformierte Grenzposten G vor das mittlerweile zum Stehen gekommene Fahrzeug des A springt und ihn mit gezückter Waffe zum Aussteigen auffordert, glaubt A an einen Überfall. Um dem vermeintlichen Räuber zu entkommen, gibt er Gas und rast gezielt auf den Beamten zu. Er erkennt, dass er den G dabei verletzen könnte, dies ist ihm jedoch gleichgültig. G kann gerade noch zur Seite springen. Eine nach der Tat bei A entnommene Blutprobe ergibt eine Blutalkoholkonzentration (BAK) von 3,5‰.

Wie hat sich A nach dem StGB strafbar gemacht?

Gliederung

	Rn.
I. Erster Tatkomplex: Das Rammen des geparkten Kfz	1
1. Fahrlässige Tötung (§ 222 StGB)	1
a) Anwendbarkeit des deutschen Strafrechts	2
b) Tatbestand	3
c) Rechtswidrigkeit	5
d) Schuld	6
Problem: Muss hier bereits auf die a. l. i. c. zurückgegriffen werden?	
e) Ergebnis	7
2. Gefährdung des Straßenverkehrs (§ 315c Abs. 1 Nr. 1 Buchst. a, Abs. 3 StGB)	8
a) Tatbestand	9
aa) Objektiver Tatbestand	9
bb) Subjektiver Tatbestand	11
b) Rechtswidrigkeit	12
c) Schuld	13
Problem: Wie ist die a. l. i. c. zu behandeln?	
d) Ergebnis	17
3. Vollrausch (§ 323a StGB)	18
a) Anwendbarkeit des deutschen Strafrechts	19
Problem: Ist die Rauschtat „tatbestandsmäßiger Erfolg" i. S. d. § 9 Abs. 1 Var. 3 StGB?	
b) Tatbestand	21

Fall 9. Trunkenheitsfahrt

	Rn.
c) Objektive Bedingung der Strafbarkeit	22
d) Rechtswidrigkeit und Schuld	23
4. Ergebnis und Konkurrenzen für den ersten Tatkomplex	24

II. Zweiter Tatkomplex: Der vermeintliche Überfall 25
   1. Versuchter Totschlag (§§ 212 Abs. 1, 22, 23 Abs. 1 StGB) 25
   2. Versuchte gefährliche Körperverletzung (§§ 223 Abs. 1, 224 Abs. 1, 22, 23 Abs. 1 StGB) 26
      a) Vorprüfung 27
      b) Tatentschluss 28
      c) Unmittelbares Ansetzen 31
      d) Rechtswidrigkeit 32
      e) Schuld 33
   3. Vollrausch (§ 323a StGB) 34
      a) Tatbestand 35
      b) Objektive Bedingung der Strafbarkeit 36
      Problem: Ist der Erlaubnistatbestandsirrtum des A i. R. d. § 323a StGB zu berücksichtigen?
      c) Ergebnis 39
   4. Gefährlicher Eingriff in den Straßenverkehr (§ 315b Abs. 1 Nr. 3, Abs. 5 StGB) 40
      a) Tatbestand 41
      b) Rechtswidrigkeit 44
      c) Schuld 45
   5. Vollrausch (§ 323a StGB) 47
   6. Trunkenheit im Verkehr (§ 323a i. V. m. § 316 Abs. 1 StGB) 48
   7. Widerstand gegen Vollstreckungsbeamte (§ 113 Abs. 1 StGB) 49
   8. Unerlaubtes Entfernen vom Unfallort (§ 142 Abs. 1 Nr. 1 StGB) 50
   9. Ergebnis für den zweiten Tatkomplex 51

III. Konkurrenzen und Gesamtergebnis 52

Lösung

I. Erster Tatkomplex: Das Rammen des geparkten Kfz

1. Fahrlässige Tötung (§ 222 StGB)

1 A könnte sich durch das Rammen des Fahrzeugs wegen fahrlässiger Tötung nach § 222 StGB strafbar gemacht haben, da die beiden Insassen des Fahrzeugs ums Leben gekommen sind.

a) Anwendbarkeit des deutschen Strafrechts

2 Fraglich ist zunächst, ob sich auf diesen Sachverhalt deutsches Strafrecht anwenden lässt. Nach § 3 StGB gilt das deutsche Strafrecht nur für Inlandstaten. Was als Inlandstat anzusehen ist, ergibt sich aus § 9 StGB. Im vorliegenden Fall ist § 9 Abs. 1

Var. 3 StGB einschlägig, wonach als Tatort auch der Ort anzusehen ist, an dem der tatbestandsmäßige Erfolg eingetreten ist. Da A den geparkten Pkw auf der deutschen Seite der Grenze gerammt hat und somit der tatbestandsmäßige Erfolg auf deutschem Territorium eintrat, ist deutsches Strafrecht anwendbar.

b) Tatbestand

Der Tod der beiden Menschen müsste durch ein sorgfaltswidriges Verhalten des A herbeigeführt worden sein. Zweierlei Anknüpfungspunkte kommen hier in Betracht: Zum einen das fehlerhafte Steuern unmittelbar vor dem Unfall, zum anderen der Genuss von Alkohol trotz erkennbarer Gefahr einer anschließenden Trunkenheitsfahrt. Jede dieser Verhaltensweisen war für den Eintritt des tatbestandsmäßigen Erfolgs nach der sog. Äquivalenztheorie kausal. Das Verhalten des A war auch sorgfaltswidrig, denn A ließ die im Verkehr erforderliche Sorgfalt außer Acht, indem er betrunken fuhr und das Kraftfahrzeug rammte. 3

Der Tod der Fahrzeuginsassen war auch bei beiden Varianten des sorgfaltswidrigen Verhaltens objektiv vorhersehbar. Da der Geschehensablauf nicht außerhalb jeglicher Lebenserfahrung liegt, ist auch kein Fall einer atypischen Kausalität gegeben. Der Tatbestand der fahrlässigen Tötung ist erfüllt. 4

c) Rechtswidrigkeit

Die Tat war rechtswidrig. 5

d) Schuld

Wegen der erheblichen Alkoholisierung des A – unmittelbar nach der Tat wurde bei ihm eine BAK von 3,5‰ gemessen – befand sich A jedoch zu dem Zeitpunkt, als er das Fahrzeug rammte, im Zustand der Schuldunfähigkeit.[1] Mit dem Verhalten des A unmittelbar vor dem Unfall lässt sich deshalb eine Strafe nicht begründen. Es war jedoch bereits dargelegt worden (→ Rn. 3), dass schon der Genuss des Alkohols auf der Schweizer Seite der Grenze als (für den Unfall kausales) objektiv sorgfaltswidriges Verhalten angesehen werden kann. Aus diesem Grunde kann, wenn mehrere Handlungen als sorgfaltswidrige in Betracht kommen (wie hier das Sich-Betrinken trotz erkennbarer Gefahr einer anschließenden Trunkenheitsfahrt einerseits und die Fahrt selbst andererseits), der Fahrlässigkeitsvorwurf an das zeitlich frühere Verhalten angeknüpft werden. Da A im Zeitpunkt des Alkoholkonsums noch uneingeschränkt schuldfähig war, kann ihm dies auch als schuldhaft vorgeworfen werden.[2] Im Hinblick darauf lässt sich also ein voll tatbestandsmäßiges, rechtswidriges und schuldhaftes Handeln bejahen. Ein Rekurs auf die Figur der actio libera in causa (a.l.i.c.) ist hier nicht erforderlich.[3] 6

e) Ergebnis

A hat sich damit nach § 222 StGB strafbar gemacht. 7

---

[1] Eine alkoholbedingte Schuldunfähigkeit lässt sich jedenfalls nicht mit der erforderlichen Sicherheit ausschließen, was für die Anwendbarkeit von § 20 StGB genügt.
[2] Ausdrücklich BGHSt 42, 235 f.; vgl. *Horn* GA 1969, 289.
[3] So auch *Neumann* StV 1997, 23; vgl. schon *Otto* Jura 1986, 426, 433. Eingehend zum Hintergrund dieser Entscheidung *Freund/Rostalski* § 4 Rn. 34 ff.

Fall 9. Trunkenheitsfahrt

2. Gefährdung des Straßenverkehrs (§ 315c Abs. 1 Nr. 1 Buchst. a, Abs. 3 StGB)

8 A könnte sich auch wegen Gefährdung des Straßenverkehrs nach § 315c Abs. 1 Nr. 1 Buchst. a, Abs. 3 Nr. 1 StGB strafbar gemacht haben.

a) Tatbestand

aa) Objektiver Tatbestand

9 A müsste ein Fahrzeug geführt haben, obwohl er infolge des Genusses alkoholischer Getränke nicht in der Lage war, das Fahrzeug sicher zu führen, d. h. er müsste fahruntauglich gewesen sein. Die Rspr. unterscheidet zwischen der relativen und der absoluten Fahruntauglichkeit. Letztere ist gegeben bei einer BAK von über 1,1‰. Der konkrete Nachweis der Fahruntauglichkeit muss dann – anders als bei der relativen Fahruntauglichkeit – nicht mehr geführt werden. Bei A wurde unmittelbar nach der Tat eine BAK von 3,5‰ festgestellt. Er war damit absolut fahruntauglich.

10 Dadurch müsste A weiterhin Leib oder Leben eines anderen Menschen oder fremde Sachen von bedeutendem Wert konkret gefährdet haben. Die Insassen des geparkten Pkw sind sogar verstorben, eine konkrete Gefährdung lag daher vor. Weiterhin wurde mit dem gerammten Pkw eine fremde Sache von bedeutendem Wert gefährdet, da davon ausgegangen werden kann, dass der Pkw einen Wert von über 750 EUR hat.[4]

bb) Subjektiver Tatbestand

11 A müsste vorsätzlich gehandelt haben. Bei einer derartig hohen BAK ist davon auszugehen, dass A seine Fahruntauglichkeit erkannt hat und das Fahrzeug vorsätzlich im Zustand der absoluten Fahruntauglichkeit führte. Bezüglich der Verursachung der konkreten Gefahr wäre (bedingter) Vorsatz jedoch nur dann zu bejahen, wenn A diese zumindest billigend in Kauf genommen hätte. Dies kann ihm mangels näherer Anhaltspunkte nicht unterstellt werden. Ihm ist jedoch hinsichtlich der konkreten Gefährdung der Fahrzeuginsassen Fahrlässigkeit vorzuwerfen, welche nach § 315c Abs. 3 Nr. 1 StGB genügt. Er handelte sorgfaltswidrig, die Gefährdung war auch objektiv vorhersehbar.

b) Rechtswidrigkeit

12 Die Tat war rechtswidrig.

c) Schuld

13 Sehr fraglich ist aber, ob eine Schuld des A bejaht werden kann. Als er die Tathandlung ausführte, hatte er eine BAK von 3,5‰. Er war daher schuldunfähig.

14 Eine Vorverlagerung des Schuldvorwurfs könnte hier allenfalls mittels der Figur der a. l. i. c. erreichbar sein. Die a. l. i. c. dient dazu, Strafbarkeitslücken zu schließen, die entstehen, wenn sich jemand vorsätzlich in einen Zustand der Schuldunfähigkeit versetzt und dann in voraussehbarer Weise Straftaten begeht. Die Vorsatzform der a. l. i. c. wird ergänzt durch eine Fahrlässigkeitsform, die die Fälle der fahrlässigen Berauschung und der im Zustand der Schuldunfähigkeit begangenen fahrlässigen Straftaten erfasst.[5] Im vorliegenden Fall kommt allein eine fahrlässige a. l. i. c. in Betracht:

---

[4] Vgl. BGH NStZ 2011, 215; *Fischer* § 315 StGB Rn. 16a.
[5] Näher zu den verschiedenen Formen der a. l. i. c. *Hilgendorf/Valerius* AT § 6 Rn. 11 ff.; *Wessels/Beulke/Satzger* AT Rn. 655 f.

A hat sich zwar vorsätzlich betrunken, hatte zu diesem Zeitpunkt aber keinen auf die Begehung einer Tat nach § 315c Abs. 1 StGB gerichteten Vorsatz.

Die Zulässigkeit einer Vorverlagerung des Schuldvorwurfs ist allerdings zu Recht umstritten. Nach § 20 StGB muss die Schuld „bei Begehung der Tat" vorliegen (Koinzidenzprinzip); von einer Vorverlagerung des Schuldvorwurfs ist hier nicht die Rede. Die sog. Tatbestandslösung, die das einschlägige Vorverhalten (hier: das Trinken des Alkohols) zum Tatbestand des jeweiligen Delikts rechnen möchte, ist allenfalls bei reinen Erfolgsdelikten, die lediglich eine (wie auch immer geartete) Verursachung des tatbestandsmäßigen Erfolgs voraussetzen, gangbar. Sie versagt, wenn es sich um tätigkeits- oder, wie hier, um verhaltensgebundene Delikte handelt, um Delikte also, die über eine Erfolgsverursachung hinaus noch eine bestimmte Qualität des erfolgsverursachenden Verhaltens verlangen.[6] Es ist sprachlich nicht möglich, das Sich-Betrinken des A bereits als das Führen eines Fahrzeugs im Straßenverkehr zu qualifizieren und es so als tatbestandsmäßig i.S.v. § 315c Abs. 1, 3 StGB zu interpretieren. 15

Die anderen Versuche, die a.l.i.c. dogmatisch zu fundieren, sind ebenfalls erheblichen Zweifeln ausgesetzt: Der Versuch, sie als Sonderfall der mittelbaren Täterschaft zu interpretieren (der Rauschtäter als sein eigenes Werkzeug)[7] ist mit dem Wortlaut von § 20 StGB ebenso wenig zu vereinbaren wie die Tatbestandslösung. Die Ausdehnung des Begriffs „Begehung der Tat" auf den Zeitpunkt der schuldhaften Setzung einer Erfolgsursache[8] widerspricht der unbestrittenen Auslegung dieses Terminus in den §§ 16 und 17 StGB. Auch mit § 8 StGB ist sie kaum in Einklang zu bringen. Tragfähig erscheint allenfalls der Vorschlag, für die Fälle der vorsätzlichen dolosen Defektherbeiführung eine Ausnahme vom Koinzidenzprinzip zu machen;[9] eine derartige Ausnahme müsste aber vom Gesetzgeber festgesetzt werden, was bislang nicht geschehen ist. Im Ergebnis bedeutet dies, dass die Anwendung der a.l.i.c. jedenfalls außerhalb der reinen Erfolgsdelikte gegen das Gesetz verstößt. Deshalb ist sie im vorliegenden Fall nicht anwendbar.[10] 16

d) Ergebnis

Mangels Schuld scheidet somit eine Strafbarkeit As nach § 315c Abs. 1 Nr. 1 Buchst. a, Abs. 3 Nr. 1 StGB aus. 17

3. Vollrausch (§ 323a StGB)

A könnte sich jedoch wegen Vollrauschs gemäß § 323a StGB strafbar gemacht haben. 18

a) Anwendbarkeit des deutschen Strafrechts

Fraglich ist wieder die Anwendbarkeit des deutschen Strafrechts (§§ 3, 9 StGB). Auf die Tathandlung – das „Sich-Berauschen" i.S.v. § 323a StGB – lässt sich nicht ab- 19

---

[6] *Neumann* StV 1997, 23, 24.
[7] So etwa RGSt 22, 413, 415.
[8] *Roxin/Greco* § 20 Rn. 67.
[9] *Jescheck/Weigend* § 40 VI 2; *Otto* Jura 1986, 426, 430.
[10] BGHSt 42, 235, 238 ff., wo allerdings in wenig klärender Weise die Nichtanwendbarkeit der a.l.i.c. nur für die Straßenverkehrsdelikte festgestellt wird; vgl. auch BGH NStZ 1997, 230.

stellen, da wegen § 9 Abs. 1 Var. 1 StGB der Tatort nicht in Deutschland liegen würde. Die Anwendbarkeit des deutschen Strafrechts hängt also davon ab, ob § 9 Abs. 1 Var. 3 StGB auch den Erfolgsort der Rauschtat erfasst. Dann müsste es sich dabei um einen „tatbestandsmäßigen Erfolg" i.S.v. § 9 Abs. 1 Var. 3 StGB handeln. Streng genommen ist dies zu verneinen, da die Rauschtat als bloße Bedingung der Strafbarkeit nicht vom Vorsatz umfasst sein muss.

20 Es ist allerdings zweifelhaft, ob die dogmatische Unterscheidung von tatbestandsmäßigen Erfolgen und bloßen Bedingungen der Strafbarkeit[11] dem Sinn und Zweck von § 9 Abs. 1 Var. 3 StGB gerecht wird. Diese Norm soll deutsches Strafrecht zur Anwendung bringen, sofern ein Taterfolg, der ein vom jeweiligen Straftatbestand geschütztes Rechtsgut verletzt, auf deutschem Boden eintritt. Ein solcher Erfolg ist hier in der konkreten, bereits in eine Rechtsgutsvernichtung umgeschlagenen Gefährdung der beiden Pkw-Insassen zu sehen. Deshalb kann im vorliegenden Fall auch der Erfolgsort der Rauschtat über § 9 Abs. 1 Var. 3 StGB tatortbegründend wirken.[12]

b) Tatbestand

21 A hat sich in einen Rausch versetzt. Dies geschah zumindest bedingt vorsätzlich.

c) Objektive Bedingung der Strafbarkeit

22 A hat eine rechtswidrige Tat nach § 315c Abs. 1 Nr. 1 Buchst. a, Abs. 3 Nr. 1 StGB begangen. Er konnte jedoch nicht bestraft werden, weil er infolge des alkoholbedingten Rausches schuldunfähig war (→ Rn. 13 ff.). Die Rauschtat als objektive Bedingung der Strafbarkeit liegt vor.

Hinweis: Ob dem A hinsichtlich der Rauschtat Fahrlässigkeit oder gar Vorsatz (zum Zeitpunkt der Berauschung) vorzuwerfen ist, kann hier offen bleiben, da die Begehung der Rauschtat nach dem insoweit eindeutigen Wortlaut von § 323a StGB als objektive Bedingung der Strafbarkeit ausgestaltet ist.[13]

d) Rechtswidrigkeit und Schuld

23 Rechtswidrigkeit und Schuld sind gegeben, sodass sich A nach § 323a StGB strafbar gemacht hat.

4. Ergebnis und Konkurrenzen für den ersten Tatkomplex

24 A ist strafbar wegen fahrlässiger Tötung in zwei Fällen in Tatmehrheit[14] mit Vollrausch gemäß §§ 222 (in zwei Fällen); 323a i.V.m. §§ 315c Abs. 1, Abs. 3 Nr. 1; 53 StGB.

---

[11] Eingehend zum Hintergrund dieser Unterscheidung Schönke/Schröder/*Eisele* Vor §§ 13 ff. StGB Rn. 124 ff.
[12] BGHSt 42, 235, 242; vgl. auch *Hilgendorf* NJW 1997, 1873, 1874.
[13] Zu den dagegen geäußerten Bedenken aus dem Schuldprinzip vgl. *Kaufmann* JZ 1963, 425, 431; *Fahl* JuS 2005, 1076, 1078; NK/*Paeffgen* § 323a StGB Rn. 7 m.w.N.
[14] Lackner/Kühl/*Heger* § 323a StGB Rn. 18.

II. Zweiter Tatkomplex: Der vermeintliche Überfall

1. Versuchter Totschlag (§§ 212 Abs. 1, 22, 23 Abs. 1 StGB)

Eine Strafbarkeit wegen versuchten Totschlags nach §§ 212 Abs. 1, 22, 23 Abs. 1 StGB scheidet aus, da nicht anzunehmen ist, dass A beim Zufahren auf den Grenzschutzbeamten mit Tötungsvorsatz handelte. 25

Hinweis: Eine ausführlichere Prüfung wäre an dieser Stelle verfehlt, da A offensichtlich nicht mit Tötungsvorsatz handelt.

2. Versuchte gefährliche Körperverletzung (§§ 223 Abs. 1, 224 Abs. 1, 22, 23 Abs. 1 StGB)

A könnte sich aber wegen versuchter gefährlicher Körperverletzung nach §§ 223 Abs. 1, 224 Abs. 1 Nr. 2, Nr. 5, 22, 23 StGB strafbar gemacht haben. 26

a) Vorprüfung

Die Tat ist nicht vollendet, da G nicht verletzt wurde. Der Versuch der gefährlichen Körperverletzung ist gemäß §§ 224 Abs. 2, 23 Abs. 1 Alt. 2, 12 Abs. 2 StGB strafbar. 27

b) Tatentschluss

A müsste den Tatentschluss gefasst haben, den Grenzposten körperlich zu misshandeln oder an der Gesundheit zu schädigen. Das Anfahren mit dem Pkw hätte jedenfalls eine üble und unangemessene Behandlung dargestellt, außerdem wäre damit das Hervorrufen eines pathologischen Zustands verbunden gewesen. A wusste dies, und es war ihm gleichgültig. Damit nahm er die körperliche Misshandlung und Gesundheitsschädigung zumindest billigend in Kauf, handelte also mit bedingtem Vorsatz und hatte daher Tatentschluss. 28

Ein gefährliches Werkzeug nach § 224 Abs. 1 Nr. 2 Alt. 2 StGB ist jeder Gegenstand, der nach seiner objektiven Beschaffenheit und der Art seiner konkreten Verwendung dazu geeignet ist, erhebliche Verletzungen hervorzurufen.[15] A setzte den Pkw bewusst dazu ein, um dem Beamten zu entkommen. Dabei hätte der Beamte – was A erkannte, ihm jedoch gleichgültig war – erheblich verletzt werden können. Der Pkw wurde daher als ein gefährliches Werkzeug eingesetzt, A handelte insoweit auch vorsätzlich. Weiterhin wurde durch die Handlung des A das Leben des Grenzschutzbeamten konkret gefährdet, da er nur äußerst knapp einer Kollision entgehen konnte. Der Streit, ob bei § 224 Abs. 1 Nr. 5 StGB eine konkrete Lebensgefährdung erforderlich ist oder ob die abstrakte Lebensgefahr ausreicht, kann deshalb dahinstehen.[16] A gefährdete das Leben des Grenzschutzbeamten vorsätzlich. 29

Der Tatentschluss liegt vor. 30

c) Unmittelbares Ansetzen

Da A die tatbestandliche Ausführungshandlung bereits vorgenommen hat, liegt ein unmittelbares Ansetzen zur Tat nach § 22 StGB vor. 31

---

[15] BGHSt 3, 105, 109.
[16] Eine konkrete Lebensgefahr wird nur von einer Mindermeinung verlangt. Nachweise bei *Lackner/Kühl* § 224 StGB Rn. 8.

d) Rechtswidrigkeit

32 A hat rechtswidrig gehandelt.

e) Schuld

33 Problematisch ist jedoch die Schuld. Infolge seiner erheblichen Alkoholisierung war A zum Zeitpunkt der Tat schuldunfähig (§ 20 StGB). Folgt man dem zur a.l.i.c. Ausgeführten (→ Rn. 14 ff.), so ließe sich hier allenfalls für das Erfolgsdelikt des § 223 Abs. 1, 2 StGB an eine Vorverlegung des Schuldvorwurfs auf den Zeitpunkt des Alkoholkonsums denken. Bei § 224 Abs. 1 Nr. 2 und 5 StGB handelt es sich dagegen um verhaltensgebundene Tatbeschreibungen, sodass bei ihnen die a.l.i.c. nicht angewandt werden kann. Allerdings lässt sich zu Lasten des A zum Zeitpunkt des Alkoholkonsums hinsichtlich der Gefährdung des Grenzbeamten kein Vorsatz annehmen, wie es für § 223 Abs. 1, 2 StGB erforderlich wäre. Eine Strafbarkeit As scheidet also insofern aus.

Hinweis: Ein Eingehen auf die Frage, ob sich A, als er auf den Grenzbeamten zufuhr, in einem Erlaubnistatbestandsirrtum befunden hat, ist hier noch nicht erforderlich, da die Frage der Schuld(un)fähigkeit der Prüfung des Erlaubnistatbestandsirrtums vorgelagert ist (jedenfalls sofern man mit der h. L. bei Vorliegen eines derartigen Irrtums den Schuldvorsatz verneint).

3. Vollrausch (§ 323a StGB)

34 Zu prüfen ist auch hier wieder das Vorliegen des Vollrauschdeliktes (§ 323a StGB).

a) Tatbestand

35 A hat sich vorsätzlich in einen Rauschzustand versetzt, der objektive und subjektive Tatbestand des § 323a StGB ist erfüllt.

b) Objektive Bedingung der Strafbarkeit

36 Es ist allerdings fraglich, ob die versuchte gefährliche Körperverletzung als Rauschtat i.S.v. § 323a StGB anzusehen ist. § 323a StGB verlangt, dass der Rauschtäter wegen seiner Tat deswegen nicht bestraft werden kann, weil er infolge seines Rausches schuldunfähig war oder dies jedenfalls nicht mit der erforderlichen Sicherheit auszuschließen ist. Eine volle Strafbarkeit wegen der Vorsatztat scheitert hier aber nicht nur an der Schuldunfähigkeit des A, sondern auch am Vorliegen eines Erlaubnistatbestandsirrtums, denn A nahm zum Zeitpunkt der Tat an, er werde überfallen. Seine Reaktion hielt sich im Rahmen des nach § 32 StGB Zulässigen; insbesondere die Kriterien der Erforderlichkeit sind erfüllt.

37 Es fragt sich allerdings, ob der Irrtum des A im Rahmen des § 323a StGB berücksichtigt werden kann. Dagegen spricht, dass die Feststellung eines Irrtums bei einem Menschen, der bis zum Zustand der Schuldunfähigkeit berauscht ist, in aller Regel auf einer Fiktion beruhen wird. Dies gilt erst recht für die Bejahung eines der verschiedenen von der Dogmatik herausgearbeiteten Irrtumstypen.[17] Nach h.L. sind Irrtümer bei Rauschtaten i.S.v. § 323a StGB trotzdem beachtlich. Dies soll selbst für

---

[17] LK/*Spendel* § 323a StGB Rn. 185 ff., 198, 202.

rauschbedingte Irrtümer gelten.[18] Da der Wortlaut des § 323a StGB kaum einen Ansatz bietet, alle oder auch nur bestimmte Irrtümer im Anwendungsbereich des Vollrauschtatbestandes für unbeachtlich zu erklären (§ 323a Abs. 1 StGB) eine Feststellung der subjektiven Tatseite selbst bei rauschbedingten Irrtümern sogar erfordert, ist dieser Ansicht zu folgen.[19] Der Erlaubnistatbestandsirrtum des A muss also auch im vorliegenden Fall berücksichtigt werden.

Nach h.L. lässt ein Erlaubnistatbestandsirrtum den Schuldvorsatz entfallen **38** (sog. eingeschränkte rechtsfolgenverweisende Schuldtheorie), während die Rspr. den Tatbestandsvorsatz entfallen lässt und damit bereits die Tatbestandsmäßigkeit verneint.[20] Die erstgenannte Ansicht verdient den Vorzug, da sie Strafbarkeitslücken in Beteiligungsfällen vermeidet. Die Frage kann aber letztlich offen bleiben, da es auf jeden Fall an einem (Gesamt-)Vorsatz fehlt.[21] Eine für § 323a StGB hinreichende Rauschtat liegt hier also nicht vor.[22]

c) Ergebnis

Insgesamt hat sich A damit nicht nach § 323a i.V.m. §§ 223 Abs. 1, 224 Abs. 1 **39** Nr. 2, 5, Abs. 2, 22, 23 Abs. 1 StGB strafbar gemacht.

4. Gefährlicher Eingriff in den Straßenverkehr (§ 315b Abs. 1 Nr. 3, Abs. 5 StGB)

A könnte sich wegen eines gefährlichen Eingriffs in den Straßenverkehr gemäß **40** § 315b Abs. 1 Nr. 3, Abs. 5 StGB strafbar gemacht haben.

a) Tatbestand

A müsste die Sicherheit des Straßenverkehrs dadurch beeinträchtigt haben, dass er **41** einen den § 315b Abs. 1 Nr. 1 und 2 StGB ähnlichen, ebenso gefährlichen Eingriff in den Straßenverkehr vorgenommen hat. Erfasst werden in Abgrenzung zu § 315c StGB nur verkehrsfremde Eingriffe von außen. Dies ist beim Fahren mit dem Pkw problematisch, da dieser grundsätzlich am Verkehrsgeschehen beteiligt ist. Die Rspr. fordert daher, dass der Täter zumindest mit bedingtem Schädigungsvorsatz handelt und das Fahrzeug bewusst zweckwidrig in verkehrswidriger Absicht missbraucht.[23] Handelt der Täter lediglich mit Gefährdungsvorsatz und kommt es ihm primär auf das eigene Fortkommen an, so liegt kein Eingriff in den Straßenverkehr vor.

A fuhr gezielt auf G zu, um den Weg frei zu bekommen und fliehen zu können. Dabei nahm er die Verletzung des G billigend in Kauf, er handelte also mit Schädigungsvorsatz und missbrauchte den Pkw als Nötigungsmittel. Ein Eingriff i.S.d. § 315b Abs. 1 Nr. 3 StGB liegt daher vor. **42**

---

[18] *Arzt/Weber/Heinrich/Hilgendorf* § 40 Rn. 21; *Lackner/Kühl/Heger* § 323a StGB Rn. 9, beide m.w.N.
[19] Eine Änderung des Gesetzeswortlauts ist wünschenswert, vgl. NK/*Paeffgen* § 323a StGB Rn. 4.
[20] Ausführlich zu den verschiedenen Lösungsvorschlägen *Wessels/Beulke/Satzger* AT Rn. 742 ff.
[21] § 323a StGB wird von der ganz h.M. so gelesen, dass die Strafbarkeit wegen der Rauschtat *nur* an der mangelnden Schuldfähigkeit scheitern muss, vgl. NK/*Paeffgen* § 323a StGB Rn. 78.
[22] Ein anderes Ergebnis wäre allenfalls dann vertretbar, wenn man bei der Behandlung des Erlaubnistatbestandsirrtums der strengen Schuldtheorie folgen würde (§ 17 StGB) und das Fehlen von Unrechtsbewusstsein für § 323a StGB für unbeachtlich erklärt; so offenbar NK/*Paeffgen* § 323a StGB Rn. 75.
[23] BGHSt 48, 233, 237 f.

Fall 9. Trunkenheitsfahrt

Durch den Eingriff wurde Leib und Leben des G konkret gefährdet, da dieser nur gerade so zur Seite springen konnte, es mithin zu einem „Beinahe-Unfall" gekommen ist.

43 Wegen des Erlaubnistatbestandsirrtums des A kommt aber auch hier analog § 16 StGB nur eine Strafbarkeit wegen einer fahrlässigen Tatbegehung (§ 315b Abs. 1, Abs. 5 StGB), in Betracht. Fraglich ist, ob sich das Verhalten des A als fahrlässig ansehen lässt. Ein objektiver Sorgfaltsverstoß ist hier ohne Weiteres anzunehmen, da der uniformierte Grenzposten von einem nüchternen, besonnenen Menschen nicht mit einem Räuber verwechselt werden konnte.

b) Rechtswidrigkeit

44 Die Tat war rechtswidrig.

c) Schuld

45 Problematisch ist jedoch die subjektive Sorgfaltswidrigkeit. Es ließe sich argumentieren, A sei infolge seiner Trunkenheit nicht in der Lage gewesen, den Grenzposten als solchen zu erkennen. Dem kann allerdings entgegengehalten werden, dass A trotz seines Rausches immerhin noch imstande war, die für die Fortbewegung eines Kfz erforderlichen Handgriffe vorzunehmen. Auch war er in der Lage, sein Fahrzeug auf der Straße zu halten. Ein Mindestmaß an Aufnahme- und Steuerungsfähigkeit lag bei ihm also trotz seiner erheblichen Alkoholisierung noch vor. In diesem Zustand war ihm zuzumuten, einen uniformierten (!) Grenzposten nicht mit einem Räuber zu verwechseln. Dass er es trotzdem tat, begründet einen Sorgfaltsvorwurf,[24] der grundsätzlich eine Verurteilung nach § 315b Abs. 1 Nr. 3, Abs. 5 StGB trägt.

Hinweis: Da die Schuld offensichtlich aufgrund der Schuldunfähigkeit des A entfällt, musste die subjektive Sorgfaltswidrigkeit nicht unbedingt geprüft werden.

46 Auch hier fehlt es jedoch an der Schuldfähigkeit des A, sodass eine Strafbarkeit nach § 315b Abs. 1 Nr. 3, 5 StGB ausscheidet.

5. Vollrausch (§ 323a StGB)

47 Die Tat nach § 315b Abs. 1 Nr. 3, Abs. 5 StGB könnte allerdings wieder eine Rauschtat i. S. v. § 323a StGB darstellen. Im Unterschied zu der versuchten gefährlichen Körperverletzung nach §§ 223, 224, 22, 23 StGB steht hier der Erlaubnistatbestandsirrtum einer Strafbarkeit des A nicht im Wege; A ist vielmehr ausschließlich infolge seiner Schuldunfähigkeit bei Tatbegehung nicht nach § 315b Abs. 1 Nr. 3, Abs. 5 StGB strafbar. Da die sonstigen Voraussetzungen des § 323a StGB gegeben sind (→ Rn. 34 ff.), hat sich A nach § 323a i. V. m. § 315b Abs. 1 Nr. 3, Abs. 5 StGB strafbar gemacht.

6. Trunkenheit im Verkehr (§ 323a i. V. m. § 316 Abs. 1 StGB)

48 Gegeben ist ferner ein Delikt gemäß § 316 StGB, das allerdings wegen der alkoholbedingten Schuldunfähigkeit des A ebenfalls nur als Rauschtat i. S. v. § 323a StGB in Anschlag zu bringen ist.

---

[24] Ein anderes Ergebnis ist hier vertretbar.

Fall 9. Trunkenheitsfahrt

Hinweis: § 316 StGB liegt hier völlig unproblematisch vor, die Voraussetzungen des § 323a StGB wurden schon mehrfach geprüft. Es ist daher auch in Anbetracht des Umfangs der Klausur zulässig und angeraten, den Tatbestand nur kurz anzusprechen.

7. Widerstand gegen Vollstreckungsbeamte (§ 113 Abs. 1 StGB)

Die Annahme einer Tat gemäß § 113 StGB scheitert am fehlenden subjektiven Tatbestand. Dasselbe gilt für eine Tat nach § 114 StGB (Tätlicher Angriff auf Vollstreckungsbeamte). 49

8. Unerlaubtes Entfernen vom Unfallort (§ 142 Abs. 1 Nr. 1 StGB)

Da A den Unfall nicht bemerkt hat, handelte er auf jeden Fall ohne Vorsatz, sodass der subjektive Tatbestand entfällt. 50

9. Ergebnis für den zweiten Tatkomplex

A ist strafbar wegen Vollrauschs gemäß § 323a i.V.m. § 315b Abs. 1 Nr. 3, Abs. 5 und § 316 StGB. 51

III. Konkurrenzen und Gesamtergebnis

Da A sämtliche Taten während ein und desselben Rauschzustandes begangen hat, liegt insgesamt nur *eine* Tat nach § 323a StGB vor.[25] Hinzu tritt in Realkonkurrenz[26] § 222 StGB (in zwei Fällen). 52

Fallbeurteilung

Es handelt sich um einen für die Fortgeschrittenenübung schweren Fall, in dem nicht nur Standardprobleme abgefragt werden, sondern auch weniger bekannte Probleme, welche dem Bearbeiter die Möglichkeit geben, eigenständig zu argumentieren.

Im ersten Handlungsabschnitt liegt der Schwerpunkt bei der Prüfung der Schuld bzw. der Anwendbarkeit der a.l.i.c. Der Bearbeiter soll hier einerseits zeigen, dass er die richtigen Schwerpunkte setzen kann, Probleme erkennt und als solche einordnet. Unproblematisches kann kurz, Problematisches soll dagegen ausführlich bearbeitet werden. Die verschiedenen Argumente zur Anwendung der a.l.i.c. müssen dem Bearbeiter bekannt sein. Ein Sonderproblem, welches dem Bearbeiter eigenes Argumentationsvermögen abverlangt, ist die Anwendbarkeit des deutschen Strafrechts bei § 323a StGB.

Der zweite Handlungsabschnitt befasst sich zunächst mit der gefährlichen Körperverletzung. Hier muss zwischen den einzelnen Varianten des § 224 Abs. 1 StGB differenziert werden. Die Schwierigkeit liegt darin, dass auch hier die Anwendbarkeit der a.l.i.c. zu prüfen ist. Eine weitere Schwierigkeit besteht in der Frage, inwieweit der Irrtum bei § 323a StGB Berücksichtigung findet. Dabei handelt es sich nicht um ein Standardproblem. Von dem Bearbeiter kann aber verlangt werden, dass er das

---

[25] Schönke/Schröder/*Hecker* § 323a StGB Rn. 28.
[26] MünchKommStGB/*Geisler* § 323a StGB Rn. 74; Lackner/Kühl/*Heger* § 323a StGB Rn. 18.

Fall 9. Trunkenheitsfahrt

Problem überhaupt erkennt und mit eigener Argumentation zu einem vertretbaren Ergebnis kommt. Bei § 315b StGB muss dem Bearbeiter die Abgrenzungsproblematik zu § 315c StGB bekannt sein.

Da insbesondere im zweiten Tatkomplex viele Delikte zu prüfen sind, ist eine richtige Schwerpunktsetzung sehr wichtig. Die völlig unproblematischen Tatbestände wie § 113 und § 142 StGB, die im Ergebnis auch nicht erfüllt sind, können dabei kurz abgehandelt werden.

Weiterführende Hinweise: *Beck,* Fahrlässiger Umgang mit der Fahrlässigkeit, JA 2009, 111–115 (Teil 1) und 268–270 (Teil 2); *Brüning,* Das unerlaubte Entfernen vom Unfallort gem. § 142 StGB, ZJS 2008, 148–154; *Eisele,* Der Tatbestand der Gefährdung des Straßenverkehrs (§ 315c StGB), JA 2007, 168–173; *Rönnau,* Grundwissen – Strafrecht: Actio libera in causa, JuS 2010, 300–302; *Swoboda,* Grundwissen – Strafrecht: Der Gewaltbegriff, JuS 2008, 862–863.

Fall 10. Der übereifrige Zahnarzt

Sachverhalt

P ist Patient bei Zahnarzt Z. Wegen einer langjährigen Migräne bittet P den Z, ihm alle Zähne im Oberkiefer zu ziehen, da seiner Meinung nach ein Zusammenhang zwischen diesen Zähnen und seinem Leiden besteht. Obwohl Z den P darauf hinweist, dass ein solcher Zusammenhang medizinisch nicht bestehen könne, bleibt P bei seinem Wunsch. Z erklärt sich schließlich zu dem Eingriff bereit und entfernt alle Oberkieferzähne mit Hilfe einer zahnärztlichen Zange. Für P fertigt er eine Prothese.

P klagt außerdem über starke Zahnschmerzen im rechten Unterkiefer. Er verspricht sich allerdings und gibt an, die Schmerzen im linken Unterkiefer zu haben. Z bohrt dem P deshalb den falschen Zahn auf, obgleich er hätte erkennen müssen, dass dieser Zahn nicht der schmerzende sein konnte. Nachdem er seinen Fehler erkannt hat, legt Z lege artis eine Füllung. P wird über den Fehler nicht informiert. Den eigentlich schmerzenden Zahn behandelt Z aus Zeitnot nicht mehr.

Auch R sucht den Z wegen außerordentlich heftiger Zahnschmerzen auf. Z führt die Beschwerden auf einen kranken Weisheitszahn zurück, den er der R zieht, ohne sie vorher über mögliche Alternativen zu beraten. Eventuell hätte man den Zahn durch eine Füllung retten können.

Wie hat sich Z strafbar gemacht? Gegebenenfalls erforderliche Strafanträge sind gestellt.

Abwandlung: Während der Zahnbehandlung des R ist auch A, Helferin und zugleich Ehefrau des Z, anwesend. A erkennt zwar, dass für die Extraktion keine eindeutige Indikation vorliegt, doch sie sagt nichts, weil sie ihren Mann nicht bloßstellen möchte.

Wie haben sich Z und A strafbar gemacht? Eventuell erforderliche Strafanträge sind gestellt.

Gliederung

	Rn.
Ausgangsfall	
I. Erster Tatkomplex: Die Totalextraktion	1
1. Gefährliche Körperverletzung (§§ 223 Abs. 1, 224 Abs. 1 StGB)	1
a) Tatbestand	2
aa) Objektiver Tatbestand	2
(1) Objektiver Tatbestand des Grunddelikts (§ 223 Abs. 1 StGB)	2
Problem: Erfüllt ein ärztlicher Heileingriff den Tatbestand?	
(2) Objektiver Tatbestand der Qualifikation (§ 224 Abs. 1 Nr. 2 StGB)	7
bb) Subjektiver Tatbestand	9

Fall 10. Der übereifrige Zahnarzt

	Rn.
b) Rechtswidrigkeit	10
Problem: Liegen bei der Einwilligung des P Willensmängel vor?	
c) Schuld	15
d) Ergebnis	16
2. Schwere Körperverletzung (§ 226 Abs. 1 Nr. 3 StGB)	17
a) Grunddelikt	18
b) Eintritt der schweren Folge (§ 226 Abs. 1 Nr. 3 StGB)	19
c) Ergebnis	22
3. Ergebnis für den ersten Tatkomplex	23
II. Zweiter Tatkomplex: Die Verwechslung	24
1. Körperverletzung (§ 223 Abs. 1 StGB)	24
a) Tatbestand	25
aa) Objektiver Tatbestand	25
bb) Subjektiver Tatbestand	27
b) Rechtswidrigkeit	28
c) Schuld	31
Problem: Wie ist der Erlaubnistatbestandsirrtum zu behandeln?	
d) Ergebnis	34
2. Fahrlässige Körperverletzung (§ 229 StGB)	35
a) Tatbestand	36
b) Rechtswidrigkeit und Schuld	40
c) Ergebnis	41
3. Körperverletzung durch Unterlassen (§§ 223 Abs. 1, 13 StGB)	42
a) Tatbestand	43
aa) Objektiver Tatbestand	43
bb) Subjektiver Tatbestand	48
b) Rechtswidrigkeit	49
c) Schuld	50
d) Ergebnis	51
4. Unterlassene Hilfeleistung (§ 323c Abs. 1 StGB)	52
a) Tatbestand	53
b) Ergebnis	54
5. Ergebnis für den zweiten Tatkomplex	55
III. Dritter Tatkomplex: Der Weisheitszahn	56
1. Gefährliche Körperverletzung (§ 223 Abs. 1, 224 Abs. 1 Nr. 2 StGB)	56
a) Tatbestand	57
aa) Objektiver Tatbestand	57
(1) Objektiver Tatbestand des Grunddelikts (§ 223 Abs. 1 StGB)	57
(2) Objektiver Tatbestand der Qualifikation (§ 224 Abs. 1 Nr. 2 Alt. 2 StGB)	58
bb) Subjektiver Tatbestand	60
b) Rechtswidrigkeit	61
c) Schuld	65
d) Ergebnis	66
2. Ergebnis für den dritten Tatkomplex	67

	Rn.
IV. Konkurrenzen und Gesamtergebnis für Z	68
Abwandlung	
I. Körperverletzung in Mittäterschaft (§§ 223 Abs. 1, 25 Abs. 2 StGB)	70
1. Tatbestand	71
2. Ergebnis	72
II. Beihilfe zur Körperverletzung durch Unterlassen (§§ 223 Abs. 1, 27 Abs. 1, 13 StGB)	73
1. Tatbestand	74
a) Objektiver Tatbestand	74
aa) Teilnahmefähige Haupttat	74
bb) Hilfeleisten	75
b) Subjektiver Tatbestand	77
2. Rechtswidrigkeit und Schuld	78
3. Ergebnis	79
III. Strafvereitelung (§ 258 Abs. 1 StGB)	80
1. Objektiver Tatbestand	81
2. Ergebnis	82
IV. Gesamtergebnis für A	83

Lösung

I. Erster Tatkomplex: Die Totalextraktion

1. Gefährliche Körperverletzung (§§ 223 Abs. 1, 224 Abs. 1 StGB)

Z könnte sich durch das Ziehen aller Oberkieferzähne des P wegen gefährlicher Körperverletzung nach §§ 223 Abs. 1, 224 Abs. 1 StGB strafbar gemacht haben. 1

a) Tatbestand

aa) Objektiver Tatbestand

(1) Objektiver Tatbestand des Grunddelikts (§ 223 Abs. 1 StGB)

Dazu muss zunächst der Grundtatbestand des § 223 Abs. 1 StGB erfüllt, also eine körperliche Misshandlung bzw. eine Gesundheitsschädigung durch das Ziehen der Oberkieferzähne bei P eingetreten sein. 2

Eine körperliche Misshandlung i.S.v. § 223 Abs. 1 Alt. 1 StGB ist jede üble und unangemessene Behandlung, durch die das körperliche Wohlbefinden oder die körperliche Unversehrtheit des Opfers nicht nur unerheblich beeinträchtigt wird;[1] eine Gesundheitsschädigung i.S.d. § 223 Abs. 1 Alt. 2 StGB ist das Hervorrufen oder Steigern eines krankhaften (pathologischen) Zustandes.[2] 3

Der zahnärztliche Eingriff, bei dem alle Zähne aus dem Oberkiefer des P gezogen wurden, beeinträchtigt das körperliche Wohlbefinden des P. Somit liegt eine körper- 4

---

[1] *Fischer* § 223 StGB Rn. 4; *Kindhäuser/Hilgendorf* § 223 StGB Rn. 2.
[2] *Fischer* § 223 StGB Rn. 8; *Kindhäuser/Hilgendorf* § 223 StGB Rn. 4.

liche Misshandlung i.S.d. § 223 Abs. 1 Alt. 1 StGB vor. Da P nun keine Zähne mehr im Oberkiefer hat, liegt ein krankhafter Zustand vor. Z hat P folglich auch i.S.d. § 223 Abs. 1 Alt. 2 StGB an der Gesundheit geschädigt.

5 Es ist jedoch grundsätzlich fraglich, ob eine ärztliche Heilbehandlung dem Tatbestand der Körperverletzung unterliegt. Im Schrifttum wird die Meinung vertreten, eine ärztliche Heilbehandlung erfülle gar nicht erst den Tatbestand der Körperverletzung, da sie auf Erhaltung und nicht Verletzung des körperlichen Wohls ausgerichtet ist.[3]

6 Die st. Rspr. hingegen sieht auch im lege artis durchgeführten Heileingriff den Tatbestand der Körperverletzung verwirklicht.[4] Ein ärztlicher Eingriff fällt demnach nicht schon wegen der „guten Absicht" nicht unter § 223 StGB. Vielmehr bedarf es, um eigenmächtige Behandlungen auszuschließen, eines Rechtfertigungsgrundes in Form einer ausdrücklichen bzw. stillschweigend erklärten Einwilligung des Patienten.[5] Diese Ansicht überzeugt, da sie sicherstellt, dass der Arzt nicht gegen den Willen des Patienten Eingriffe vornehmen kann, ohne sich der Gefahr der Strafverfolgung auszusetzen. Im vorliegenden Fall lag nicht einmal eine medizinische Indikation vor, sodass auf jeden Fall von einer objektiv tatbestandsmäßigen Körperverletzung auszugehen ist.

(2) Objektiver Tatbestand der Qualifikation (§ 224 Abs. 1 Nr. 2 StGB)

7 Möglicherweise hat Z zum Ziehen der Zähne des P ein gefährliches Werkzeug i.S.d. § 224 Abs. 1 Nr. 2 Alt. 2 StGB benutzt. Ein gefährliches Werkzeug ist ein Gegenstand, der nach seiner objektiven Beschaffenheit und der Art seiner konkreten Verwendung geeignet ist, erhebliche körperliche Verletzungen hervorzurufen.[6] Demnach käme die Zange als gefährliches Werkzeug in Betracht.

8 Eine weitere Bedingung ist jedoch, dass die Extraktionszange zu Angriffs- oder Verteidigungszwecken eingesetzt worden ist.[7] Z hat die Zange für eine zahnmedizinische Behandlung benutzt. Es handelt sich daher um kein gefährliches Werkzeug nach § 224 Abs. 1 Nr. 2 Alt. 2 StGB.

bb) Subjektiver Tatbestand

9 Z müsste weiterhin vorsätzlich gehandelt haben (§ 15 StGB). Vorsatz ist der Wille zur Tatbestandsverwirklichung in Kenntnis all seiner objektiven Tatumstände.[8] Z handelte in Kenntnis aller Umstände und hat P die Zähne absichtlich gezogen. Er handelte daher vorsätzlich.

b) Rechtswidrigkeit

10 Die Tat des Z könnte jedoch gerechtfertigt sein. In Betracht kommt eine rechtfertigende Einwilligung des P. Da es sich bei der körperlichen Unversehrtheit nicht um das Rechtsgut Leben oder ein Rechtsgut der Allgemeinheit handelt, ist P darüber

---

[3] Etwa Schönke/Schröder/*Sternberg-Lieben* § 223 StGB Rn. 30 ff.; Lackner/Kühl/*Kühl* § 223 StGB Rn. 8 ff.
[4] Seit RGSt 25, 375; vgl. die Nachweise bei *Fischer* § 223 StGB Rn. 16 f.
[5] *Fischer* § 223 StGB Rn. 17.
[6] *Fischer* § 224 StGB Rn. 14.
[7] BGH NJW 1978, 1206.
[8] BGHSt 19, 295, 298.

dispositionsbefugt. Außerdem muss P einwilligungsfähig gewesen sein und die Einwilligung ernstlich und frei von Willensmängeln erklärt haben. Einwilligungsfähigkeit liegt vor, wenn der Einwilligende nach seiner geistigen und sittlichen Reife in der Lage ist, Wesen, Bedeutung und Tragweite des Rechtsgutsverzichtes zu erkennen und sachgerecht zu beurteilen.[9] Hier bestanden keine Zweifel an der geistigen und sittlichen Reife des P.

Eine Einwilligung ist zudem nur nach Aufklärung des Patienten durch den Arzt möglich. Wie weit dabei die Aufklärungspflicht des Arztes geht, ist umstritten,[10] kann hier jedoch dahinstehen, da von einer entsprechenden Aufklärung ausgegangen werden kann; Z hat P ausdrücklich darauf hingewiesen, dass ein Zusammenhang der Schmerzen mit den Zähnen medizinisch nicht bestehen kann. 11

P litt aber an einer langjährigen Migräne, die dazu führen könnte, dass seine Einwilligung nicht frei von Willensmängeln ist, weil er in seiner Urteilsfähigkeit eingeschränkt war. Die Lit. stellt auf die Selbstverantwortung des Patienten ab[11] und geht nur bei einem psychischen Defekt von Krankheitswert von einem Willensmangel aus. Ein solcher Defekt liegt nicht vor. 12

Einer anderen Ansicht zufolge mangelt es an Urteilsfähigkeit, wenn die Entscheidung des Einwilligenden auf Unkenntnis beruht oder Ausdruck einer seelischen Verfassung ist, die ein rationales Abwägen der relevanten Gesichtspunkte verhindert.[12] Die Entscheidung des P beruht nicht auf Unkenntnis, da Z den P über den mangelnden Zusammenhang zwischen Zahnleiden und der Migräne informiert hat. 13

Die sehr lange anhaltenden Schmerzen und der radikale Behandlungswunsch, der von vornherein keinerlei Heilung verspricht, demonstrieren jedoch einen erheblichen Grad der Verzweiflung, der einer sachlichen Abwägung der Umstände durch P entgegensteht. Gerade für Z in seiner Stellung als Arzt war eine solche irreversible Behandlung unvertretbar. Es lag daher keine wirksame Einwilligung des P vor. Z handelte daher rechtswidrig. 14

Hinweis: Diese Lösung entspricht der Rspr. des BGH. An dieser Stelle kann der Bearbeiter mit entsprechender Begründung auch ein anderes Ergebnis vertreten. Die Einwilligung ist dann am Maßstab des § 228 StGB zu messen, der den Bürger gerade vor seiner eigenen Unvernunft schützen will. § 228 StGB ist einschlägig, wenn die Tat des Z gegen das Anstandsgefühl aller billig und gerecht Denkenden verstößt, was hier zu bejahen ist.[13]

c) Schuld

Z handelte schuldhaft. 15

d) Ergebnis

Er hat sich daher wegen Körperverletzung nach § 223 Abs. 1 StGB strafbar gemacht. Der nach § 230 Abs. 1 StGB erforderliche Strafantrag wurde gestellt. 16

---

[9] Schönke/Schröder/*Sternberg-Lieben* Vor §§ 32 ff. StGB Rn. 39.
[10] Ausführlich dazu *Rohde*, Regelwidrige und eigenmächtige zahnärztlich-prothetische Behandlung, 1999.
[11] *Amelung* ZStW 104 (1992), 525, 546 ff.
[12] BGH NJW 1978, 1206.
[13] MünchKommStGB/*Hardtung* § 228 StGB Rn. 34 ff., 54.

2. Schwere Körperverletzung (§ 226 Abs. 1 Nr. 3 StGB)

17 In Betracht kommt auch eine Strafbarkeit des Z wegen schwerer Körperverletzung gemäß § 226 Abs. 1 Nr. 3 StGB.

a) Grunddelikt

18 Eine objektiv und subjektiv tatbestandsmäßige Körperverletzung nach § 223 Abs. 1 StGB ist gegeben.

b) Eintritt der schweren Folge (§ 226 Abs. 1 Nr. 3 StGB)

19 Zur Verwirklichung des § 226 Abs. 1 Nr. 3 StGB müsste die verletzte Person in erheblicher Weise dauernd entstellt sein oder in Siechtum, Lähmung, geistige Krankheit oder Behinderung verfallen. Möglicherweise hat Z den P durch die Totalextraktion dauernd entstellt.

20 Eine Entstellung liegt vor bei einer Verunstaltung der Gesamterscheinung.[14] Sie ist erheblich, wenn ihre Auswirkungen auf die Person den sonstigen in § 226 StGB genannten schweren Folgen gleichgestellt werden kann.[15] Mit dem Verlust aller Zähne des Oberkiefers wird die optische Erscheinung des P schwerwiegend beeinträchtigt. Da die Entstellung im Gesicht nicht verborgen werden kann und für jedermann sichtbar ist, sind für P schwere psychische Nachteile zu erwarten, die denen der sonstigen Varianten des § 226 StGB vergleichbar sind. P ist erheblich entstellt.

21 Dauernd ist eine Entstellung, wenn sie mit einer bleibenden oder unbestimmt langwierigen Beeinträchtigung des Aussehens verbunden ist.[16] Dies ist zu verneinen, wenn eine künstliche Beseitigung der äußeren Entstellung durch eine medizinische Maßnahme üblich, ausführbar und dem Betroffenen zumutbar ist.[17] Im vorliegenden Fall wurde eine Prothese hergestellt. Dies ist gerade im Zahnbereich eine übliche medizinische Prozedur, die zwar nicht den Ursprungszustand wiederherstellen kann, eine äußerliche Beeinträchtigung des Aussehens jedoch behebt. Das Einsetzen einer Zahnprothese ist dem Betroffenen auch zuzumuten, da dies einen verhältnismäßig geringen Eingriff für eine äußerlich umfassende Beseitigung der Beeinträchtigung darstellt. P ist demzufolge nicht dauerhaft entstellt.

c) Ergebnis

22 Der objektive Tatbestand des § 226 Abs. 1 Nr. 3 StGB liegt daher nicht vor. Z hat sich nicht wegen schwerer Körperverletzung strafbar gemacht.

3. Ergebnis für den ersten Tatkomplex

23 Z hat sich nach § 223 Abs. 1 StGB strafbar gemacht.

---

[14] *Kindhäuser/Hilgendorf* § 226 StGB Rn. 6.
[15] *Fischer* § 226 StGB Rn. 9.
[16] Schönke/Schröder/*Sternberg-Lieben* § 226 StGB Rn. 5.
[17] *Wessels/Hettinger/Engländer* BT 1 Rn. 257.

II. Zweiter Tatkomplex: Die Verwechslung

1. Körperverletzung (§ 223 Abs. 1 StGB)

Z könnte sich durch das Aufbohren des falschen Zahnes wegen Körperverletzung nach § 223 Abs. 1 StGB strafbar gemacht haben. 24

a) Tatbestand

aa) Objektiver Tatbestand

Das Aufbohren des Zahnes stellt eine üble und unangemessene Behandlung, die das körperliche Wohlbefinden nicht nur unerheblich beeinträchtigt, also eine körperliche Misshandlung i.S.d. § 223 Abs. 1 Alt. 1 StGB dar. Ein geöffneter Zahn weicht zudem vom gesunden Zustand deutlich ab und muss behandelt werden. Es wird also grundsätzlich ein pathologischer Zustand hervorgerufen. 25

Stellt man allerdings auf den Gesamtvorgang ab, so entfiele der objektive Tatbestand des § 223 Abs. 1 Alt. 2 StGB wegen der fachgerechten Füllung. Die Füllung behebt nämlich den pathologischen Zustand. Es kommt jedoch auf die Einzelakte und nicht die Gesamtbehandlung an. Objektiv wurde ein pathologischer Zustand geschaffen, wenngleich dieser nur von kurzer Dauer war. Die nachträgliche Füllung hat keinen Einfluss auf die Tatbestandsmäßigkeit des § 223 Abs. 1 StGB. 26

bb) Subjektiver Tatbestand

Z handelte auch vorsätzlich im Hinblick auf die objektiven Tatumstände (§ 15 StGB). 27

b) Rechtswidrigkeit

Möglicherweise liegt in Form der Einwilligung des P ein Rechtfertigungsgrund vor. 28

P ist berechtigt, über seine körperliche Unversehrtheit zu verfügen. Eine Einwilligung in eine Körperverletzung ist möglich. P hat daher über ein disponibles Rechtsgut verfügt. P ist ferner fähig, einzuwilligen (→ Rn. 10). 29

Zu prüfen ist auch, ob die Einwilligung des P frei von Willensmängeln war. Dazu müsste die Einwilligung mit der Wertvorstellung des Einwilligenden P im Augenblick der Erklärung übereingestimmt haben. Sie kann daher nur rechtfertigend wirken, wenn das Erklärte mit dem tatsächlichen Willen des P übereinstimmt.[18] Die gewollte Einwilligung bezog sich aber auf den rechten und nicht, wie versehentlich geäußert, auf den linken Unterkiefer. Die erklärte Einwilligung deckte sich daher nicht mit den Vorstellungen des P, eine Einwilligung lag also nur hinsichtlich des rechten Zahnes vor.[19] Die Einwilligung des P hinsichtlich des linken Zahnes ist daher nicht frei von Willensmängeln und somit unwirksam. Z handelte demzufolge rechtswidrig. 30

---

[18] Schönke/Schröder/*Sternberg-Lieben* § 223 StGB Rn. 39.
[19] Nach a.A. muss eine Einwilligung nicht kundgegeben werden, so etwa *Zieschang* Rn. 289. Diese Ansicht führt hier zu keinem anderen Ergebnis.

c) Schuld

31 Z könnte aber entschuldigt sein. Möglicherweise unterlag er einem Erlaubnistatbestandsirrtum. Dies wäre der Fall, wenn der Täter irrig von Umständen ausgeht, die, wenn sie tatsächlich vorlägen, die Tat rechtfertigen würden.

32 Hier kommt wiederum die Einwilligung des P in Betracht. Nach der Vorstellung des Z hat P in die ärztliche Behandlung eines kranken Zahnes eingewilligt. Da P seine Einwilligung geäußert hat, über ein grundsätzlich disponibles Rechtsgut in Form seiner körperlichen Unversehrtheit verfügte und keine Sittenwidrigkeit vorlag, war die Einwilligung nach der Vorstellung des Z wirksam. Er wäre also über die Einwilligung gerechtfertigt gewesen, wenn sich P nicht versprochen hätte. Ein Erlaubnistatbestandsirrtum ist folglich gegeben.

33 Folgt man der überwiegend vertretenen sog. rechtsfolgenverweisenden eingeschränkten Schuldtheorie, entfällt unter analoger Anwendung des § 16 Abs. 1 Satz 1 StGB der Vorsatzschuldvorwurf.[20] Z handelte also nicht schuldhaft.

Hinweis: Bei der rechtsfolgenverweisenden eingeschränkten Schuldtheorie entfällt der Vorsatzschuldvorwurf im Rahmen der Schuld, nicht im subjektiven Tatbestand. Dies führt dazu, dass die Bestrafung von Teilnehmern möglich ist, da eine vorsätzliche rechtswidrige Tat des Handelnden gegeben ist.[21]

d) Ergebnis

34 Z ist nicht strafbar wegen Körperverletzung nach § 223 Abs. 1 StGB.

2. Fahrlässige Körperverletzung (§ 229 StGB)

35 Z könnte sich aber wegen fahrlässiger Körperverletzung nach § 229 StGB strafbar gemacht haben.

a) Tatbestand

36 Z hat durch das Aufbohren des Zahnes P körperlich misshandelt und an der Gesundheit geschädigt (→ Rn. 25 f.).

37 Zu prüfen ist, wie ein besonnener Dritter in der Lage des Täters aus der Sicht ex ante gehandelt hätte. Ein besonnen handelnder Zahnarzt hätte erkannt, dass der betroffene Zahn nicht der schmerzende sein konnte und die Einwilligung des P somit unwirksam ist. Z handelte also objektiv sorgfaltswidrig.

38 Weiter ist zu untersuchen, ob der eingetretene Erfolg objektiv vorhersehbar war. Objektive Vorhersehbarkeit liegt vor, wenn der wesentliche Kausalverlauf und der eingetretene Erfolg nicht so sehr außerhalb aller Lebenserfahrung liegen, dass man nicht damit zu rechnen brauchte.[22] Beim Ziehen eines gesunden Zahnes ist mit der Erfüllung des Tatbestandes der Körperverletzung zu rechnen. Der Erfolg war also auch objektiv vorhersehbar.

---

[20] Schönke/Schröder/*Sternberg-Lieben*/*Schuster* § 16 StGB Rn. 17 m. w. N.
[21] Zur Behandlung des Erlaubnistatbestandsirrtums → Fall 2 („Nachbarschaftswache"), Fall 9 („Trunkenheitsfahrt") und *Hilgendorf* StrafR KK I Fall 7 („Die Selbstschussanlage").
[22] *Zieschang* Rn. 433.

Der Pflichtwidrigkeitszusammenhang liegt vor; hätte sich Z sorgfaltsgemäß verhalten, wäre der Erfolg nicht eingetreten. **39**

b) Rechtswidrigkeit und Schuld

Möglicherweise ist das Ziehen des falschen Zahnes gerechtfertigt. Dies wäre der Fall, wenn P wirksam eingewilligt hätte. Die Einwilligung ist allerdings, wie bereits festgestellt, unwirksam. Z handelte schuldhaft, insbesondere war sein Handeln individuell sorgfaltswidrig und vorhersehbar. **40**

c) Ergebnis

Z hat sich daher wegen fahrlässiger Körperverletzung nach § 229 StGB strafbar gemacht. **41**

3. Körperverletzung durch Unterlassen (§§ 223 Abs. 1, 13 StGB)

Möglicherweise hat Z den P durch das Unterlassen der Behandlung des richtigen Zahnes an der Gesundheit geschädigt und sich dadurch wegen Körperverletzung strafbar gemacht (§§ 223 Abs. 1, 13 StGB). **42**

a) Tatbestand

aa) Objektiver Tatbestand

Möglicherweise ist eine körperliche Misshandlung durch Unterlassen des Z gegeben. Das Aufrechterhalten des Zustandes in Form des schmerzenden Zahnes stellt eine Beeinträchtigung des körperlichen Wohlbefindens dar. Der tatbestandsmäßige Erfolg in Form der körperlichen Misshandlung ist somit gegeben. **43**

Des Weiteren könnte Z den P durch das Unterlassen der ordnungsgemäßen Behandlung an der Gesundheit geschädigt haben. Durch die unterlassene Behandlung hat Z einen pathologischen Zustand zwar nicht herbeigeführt, jedoch hat er ihn aufrechterhalten, was zur Tatbestandserfüllung ausreicht. **44**

Z hat die objektiv gebotene und physisch-real mögliche Handlung in Form der erforderlichen Operation unterlassen. **45**

Die Unterlassung müsste auch kausal für die Körperverletzung sein. In Betracht kommt eine hypothetische Kausalität, wonach jede Handlung kausal ist, die nicht hinzugedacht werden kann, ohne dass der Erfolg mit an Sicherheit grenzender Wahrscheinlichkeit entfiele.[23] Hätte der Zahnarzt die Behandlung vorgenommen, wäre die körperliche Misshandlung durch die Aufrechterhaltung entfallen. Die unterlassene Operation ist also kausal für die körperliche Misshandlung. **46**

Der Behandlungsvertrag begründet die Garantenstellung.[24] Des Weiteren wäre zu prüfen, ob das Unterlassen der Verwirklichung des gesetzlichen Tatbestandes durch ein Tun entspricht (§ 13 Abs. 1 StGB). Bei reinen Erfolgsdelikten ist die Gleichwertigkeit jedoch bereits durch die Garantenstellung begründet. **47**

---

[23] *Fischer* Vor § 13 StGB Rn. 39; *Hilgendorf/Valerius* AT § 11 Rn. 28 ff.
[24] Vgl. Schönke/Schröder/*Bosch* § 13 StGB Rn. 28a.

bb) Subjektiver Tatbestand

48 Z müsste vorsätzlich bzgl. aller objektiven Tatbestandsmerkmale gehandelt haben (§ 15 StGB). Z hat seinen Fehler erkannt und die kausal gewordene Handlung trotz seiner Garantenstellung absichtlich unterlassen. Er handelte damit vorsätzlich in Bezug auf alle Tatbestandsmerkmale.

b) Rechtswidrigkeit

49 Möglicherweise liegt ein Fall der rechtfertigenden Pflichtenkollision vor. Eine solche ist gegeben, wenn den Handelnden mehrere sich ausschließende verschiedenwertige Handlungspflichten treffen und er die objektiv höherwertige zum Nachteil der geringerwertigen erfüllt.[25] Die bloße Zeitnot des Z rechtfertigt jedoch das Unterlassen der Behandlung nicht, eine andere höherwertige Handlungspflicht ist nicht ersichtlich. Z handelte also rechtswidrig.

c) Schuld

50 Z handelte schuldhaft.

d) Ergebnis

51 Er hat sich daher wegen Körperverletzung durch Unterlassen nach §§ 223 Abs. 1, 13 StGB strafbar gemacht. Der nach § 230 Abs. 1 StGB erforderliche Strafantrag wurde gestellt.

4. Unterlassene Hilfeleistung (§ 323c Abs. 1 StGB)

52 Im Unterlassen der Behandlung könnte ferner ein Fall der unterlassenen Hilfeleistung nach § 323c Abs. 1 StGB bestehen.

a) Tatbestand

53 Dazu muss ein Unglücksfall, gemeine Gefahr oder Not vorliegen. Ein Unglücksfall ist jedes plötzlich eintretende Ereignis, das die unmittelbare Gefahr eines erheblichen Schadens für andere Menschen oder fremde Sachen von bedeutendem Wert hervorruft.[26] Da ein Unglücksfall bei der Fortentwicklung einer Krankheit nur dann vorliegt, wenn sie eine plötzliche und sich rasch verschlimmernde Wendung nimmt, ist der objektive Tatbestand des § 323c Abs. 1 StGB nicht erfüllt.

b) Ergebnis

54 Z ist nicht strafbar wegen unterlassener Hilfeleistung nach § 323c Abs. 1 StGB.

5. Ergebnis für den zweiten Tatkomplex

55 Z ist strafbar wegen fahrlässiger Körperverletzung gemäß § 229 StGB in Tateinheit mit Körperverletzung durch Unterlassen gemäß §§ 223 Abs. 1, 13, 52 StGB.

---

[25] *Fischer* Vor § 32 StGB Rn. 11.
[26] Schönke/Schröder/*Hecker* § 323c StGB Rn. 5.

III. Dritter Tatkomplex: Der Weisheitszahn

1. Gefährliche Körperverletzung (§§ 223 Abs. 1, 224 Abs. 1 StGB)

Möglicherweise hat sich Zahnarzt Z durch das Ziehen des Weisheitszahnes der R **56** wegen gefährlicher Körperverletzung gemäß §§ 223 Abs. 1, 224 Abs. 1 StGB strafbar gemacht.

a) Tatbestand

aa) Objektiver Tatbestand

(1) Objektiver Tatbestand des Grunddelikts (§ 223 Abs. 1 StGB)

Die Operation, bei der R der Zahn gezogen wurde, verursacht typischerweise **57** Schmerzen. Somit liegt eine körperliche Misshandlung nach § 223 Abs. 1 Var. 1 StGB vor. Eine Gesundheitsschädigung nach § 223 Abs. 1 Alt. 2 StGB ist das Hervorrufen oder Steigern eines krankhaften (pathologischen) Zustandes.[27] Da der R der Zahn gezogen wurde, liegt ein krankhafter Zustand vor. Z hat R folglich auch an der Gesundheit geschädigt.

Hinweis: Die Frage, ob ein ärztlicher Heileingriff den Tatbestand der Körperverletzung verwirklicht, wurde bereits im ersten Tatkomplex ausführlich erörtert. In der Klausurbearbeitung kann man sich an dieser Stelle also deutlich knapper fassen.

(2) Objektiver Tatbestand der Qualifikation (§ 224 Abs. 1 Nr. 2 Alt. 2 StGB)

Möglicherweise ist Z auch wegen gefährlicher Körperverletzung gemäß § 224 **58** Abs. 1 Nr. 2 Alt. 2 StGB strafbar.

Die Extraktionszange könnte ein gefährliches Werkzeug i.S.d. § 224 Abs. 1 Nr. 2 **59** Alt. 2 StGB sein. Sie wurde jedoch nicht zu Angriffs- oder Verteidigungszwecken eingesetzt, sondern für eine zahnmedizinische Behandlung benutzt. Es handelt sich daher um kein gefährliches Werkzeug nach § 224 Abs. 1 Nr. 2 Alt. 2 StGB.

bb) Subjektiver Tatbestand

Z muss vorsätzlich gehandelt haben (§ 15 StGB). Z handelte in Kenntnis aller Um- **60** stände und hat R den Weisheitszahn absichtlich gezogen. Er handelte daher vorsätzlich.

b) Rechtswidrigkeit

Z könnte wegen einer Einwilligung der R gerechtfertigt sein. R ist Trägerin des **61** Interesses ihrer körperlichen Unversehrtheit, mithin darüber verfügungsberechtigt. R hat auch über ein disponibles Rechtsgut verfügt.

Außerdem müsste R einwilligungsfähig sein. Einwilligungsfähigkeit liegt vor, wenn **62** der Einwilligende nach seiner geistigen und sittlichen Reife in der Lage ist, Wesen, Bedeutung und Tragweite des Rechtsgutsverzichtes zu erkennen und sachgerecht zu beurteilen.[28] R konnte die Risiken und Folgen ihrer Entscheidung hinreichend beurteilen und war somit auch einwilligungsfähig.

---

[27] *Fischer* § 223 StGB Rn. 8.
[28] Schönke/Schröder/*Sternberg-Lieben* Vor §§ 32 ff. StGB Rn. 39.

63 Zu prüfen ist auch, ob die Einwilligung der R frei von Willensmängeln war. Die Entscheidung der R dürfte nicht auf Unkenntnis beruhen. Bei ärztlichen Heileingriffen erfordert dies eine pflichtgemäße Aufklärung des Patienten, wobei zumindest über Art, Schwere und Risiken des geplanten Eingriffs sowie bestehende Behandlungsalternativen informiert werden muss.[29] Nur so werden das Selbstbestimmungsrecht sowie das Recht auf körperliche Unversehrtheit des Patienten gewahrt. Z müsste R daher ausreichend aufgeklärt haben, denn nur dadurch wird eine Einwilligung ermöglicht. Z hat es allerdings unterlassen, die R vorher über mögliche Alternativen zu beraten.

64 Eine rechtfertigende Einwilligung ist also nicht gegeben. Z handelte daher rechtswidrig.

c) Schuld

65 Z handelte schuldhaft.

d) Ergebnis

66 Er hat sich damit wegen Körperverletzung nach § 223 Abs. 1 StGB strafbar gemacht. Der nach § 230 Abs. 1 StGB erforderliche Strafantrag wurde gestellt.

2. Ergebnis für den dritten Tatkomplex

67 Z ist strafbar wegen Körperverletzung nach § 223 Abs. 1 StGB.

IV. Konkurrenzen und Gesamtergebnis für Z

68 Die von Z in den einzelnen Tatkomplexen verwirklichten Delikte stehen auf Grund der zeitlichen Zäsur zueinander in Tatmehrheit nach § 53 StGB. Innerhalb des ersten Tatkomplexes hat Z sich gemäß § 223 Abs. 1 StGB strafbar gemacht. Im zweiten Tatkomplex hat sich Z wegen fahrlässiger Körperverletzung gemäß § 229 StGB und Körperverletzung durch Unterlassen gemäß §§ 223 Abs. 1, 13 StGB strafbar gemacht. Beide Delikte des zweiten Tatkomplexes wurden während eines einheitlichen Behandlungsvorgangs verwirklicht, sodass sie zueinander in Idealkonkurrenz nach § 52 StGB stehen.[30] Im dritten Tatkomplex macht sich Z strafbar wegen Körperverletzung nach § 223 Abs. 1 StGB.

Abwandlung

69 An der Strafbarkeit des Z ändert sich nichts. Zu prüfen ist die Strafbarkeit der A.

I. Körperverletzung in Mittäterschaft (§§ 223 Abs. 1, 25 Abs. 2 StGB)

70 A könnte sich wegen ihrer Anwesenheit als Helferin wegen Körperverletzung in Mittäterschaft nach §§ 223 Abs. 1, 25 Abs. 2 StGB strafbar gemacht haben.

1. Tatbestand

71 Dazu müsste sie R körperlich misshandelt oder an der Gesundheit geschädigt haben. A hat aber nicht selbst gehandelt. Fraglich ist, ob ihr die Tatbeiträge des Z mit-

---

[29] BGH NStZ 1996, 34.
[30] Hier wäre auch Realkonkurrenz nach § 53 StGB vertretbar.

täterschaftlich zugerechnet werden können. Dazu müssten Z und A einen gemeinsamen Tatplan gefasst haben. A hat, um ihren Mann nicht bloßzustellen, nichts gesagt, obwohl sie die Fehlerhaftigkeit der Behandlung erkannte. Ein Mittäter darf jedoch nicht bloß ein fremdes Tun billigen oder fördern. Er muss seinen Beitrag vielmehr als Teil der Tätigkeit des anderen und den des anderen als Ergänzung seines Tatanteils wollen.[31] Da dies hier nicht geschehen ist, ist ein gemeinsamer Tatplan folglich nicht gegeben; die Voraussetzungen der Mittäterschaft liegen nicht vor.

2. Ergebnis

A hat sich nicht wegen Körperverletzung in Mittäterschaft gemäß §§ 223 Abs. 1, 25 Abs. 2 StGB strafbar gemacht. 72

II. Beihilfe zur Körperverletzung durch Unterlassen (§§ 223 Abs. 1, 27 Abs. 1, 13 StGB)

Möglicherweise hat sich die Ehefrau A jedoch wegen Beihilfe zur Körperverletzung durch Unterlassen nach §§ 223 Abs. 1, 27 Abs. 1, 13 StGB strafbar gemacht. 73

1. Tatbestand

a) Objektiver Tatbestand

aa) Teilnahmefähige Haupttat

Z handelte im Rahmen der Körperverletzung durch das Ziehen des Weisheitszahnes zum Nachteil der R vorsätzlich und rechtswidrig (→ Rn. 56 ff.). Eine beihilfefähige Haupttat liegt damit vor. 74

bb) Hilfeleisten

A müsste des Weiteren einen Beihilfebeitrag gemäß § 27 StGB geleistet haben. Dieser kann in jeder Handlung liegen, die die Haupttat ermöglicht, erleichtert oder die durch sie begangene Rechtsgutsverletzung verstärkt.[32] A hat aber gar nichts getan, sondern geschwiegen. Der Schwerpunkt der Vorwerfbarkeit liegt daher nicht in einem aktiven Tun, sondern einem Unterlassen. In Betracht kommt also psychische Beihilfe durch Unterlassen. Durch das Unterlassen eines Hinweises – trotz physisch-realer Möglichkeit – auf die fehlende eindeutige Indikation hat A die Körperverletzung der R durch Z gefördert. 75

Fraglich ist jedoch, ob A gegenüber der R eine Garantenstellung nach § 13 StGB hat. In Betracht kommt eine Garantenstellung aus dem Behandlungsvertrag. Der Behandlungsvertrag zwischen Arzt und Patient schließt die Mitarbeiter des Arztes mit ein. A hatte daher eine Garantenstellung. 76

b) Subjektiver Tatbestand

A wollte ihren Mann nicht bloßstellen. Sie hatte daher Vorsatz bzgl. der Haupttat und bzgl. ihres Hilfeleistens durch Unterlassen. 77

---

[31] BGH NStZ 1982, 243; 1990, 130; 1997, 336.
[32] *Hilgendorf/Valerius* AT § 9 Rn. 147; *Wessels/Beulke/Satzger* AT Rn. 900.

Fall 10. Der übereifrige Zahnarzt

2. Rechtswidrigkeit und Schuld

78 Da die Einwilligung der R nicht frei von Willensmängeln war, ist A nicht gerechtfertigt. Sie handelte zudem schuldhaft.

3. Ergebnis

79 A hat sich daher wegen Beihilfe durch Unterlassen zur Körperverletzung nach §§ 223 Abs. 1, 27 Abs. 1, 13 StGB strafbar gemacht. Gemäß § 27 Abs. 2 StGB ist die Strafe nach § 49 Abs. 1 StGB zu mildern.

III. Strafvereitelung (§ 258 Abs. 1 StGB)

80 A könnte sich zudem wegen Strafvereitelung zugunsten des Z strafbar gemacht haben (§ 258 Abs. 1 StGB).

1. Objektiver Tatbestand

81 Zu prüfen ist, ob A es vereitelte, dass Z wegen einer rechtswidrigen Tat bestraft wird. Das Ziehen des Zahnes war rechtswidrig (→ Rn. 61 ff.). A müsste die Bestrafung zudem vereitelt haben. Wenn A den Z im Beisein der R auf die unterlassene Beratung hingewiesen hätte, wäre R auf diesen Mangel aufmerksam geworden. Es ist davon auszugehen, dass R daraufhin eine ordnungsgemäße Belehrung gefordert hätte und diese auch erfolgt wäre. Deshalb hat A gerade nicht die Bestrafung vereitelt, sondern erst ermöglicht. Ihr ging es lediglich darum, das Bloßstellen ihres Ehemanns zu verhindern.

2. Ergebnis

82 A hat sich nicht wegen Strafvereitelung nach § 258 Abs. 1 StGB strafbar gemacht.

IV. Gesamtergebnis für A

83 A hat sich wegen Beihilfe zur Körperverletzung durch Unterlassen nach §§ 223 Abs. 1, 27 Abs. 1, 13 StGB strafbar gemacht.

> **Fallbeurteilung**

Dieser mittelschwere Fall behandelt das Einverständnis mit ärztlichen Behandlungen und die Aufklärungspflicht des Arztes gegenüber dem Patienten. Diese Problematik gehört zum Standardwissen und muss vom Studenten der mittleren Semester beherrscht werden.

Im ersten Tatkomplex ist zunächst die Tatbestandsmäßigkeit der ärztlichen Heilbehandlung zu thematisieren. In der Regel empfiehlt es sich, der überwiegenden Auffassung zu folgen, die auch in lege artis ausgeführten Heileingriffen ein tatbestandliches Handeln sieht.

Anschließend sind am Beispiel der Totalextraktion typische Probleme der Einwilligung in eine ärztliche Heilbehandlung, speziell die Willensmängel, zu prüfen. Weitere regelmäßig zu prüfende Probleme sind der Umfang der Aufklärungspflicht des Arztes sowie die mögliche Sittenwidrigkeit des Eingriffs.

Nachfolgend muss die dauerhafte Entstellung gemäß § 226 Abs. 1 Nr. 3 StGB erörtert werden. Hier kann eigenständig argumentiert werden, inwieweit die Einstellung tatsächlich dauerhaft ist und inwieweit die Prothese als Maßnahme zumutbar ist.

Wiederum auf die Einwilligung, diesmal jedoch auf eine falsch erklärte, ist im zweiten Tatkomplex einzugehen. Der sich daraus ergebende Erlaubnistatbestandsirrtum sollte hier nur kurz angesprochen werden, da dies nicht Schwerpunkt der Prüfung ist.

Im dritten Tatkomplex liegt der Schwerpunkt bei der Aufklärungspflicht des Arztes.

In der folgenden Fallabwandlung sind Mittäterschaft und Beihilfe zu erörtern, wobei besonders auf die Beihilfe durch Unterlassen der A einzugehen ist. Die anschließend geprüfte Strafvereitelung kann entweder bereits im Tatbestand oder zumindest wegen § 258 Abs. 6 StGB abgelehnt werden. Eine ausführliche Prüfung ist nicht erforderlich und würde die Schwerpunktsetzung verschieben.

Vertiefende Hinweise: *Bollacher/Stockburger,* Der ärztliche Heileingriff in der strafrechtlichen Fallbearbeitung, Jura 2006, 908–914; *Otto,* Einwilligung, mutmaßliche, gemutmaßte und hypothetische Einwilligung, Jura 2004, 679–683; *Rönnau,* Grundwissen Strafrecht: Einwilligung und Einverständnis, JuS 2007, 18–20.

Fall 11. Der aufmerksame Nachbar

Sachverhalt

A ist schwer und unheilbar an Krebs erkrankt. Um einem qualvollen Tod zu entgehen, beschließt er bei klarem Bewusstsein, sich selbst zu töten. Nachdem er seinem Vater V von seinem Vorhaben erzählt hat, verfasst er eine Erklärung, in der er sich jede Einmischung Dritter verbittet. Für den Fall, dass eine Selbsttötung scheitert, hat A noch eine gleichlautende Patientenverfügung verfasst, die den Anforderungen der §§ 1901a ff. BGB (formell wie materiell) entspricht. Dann nimmt er eine tödlich wirkende Überdosis Schlaftabletten. Weder sein Vater noch andere Personen sind dabei anwesend.

Nachbar B fällt auf, dass A die Post nicht aus dem Briefkasten holt. Nachdem auf sein wiederholtes Klingeln niemand die Tür öffnet, sieht er durch ein Fenster den A am Boden liegen. Daraufhin bricht er die Haustür auf, eilt zu A und ruft sofort den Arzt C herbei. C erkennt, dass das Gehirn des A mit an Sicherheit grenzender Wahrscheinlichkeit bereits schwer und irreparabel geschädigt ist. Er findet sodann die von A verfasste Erklärung und liest sie. Nach kurzem Zögern pumpt C dennoch den Magen des A aus und gibt ihm starke Medikamente. Dann wird A in ein Krankenhaus gebracht. Weil nur so sein Leben bewahrt werden kann, wird ihm dort auf Anweisung des C eine Magensonde durch die Bauchdecke eingesetzt. A wacht jedoch nicht auf, sondern verfällt in ein Koma.

Obgleich die Kreislauftätigkeit des A mit Hilfe aufwendiger Apparaturen in Gang gehalten werden kann, hat er das Bewusstsein auch 24 Monate später nicht zurückerlangt. Rings um die Magensonde hat sich an der Bauchdecke eine eitrige Entzündung gebildet, die trotz Behandlung nicht mehr verheilt. Sein Vater V fordert schließlich, diesem Zustand ein Ende zu setzen, die Magensonde zu entfernen und die Apparate abzuschalten, damit sein Sohn in Frieden sterben könne. Das Krankenhaus und Arzt C verweigern dies. Daraufhin dringt V eines Nachts in die Klinik ein und schaltet den Beatmungsapparat selbst aus. A verstirbt schon einige Stunden später.

Haben sich B, C und V strafbar gemacht?

Gliederung

	Rn.
I. Strafbarkeit des B	1
1. Hausfriedensbruch (§ 123 Abs. 1 StGB)	1
a) Tatbestand	2
aa) Objektiver Tatbestand	2
bb) Subjektiver Tatbestand	3
b) Ergebnis	4

	Rn.
2. Sachbeschädigung (§ 303 Abs. 1 StGB)	5
a) Tatbestand	6
aa) Objektiver Tatbestand	6
bb) Subjektiver Tatbestand	7

Problem: Wirkt eine Zustimmung des Rechtsinhabers tatbestandsausschließend oder rechtfertigend?

b) Rechtswidrigkeit und Schuld	11
c) Ergebnis	14
II. Strafbarkeit des C	15
1. Gefährliche Körperverletzung (§§ 223 Abs. 1, 224 Abs. 1 StGB)	15
a) Tatbestand	16
aa) Objektiver Tatbestand	16
(1) Grundtatbestand (§ 223 Abs. 1 StGB)	16

Problem: Erfüllt ein ärztlicher Heileingriff den Tatbestand?

(2) Qualifikation (§ 224 Abs. 1 StGB)	21

Problem: Ist ein lege artis eingesetztes medizinisches Instrument ein „gefährliches Werkzeug"?

bb) Subjektiver Tatbestand	23
b) Rechtswidrigkeit	24
aa) Einwilligung	24
bb) Rechtfertigender Notstand gemäß § 34 StGB	25
c) Schuld	31
d) Ergebnis	33
2. Körperverletzung durch Unterlassen (§§ 223 Abs. 1, 13 StGB)	34
a) Tatbestand	35
aa) Objektiver Tatbestand	35

Problem: Ist ein Arzt auch ohne Behandlungsvertrag ein Garant?

bb) Subjektiver Tatbestand	40
b) Rechtswidrigkeit	41
c) Schuld	42
d) Ergebnis	43
III. Strafbarkeit des V	44
1. Tötung auf Verlangen (§ 216 Abs. 1 StGB)	44
a) Objektiver Tatbestand	45
b) Ergebnis	48
2. Totschlag (§ 212 Abs. 1 StGB)	49
a) Tatbestand	50
aa) Objektiver Tatbestand	50

Problem: Liegt ein Tun oder Unterlassen vor? Ist § 212 Abs. 1 StGB in Einzelfällen teleologisch zu reduzieren?

bb) Subjektiver Tatbestand	59
b) Rechtswidrigkeit und Schuld	60
c) Ergebnis	66
3. Gefährliche Körperverletzung (§§ 223 Abs. 1, 224 Abs. 1 StGB)	67
4. Hausfriedensbruch (§ 123 Abs. 1 StGB)	68

Fall 11. Der aufmerksame Nachbar

	Rn.
a) Tatbestand	69
b) Rechtswidrigkeit und Schuld	70
c) Ergebnis	71
IV. Gesamtergebnis	72

Lösung

I. Strafbarkeit des B

1. Hausfriedensbruch (§ 123 Abs. 1 StGB)

1 B könnte sich durch das Aufbrechen der Tür wegen Hausfriedensbruchs gemäß § 123 Abs. 1 StGB strafbar gemacht haben.

a) Tatbestand

aa) Objektiver Tatbestand

2 Dazu müsste er in die Wohnung eines anderen eingedrungen sein. Wohnung ist der Inbegriff von Räumlichkeiten, deren Hauptzweck es ist, Menschen zur ständigen Benutzung zu dienen, ohne primär Arbeitsräume zu sein.[1] Das Haus des A ist damit eine Wohnung. Eindringen bedeutet das Betreten entgegen oder ohne den Willen des Berechtigten.[2] Da A nicht mit Rettungsmaßnahmen einverstanden war, hat B das Haus entgegen seinem Willen betreten. Damit ist der objektive Tatbestand erfüllt.

bb) Subjektiver Tatbestand

3 B müsste vorsätzlich gehandelt haben (§ 15 StGB). Vorsatz ist der Wille zur Verwirklichung des Tatbestandes in Kenntnis aller objektiven Tatumstände. B wusste nichts von der Absicht des A zur Selbsttötung. Nach seiner Vorstellung musste er davon ausgehen, das Haus des A zu dessen Rettung betreten zu dürfen. Er ging somit von einem tatbestandsausschließenden Einverständnis aus. Er befand sich damit in einem Tatbestandsirrtum; dieser lässt gemäß § 16 Abs. 1 Satz 1 StGB den Vorsatz entfallen. Eine Strafbarkeit wegen Fahrlässigkeit bleibt unberührt (§ 16 Abs. 1 Satz 2 StGB), kommt jedoch vorliegend nicht in Betracht. § 123 StGB sieht keine Strafbarkeit wegen Fahrlässigkeit vor.

b) Ergebnis

4 B ist nicht strafbar gemäß § 123 Abs. 1 StGB.

2. Sachbeschädigung (§ 303 Abs. 1 StGB)

5 B könnte sich durch das Aufbrechen der Tür wegen Sachbeschädigung gemäß § 303 Abs. 1 StGB strafbar gemacht haben.

---

[1] *Fischer* § 123 StGB Rn. 6.
[2] *Wessels/Hettinger/Engländer* BT 1 Rn. 590.

a) Tatbestand

aa) Objektiver Tatbestand

Dann müsste er eine für ihn fremde Sache beschädigt haben. Sachen sind alle körperlichen Gegenstände.[3] Fremd ist eine Sache, wenn sie nicht im Alleineigentum des Täters steht und nicht herrenlos ist.[4] Beschädigen ist jede nicht nur unerhebliche körperliche Einwirkung auf die Sache, durch die ihre stoffliche Zusammensetzung verändert oder ihre Unversehrtheit derart betroffen ist, dass ihre bestimmungsgemäße Brauchbarkeit gemindert oder aufgehoben ist.[5] Da die Tür verschlossen war, muss davon ausgegangen werden, dass sie nicht ohne eine solche Einwirkung geöffnet werden konnte. Mit der Haustür hat B somit eine für ihn fremde Sache beschädigt. **6**

bb) Subjektiver Tatbestand

B müsste vorsätzlich gehandelt haben (§ 15 StGB). Auch hier fragt sich, ob B nicht von einem Einverständnis des A in die Sachbeschädigung ausging. Bei der Sachbeschädigung ist aber fraglich, ob die Zustimmung des Rechtsgutsinhabers den Tatbestand ausschließt oder als rechtfertigende Einwilligung wirkt.[6] **7**

Hinweis: Es gilt hier, den Unterschied in der Terminologie zu beachten. Man spricht von tatbestandsausschließendem *Einverständnis* oder rechtfertigender *Einwilligung*. Ein *Einverständnis* kommt immer dann in Betracht, wenn ein Tatbestand an den Willen des Opfers anknüpft (z. B. §§ 239, 123 StGB).

Geht man mit einer Ansicht davon aus, dass Kern der Sachbeschädigung nicht die Substanz-, sondern die Willensverletzung ist, so würde die Billigung der Rechtsgutsverletzung durch das Opfer bereits den Tatbestand ausschließen.[7] Ein Irrtum über das Vorliegen des Einverständnisses wäre ein Tatbestandsirrtum (→ Rn. 3). **8**

Nach überzeugender Auffassung lässt ein Einverständnis in die Sachbeschädigung jedoch nicht den Tatbestand entfallen, sondern die Rechtswidrigkeit. Geschütztes Rechtsgut der Sachbeschädigung ist nämlich das Eigentum und nicht ein irgendwie gearteter Wille.[8] Da ein fehlendes Einverständnis also kein Tatbestandsmerkmal der Sachbeschädigung ist, schließt ein Irrtum über ein angenommenes Einverständnis nicht gemäß § 16 Abs. 1 StGB den subjektiven Tatbestand aus. **9**

Da B bewusst und gewollt die Tür aufgebrochen hat, um dem A im Haus helfen zu können, handelte er somit vorsätzlich i. S. d. § 15 StGB. **10**

b) Rechtswidrigkeit und Schuld

Die Tat könnte durch eine Einwilligung gerechtfertigt sein. Diese muss aber vorher ausdrücklich oder konkludent vom Opfer erklärt werden.[9] Das ist hier nicht geschehen, die Tat ist nicht durch Einwilligung gerechtfertigt. **11**

---

[3] *Hilgendorf/Valerius* BT II § 23 Rn. 6 f.; *Wessels/Hillenkamp/Schuhr* BT 2 Rn. 18.
[4] *Hilgendorf/Valerius* BT II § 23 Rn. 6 i. V. m. § 2 Rn. 15 f.; *Wessels/Hillenkamp/Schuhr* BT 2 Rn. 20.
[5] Lackner/Kühl/*Heger* § 303 StGB Rn. 3 m. w. N.
[6] Vgl. dazu *Fischer* § 303 StGB Rn. 16.
[7] *Roxin/Greco* § 13 Rn. 2.
[8] Schönke/Schröder/*Hecker* § 303 StGB Rn. 22.
[9] *Kühl* § 9 Rn. 31 f.; a. A. *Zieschang* Rn. 289.

Fall 11. Der aufmerksame Nachbar

12 Es könnte jedoch eine mutmaßliche Einwilligung vorliegen. Hierbei ist der hypothetische Wille des Opfers zu ermitteln. Erforderlich ist ein Wahrscheinlichkeitsurteil über den wahren Willen des A unter Berücksichtigung individueller Wünsche, Interessen und Wertvorstellungen.[10] Abzustellen ist dabei auf die Ex-ante-Sicht des Täters.[11]

13 In der Regel kann davon ausgegangen werden, dass jemand, der in seinem Hause ohnmächtig auf dem Boden liegt, ein Interesse daran hat, dass ihm geholfen wird. B hatte keine Kenntnis von der Selbsttötungsabsicht und der von A abgefassten Erklärung. Er irrte sich deshalb über dessen tatsächlichen Willen. Da die mutmaßliche Einwilligung eine Prognoseentscheidung des Handelnden voraussetzt, ist die nachträgliche Feststellung eines entgegenstehenden Willens des Betroffenen unbeachtlich, wenn der Handelnde den mutmaßlichen Willen sorgfältig geprüft hat.[12] Die Nachbarschaftshilfe des B entsprach danach dem mutmaßlichen Willen des A. Weil B diesem mutmaßlichen Willen auch entsprechen wollte, ist die Sachbeschädigung des B über eine mutmaßliche Einwilligung gerechtfertigt und nicht rechtswidrig.

c) Ergebnis

14 B ist nicht strafbar wegen Sachbeschädigung gemäß § 303 Abs. 1 StGB.

II. Strafbarkeit des C

1. Gefährliche Körperverletzung (§§ 223 Abs. 1, 224 Abs. 1 StGB)

15 C könnte sich durch die ärztliche Behandlung des A wegen gefährlicher Körperverletzung nach §§ 223 Abs. 1, 224 Abs. 1 StGB strafbar gemacht haben.

a) Tatbestand

aa) Objektiver Tatbestand

(1) Grundtatbestand (§ 223 Abs. 1 StGB)

16 C müsste den A körperlich misshandelt oder an der Gesundheit geschädigt haben.

17 Körperliche Misshandlung ist jede üble, unangemessene Behandlung, durch die das körperliche Wohlbefinden oder die körperliche Unversehrtheit mehr als nur unerheblich beeinträchtigt wird.[13] Gesundheitsschädigung ist jedes Hervorrufen oder Steigern eines vom Normalzustand der körperlichen Funktionen nachteilig abweichenden (also pathologischen) Zustandes.[14]

18 Fraglich ist hier, ob man einen ärztlichen Heileingriff überhaupt als tatbestandliche Körperverletzung ansehen kann. Daran zweifelt die überwiegende Ansicht in der Lit., da Handlungen, die letztlich der Wiederherstellung der Gesundheit dienen, das körperliche Wohlbefinden bzw. die körperliche Unversehrtheit insgesamt ver-

---

[10] *Kühl* § 9 Rn. 47.
[11] *Jescheck/Weigend* § 34 VII 3; *Wessels/Beulke/Satzger* AT Rn. 591.
[12] NK/*Paeffgen/Zabel* Vor § 32 StGB Rn. 163.
[13] BGHSt 14, 269, 271.
[14] *Rengier* BT II § 13 Rn. 11.

bessern und nicht verschlechtern.¹⁵ Nach dem sozialen Sinngehalt der Handlungen sei es bei einer solchen Betrachtung verfehlt, ärztliche Eingriffe als Körperverletzungen zu qualifizieren, wenn sie Heilzwecken dienen und auch ihren Erfolg erreichen. Manche stellen auch darauf ab, ob der Eingriff kunstgerecht (lege artis) ausgeführt wurde.¹⁶

Nach der überzeugenden Rspr.¹⁷ liegt dagegen unabhängig vom Zweck der Behandlung stets eine tatbestandliche Körperverletzung vor. Die Behandlung bedarf daher der (rechtfertigenden) Einwilligung des Patienten. Nur so wird der Schutz des Selbstbestimmungsrechts des Patienten gewährleistet. Vertritt man die Ansicht der Lit., würde dies dazu führen, dass ein Arzt gegen den Willen des Patienten Heileingriffe vornehmen könnte, ohne dabei den Tatbestand der Körperverletzung zu verwirklichen. **19**

Hinweis: Daher versucht die Lit., die daraus entstehenden Strafbarkeitslücken über eine Anwendung der §§ 185, 239, 240 StGB zu schließen.¹⁸

Das Auspumpen des Magens, das Legen der Sonde sowie die Verabreichung der starken Medikamente stellen für die körperliche Unversehrtheit nicht unerhebliche Eingriffe dar und begründen auch jeweils einen vom Normalzustand der körperlichen Funktionen nachteilig abweichenden Zustand. Damit ist § 223 Abs. 1 StGB in beiden Varianten erfüllt. Somit hat C mit seinen Handlungen jeweils den objektiven Tatbestand der einfachen Körperverletzung erfüllt. **20**

(2) Qualifikation (§ 224 Abs. 1 StGB)

Es fragt sich, ob die beim Legen der Magensonde eingesetzten Instrumente als gefährliche Werkzeuge i.S.d. § 224 Abs. 1 Nr. 2 Alt. 2 StGB zu qualifizieren sind. **21**

Ein gefährliches Werkzeug ist jeder Gegenstand, der nach seiner objektiven Beschaffenheit und der konkreten Art seiner Verwendung im Einzelfall dazu geeignet ist, erhebliche Körperverletzungen herbeizuführen. Zudem muss der Täter den Gegenstand zu Angriffs- oder Verteidigungszwecken einsetzen.¹⁹ Daran scheitert nach ganz h.M. die Einordnung des lege artis eingesetzten Gegenstandes als gefährliches Werkzeug. Dieser wird nämlich weder zu Angriffs- noch zu Verteidigungszwecken eingesetzt. Die bei der Operation benutzten Instrumente sind somit keine gefährlichen Werkzeuge. **22**

Hinweis: Das Erfordernis der objektiven Beschaffenheit wird von vielen zu Recht als überflüssig angesehen; es kommt nur auf die konkrete Verwendung an. Wenn im Einzelfall ein Gegenstand bei seiner konkreten Verwendung erhebliche Körperverletzungen hervorruft, so ist auch seine objektive Beschaffenheit dazu geeignet. Und wenn die objektive Beschaffenheit geeignet ist, erhebliche Verletzungen herbeizuführen, die konkrete Verwendung jedoch nicht, so handelt es sich nicht um den Einsatz eines gefährlichen Werkzeuges. Das Merkmal der objektiven Beschaffenheit ist damit eigentlich irrelevant.²⁰

---

[15] Etwa Schönke/Schröder/*Sternberg-Lieben* § 223 StGB Rn. 30ff.; Lackner/Kühl/*Kühl* § 223 StGB Rn. 8ff.
[16] Krit. Schönke/Schröder/*Sternberg-Lieben* § 223 StGB Rn. 30.
[17] Seit RGSt 25, 375, vgl. die Nachweise bei *Fischer* § 223 StGB Rn. 17.
[18] *Joecks/Jäger* Vor § 223 StGB Rn. 15.
[19] BGH NJW 1978, 1206; *Rengier* BT II § 14 Rn. 35.
[20] Ausführlich *Rengier* BT I § 4 Rn. 27ff.

Fall 11. Der aufmerksame Nachbar

bb) Subjektiver Tatbestand

23 C handelte bei all seinen Handlungen vorsätzlich (§ 15 StGB): Er wollte gerade den Magen des A auspumpen, ihm Medikamente verabreichen und ihm eine Magensonde legen.

b) Rechtswidrigkeit

aa) Einwilligung

24 Weder eine ausdrückliche noch eine mutmaßliche Einwilligung kommen als Rechtfertigungsgründe in Betracht. Eine ausdrückliche Einwilligung des A war objektiv nicht gegeben, und C konnte auch nicht von einem hypothetischen Willen des A zu diesen Maßnahmen ausgehen, da eine ausdrücklich abgefasste Erklärung des A vorlag, aus der deutlich wurde, dass keine Behandlung erwünscht war.

bb) Rechtfertigender Notstand gemäß § 34 StGB

25 Als Rechtfertigungsgrund kommt aber ein rechtfertigender Notstand gemäß § 34 StGB in Betracht.

26 Dann müsste zunächst eine Notstandslage gegeben sein. Diese besteht in einer gegenwärtigen, nicht anders abwendbaren Gefahr für Leben, Leib, Freiheit, Ehre, Eigentum oder ein anderes Rechtsgut. Gefahr ist dabei ein Zustand, der bei ungehindertem Fortgang den Eintritt eines Schadens befürchten lässt.[21] Gegenwärtig ist die Gefahr, die unmittelbar bevorsteht oder bereits begonnen hat.[22]

27 Im Haus hatte A sich eine tödlich wirkende Dosis Schlaftabletten verabreicht. Damit bestand eine gegenwärtige Gefahr für sein Leben. Auch im Krankenhaus hängt das Leben des A von der Magensonde ab. Auch hier bestand also eine Lebensgefahr. Damit lag jeweils eine Notstandslage vor.

28 Die Notstandshandlung muss jeweils erforderlich, d.h. geeignet und das mildeste Mittel, gewesen sein. Geeignet ist sie, wenn sie mit einer nicht ganz unwesentlichen Erhöhung der Rettungschance verbunden ist.[23] Weiterhin darf kein milderes Mittel bei gleicher Geeignetheit geben. Alle Handlungen waren zumindest geeignet, den Todeserfolg abzuwenden. Dies zeigt sich schon darin, dass A nicht gestorben, sondern in ein Koma verfallen ist. Auch ist jeweils kein milderes Mittel zur Lebensrettung ersichtlich als das Auspumpen, die Medikamentenverabreichung und die Magensonde.

29 Im Rahmen des § 34 StGB bedarf es einer Interessenabwägung zwischen den betroffenen Rechtsgütern und dem Grad der ihnen drohenden Gefahren. Nur wenn das geschützte Interesse das beeinträchtigte wesentlich überwiegt, ist bei Vorliegen auch aller sonstigen Voraussetzungen, die Tat gerechtfertigt. Hier stehen sich jeweils zwei Interessen des A gegenüber, sein Selbstbestimmungsrecht sowie das Interesse am Erhalt seines Lebens. Das Selbstbestimmungsrecht umfasst grundsätzlich auch das Recht, über den Zeitpunkt des eigenen Todes zu entscheiden. Damit überwiegt hier das Selbstbestimmungsrecht.

30 Die Tat war daher nicht gemäß § 34 StGB gerechtfertigt.

---

[21] *Hilgendorf/Valerius* AT § 5 Rn. 74; *Wessels/Beulke/Satzger* AT Rn. 463.
[22] Vertiefend zum Begriff der Gefahr in § 34 StGB *Kretschmer* Jura 2005, 662.
[23] *Freund/Rostalski* § 3 Rn. 63; MünchKommStGB/*Erb* § 34 StGB Rn. 89f.

c) Schuld

Eine Entschuldigung des C über den entschuldigenden Notstand (§ 35 StGB), **31** scheidet vorliegend aus, da es sich bei dem A weder um einen Angehörigen noch um eine sonst nahestehende Person handelt.

In Betracht kommt aber ein übergesetzlicher entschuldigender Notstand. Dabei **32** handelt es sich um einen Entschuldigungsgrund für ganz außergewöhnliche Konfliktsituationen des Täters, der dann in Betracht kommt, wenn sowohl eine Rechtfertigung über § 34 StGB als auch eine Entschuldigung über § 35 StGB ausgeschlossen sind. Auch in solchen Fällen kann man zu dem Ergebnis kommen, dass eine Bestrafung eine besondere Ungerechtigkeit bedeutete. Es bedarf somit einer außergewöhnlichen Konfliktlage des C, bei welcher der Unrechtsgehalt der Tat deutlich gemindert ist und der Täter subjektiv aus schwerer Gewissensnot gehandelt hat.[24] C ist zwar Arzt, Sinn seines Berufes ist somit auch die Rettung von Leben. Es ist aber nicht ungewöhnlich, dass ein Patient die Behandlung verweigert und infolge mangelnder Behandlung sterben wird. Eine gänzlich ungewöhnliche Konfliktsituation liegt somit nicht vor. Insgesamt handelte C also schuldhaft.

d) Ergebnis

Damit ist C strafbar wegen Körperverletzung zum Nachteil des A gemäß § 223 **33** Abs. 1 StGB.

Hinweis: Eine andere Ansicht ist hier vertretbar, etwa mit der Begründung, dass die Situation ein schnelles Handeln des Arztes erforderte und es ihm nicht vorwerfbar ist, dass er sich für die Rettung des Lebens des A entschieden hat.
Im Übrigen hätte C sich nicht wegen unterlassener Hilfeleistung gemäß § 323c StGB strafbar gemacht, wenn er dem A nicht geholfen hätte, denn die Erklärung des A ließe die Rechtswidrigkeit des Unterlassens entfallen.[25]

2. Körperverletzung durch Unterlassen (§§ 223 Abs. 1, 13 StGB)

C könnte sich wegen Körperverletzung durch Unterlassen (§§ 223 Abs. 1, 13 **34** StGB), strafbar gemacht haben, weil er die Magensonde später nicht entfernt und das Beatmungsgerät nicht abgestellt hat.

a) Tatbestand

aa) Objektiver Tatbestand

Zur Diskussion hinsichtlich der Tatbestandsmäßigkeit eines ärztlichen Heileingriffs **35** → Rn. 18 f. Vertritt man die Ansicht der Lit., so wäre hier zu berücksichtigen, dass der Einsatz der Magensonde tatsächlich zu einer Verschlechterung, nämlich einer Entzündung, führt. Andererseits könnte A ohne die Magensonde nicht überleben.

Nach überzeugender Betrachtungsweise der Rspr. bewirkt jedoch die Magensonde **36** faktisch einen pathologischen Zustand.[26] Somit ist der Erfolg des § 223 Abs. 1 StGB, sowohl in Form der körperlichen Misshandlung als auch der Gesundheitsschädigung, zumindest durch das Legen der Magensonde eingetreten.

---

[24] Schönke/Schröder/*Sternberg-Lieben* Vor §§ 32 ff. StGB Rn. 117.
[25] Vgl. *Fischer* § 323c StGB Rn. 32.
[26] BGH NJW 2003, 1588, 1590; BeckOK StGB/*Eschelbach* § 223 StGB Rn. 5 ff.

37 Das Beatmungsgerät bewirkt jedoch lediglich eine Beatmung des Patienten. Darin ist weder eine üble unangemessene Behandlung noch eine Gesundheitsschädigung zu sehen.

38 C hat es unterlassen, die Magensonde zu entfernen und somit die Entzündung aufrechterhalten. Durch die Entfernung der Sonde wäre die Entzündung mit an Sicherheit grenzender Wahrscheinlichkeit zurückgegangen, denn die Magensonde hat die Entzündung ja gerade verursacht. Damit liegt eine kausale Unterlassungshandlung vor.

39 Der Arzt müsste weiterhin gemäß § 13 StGB rechtlich dafür einzustehen haben, dass der Erfolg nicht eintritt, er müsste also Garant für die Erfolgsabwendung gewesen sein. Garantenstellungen können auf verschiedene Weise entstehen, unter anderem durch vertragliche Übernahme. In der Regel begründet der Behandlungsvertrag, den der Arzt mit einem Patienten eingegangen ist, Garantenpflichten für den Arzt. Hier war A jedoch die ganze Zeit über bewusstlos und konnte somit mit C gar keinen Behandlungsvertrag schließen. Somit kommt eine Garantenstellung nur aus tatsächlicher freiwilliger Übernahme in Betracht. Auch ohne individuellen Behandlungsvertrag treffen den Arzt Obhutspflichten, wenn er einen Not- oder Bereitschaftsdienst übernommen hat oder für die Behandlung bestimmter Patienten zuständig ist.[27] C ist für die Behandlung zuständig; daher ist er hier Garant für die Erfolgsabwendung.

bb) Subjektiver Tatbestand

40 C wollte den Zustand der gelegten Magensonde aufrechterhalten. Damit handelte er vorsätzlich gemäß § 15 StGB.

b) Rechtswidrigkeit

41 Auch handelte C rechtswidrig. Es gilt das oben Gesagte (→ Rn. 24 ff.) entsprechend. Unter Berücksichtigung des Selbstbestimmungsrechts des A scheidet insbesondere eine Rechtfertigung über § 34 StGB aus.

c) Schuld

42 Beim Unterlassungsdelikt wird die Frage bedeutsam, ob dem Täter normgemäßes Verhalten zumutbar war.[28] Dies wird in Ausnahmesituationen verneint, insbesondere wenn die Rettung für den Täter eine ernsthafte Gefahr bedeuten würde. Ein solcher Fall liegt hier jedoch nicht vor. Aber auch im Hinblick darauf, dass A nach Entfernung der Magensonde sterben würde, ist zu berücksichtigen, dass er schon zwei Jahre im Koma lag. Wenn in einem solchen Fall lebenserhaltende Maßnahmen beendet werden, besteht darin keine außergewöhnliche Konfliktsituation für den Arzt.

d) Ergebnis

43 Somit ist C strafbar gemäß §§ 223 Abs. 1, 13 StGB wegen des Nichtentfernens der Magensonde.

---

[27] Siehe auch Schönke/Schröder/*Bosch* § 13 StGB Rn. 28a.
[28] SK/*Stein* Vor § 13 StGB Rn. 51 f. m. w. N. Die Einordnung dieses Punktes ist umstritten. Manche sehen ihn analog § 323c StGB als Tatbestandsmerkmal an, da dort die Zumutbarkeit ausdrücklich im Tatbestand genannt ist, vgl. *Heinrich* Rn. 904 m. w. N.

III. Strafbarkeit des V

1. Tötung auf Verlangen (§ 216 Abs. 1 StGB)

V könnte sich wegen Tötung auf Verlangen gemäß § 216 Abs. 1 StGB strafbar gemacht haben, indem er den Beatmungsapparat abschaltete.

44

a) Objektiver Tatbestand

A ist gestorben. Hätte V den Beatmungsapparat nicht abgeschaltet, wäre A nicht gestorben. Seine Handlung war damit für den Todeseintritt kausal.

45

Weiterhin müsste V durch ausdrückliches und ernsthaftes Verlangen des A zur Tötung bestimmt worden sein. In der zwei Jahre zurückliegenden Erklärung, wonach A keine weitere Behandlung wünscht, liegt aber keine ausdrückliche und ernsthafte Aufforderung, das Leben des A durch eine eigene Handlung des V zu beenden. Insofern wurde V nicht „bestimmt" i.S.v. § 216 StGB.

46

Damit ist der objektive Tatbestand des § 216 Abs. 1 StGB nicht erfüllt.

47

b) Ergebnis

V ist nicht strafbar gemäß § 216 Abs. 1 StGB.

48

2. Totschlag (§ 212 Abs. 1 StGB)

V könnte sich durch das Abschalten des Beatmungsgerätes wegen Totschlags gemäß § 212 Abs. 1 StGB strafbar gemacht haben.

49

a) Tatbestand

aa) Objektiver Tatbestand

A ist gestorben, der tatbestandsmäßige Erfolg des § 212 Abs. 1 StGB ist eingetreten.

50

Der Tod müsste durch eine Handlung des V hervorgerufen worden sein. V hat das Beatmungsgerät des A abgeschaltet, woraufhin dieser verstorben ist. Fraglich ist, ob dem V hier ein aktives Tun oder ein Unterlassen als strafrechtlich relevante Verhaltensweise vorzuwerfen ist. Bei der Abgrenzung von Tun und Unterlassen ist nach überwiegender Ansicht der Schwerpunkt des strafrechtlich relevanten Verhaltens zu bestimmen (sog. Schwerpunktformel).[29] Hier kann man einerseits argumentieren, dass V aktiv den Schalter am Beatmungsgerät betätigte. Dies würde für ein aktives Tun sprechen. Andererseits ist zu bedenken, dass durch das Abschalten gerade eine fortlaufende Behandlung abgebrochen wurde. Bei einer Gesamtbetrachtung spricht dies eher für ein Unterlassen. Nach überwiegender Ansicht handelt ein Arzt, der ein Beatmungsgerät abschaltet, nicht durch aktives Tun, sondern durch Unterlassen.[30]

51

---

[29] MünchKommStGB/*Freund* § 13 StGB Rn. 5.
[30] BGHSt 40, 257, 265; a.A. etwa LK/*Rosenau* Vor § 211 StGB Rn. 55.

Fall 11. Der aufmerksame Nachbar

Hinweis: Diese Ansicht ist auch von dem Bemühen getragen, überhaupt einen Behandlungsabbruch zu ermöglichen. Denn nähme man beim Abschalten eines Beatmungsgerätes aktives Tun an, wäre es wegen der Wertung des § 216 StGB grundsätzlich strafbar.[31]

52 Hier hat jedoch V in die vom Arzt eingeleitete und aufrechterhaltene Krankheitsbehandlung eingegriffen. In einem solchen Fall wird überwiegend aktives Verhalten angenommen.[32] Dem ist zuzustimmen, da bei einem Eingreifen Dritter von außen aktiv ein rettender und andauernder Behandlungsverlauf beeinträchtigt wird.

53 Es ist aber fraglich, ob man den Tatbestand des § 212 Abs. 1 StGB für Fälle der vorliegenden Art nicht teleologisch reduzieren sollte. Jedenfalls in Fällen, in denen der Tod des Patienten sicher und nahe ist, wird eine Strafbarkeit des Arztes abgelehnt, wenn der Patient bestimmt hat, dass in einem solchen Fall keine lebensverlängernden Maßnahmen aufrecht erhalten werden sollen.[33] Problematisch ist hier zwar, dass A sich noch nicht in der Sterbephase befindet. Jedoch liegt er bereits seit zwei Jahren im Koma, eine Aussicht auf Heilung besteht wohl nicht. Auch hier ist nach ganz überwiegender Ansicht das Selbstbestimmungsrecht des Patienten zu beachten. Entspricht ein Behandlungsabbruch seinem wirklichen oder mutmaßlichen Willen, so ist dieser Wille zu berücksichtigen, d.h. die Behandlung darf abgebrochen werden. Hier ergibt sich aus der Erklärung des A sogar ausdrücklich, dass er sterben wollte. Mangels entgegenstehender Hinweise kann auch davon ausgegangen werden, dass dieser Wille noch fortbesteht.

54 Somit bliebe der Behandlungsabbruch grundsätzlich straflos. Jedoch darf ein solcher Abbruch nur von dem behandelnden Arzt vorgenommen werden, nicht aber auch von einem Angehörigen. Denn nur der Arzt kann die Voraussetzungen für einen zulässigen Abbruch fachgerecht beurteilen; außerdem trägt er die Verantwortung für eine sachgemäße Behandlung.[34]

55 Die Diskussion ist durch ein Urteil des BGH[35] aus dem Jahr 2010 wesentlich vorangebracht worden. Danach ist es in Fällen des Behandlungsabbruchs nicht sachgerecht, an einer „naturalistischen" Unterscheidung von aktivem Tun und Unterlassen festzuhalten und diese dann „normativ umzudeuten", um zu einer Rechtfertigung durch Einwilligung zu gelangen. Der BGH hat daher für die hier behandelte Fallgruppe seine Unterscheidung zwischen aktivem Tun und Unterlassen aufgegeben und fasst die Problematik nun unter dem Stichwort „Behandlungsabbruch" zusammen. Dieser setzt voraus, dass die betroffene Person (lebensbedrohlich) erkrankt ist und die betreffende, unterlassene oder aktiv beendete Maßnahme zur Erhaltung oder Verlängerung des Lebens geeignet ist.[36]

56 Somit kann auch ein aktives Tun, das zur direkten Herbeiführung des Todes des Patienten führt, unter denselben Voraussetzungen und in demselben Umfang wie

---

[31] Einige Autoren kommen aber auch zu einer Straflosigkeit des Arztes, indem der Schutzzweck der Tötungsdelikte für solche Konstellationen oder die Rechtswidrigkeit verneint wird, vgl. *Wessels/Hettinger/Engländer* BT 1 Rn. 153.
[32] *Kühl* § 18 Rn. 18 m.w.N.
[33] Vgl. dazu schon BGHSt 40, 257.
[34] Roxin/Schroth/*Roxin* S. 95; LK/*Rosenau* Vor § 211 StGB Rn. 66; a.A. Schönke/Schröder/*Eser/Sternberg-Lieben* Vor §§ 211 ff. StGB Rn. 32 m.w.N.
[35] BGHSt 55, 191, 198 ff.
[36] BGHSt 55, 191, 198 ff.

das „passive Unterlassen" gerechtfertigt sein.[37] Diese Rspr. gilt für den behandelnden Arzt ebenso wie die Angehörigen. Insofern verlagert sich nun die Diskussion auf die Ebene der Rechtswidrigkeit und damit in den Problemkreis der Einwilligung.

Hinweis: Dies bedeutet selbstverständlich nicht, dass die Unterscheidung zwischen aktivem Tun und Unterlassen gänzlich obsolet geworden ist. Diese gilt auch weiterhin, nur dass in Fällen eines Behandlungsabbruchs – aufgrund des Willens des Patienten, insbesondere auf Grundlage einer Patientenverfügung (§§ 1901a ff. BGB) – nicht mehr „künstlich" ein Unterlassen konstruiert werden muss, um zu straffreien passiven bzw. indirekten Form der Sterbehilfe zu gelangen. Weiterhin bleibt bestehen, dass der, der gar nichts tut, nur bei Vorliegen einer Garantenstellung – § 13 StGB – tatbestandsmäßig töten kann.[38]

Übertragen auf den vorliegenden Fall bedeutet dies Folgendes: V hat das Beatmungsgerät abgeschaltet, woraufhin der A kurze Zeit später verstorben ist. Bei unvoreingenommener Betrachtungsweise handelt es sich hierbei um aktives Tun. **57**

Damit hat V den objektiven Tatbestand des § 212 Abs. 1 StGB erfüllt. **58**

Exkurs zur früheren Behandlung der Sterbehilfe: Neben der vorliegenden Konstellation des Abbruchs lebensrettender Maßnahmen kann Sterbehilfe in verschiedenen anderen Varianten geleistet werden. Zunächst sind die Fälle der Schmerzlinderung zu nennen, die überwiegend auch als „indirekte Sterbehilfe" beschrieben werden. Der Arzt verabreicht dem Patienten hierbei Medikamente, um ihm die extrem schmerzhafte Phase vor dem Todeseintritt erträglicher zu gestalten. Hier muss unterschieden werden, ob die Verabreichung der Medikamente zu einer Lebensverkürzung führt oder nicht. Im letzteren Fall bleibt der Arzt straflos. Aber auch im Falle lebensverkürzender Wirkungen wird eine Straflosigkeit anerkannt: Während eine Ansicht hierbei schon die Verwirklichung des Tatbestandes des § 212 Abs. 1 StGB mit dem Argument ablehnt, der Schutzzweck der Tötungsdelikte umfasse keine lebensverkürzenden Wirkungen schmerzlindernder Maßnahmen,[39] kommt die Rspr. zu einer Rechtfertigung über § 34 StGB.[40] Daneben gibt es noch die direkte aktive Sterbehilfe. Dabei nimmt jemand Maßnahmen vor, die absichtlich darauf gerichtet sind, zu einer Lebensverkürzung des Patienten zu führen. Dies ist strafbar; die Tötung eines anderen auf dessen ernstliches und ausdrückliches Verlangen hin wird in § 216 StGB pönalisiert.[41]

bb) Subjektiver Tatbestand

V wollte den Todeserfolg gerade durch das Abschalten des Beatmungsgerätes herbeiführen. Damit handelte er vorsätzlich i. S. d. § 15 StGB. **59**

b) Rechtswidrigkeit und Schuld

V müsste auch rechtswidrig gehandelt haben. Vorliegend kommt eine Rechtfertigung aufgrund einer Einwilligung des A in Betracht. Eine solche Einwilligung des A in die Herbeiführung seines Todes könnte in der Erklärung des A zu sehen sein, die er vor seinem Selbsttötungsversuch verfasste bzw. in einer Patientenverfügung festlegte. Allerdings ist zweifelhaft, ob A in seine Tötung wirksam einwilligen konnte. § 216 StGB, der die Tötung auf Verlangen (auch weiterhin) ausdrücklich unter Strafe stellt, zeigt, dass grundsätzlich eine Einwilligung in die eigene Tötung nicht möglich und das Leben als nicht disponibles Rechtsgut zu schützen ist. Dies gilt im Bereich der Sterbehilfe jedoch nicht unbeschränkt. Lange war bereits anerkannt, **60**

---

[37] *Fischer* Vor § 211 StGB Rn. 62.
[38] *Fischer* Vor § 211 StGB Rn. 62.
[39] Roxin/Schroth/*Roxin* S. 89 ff.
[40] BGHSt 42, 301, 305.
[41] Weiterführend Roxin/Schroth/*Roxin* S. 75 ff.

Fall 11. Der aufmerksame Nachbar

dass jedenfalls passive Sterbehilfe, d.h. ein Sterbenlassen etwa durch Behandlungsabbruch, im Hinblick auf das Selbstbestimmungsrecht der Patienten zumindest grundsätzlich zulässig ist.

61 Die Unterscheidung von Tun und Unterlassen zur Abgrenzung zwischen gerechtfertigter und rechtswidriger Herbeiführung des Todes mit Einwilligung oder mutmaßlicher Einwilligung des betroffenen Patienten hat der BGH in der erwähnten Entscheidung aus dem Jahr 2010 aufgegeben.[42] Die Grenze zwischen erlaubter Sterbehilfe und einer nach den §§ 212, 216 StGB strafbaren Tötung könne nicht sinnvoll nach Maßgabe einer naturalistischen Unterscheidung von aktivem und passivem Handeln bestimmt werden. Entscheidend sei vielmehr, ob ein dem tatsächlichen oder mutmaßlichen Patientenwillen entsprechender sog. Behandlungsabbruch vorliegt, d.h. eine Beendigung einer begonnenen medizinischen Behandlung.[43] Der Begriff des Behandlungsabbruchs setzt voraus, dass die betroffene Person lebensbedrohlich erkrankt und die betreffende Maßnahme medizinisch zur Erhaltung oder Verlängerung des Lebens geeignet ist. Eine Rechtfertigung durch Einwilligung kommt daher nur in Betracht, wenn sich das Handeln darauf beschränkt, einen Zustand (wieder-)herzustellen, der einem bereits begonnenen Krankheitsprozess seinen Lauf lässt, indem zwar Leiden gelindert, die Krankheit aber nicht (mehr) behandelt wird, sodass der Patient letztlich dem Sterben überlassen wird; nicht erfasst sind dagegen Fälle eines gezielten Eingriffs, der die Beendigung des Lebens vom Krankheitsprozess abkoppelt.[44] Unter diesen Voraussetzungen kann auch ein Dritter straflos den Behandlungsabbruch vornehmen.[45]

62 Vorliegend könnte ein auf den Behandlungsabbruch gerichteter Wille des A vorliegen, der sich in der Patientenverfügung manifestiert hat. Die Anforderungen und Wirkungen einer Patientenverfügung sind in den §§ 1901a ff. BGB[46] geregelt und haben bereits wegen des Grundsatzes der Einheit der Rechtsordnung Wirkungen für das Strafrecht.

63 Wenn V aufgrund und in Kenntnis dieser Erklärung den Behandlungsabbruch vornahm, dann handelte er unter Berücksichtigung des ausdrücklichen Willens des A und somit aufgrund einer rechtfertigenden Einwilligung. Hatte er keine positive Kenntnis von der Erklärung des A, dann handelte er jedenfalls im Einklang mit dem mutmaßlichen Willen des A.

64 V nahm einen Behandlungsabbruch vor, der dazu diente, einem ohne Behandlung zum Tode führenden Krankheitsprozess seinen Lauf zu lassen. Des Weiteren stand der Eingriff in das Leben des A im Zusammenhang mit dem gezielten Abbruch einer medizinischen Behandlung. Unter Berücksichtigung der §§ 1901a ff. BGB sowie der Rspr. des BGH aus dem Jahr 2010 liegt hier also eine rechtfertigende Einwilligung vor.

65 Somit ist V gerechtfertigt.[47]

---

[42] BGHSt 55, 191, 201 f.
[43] BGHSt 55, 191, 202 f.
[44] BGHSt 55, 191, 204 f.
[45] BGHSt 55, 191, 205 f.
[46] Eingeführt durch das Dritte Gesetz zur Änderung des Betreuungsrechts vom 29.7.2009 (BGBl. I S. 2286).
[47] BGHSt 55, 191.

c) Ergebnis

V ist nicht strafbar wegen Totschlags gemäß § 212 Abs. 1 StGB.   66

3. Gefährliche Körperverletzung (§§ 223 Abs. 1, 224 Abs. 1 StGB)

Der Erfolg einer Körperverletzung liegt vor. V handelte zwar tatbestandsmäßig, ist 67 aber – wie oben schon bereits ausgeführt wurde – gerechtfertigt. V hat sich daher nicht gemäß §§ 223 Abs. 1, 224 Abs. 1 StGB strafbar gemacht.

4. Hausfriedensbruch (§ 123 Abs. 1 StGB)

V könnte sich durch das Eindringen in die Klinik wegen Hausfriedensbruchs 68 (§ 123 Abs. 1 StGB) strafbar gemacht haben.

a) Tatbestand

Dann müsste er gegen oder ohne den Willen des Hausrechtsinhabers in das Kran- 69 kenhaus eingedrungen sein. Unabhängig davon, ob grundsätzlich eine generelle Einwilligung in das Betreten eines Krankenhauses gegeben ist, ist V hier nachts eingedrungen. Es kann nicht ohne Weiteres davon ausgegangen werden, dass eine etwaige Zutrittserlaubnis auch außerhalb der Besuchszeiten gelten soll. Damit hat V hier das Krankenhaus gegen den Willen des Hausrechtsinhabers betreten. Er handelte dabei vorsätzlich.

b) Rechtswidrigkeit und Schuld

Auch handelte er rechtswidrig und schuldhaft.   70

c) Ergebnis

Damit ist V strafbar wegen Hausfriedensbruchs gemäß § 123 Abs. 1 StGB. Gemäß 71 § 123 Abs. 2 StGB wird die Tat nur auf Antrag verfolgt.

IV. Gesamtergebnis

B ist straflos.   72
C ist strafbar wegen Körperverletzung in Tatmehrheit mit Körperverletzung durch Unterlassen (§§ 223 Abs. 1; 223 Abs. 1, 13; 53 StGB).
V ist strafbar wegen Hausfriedensbruchs gemäß § 123 Abs. 1 StGB.

Fallbeurteilung

Der Fall lehnt sich an BGHSt 55, 191 (= NJW 2010, 2963) an. Es handelt sich angesichts der teilweisen Sonderproblematiken um eine über den durchschnittlichen Anforderungen liegende Fortgeschrittenenklausur. Die Fragen um den ärztlichen Heileingriff sowie die Sterbehilfe bzw. den Behandlungsabbruch und die Patientenverfügung sollten wegen der aktuellen Bedeutung der Sterbehilfeproblematik nicht vernachlässigt werden. Beim Heileingriff gilt es, den Streit um seine Tatbestandsmäßigkeit zu kennen sowie das Vorliegen eines gefährlichen Werkzeuges zutreffend abzulehnen.

Angesichts der jüngeren Rspr. des BGH ist nicht mehr zwingend auf ein Unterlassen (um zur sog. passiven bzw. indirekten Sterbehilfe zu gelangen) abzustellen. Weiterhin ist zu erkennen, dass eine möglicherweise abgegebene Patientenverfügung wegen des Selbstbestimmungsrechts des Patienten die Strafbarkeit des Arztes entfallen lassen kann.[48] Hier werden Fälle problematisch, in denen keine schriftliche Verfügung vorliegt, sondern nur (unter Umständen lange zurückliegende und beiläufige) Äußerungen. Deshalb sollte die Wirkung der jeweiligen Äußerung genau untersucht werden. Des Weiteren sollte der Bearbeiter auf die Wirkungen der §§ 1901a ff. BGB zu sprechen kommen und im Rahmen der Einwilligung auch die Erstreckung auf die Angehörigen darstellen. Liegt keine Patientenverfügung vor, kann dennoch auch eine Rechtfertigung aufgrund eines ausdrücklichen oder mutmaßlichen Willens des Patienten infrage kommen.

In einigen Fällen wird eine Strafbarkeit vermieden, indem man den Suizidenten mittels einer Maschine, deren Funktionsweise man ihnen erklärt, ermöglicht, sich selbst zu töten. Mangels strafbarer Haupttat (Straffreiheit der Selbsttötung) fehlt ein Anknüpfungspunkt für eine Teilnahmestrafbarkeit. In Betracht kommt in diesen Fällen lediglich § 323c Abs. 1 StGB. Auch wenn eine durch einen Selbsttötungsversuch hervorgerufene Gefahrenlage als „Unglücksfall" i.S. dieser Vorschrift angesehen wird, sollte eine Strafbarkeit verneint werden, da die passive Nichtverhinderung eines Suizids nicht zu einer Strafbarkeit führen sollte, wenn schon die aktive Teilnahme daran straflos bleibt.[49] Dies kann etwa dadurch erreicht werden, dass man die Zumutbarkeit der Hilfeleistung verneint.

Heimtückemord des V ist hier nicht anzusprechen, denn es ist bereits die Arglosigkeit des A zu verneinen, da er im komatösen Zustand weder Argwohn bilden kann noch bei seinem Selbsttötungsversuch Arglosigkeit mit in das Koma nahm. Auch fehlt es an der feindlichen Willensrichtung oder einem verwerflichen Vertrauensbruch.

Weiterführende Hinweise: *Hilgendorf*, Einführung in das Medizinstrafrecht, 2. Aufl. 2019, 4. Kap.; *Küpper*, Der Täter als „Werkzeug" des Opfers?, JuS 2004, 757–760 (Bespr. von BGH NJW 2003, 2326 und OLG Nürnberg NJW 2003, 454); *Kutzer*, Strafrechtliche Rechtsprechung des BGH zur Beteiligung an einem freiverantwortlichen Suizid, ZRP 2012, 135–138; *Roxin*, Zur strafrechtlichen Beurteilung der Sterbehilfe, in: Roxin/Schroth (Hrsg.), Medizinstrafrecht, 4. Aufl. 2010, S. 75–120; *Schreiber*, Das ungelöste Problem der Sterbehilfe. Zu den neuen Entwürfen und Vorschlägen, NStZ 2006, 473–479; *Schroth*, Sterbehilfe als strafrechtliches Problem, GA 2006, 549–572.

---

[48] Dazu näher *Fischer* Vor § 211 StGB Rn. 42 ff.
[49] *Fischer* § 323c StGB Rn. 5 m. w. N.

Fall 12. Tombstone

Sachverhalt

„Tombstone" heißt eine einsame Postkutschenstation irgendwo im Wilden Westen Deutschlands. Umzogen von einem niedrigen Wall aus vertrocknetem Buschwerk stehen ein Hauptgebäude und eine kleine alte Scheune, die nur aus zwei Räumen besteht und vorbeikommenden Reisenden als Nachtquartier dient. Daneben befindet sich noch ein Stall, in dem Durchreisende ihre Pferde unterstellen können. Gäste sind dem alten P, dem die Station gehört und der dort zusammen mit seiner schönen Nichte N ganz allein wohnt, stets willkommen, denn außer ihnen gibt es kaum Abwechslung.

An diesem Abend hat P jedoch äußerst unangenehme Besucher. Laut grölend und mit Revolverschüssen reitet die gefürchtete A-Bande durch das – wie immer – offen stehende Tor auf sein Grundstück. P weiß, dass er gegen sie machtlos ist. Er lässt die Bande in sein Haus und wird von A in seinem Zimmer eingeschlossen; währenddessen machen sich A und seine Leute über die Alkoholvorräte der Station her. Dabei drohen sie der N an, dass sie sie ebenfalls einsperren werden, wenn sie ihnen die Getränke nicht auftischt. N serviert A und seinen Kumpanen daraufhin den Alkohol.

Die Stimmung des A wird immer besser. Weil er meint, zu einem wirklichen Fest gehöre auch eine Beleuchtung, zündet er die Scheune an, nachdem er sich vorher vergewissert hat, dass keiner der Männer dort seinen Rausch ausschläft. Die Scheune brennt daraufhin vollständig ab. Um seine Leute zu erfreuen, bricht er dann mit einem Stemmeisen den Pferdestall auf und verschenkt das einzige darin befindliche Tier an einen seiner Männer. P muss dies alles vom Fenster aus mit ansehen.

Wie hat sich A strafbar gemacht? Gegebenenfalls erforderliche Strafanträge wurden gestellt.

Gliederung

	Rn.
I. Erster Tatkomplex: Der Ritt auf das Grundstück und das Betreten des Hauses	1
1. Hausfriedensbruch (§ 123 Abs. 1 StGB)	1
a) Objektiver Tatbestand	2
aa) Wohnung, Geschäftsräume, befriedetes Besitztum	3
bb) Eindringen	6
Problem: Liegt ein tatbestandsausschließendes Einverständnis vor?	
b) Subjektiver Tatbestand	9
c) Rechtswidrigkeit und Schuld	10
2. Ergebnis für den ersten Tatkomplex	11

Fall 12. Tombstone

	Rn.
II. Zweiter Tatkomplex: Das Einschließen des P	12
1. Freiheitsberaubung (§ 239 Abs. 1 StGB)	12
a) Objektiver Tatbestand	13
b) Subjektiver Tatbestand	14
c) Rechtswidrigkeit und Schuld	15
d) Ergebnis	16
2. Nötigung (§ 240 StGB)	17
3. Ergebnis für den zweiten Tatkomplex	18
III. Dritter Tatkomplex: Die Plünderung der Alkoholvorräte	19
1. Raub (§ 249 Abs. 1 StGB)	19
2. Diebstahl mit Waffen, Bandendiebstahl (§§ 242 Abs. 1, 244 Abs. 1 StGB)	20
a) Objektiver Tatbestand des § 242 Abs. 1 StGB	21
Problem: Liegt eine Wegnahme oder Weggabe vor?	
b) Objektiver Tatbestand des § 244 Abs. 1 Nr. 1 Buchst. a, Nr. 2 StGB	25
c) Subjektiver Tatbestand	26
d) Rechtswidrigkeit und Schuld	27
e) Ergebnis	28
3. Nötigung (§ 240 StGB)	29
a) Objektiver Tatbestand	30
b) Subjektiver Tatbestand	31
c) Rechtswidrigkeit und Schuld	32
d) Ergebnis	33
4. Ergebnis für den dritten Tatkomplex	34
IV. Vierter Tatkomplex: Das Anzünden der Scheune	35
1. Brandstiftung (§ 306 Abs. 1 StGB)	35
a) Objektiver Tatbestand	36
b) Subjektiver Tatbestand	38
c) Rechtswidrigkeit und Schuld	39
d) Ergebnis	40
2. Schwere Brandstiftung (§ 306a Abs. 1 StGB)	41
a) Objektiver Tatbestand	42
Problem: Dient die Scheune im Zeitpunkt der Brandlegung als Wohnung? Ist § 306a Abs. 1 Nr. 3 StGB teleologisch zu reduzieren?	
b) Subjektiver Tatbestand	45
c) Rechtswidrigkeit und Schuld	46
d) Ergebnis	47
3. Sachbeschädigung (§ 303 Abs. 1 StGB)	48
4. Zerstörung von Bauwerken (§ 305 Abs. 1 StGB)	49
5. Ergebnis für den vierten Tatkomplex	50
V. Fünfter Tatkomplex: Aufbrechen des Stalles und Verschenken des Pferdes	51
1. Diebstahl (§§ 242 Abs. 1 i. V. m. 243 Abs. 1 Satz 2 Nr. 1 StGB)	51
a) Objektiver Tatbestand	52
b) Subjektiver Tatbestand	53

	Rn.
c) Rechtswidrigkeit und Schuld	54
d) Strafzumessung (§ 243 Abs. 1 Satz 2 Nr. 1 StGB)	55
e) Ergebnis	56
2. Diebstahl mit Waffen (§§ 242, 244 Abs. 1 Nr. 1 Buchst. a StGB)	57
a) Objektiver Tatbestand	58
b) Subjektiver Tatbestand	59
c) Rechtswidrigkeit und Schuld	60
d) Ergebnis	61
3. Sachbeschädigung (§ 303 Abs. 1 StGB)	62
4. Hausfriedensbruch (§ 123 Abs. 1 StGB)	63
a) Objektiver Tatbestand	64
b) Subjektiver Tatbestand	66
c) Rechtswidrigkeit und Schuld	67
d) Ergebnis	68
5. Ergebnis für den fünften Tatkomplex und Konkurrenzen	69

Lösung

Hinweis: Es empfiehlt sich ein chronologisches Vorgehen, da es viele Delikte zu prüfen gilt und man auf diese Weise dem Vergessen von Tatbeständen vorbeugt.

I. Erster Tatkomplex: Der Ritt auf das Grundstück und das Betreten des Hauses

1. Hausfriedensbruch (§ 123 Abs. 1 StGB)

Durch den Ritt auf das Grundstück und das Betreten des Hauses könnte sich A wegen Hausfriedensbruchs gemäß § 123 Abs. 1 StGB strafbar gemacht haben. **1**

a) Objektiver Tatbestand

Dazu müssten zunächst die objektiven Tatbestandsmerkmale erfüllt sein. **2**

aa) Wohnung, Geschäftsräume, befriedetes Besitztum

A könnte eine Wohnung betreten haben. Wohnung ist der Inbegriff von Räumlichkeiten, welche hauptsächlich der ständigen Benutzung durch Menschen dienen, ohne dass sie in erster Linie Arbeitsräume sind.[1] Das Grundstück ist keine Wohnung, wohl aber das Haus des P. **3**

Daneben könnten Geschäftsräume vorliegen. Geschäftsräume sind abgeschlossene Betriebs- und Verkaufsstätten, die vorübergehend oder dauernd gewerblich genutzt werden.[2] Dies würde allenfalls für die Scheune, in der P Übernachtungsgäste unterbringt, zutreffen. Das Haus wird aber von ihm selbst bewohnt. **4**

Das Grundstück könnte ein befriedetes Besitztum sein. Befriedetes Besitztum ist ein Grundstück, wenn es durch zusammenhängende, nicht unbedingt lückenlose **5**

---

[1] *Kindhäuser/Hilgendorf* § 123 StGB Rn. 6.
[2] *Fischer* § 123 StGB Rn. 7.

Fall 12. Tombstone

Schutzwehren, wie z. B. Mauern, Zäune, Hecken, in äußerlich erkennbarer Weise gegen das willkürliche Betreten durch andere gesichert ist.[3] Hier ist das Grundstück von einem Wall aus vertrocknetem Buschwerk umzogen. Ein befriedetes Besitztum liegt vor.

bb) Eindringen

6   A müsste in das Haus oder auf das Grundstück eingedrungen sein. Unter Eindringen versteht man das Betreten gegen den Willen des Berechtigten.[4] Gleichgültig ist dabei, ob der Wille ausdrücklich erklärt wird oder sich aus den Umständen ergibt.

7   P hat A in das Haus gelassen. Damit liegt zumindest ein konkludentes Einverständnis vor. Ein innerer Vorbehalt des P, der den A nicht wirklich in seinem Haus haben will, spielt dabei keine Rolle, solange ihm das Einverständnis nicht abgenötigt wurde.[5] Aus dem Sachverhalt ergibt sich jedoch nicht, dass A die Erteilung der Erlaubnis erzwungen hätte. Damit liegt ein tatbestandsausschließendes Einverständnis vor.

Hinweis: Eine andere Auffassung ist hier vertretbar mit der Begründung, dass aus dem Auftreten des A erkennbar war, dass er notfalls Gewalt gegen P anwenden würde. Dann läge eine konkludente Drohung mit einem empfindlichen Übel vor; das Einverständnis wäre dem P abgenötigt worden. Ein Eindringen in das Haus läge dann vor. Zu prüfen wäre dann außerdem § 240 StGB.

8   A könnte jedoch gegen den Willen des P in dessen befriedetes Besitztum eingedrungen sein. Dem könnte entgegenstehen, dass das Grundstück dem Publikumsverkehr grundsätzlich offensteht und zu diesem Zweck auch das Tor stets geöffnet ist. Die Verfolgung eines widerrechtlichen Zweckes erfüllt dabei nicht ohne Weiteres den Tatbestand des Eindringens, sondern nur, wenn das äußere Erscheinungsbild des Betretens von dem Verhalten abweicht, das durch die generelle Zutrittserlaubnis gedeckt wird.[6] Eine solche Abweichung kann vorliegend aufgrund der Revolverschüsse und des lauten Grölens angenommen werden, denn P bietet nur ruhigen und nicht gefährlichen Personen eine Unterkunft an, was bei A nicht der Fall ist. Ein Eindringen liegt somit vor.

b) Subjektiver Tatbestand

9   A müsste vorsätzlich gehandelt haben (§ 15 StGB). Ihm war es gleichgültig, ob er gegen den Willen des P eindringt oder nicht; er wollte das Grundstück in jedem Falle betreten und musste mit der Möglichkeit rechnen, dass er bei P nicht erwünscht war. Er nahm damit eine Verletzung des Hausrechts jedenfalls billigend in Kauf. Somit liegt zumindest bedingter Vorsatz vor.

c) Rechtswidrigkeit und Schuld

10   Die Tat war rechtswidrig und schuldhaft.

2. Ergebnis für den ersten Tatkomplex

11   A hat sich wegen Hausfriedensbruchs gemäß § 123 Abs. 1 StGB strafbar gemacht. Der nach § 123 Abs. 2 StGB erforderliche Strafantrag wurde gestellt.

---

[3] *Kindhäuser/Hilgendorf* § 123 StGB Rn. 8.
[4] *Fischer* § 123 StGB Rn. 14.
[5] LK/*Lilie* § 123 StGB Rn. 55.
[6] Schönke/Schröder/*Sternberg-Lieben/Schittenhelm* § 123 StGB Rn. 26.

II. Zweiter Tatkomplex: Das Einschließen des P

1. Freiheitsberaubung (§ 239 Abs. 1 StGB)

Durch das Einschließen des P in das Zimmer könnte sich A wegen Freiheitsberaubung gemäß § 239 Abs. 1 Alt. 1 StGB strafbar gemacht haben.

a) Objektiver Tatbestand

Dazu müsste er den P eingesperrt haben. Unter Einsperren (§ 239 Abs. 1 Alt. 1 StGB) versteht man das Festhalten eines anderen Menschen in einem umschlossenen Raum durch äußere Vorrichtungen, sodass der Betroffene objektiv gehindert ist, sich von dem Ort wegzubewegen.[7] P wurde in dem Zimmer eingeschlossen und konnte dieses nicht mehr verlassen. Ein Einsperren liegt vor.

b) Subjektiver Tatbestand

A handelte vorsätzlich.

c) Rechtswidrigkeit und Schuld

Die Tat war rechtswidrig. A handelte schuldhaft.

d) Ergebnis

A ist strafbar wegen Freiheitsberaubung gemäß § 239 Abs. 1 Alt. 1 StGB.

2. Nötigung (§ 240 StGB)

Da er P unter Anwendung von Gewalt gezwungen hat, das Eingesperrtsein zu dulden, könnte sich A wegen Nötigung (§ 240 StGB) strafbar gemacht haben. Die Nötigung tritt jedoch hinter die Freiheitsberaubung zurück.

3. Ergebnis für den zweiten Tatkomplex

A ist strafbar wegen Freiheitsberaubung gemäß § 239 Abs. 1 Alt. 1 StGB.

III. Dritter Tatkomplex: Die Plünderung der Alkoholvorräte

1. Raub (§ 249 Abs. 1 StGB)

A könnte sich wegen Raubes nach § 249 Abs. 1 StGB strafbar gemacht haben. Erforderlich ist eine qualifizierte Nötigung. A hat keine Gewalt angewendet. Er hat zwar mit einem empfindlichen Übel, nämlich dem Einsperren gedroht, nicht aber mit einer gegenwärtigen Gefahr für Leib oder Leben. Ein Raub nach § 249 Abs. 1 StGB scheidet daher aus.

2. Diebstahl mit Waffen, Bandendiebstahl (§§ 242 Abs. 1, 244 Abs. 1 StGB)

Durch das Plündern der Alkoholvorräte könnte sich A wegen Diebstahls mit Waffen und Bandendiebstahl gemäß §§ 242 Abs. 1, 244 Abs. 1 Nr. 1 Buchst. a, Nr. 2 StGB strafbar gemacht haben.

---

[7] *Fischer* § 239 StGB Rn. 7; *Kindhäuser/Hilgendorf* § 239 StGB Rn. 6.

a) Objektiver Tatbestand des § 242 Abs. 1 StGB

21 A müsste eine fremde bewegliche Sache weggenommen haben. Die Getränke sind bewegliche Sachen. Fraglich ist, ob sie für A fremd sind, denn durch das Servieren könnte N ihm die Getränke übereignet haben. Dies ist allerdings schon deshalb problematisch, weil die Getränke nicht im Eigentum der N, sondern des P stehen. Im Übrigen setzt gemäß § 929 Satz 1 BGB die wirksame Übereignung neben der Übergabe eine Einigung voraus, d.h. der Übereignende muss eine auf die Übereignung zielende Willenserklärung abgeben. N wie auch P waren aber mit dem Verzehr der Getränke nicht einverstanden, da allen Beteiligten klar war, dass A diese nicht bezahlen würde. Eine Übereignung fand daher nicht statt. Die Getränke sind für A fremd.

22 Weiterhin müsste A die Getränke weggenommen haben. Wegnahme ist der Bruch fremden und die Begründung neuen Gewahrsams.[8] N hat die Getränke jedoch aufgetischt und könnte sie somit freiwillig weggegeben haben. Dem steht jedoch entgegen, dass sie die Getränke nur unter der Androhung aufgetragen hat, sie werde ebenfalls eingesperrt werden. Die Rspr. bejaht in diesen Fällen eine Wegnahme dann, wenn nach dem äußeren Erscheinungsbild ein Nehmen und nicht ein Geben vorliegt.[9] Da im vorliegenden Fall N die Getränke serviert und damit hergibt, scheidet eine Wegnahme nach der Rspr. aus. Nach h.L. ist dagegen die Sicht des Opfers maßgeblich.[10] Verfügt das Opfer aus seiner Sicht über den Vermögensgegenstand und ist der Täter auf seine Mitwirkung angewiesen, so liegt eine Vermögensverfügung vor, sodass nach Auffassung der h.L. nur § 253 StGB greifen kann. Anders ist es, wenn aus Sicht des Opfers der Täter ohnehin auf den Vermögensgegenstand zugreifen und ihn auch ohne seine Mitwirkung an sich nehmen würde. Hätte N sich geweigert, hätten A und seine Kumpanen sich selbst bedient. Die Mitwirkung der N stellt sich deshalb nicht als Vermögensverfügung dar, vielmehr liegt eine Wegnahme vor.

Hinweis: Dieser Meinungsstreit ist vor allem für die Abgrenzung zwischen Raub und räuberischer Erpressung relevant.[11] Da hier aber keine qualifizierte Nötigung vorliegt, kommen vorliegend weder § 249 StGB noch § 255 StGB in Betracht.

23 Gegen die Auffassung der Rspr. spricht, dass der Raub kein Unterfall der (räuberischen) Erpressung ist. Die Erpressung ist ein Selbstschädigungsdelikt und setzt anders als der Raub eine Vermögensverfügung in Form einer willentlichen Gewahrsamsübertragung voraus. Daher ist die innere Willensrichtung des Opfers maßgeblich.

24 Der objektive Tatbestand des Diebstahls ist erfüllt.

Hinweis: Folgt man der Rspr., so scheidet eine Wegnahme und somit der Diebstahl aus. Zu prüfen ist dann die Erpressung gemäß § 253 StGB.

b) Objektiver Tatbestand des § 244 Abs. 1 Nr. 1 Buchst. a, Nr. 2 StGB

25 A und seine Kumpanen tragen Revolver bei sich und damit Waffen i.S.d. § 244 Abs. 1 Nr. 1 Buchst. a StGB. Eine Bande nach § 244 Abs. 1 Nr. 2 StGB besteht,

---

[8] *Wessels/Hillenkamp/Schuhr* BT 2 Rn. 82.
[9] BGH NStZ 1999, 350.
[10] *Wessels/Hillenkamp/Schuhr* BT 2 Rn. 714 m.w.N.
[11] Vgl. ausführlich *Rengier* BT I § 11 Rn. 33 ff.

wenn sich mindestens drei Personen zur Verübung fortgesetzter, im Einzelnen noch ungewisser Diebes- oder Raubtaten zusammengeschlossen haben.[12] Im Sachverhalt werden A und seine Kumpanen zwar als Bande bezeichnet, jedoch ist unklar, ob sie sich zur Begehung weiterer Diebes- oder Raubtaten zusammengeschlossen haben. Eine Bande i.S.d. § 244 Abs. 1 Nr. 2 StGB liegt daher nicht vor.

c) Subjektiver Tatbestand

A handelt vorsätzlich und mit rechtswidriger Zueignungsabsicht, da er die Getränke verzehren will. Er handelt außerdem vorsätzlich in Bezug auf das Beisichführen einer Waffe.

26

d) Rechtswidrigkeit und Schuld

Die Tat war rechtswidrig. A handelt schuldhaft.

27

e) Ergebnis

A hat sich wegen Diebstahls mit Waffen gemäß § 244 Abs. 1 Nr. 1 Buchst. a StGB strafbar gemacht.

28

3. Nötigung (§ 240 StGB)

Daneben könnte A sich wegen Nötigung gemäß § 240 Abs. 1 StGB strafbar gemacht haben, indem er N gedroht hat, sie einzusperren.

29

a) Objektiver Tatbestand

In Betracht kommt die Drohung mit einem empfindlichen Übel. Drohung ist das In-Aussicht-Stellen eines künftigen Übels, auf dessen Eintritt der Drohende sich Einfluss zuschreibt.[13] Empfindlich ist ein Übel, wenn der in Aussicht gestellte Nachteil dazu geeignet ist, einen besonnen Menschen zu dem mit der Drohung bezweckten Verhalten zu bestimmen.[14] A drohte der N an, sie einzusperren und sie somit der Freiheit zu berauben (→ Rn. 12); somit war das angedrohte Übel empfindlich. Der von A angestrebte Nötigungserfolg war das Servieren der Getränke durch N. Dieser ist eingetreten. Der objektive Tatbestand der Nötigung ist damit erfüllt.

30

b) Subjektiver Tatbestand

A handelte vorsätzlich.

31

c) Rechtswidrigkeit und Schuld

Rechtfertigungsgründe liegen nicht vor. Die Androhung des Einsperrens zum angestrebten Zweck, nämlich des Servierenlassens der Getränke, ist verwerflich (§ 240 Abs. 2 StGB). Die Tat ist rechtswidrig. A handelt zudem schuldhaft.

32

d) Ergebnis

Er ist strafbar wegen Nötigung gemäß § 240 Abs. 1, 2 StGB.

33

---

[12] BGHSt (GS) 46, 321.
[13] BGHSt 16, 386; *Wessels/Hettinger/Engländer* BT 1 Rn. 386.
[14] BGH NStZ 1987, 222, 223; *Fischer* § 240 StGB Rn. 32a.

4. Ergebnis für den dritten Tatkomplex

34 A ist strafbar wegen Diebstahls mit Waffen in Tateinheit mit Nötigung gemäß §§ 242 Abs. 1, 244 Abs. 1 Nr. 1 Buchst. a; 240 Abs. 1, 2; 52 StGB.

IV. Vierter Tatkomplex: Das Anzünden der Scheune

1. Brandstiftung (§ 306 Abs. 1 StGB)

35 Durch das Anzünden der Scheune könnte sich A wegen Brandstiftung gemäß § 306 Abs. 1 Nr. 1 Alt. 1 StGB strafbar gemacht haben.

a) Objektiver Tatbestand

36 A müsste ein fremdes Gebäude in Brand gesetzt oder durch eine Brandlegung ganz oder teilweise zerstört haben.

37 Ein Gebäude nach § 306 Abs. 1 Nr. 1 Alt. 1 StGB ist ein umschlossener Raum, der dem Aufenthalt von Menschen dienen kann.[15] Die Scheune dient vorbeikommenden Reisenden als Nachtquartier, Menschen können sich darin aufhalten. Ein Gebäude liegt vor. Das Gebäude wird in Brand gesetzt, wenn es auch nach der Entfernung des Zündstoffes noch selbständig weiter brennt.[16] Dies ist vorliegend gegeben. Weiterhin wurde die Scheune auch zerstört, da sie vollständig abgebrannt ist und somit ihre bestimmungsgemäße Brauchbarkeit vollständig aufgehoben wurde.

b) Subjektiver Tatbestand

38 A handelte vorsätzlich.

c) Rechtswidrigkeit und Schuld

39 Die Tat ist rechtswidrig. A handelte schuldhaft.

d) Ergebnis

40 A ist strafbar wegen Brandstiftung nach § 306 Abs. 1 Nr. 1 Alt. 1 StGB.

2. Schwere Brandstiftung (§ 306a Abs. 1 StGB)

41 A könnte sich außerdem wegen schwerer Brandstiftung nach § 306a Abs. 1 StGB strafbar gemacht haben.

a) Objektiver Tatbestand

42 Nach § 306a Abs. 1 Nr. 1 StGB müsste er ein Gebäude, welches der Wohnung von Menschen dient, in Brand gesetzt haben. Die Scheune ist ein Gebäude. Sie würde Menschen als Wohnung dienen, wenn sie von einer Person zumindest vorübergehend als Mittelpunkt ihres Lebens genutzt worden wäre.[17] Dabei kann auch ein

---

[15] *Fischer* § 306 StGB Rn. 3; *Kindhäuser/Hilgendorf* § 306 StGB Rn. 2.
[16] *Fischer* § 306 StGB Rn. 14; *Kindhäuser/Hilgendorf* § 306 StGB Rn. 5.
[17] Schönke/Schröder/*Heine/Bosch* § 306a StGB Rn. 5.

Hotel eine Wohnung sein, insbesondere wenn sich gerade Übernachtungsgäste darin aufhalten.[18] Problematisch ist hier allerdings, dass die Scheune derzeit leer steht und P darin nur gelegentlich Reisende übernachten lässt. Zwar ist nicht erforderlich, dass sich zum Zeitpunkt der Brandsetzung ein Mensch im Gebäude aufhält – ein leerstehendes Hotel, in dem beispielsweise wegen Betriebsferien gerade keine Zimmer vermietet werden, genügt jedoch nicht.[19] Zum Tatzeitpunkt hat niemand das Gebäude zu seinem Lebensmittelpunkt gemacht; es ist nicht bewohnt. § 306a Abs. 1 Nr. 1 StGB scheidet daher aus.

Die Scheune könnte jedoch eine Räumlichkeit sein, die zeitweise dem Aufenthalt von Menschen dient (§ 306a Abs. 1 Nr. 3 StGB). Da in der Scheune gelegentlich Gäste übernachten, dient sie zeitweise dem Aufenthalt von Menschen. Weiterhin müsste A die Scheune zu einem Zeitpunkt in Brand gesetzt haben, in dem sich Menschen dort aufzuhalten pflegen. In der Scheune halten sich vor allem nachts Gäste auf, die dort schlafen. Da die Scheune in dieser Zeit in Brand gesetzt wurde, ist § 306a Abs. 1 Nr. 3 StGB grundsätzlich erfüllt. **43**

Etwas anderes könnte sich jedoch daraus ergeben, dass A sich vor der Brandlegung vergewissert, dass sich niemand in der Scheune befindet. Wenn eine Gefährdung von Menschen sicher ausgeschlossen ist, kommt eine teleologische Reduktion der Vorschrift in Betracht, da der Schutzzweck der Norm möglicherweise nicht mehr betroffen ist. Nach überwiegender Ansicht gilt dies jedoch nur bei kleinen Hütten oder Häuschen, die mit einem Blick überschaut werden können. In allen anderen Fällen kann der Täter die abstrakte Gefährdung nicht ausschließen.[20] Im vorliegenden Fall handelt es sich zwar um eine kleine Scheune. Da sie jedoch aus zwei Räumen besteht, kann nicht auf einen Blick festgestellt werden, ob sich Menschen darin befinden. § 306a Abs. 1 Nr. 3 StGB liegt daher vor. **44**

b) Subjektiver Tatbestand

A weiß, dass die Scheune zweitweise dem Aufenthalt von Menschen dient und dass sich nachts dort Menschen aufzuhalten pflegen. Er handelt vorsätzlich. **45**

c) Rechtswidrigkeit und Schuld

Die Tat war rechtswidrig und schuldhaft. **46**

d) Ergebnis

A hat sich wegen schwerer Brandstiftung gemäß § 306a Abs. 1 Nr. 3 StGB strafbar gemacht. **47**

3. Sachbeschädigung (§ 303 Abs. 1 StGB)

Durch das Inbrandsetzen hat A die Scheune auch vorsätzlich, rechtswidrig und schuldhaft zerstört. Eine Sachbeschädigung gemäß § 303 Abs. 1 StGB liegt vor. Diese tritt jedoch aufgrund der Spezialität des § 306a StGB hinter diesem zurück. **48**

---

[18] *Fischer* § 306a StGB Rn. 4.
[19] BGH NStZ 1984, 455; 1999, 32, 34; Schönke/Schröder/*Heine/Bosch* § 306a StGB Rn. 5.
[20] BT-Drs. 13/8587 S. 47; BGHSt 26, 121, 124 f., BGH NStZ 1999, 32, 34.

4. Zerstörung von Bauwerken (§ 305 Abs. 1 StGB)

49 Ebenso hat A durch das Inbrandsetzen der Scheune ein für ihn fremdes Gebäude ganz zerstört; diesbezüglich handelte er vorsätzlich, rechtswidrig und schuldhaft. Die Strafbarkeit nach § 305 Abs. 1 Var. 1 StGB tritt allerdings ebenfalls im Wege der Spezialität hinter § 306a Abs. 1 Nr. 3 StGB zurück.

5. Ergebnis für den vierten Tatkomplex

50 A ist strafbar wegen schwerer Brandstiftung gemäß § 306a Abs. 1 Nr. 3 StGB. Die Brandstiftung nach § 306 Abs. 1 StGB tritt dahinter zurück.[21]

V. Fünfter Tatkomplex: Aufbrechen des Stalles und Verschenken des Pferdes

1. Diebstahl (§§ 242 Abs. 1 i.V.m. 243 Abs. 1 Satz 2 Nr. 1 StGB)

51 Durch das Aufbrechen des Pferdestalls und das Verschenken des Pferdes könnte sich A wegen Diebstahls in einem besonders schweren Fall gemäß §§ 242 Abs. 1 i.V.m. 243 Abs. 1 Satz 2 Nr. 1 StGB strafbar gemacht haben.

a) Objektiver Tatbestand

52 Das Pferd ist eine fremde bewegliche Sache. § 90a BGB, wonach Tiere keine Sachen sind, aber auf diese die Vorschriften über Sachen entsprechend angewendet werden, steht dem nicht entgegen, da er sich nur auf das Zivilrecht bezieht.[22] A müsste das Pferd weggenommen haben, d.h. er müsste den Gewahrsam des P gebrochen und neuen Gewahrsam begründet haben. Gewahrsam ist die vom Herrschaftswillen getragene tatsächliche Sachherrschaft. P hatte, auch wenn er eingesperrt war, Gewahrsam am Pferd, das sich in seinem Stall befand. A hat diesen Gewahrsam gebrochen und durch das Ansichnehmen des Pferds neuen Gewahrsam begründet. Der objektive Tatbestand ist erfüllt.

b) Subjektiver Tatbestand

53 A wollte P dauerhaft enteignen und das Pferd sich oder seinen Kumpanen zueignen. Die Zueignung war, wie A wusste, rechtswidrig. Die Zueignungsabsicht liegt daher vor.

c) Rechtswidrigkeit und Schuld

54 Die Tat war rechtswidrig. A handelte schuldhaft.

d) Strafzumessung (§ 243 Abs. 1 Satz 2 Nr. 1 StGB)

55 Weiterhin könnte ein besonders schwerer Fall des Diebstahls nach § 243 Abs. 1 Satz 2 Nr. 1 StGB vorliegen. Dazu müsste A zur Ausführung der Tat in ein Gebäude eingebrochen sein. Der Pferdestall ist ein Gebäude. Einbrechen ist die Aufhebung einer Umschließung unter Aufwendung einer nicht unerheblichen körperlichen Kraft.[23] Das Aufbrechen mit einem Stemmeisen erfordert einen gewissen

---

[21] BGH NStZ 2001, 196.
[22] Vgl. *Wessels/Hillenkamp/Schuhr* BT 2 Rn. 18.
[23] *Fischer* § 243 StGB Rn. 5; *Kindhäuser/Hilgendorf* § 243 StGB Rn. 13.

Kraftaufwand. Es erfolgte zur Ausführung der Tat, da A auf diese Weise Gewahrsam an dem Pferd erlangt hat. Ein Einbrechen liegt daher vor.

e) Ergebnis

A ist strafbar wegen Diebstahls in einem besonders schweren Fall gemäß §§ 242 Abs. 1, 243 Abs. 1 Satz 2 Nr. 1 StGB.

56

2. Diebstahl mit Waffen (§§ 242, 244 Abs. 1 Nr. 1 Buchst. a StGB)

Darüber hinaus könnte sich A wegen Diebstahls mit Waffen gemäß § 244 Abs. 1 Nr. 1 Buchst. a StGB strafbar gemacht haben.

57

a) Objektiver Tatbestand

Dazu müsste A bei dem Diebstahl eine Waffe bei sich geführt haben. Da angenommen werden kann, dass A seinen Revolver noch bei sich trägt, ist auch der Qualifikationstatbestand erfüllt; insbesondere bedeutet „bei sich führen" nur die Verfügbarkeit der Waffe zu irgendeinem Zeitpunkt während der Tatausführung.[24]

58

b) Subjektiver Tatbestand

A handelte vorsätzlich.

59

c) Rechtswidrigkeit und Schuld

Die Tat war rechtswidrig. A handelte schuldhaft.

60

d) Ergebnis

A ist strafbar wegen Diebstahls mit Waffen gemäß § 244 Abs. 1 Nr. 1 Buchst. a StGB. Dieser verdrängt den Diebstahl in einem besonders schweren Fall.

61

3. Sachbeschädigung (§ 303 Abs. 1 StGB)

Ob bei dem Einbruch die Tür des Pferdestalls beschädigt wurde, geht aus dem Sachverhalt nicht hervor. Mangels näherer Angaben kann eine Sachbeschädigung gemäß § 303 StGB deshalb nicht bejaht werden.

62

4. Hausfriedensbruch (§ 123 Abs. 1 StGB)

A könnte sich außerdem wegen Hausfriedensbruchs gemäß § 123 StGB strafbar gemacht haben.

63

a) Objektiver Tatbestand

Der Pferdestall könnte ein Geschäftsraum sein. Darunter versteht man eine Betriebs- oder Verkaufsstätte, die hauptsächlich für eine gewisse Zeit oder dauernd gewerblichen (nicht notwendig erwerbswirtschaftlichen) Zwecken dient.[25] Da der Pferdestall dazu dient, dass Reisende ihre Pferde dort unterstellen können, ist er ein Geschäftsraum.

64

---

[24] *Kindhäuser/Hilgendorf* § 244 StGB Rn. 16.
[25] *Fischer* § 123 StGB Rn. 7.

Fall 12. Tombstone

65 In diesen müsste A gegen den Willen des P eingedrungen sein. Das Betreten des Stalles war nicht von der generellen Erlaubnis für das Betreten des Grundstücks gedeckt; zudem war der Stall abgeschlossen, also gegen unbefugtes Betreten geschützt. Ein Eindringen liegt vor.

b) Subjektiver Tatbestand

66 A handelte vorsätzlich.

c) Rechtswidrigkeit und Schuld

67 Die Tat war rechtswidrig. A handelte schuldhaft.

d) Ergebnis

68 Er ist auch strafbar wegen Hausfriedensbruchs gemäß § 123 StGB. Der nach § 123 Abs. 2 StGB erforderliche Strafantrag wurde gestellt.

> **Hinweis:** Es könnte noch an die Bildung bewaffneter Gruppen gemäß § 127 StGB gedacht werden. Mangels genauerer Angaben über die Verhaltensweise des A im Sachverhalt muss dies allerdings offen bleiben.

5. Ergebnis für den fünften Tatkomplex und Konkurrenzen

69 A ist strafbar wegen Diebstahls mit Waffen gemäß § 244 Abs. 1 Nr. 1 Buchst. a StGB. Der Einbruchsdiebstahl nach §§ 242 Abs. 1 i.V.m. 243 Abs. 1 Satz 2 Nr. 1 StGB wird durch diesen verdrängt. Der Hausfriedensbruch steht dazu in Tateinheit.[26] Zwar würde dieser von §§ 242 Abs. 1 i.V.m. 243 Abs. 1 Satz 2 Nr. 1 StGB verdrängt werden, da der Einbruchsdiebstahl den Hausfriedensbruch konsumiert. Dieser kommt hier jedoch nicht zur Anwendung.

70 Die in den einzelnen Tatkomplexen verwirklichten Tatbestände stehen zueinander in Tatmehrheit (§ 53 StGB), weil ihnen selbständige Geschehensabläufe und Tatentschlüsse zugrunde liegen.

> **Fallbeurteilung**

Es handelt sich um eine mittelschwere Klausur, in der zwar vorwiegend Standardprobleme abgefragt werden, deren Schwierigkeit aber in der Vielzahl der zu prüfenden Tatkomplexe und Tatbestände liegt.

Im ersten Tatkomplex ist der Hausfriedensbruch zu prüfen, wobei zwischen Haus und Grundstück zu differenzieren war. Der Schwerpunkt liegt hier auf der Prüfung des Merkmals „eindringen".

Der zweite Tatkomplex befasst sich mit dem Einsperren des P. Die Prüfung der §§ 239, 240 StGB ist hier weitgehend unproblematisch, zu achten ist auf einen sauberen Aufbau und eine ordentliche Subsumtion. Eine breite Darstellung wäre hier verfehlt.

---

[26] Schönke/Schröder/*Bosch* § 244 StGB Rn. 39.

Der dritte Tatkomplex ist hingegen problematisch. Hier ist im Rahmen der Prüfung des Diebstahls zunächst zu prüfen, ob dem A die Getränke übereignet wurden. Schwerpunkt des Tatkomplexes ist aber die Frage, ob eine Wegnahme vorliegt oder ein freiwilliges Weggeben der Getränke.

Im vierten Tatkomplex ist die Brandstiftung zu prüfen. Während die einfache Brandstiftung keine Probleme aufwirft, beinhaltet die Prüfung des § 306a StGB mehrere schwierige Fragestellungen. Zunächst ist zu klären, ob die Scheune als Wohnung dienen kann oder eine Räumlichkeit nach § 306a Abs. 1 Nr. 3 StGB ist. Anschließend ist darauf einzugehen, ob A dadurch, dass er vor der Brandlegung die Scheune durchsucht hat, den Tatbestand ausschließen konnte.

Der letzte Tatkomplex befasst sich wiederum mit Standardproblemen. Hier soll der Bearbeiter zeigen, dass er Aufbau und Subsumtion beherrscht.

Da in der Klausur sehr viele Tatbestände zu prüfen sind, ist eine gute Zeiteinteilung und richtige Schwerpunktsetzung hier unerlässlich. Bestehen kann die Klausur nur, wer die einzelnen Tatbestände sauber durchprüft und die im dritten und vierten Tatkomplex bestehenden Probleme zumindest erkennt. Aufgrund des Umfangs der Klausur wird sich der Bearbeiter schon aus zeitlichen Gründen auf die wesentlichen Probleme konzentrieren müssen und daher Unproblematisches nur knapp, gegebenenfalls auch im Urteilsstil, darstellen können.

Weiterführende Hinweise: *Fehling/Faust/Rönnau*, Durchblick: Grund und Grenzen des Eigentums- und Vermögensschutzes, JuS 2006, 18–25; *Geppert*, Die Nötigung (§ 240 StGB), Jura 2006, 31–41; *Knauth*, Neuralgische Punkte des neuen Brandstrafrechts, Jura 2005, 230–234; *Schramm*, Grundfälle zum Diebstahl, JuS 2008, 678–682 (Teil 1) und 773–779 (Teil 2); *Zopfs*, Der besonders schwere Fall des Diebstahls (§ 243 StGB), Jura 2007, 421–426; *ders.*, Examinatorium zu den Qualifikationstatbeständen des Diebstahls (§§ 244, 244a StGB), Jura 2007, 510–521.

Fall 13. Produkthaftung

Sachverhalt

Die X-GmbH stellt das Körperpflegemittel „Beauty Star" her und vertreibt es. Nach einiger Zeit gehen Meldungen ein, dass es nach der Verwendung von „Beauty Star" zu Hautreizungen und Atembeschwerden gekommen sei. Teilweise müssen Kunden wegen akuter Atemnot sogar kurzzeitig in die Intensivstation eingeliefert werden. Dennoch wird weiter produziert. Erst am 1.9.2018 findet eine Geschäftsführersitzung statt, an der die Geschäftsführer A, B und C teilnehmen. A ist für die Entwicklung, B für die Herstellung und C für den Vertrieb der Körperpflegemittel verantwortlich. Außerdem ist D als Sachverständiger geladen. Die Schadensfälle werden ausführlich diskutiert. D erklärt den Geschäftsführern, dass nach derzeitigem Kenntnisstand (das Gutachten wurde von D nach bestem Wissen und nach dem derzeitigen Stand der Technik angefertigt) nicht mit der erforderlichen Sicherheit davon ausgegangen werden könne, dass das Mittel „Beauty Star" für die aufgetretenen Gesundheitsschäden kausal sei. Er halte deshalb eine Rückrufaktion für nicht erforderlich.

Daraufhin beschließen die Geschäftsführer einstimmig, „Beauty Star" weiter zu produzieren. Allerdings werden an den Verpackungen Warnhinweise angebracht, dass das Mittel bei übermäßiger Verwendung Hautreizungen und Atembeschwerden verursachen könne. Ein Rückruf der noch nicht mit einer entsprechenden Erklärung versehenen Packungen erfolgt nicht. In der Folge mehren sich die Berichte über Gesundheitsschäden, die nach der Benutzung von „Beauty Star" aufgetreten sind. Alle erkrankten Personen weisen die gleichen Symptome auf. Es gelingt jedoch nicht, den Wirkstoff zu finden, der die Gesundheitsschäden verursacht. Die X-GmbH bestreitet jeden Zusammenhang mit ihren Produkten. Erst nachdem die Presse über die Vorfälle berichtet hat, wird die Produktion von „Beauty Star" eingestellt.

Haben sich A, B, C und D strafbar gemacht?

Gliederung

	Rn.
I. Erster Tatkomplex: Vor der Geschäftsführersitzung	1
1. Strafbarkeit des C	1
a) Fahrlässige Körperverletzung (§ 229 StGB)	1
aa) Varianten des § 223 Abs. 1 StGB	2
bb) Tun oder Unterlassen	3
cc) Kausalität	4
Problem: Wie ist die Kausalität hier festzustellen?	
dd) Objektive Sorgfaltspflichtverletzung und Vorhersehbarkeit	6
Problem: Liegt ein „erlaubtes Risiko" vor?	
ee) Objektive Zurechnung	9
ff) Rechtswidrigkeit und Schuld	10
b) Zwischenergebnis	11

	Rn.
2. Strafbarkeit des A	12
a) Mittäterschaftlich begangene fahrlässige Körperverletzung (§§ 229, 25 Abs. 2 StGB)	12
aa) Tatbestandsmäßigkeit	13

Problem: Gibt es eine fahrlässige Mittäterschaft?

bb) Rechtswidrigkeit und Schuld	16
b) Zwischenergebnis	17
3. Strafbarkeit des B	18
II. Zweiter Tatkomplex: Nach der Geschäftsführersitzung	19
1. Strafbarkeit von A, B und C	19
a) Gefährliche Körperverletzung in Mittäterschaft (§§ 223 Abs. 1, 224 Abs. 1, 25 Abs. 2 StGB)	19
aa) Objektiver Tatbestand	20
(1) Gift oder gesundheitsschädlicher Stoff (§ 224 Abs. 1 Nr. 1 StGB)	21
(2) Gemeinschaftlich (§ 224 Abs. 1 Nr. 4 StGB)	22
(3) Das Leben gefährdende Behandlung (§ 224 Abs. 1 Nr. 5 StGB)	23
bb) Subjektiver Tatbestand	24
cc) Rechtswidrigkeit und Schuld	25
dd) Zwischenergebnis	26
b) Gefährliche Körperverletzung durch Unterlassen in Mittäterschaft (§§ 223 Abs. 1, 224 Abs. 1, 13, 25 Abs. 2 StGB)	27
aa) Objektiver Tatbestand	28
(1) Eintritt des Erfolgs	28
(2) Unterlassen und Kausalität	29
(3) Garantenstellung	30

Problem: Woraus ergibt sich und wie weit reicht eine Garantenstellung?

(4) Entsprechungsklausel	37
(5) Mittäterschaft	38
bb) Subjektiver Tatbestand, Rechtswidrigkeit und Schuld	39
cc) Zwischenergebnis	40
c) Gemeingefährliche Vergiftung (§ 314 Abs. 1 Nr. 2 StGB)	41
aa) Tatobjekte bzw. Tatmittel	42
bb) Vergiften oder Beimischen von gesundheitsschädlichen Stoffen	43
cc) Zwischenergebnis	45
d) Schwere Gefährdung durch Freisetzen von Giften (§ 330a Abs. 1 StGB)	46
2. Strafbarkeit des D	47
a) Gefährliche Körperverletzung in Mittäterschaft (§§ 223 Abs. 1, 224 Abs. 1, 25 Abs. 2 StGB)	47
b) Anstiftung zur gefährlichen Körperverletzung (§§ 223 Abs. 1, 224 Abs. 1, 26 StGB) bzw. zur gefährlichen Körperverletzung durch Unterlassen (§§ 223 Abs. 1, 224 Abs. 1, 13, 26 StGB)	48

	Rn.
aa) Objektiver Tatbestand	49
bb) Doppelter Anstiftervorsatz	51
c) Fahrlässige Körperverletzung (§ 229 StGB)	52
III. Gesamtergebnis	53

Lösung

I. Erster Tatkomplex: Vor der Geschäftsführersitzung

1. Strafbarkeit des C

Hinweis: C steht als der für den Vertrieb zuständige Geschäftsführer den Schäden am nächsten. Gut vertretbar ist es aber auch, bei A, B und C sofort mit der Prüfung von Mittäterschaft zu beginnen. Zum Problem der fahrlässigen Mittäterschaft näher unter → Rn. 14.

a) Fahrlässige Körperverletzung (§ 229 StGB)

1 C könnte sich durch den Vertrieb des Körperpflegemittels „Beauty Star" wegen fahrlässiger Körperverletzung gemäß § 229 StGB strafbar gemacht haben.

aa) Varianten des § 223 Abs. 1 StGB

2 Die Verursachung der Hautreizungen und teilweise lebensbedrohlichen Atembeschwerden stellt eine üble und unangemessene Behandlung dar, die das körperliche Wohlbefinden der Konsumenten mehr als nur unerheblich beeinträchtigt hat.[1] Damit sind die Voraussetzungen einer körperlichen Misshandlung i. S. v. § 223 Abs. 1 Alt. 1 StGB erfüllt. In den Hautreizungen und Atembeschwerden ist zudem eine Gesundheitsschädigung i. S. d. Hervorrufung eines pathologischen Zustandes[2] zu erblicken (§ 223 Abs. 1 Alt. 2 StGB). Die beiden Varianten des § 223 Abs. 1 StGB liegen nebeneinander vor.

Hinweis: Da es im Rahmen des § 229 StGB nicht darauf ankommt, ob auch eine gefährliche Körperverletzung nach § 224 Abs. 1 StGB vorliegt, werden die hier in Betracht kommenden Varianten § 224 Abs. 1 Nr. 1, 4 und 5 StGB nicht geprüft.

bb) Tun oder Unterlassen

3 Fraglich ist, ob diese Körperverletzungen auf ein Tun oder ein Unterlassen des C zurückzuführen sind. Die Abgrenzung zwischen Tun und Unterlassen ist umstritten.[3] Die h. M. stellt auf den Schwerpunkt des Geschehens bei „normativer" Betrachtungsweise ab.[4] Vor allem bei Fahrlässigkeitsdelikten liegen aber in der Regel Tun und Unterlassen nebeneinander vor. Fahrlässigkeit ist geradezu als „Außerachtlassung der erforderlichen Sorgfalt", mithin durch ein Unterlassen, definiert.[5] Auch im vorliegenden Fall hat C die schadensträchtigen Produkte vertrieben (Tun) und dabei gewisse Vorsichtsmaßregeln nicht beachtet (Unterlassen). Dennoch ist frag-

---

[1] Vgl. *Wessels/Hettinger/Engländer* BT 1 Rn. 216.
[2] Näher zum Begriff der Gesundheitsschädigung *Otto* BT § 15 Rn. 5.
[3] *Heinrich* Rn. 863 ff., 866; *Kühl* § 18 Rn. 13 ff.
[4] *Hilgendorf/Valerius* AT § 11 Rn. 11; krit. *Jescheck/Weigend* § 58 II 3, wo zu Recht darauf hingewiesen wird, dass die Formel der h. M. wenig mehr enthält als einen Appell an das Rechtsgefühl.
[5] *Hilgendorf/Valerius* AT § 12 Rn. 18.

lich, worin der Schwerpunkt der Vorwerfbarkeit liegt. Bei derartigen Konstellationen wird ganz überwiegend von einem Vorrang des Tuns ausgegangen, weil im aktiven Verbringen des Produkts in den Verkehr die tatsächliche Gefährlichkeit liegt und das Außerachtlassen der Sorgfalt ohne diese aktive Handlung irrelevant wäre.[6] Auch hier ist dies der Fall, somit ist also ein Tun des C anzunehmen.

cc) Kausalität

Dieses Tun müsste für die Gesundheitsschäden kausal geworden sein. Zweifel an der Kausalität könnten sich vor allem daraus ergeben, dass es nicht möglich gewesen ist, den Wirkstoff von „Beauty Star" zu finden, der die Gesundheitsschäden verursachte. Kausal i.S.d. Äquivalenztheorie ist ein Tun dann, wenn man es nicht hinweg denken kann, ohne dass der Erfolg in seiner konkreten Gestalt entfiele (Conditio-sine-qua-non-Formel).[7] Es ist also zu prüfen, ob man den Vertrieb von „Beauty Star" hinweg denken kann, ohne dass der Erfolg – die Gesundheitsschäden – wegfiele. Diese Frage lässt sich offensichtlich erst beantworten, wenn man weiß, ob zwischen der Benutzung von „Beauty Star" und dem Auftreten der Gesundheitsschäden ein naturgesetzlicher Zusammenhang besteht. Dies ist eine Frage empirischer Forschung. Die Conditio-sine-qua-non-Formel ist also nur anwendbar, wenn die naturgesetzlichen Zusammenhänge bereits geklärt sind.[8]

4

Hier könnte der naturgesetzliche Zusammenhang deshalb infrage zu stellen sein, weil nicht feststeht, welcher Wirkstoff die Gesundheitsschäden verursacht hat.[9] Dem ist jedoch entgegenzuhalten, dass kein vernünftiger Zweifel daran bestehen kann, dass die Schäden durch das Mittel „Beauty Star" hervorgerufen wurden. Übereinstimmend berichten alle Geschädigten, dass die Gesundheitsstörungen auftraten, nachdem sie das Körperpflegemittel benutzt hatten. Alle diese Personen weisen zudem die gleichen Symptome auf. Damit steht fest, dass die Schäden durch die Verwendung von „Beauty Star" verursacht wurden. Die rein theoretische Möglichkeit, dass ein anderer Faktor, der mit dem Pflegemittel nichts zu tun hat, die Gesundheitsstörungen hervorgerufen hat, steht dem nicht entgegen,[10] denn diese Möglichkeit existiert angesichts der Begrenztheit und Fehlerträchtigkeit jeder wissenschaftlichen Erkenntnis immer. Die Kausalität zwischen dem Vertrieb des Körperpflegemittels „Beauty Star" und dem Auftreten der Gesundheitsschäden kann somit bejaht werden.

5

dd) Objektive Sorgfaltspflichtverletzung und Vorhersehbarkeit

C müsste durch sein Tun eine objektive[11] Sorgfaltspflicht verletzt haben. Sorgfaltswidrig handelt, wer die im Verkehr erforderliche Sorgfalt außer Acht lässt. Art und

6

---

[6] Eine wichtige Leitentscheidung ist der „Ziegenhaarfall" (RGSt 63, 211); dazu *Engisch* FS Gallas, 1973, S. 163, 184 ff.
[7] So, mit im Einzelnen unterschiedlichen Formulierungen, die ganz h.M., vgl. nur *Jeschek/Weigend* § 28 II m.w.N.
[8] So auch *Jeschek/Weigend* § 28 II 4; *Stratenwerth/Kuhlen* § 8 Rn. 18. Aktuell wurden diese Schwierigkeiten schon in der Contergan-Entscheidung des LG Aachen JZ 1971, 507.
[9] Vgl. dazu auch BGHSt 37, 106, 111 ff. – Lederspray-Fall – m. Bespr. von *Bachmann/Beulke* JuS 1992, 737 und *Samson* StV 1991, 182, 183.
[10] So auch BGHSt 37, 106, 112; vgl. auch BGHSt 41, 206, 213 ff. sowie *Hilgendorf* FS Lenckner, 1998, S. 699 ff.
[11] Zur Lehre von der Doppelstellung der Fahrlässigkeit im objektiven Tatbestand und in der Schuld vgl. *Hilgendorf/Valerius* AT § 12 Rn. 11, 15 und ausführlich *Jeschek/Weigend* § 54 I 3.

Maß der anzuwendenden Sorgfalt ergeben sich dabei aus den Anforderungen, die an einen besonnenen und gewissenhaften Menschen in der konkreten Lage und der sozialen Rolle des Handelnden ex ante zu stellen sind.[12] Die Sorgfaltsanforderungen könnten sich zunächst aus geschriebenen Normen ergeben, solche sind jedoch nicht ersichtlich.[13] Es ist somit auf die Umstände des konkreten Einzelfalles abzustellen und aus ihnen die konkret erforderliche Sorgfalt zu entwickeln. Dabei ist grundsätzlich davon auszugehen, dass dann, wenn einer unüberschaubaren Menge von Menschen körperliche Schäden drohen, besonders strenge Sorgfaltsanforderungen zu stellen sind. C hätte demnach das Produkt nicht weiter vertreiben dürfen, nachdem er von den Beschwerden Kenntnis erlangte.

7 Etwas anderes könnte sich nur aus den Grundsätzen des erlaubten Risikos[14] ergeben, wenn man davon ausgeht, dass gewisse Schäden in der modernen Massenproduktion nicht vermieden werden können. Eine vollkommene Sicherheit für die Ungefährlichkeit eines Produkts würde oftmals unverhältnismäßig teure Tests und andere Vorsichtsmaßnahmen voraussetzen. Dies wiederum ist dem Hersteller kaum zuzumuten und würde die Massenproduktion unter Umständen sogar zum Erliegen bringen. Daher muss ein gewisses Schadensspektrum noch vom „erlaubten Risiko" abgedeckt sein. Gerade bei einem Körperpflegemittel ist jedoch das Ausmaß der zu tolerierenden „unvermeidbaren" Schäden sehr gering, da solche Produkte erfahrungsgemäß nicht sehr schadensträchtig sind.[15] Die in großer Zahl auftretenden Hautreizungen und Atembeschwerden gingen weit über das hinaus, was im Hinblick auf die Vorteile der Massenproduktion noch hinzunehmen ist. Erst recht sind die teilweise akuten Lebensgefährdungen nicht mehr tolerabel.

8 C wusste von den Schadensfällen; trotzdem hat er das Produkt weiter in den Verkehr gebracht. Eine objektive Sorgfaltspflichtverletzung ist also zu bejahen. Auch war aufgrund der Kenntnis der bereits aufgetretenen Schadensfälle der Erfolg objektiv vorhersehbar.

Hinweis: Der Sachverhalt gibt nicht genug her, um dolus eventualis bejahen zu können. Dazu müsste C die Gefahren nicht nur erkannt, sondern sich auch mit ihnen abgefunden, sie innerlich „gebilligt" haben (→ Rn. 24).

ee) Objektive Zurechnung

9 Es ist allgemein anerkannt, dass die Kausalität i. S. d. Äquivalenztheorie zu weit ist, um als alleiniges Zurechnungskriterium zu dienen. Während die Rspr. die erforderlichen Einschränkungen bei der Prüfung von Vorsatz und Fahrlässigkeit vornimmt, stellt die von großen Teilen der Lit. vertretene Lehre von der objektiven Zurechnung darauf ab, ob das für den Erfolg ursächliche Verhalten eine rechtlich missbilligte Gefahr i. S. d. jeweiligen Tatbestandes geschaffen und gerade diese Gefahr sich im tatsächlichen Erfolgseintritt auch realisiert hat.[16] Im vorliegenden Fall wurde

---

[12] BGHSt 7, 307; BGH NJW 2000, 2754, 2758; 2003, 657, 658.
[13] Es handelt sich hierbei um ein Grundproblem der Fahrlässigkeitsdogmatik, vgl. *Kühl* § 17 Rn. 3 ff.
[14] Die Grundsätze des erlaubten Risikos werden hier nicht als Rechtfertigungsgrund betrachtet, sondern begrenzen die Anforderungen an den Sorgfaltsmaßstab. Zu den verschiedenen Vorschlägen, das „erlaubte Risiko" dogmatisch zu verorten, vgl. *Roxin/Greco* § 11 Rn. 65 ff.
[15] Das gilt freilich nicht für die Entwicklung von Körperpflegemitteln, man denke an den weitverbreiteten Missbrauch von Versuchstieren.
[16] *Zieschang* Rn. 88; ausführlich *Jescheck/Weigend* § 28 IV (mit Fallgruppen).

durch den Vertrieb des Körperpflegemittels „Beauty Star" die Gefahr geschaffen, dass Konsumenten körperliche Schäden davontragen könnten. Eben dies ist auch tatsächlich eingetreten. Damit steht fest, dass C die Gesundheitsschäden objektiv zurechenbar sind.

ff) Rechtswidrigkeit und Schuld

Rechtfertigungs-[17] oder Entschuldigungsgründe sind nicht ersichtlich. C handelte rechtswidrig und schuldhaft. Insbesondere war die Handlung auch individuell sorgfaltswidrig und der Erfolg für C vorhersehbar. **10**

b) Zwischenergebnis

C hat sich wegen fahrlässigen Körperverletzung in mehreren Fällen gemäß § 229 StGB strafbar gemacht hat. Die Tat wird gemäß § 230 Abs. 1 Satz 1 StGB nur auf Antrag verfolgt. **11**

2. Strafbarkeit des A

a) Mittäterschaftlich begangene fahrlässige Körperverletzung (§§ 229, 25 Abs. 2 StGB)

A könnte sich wegen fahrlässiger Körperverletzung in Mittäterschaft des C gemäß §§ 229, 25 Abs. 2 StGB strafbar gemacht haben. **12**

aa) Tatbestandsmäßigkeit

A war nicht für den Vertrieb, sondern für die Entwicklung von „Beauty Star" verantwortlich. Er hat das gefährliche Produkt freigegeben bzw. nichts unternommen, nachdem ihm die Gefährlichkeit des Mittels bekanntgeworden war. Als Geschäftsführer trug er in Ausnahmesituationen wie der vorliegenden nicht nur für seinen eigentlichen Fachbereich Verantwortung, vielmehr war er auch für das Gesamtunternehmen und damit für den Vertrieb von „Beauty Star" verantwortlich.[18] Auch ihm ist deshalb eine Sorgfaltspflichtverletzung vorzuwerfen. Im Übrigen kann auf die vorangegangenen Ausführungen (→ Rn. 4 ff.) verwiesen werden. **13**

Fraglich ist, ob A in Mittäterschaft mit C handelte, da er das Produkt in bewusstem und gewolltem Zusammenwirken mit C auf den Markt brachte. Die h.M. lehnt die Figur der fahrlässigen Mittäterschaft jedoch ab, da es bei Fahrlässigkeitsdelikten an einem gemeinsamen Tatentschluss fehle. Wirken mehrere Täter bei einem Fahrlässigkeitsdelikt zusammen, so ist danach nur Nebentäterschaft möglich.[19] Dieses Argument überzeugt aber jedenfalls für die Fälle nicht, in denen, wie hier, die Täter bewusst und gewollt zusammenwirken, um eine Gefahr zu schaffen, die sich nachfolgend in Rechtsgutsverletzungen realisiert. Die Sorgfaltspflichtverletzung ist im vorliegenden Fall nicht im Zusammenwirken von A, B und C zu sehen – hier ist ohne Weiteres Vorsatz anzunehmen –, sondern in der Produktion und Verbreitung von „Beauty Star". Es ist also begrifflich möglich, in Fällen wie dem vorliegenden, fahrlässige Mittäterschaft anzunehmen.[20] Die Anerkennung dieser Figur ist auch **14**

---

[17] Zum erlaubten Risiko → Rn. 7.
[18] Vgl. nur *Schmidt/Salzer*, Produkthaftung, Bd. 1: Strafrecht, 2. Aufl. 1988, S. 119.
[19] Statt aller *Jescheck/Weigend* § 63 I 3a m.w.N.
[20] Vgl. dazu insbesondere *Otto* Jura 1990, 47; ferner Lackner/Kühl/*Kühl* § 25 StGB Rn. 13; *Beulke/Bachmann* JuS 1992, 737, 744; eingehend *Weißer* JZ 1998, 230.

rechtsdogmatisch sinnvoll, da auf diese Weise die Zurechnungsprobleme bei Kollegialentscheidungen relativ einfach gelöst werden können.[21] Im Ergebnis kann hier deshalb in Bezug auf § 229 StGB ein mittäterschaftliches Zusammenwirken von A und C bejaht werden.

15 Der Tatbestand der fahrlässigen Körperverletzung ist erfüllt.

bb) Rechtswidrigkeit und Schuld

16 Rechtfertigungs- und Entschuldigungsgründe sind nicht ersichtlich. A handelte rechtswidrig und schuldhaft.

b) Zwischenergebnis

17 A ist strafbar gemäß §§ 229, 25 Abs. 2 StGB.

3. Strafbarkeit des B

18 Aus denselben Gründen wie A hat sich auch B gemäß §§ 229, 25 Abs. 2 StGB strafbar gemacht.

Hinweis: Wer die Mittäterschaft hier ablehnt, kommt letztendlich zum gleichen Ergebnis, da es hier nicht auf die gegenseitige Zurechnung von Tatbeiträgen ankommt. A, B und C wären dann ebenso strafbar wegen fahrlässiger Körperverletzung (in Nebentäterschaft).

II. Zweiter Tatkomplex: Nach der Geschäftsführersitzung

1. Strafbarkeit von A, B und C

a) Gefährliche Körperverletzung in Mittäterschaft (§§ 223 Abs. 1, 224 Abs. 1, 25 Abs. 2 StGB)

19 A, B und C könnten sich einer gemeinschaftlich begangenen gefährlichen Körperverletzung gemäß §§ 223 Abs. 1, 224 Abs. 1, 25 Abs. 2 StGB schuldig gemacht haben, indem sie auch nach der Geschäftsführersitzung „Beauty Star" produzierten und auf den Markt brachten.

aa) Objektiver Tatbestand

20 Der objektive Tatbestand einer Körperverletzung ist gegeben (§ 223 Abs. 1 Alt. 1, 2 StGB) (→ Rn. 2). Da A, B und C in bewusstem und gewolltem Zusammenwirken gehandelt haben, sind auch die Voraussetzungen der Mittäterschaft nach § 25 Abs. 2 StGB erfüllt.

(1) Gift oder gesundheitsschädlicher Stoff (§ 224 Abs. 1 Nr. 1 StGB)

21 Fraglich dagegen ist, ob die Körperverletzungen durch Beibringung von Gift oder anderer gesundheitsschädlicher Stoffe (§ 224 Abs. 1 Nr. 1 StGB), begangen wurde. Das Produkt „Beauty Star" müsste also Gift bzw. ein anderer gesundheitsschädlicher Stoff sein oder Gift bzw. einen solchen Stoff enthalten. Unter „Gift" ist jeder anorganische oder organische Stoff zu verstehen, der geeignet ist, durch chemische oder chemisch-physikalische Wirkung die Gesundheit erheblich zu schädigen.[22] Unter das Merkmal „sonstiger gesundheitsschädlicher Stoff" sind Stoffe zu subsumieren,

---

[21] Dazu näher *Hilgendorf* NStZ 1994, 561.
[22] Lackner/Kühl/*Kühl* § 224 StGB Rn. 1a.

die thermisch oder mechanisch wirken.[23] Darunter fallen viele Stoffe, weshalb eine besondere Toxizität, also Eignung zur Herbeiführung erheblicher Gesundheitsschäden, erforderlich ist.[24] Eine erhebliche Gesundheitsschädigung ist anzunehmen, wenn wesentliche körperliche Funktionen gestört werden, wobei sich die Erheblichkeit aus überdurchschnittlicher Intensität oder Dauer der Störung ergeben kann.[25] Es ist nicht erforderlich, dass schwere Folgen i.S.d. § 226 StGB eintreten.[26] Hautreizungen und Atembeschwerden sind hinsichtlich Intensität und Dauer lediglich einfache, nicht aber erhebliche Gesundheitsschädigungen. Hinsichtlich der teilweise lebensgefährlichen akuten Atembeschwerden könnte „Beauty Star" aber geeignet sein, eine erhebliche Schädigung hervorzurufen. Die Geeignetheit bestimmt sich nach den Umständen des Einzelfalles im Hinblick auf Quantität und Qualität des beigebrachten Stoffes.[27] Die lebensgefährlichen akuten Atembeschwerden waren zwar nur vorübergehender Natur. Sie stellten jedoch eine Gesundheitsbeeinträchtigung von besonderer Intensität dar. Insofern war „Beauty Star" somit geeignet, die Gesundheit erheblich zu schädigen und ist aufgrund der chemischen Wirkung als Gift zu qualifizieren. § 224 Abs. 1 Nr. 1 Alt. 1 StGB ist erfüllt.

(2) Gemeinschaftlich (§ 224 Abs. 1 Nr. 4 StGB)

Der Beschluss, „Beauty-Star" weiter zu produzieren, wurde einstimmig gefasst. Es könnte also § 224 Abs. 1 Nr. 4 StGB vorliegen. Grund der Strafschärfe des § 224 StGB ist bei diesem Tatbestandsmerkmal die erhöhte Gefahr für das Opfer beim Zusammenwirken mehrerer Täter am Tatort.[28] „Beauty Star" stellt aber für die Anwender unabhängig von der Anzahl der Geschäftsführer der Herstellerfirma X-GmbH immer die gleiche Gefahr dar; es besteht also keine erhöhte Gefahr durch die mittäterschaftliche Körperverletzung durch A, B und C. Eine gemeinschaftlich verübte Körperverletzung i.S.d. § 224 Abs. 1 Nr. 4 StGB liegt also nicht vor. **22**

(3) Das Leben gefährdende Behandlung (§ 224 Abs. 1 Nr. 5 StGB)

Im Hinblick auf die Fälle akuter Atemnot ist allerdings eine das Leben gefährdende Behandlung (§ 224 Abs. 1 Nr. 5 StGB), zu bejahen, zumal einige Betroffene in die Intensivstation eingeliefert werden mussten. Da das Leben der Intensivpatienten konkret gefährdet war, kommt es auf den Meinungsstreit, ob eine abstrakte Gefährdung ausreicht oder eine konkrete Lebensgefahr bestehen muss,[29] nicht an. **23**

bb) Subjektiver Tatbestand

Fraglich ist, ob Vorsatz zumindest in Form von dolus eventualis anzunehmen ist. Dolus eventualis liegt vor, wenn der Täter die Möglichkeit einer Tatbestandserfüllung erkennt (sog. Wissenskomponente) und sich damit abfindet bzw. den Eintritt des Erfolges billigend in Kauf nimmt (sog. Willenskomponente).[30] In der Ge- **24**

---

[23] Fischer § 224 StGB Rn. 5.
[24] Lackner/Kühl/*Kühl* § 224 StGB Rn. 1a.
[25] MünchKommStGB/*Hardtung* § 224 StGB Rn. 7. Leichtere Fälle (z.B. infolge von Nikotin oder Alkohol) sind also noch nicht tatbestandsmäßig.
[26] Anders SK/*Wolters* § 224 StGB Rn. 9.
[27] Schönke/Schröder/*Sternberg-Lieben* § 224 StGB Rn. 2b; vgl. MünchKommStGB/*Hardtung* § 224 StGB Rn. 8.
[28] Vgl. *Wessels/Hettinger/Engländer* BT 1 Rn. 242.
[29] Vgl. dazu Fischer § 224 StGB Rn. 27 m.w.N.
[30] Vgl. BeckOK StGB/*Kudlich* § 15 StGB Rn. 20.

schäftsführersitzung sind die bislang vorgekommenen Schadensfälle ausführlich diskutiert worden; man hörte sogar einen Sachverständigen und beriet über mögliche Wege der Schadensverhütung. Dies zeigt, dass alle Geschäftsführer von der Möglichkeit weiterer Schadensfälle ausgingen. Jedenfalls das Wissenselement des dolus eventualis kann somit bejaht werden. Indem A, B und C trotz der erkannten Gefahren das Produkt „Beauty Star" weiter produzierten und lediglich Warnhinweise auf den Verpackungen anbringen ließen, haben sie den Eintritt weiterer Schäden billigend in Kauf genommen. Dazu ist nicht erforderlich, dass ihnen der Eintritt des Erfolges erwünscht war;[31] es reicht aus, dass sie sich mit dem Eintritt weiterer Schäden abfanden. Vorsatz in Form von dolus eventualis ist mithin zu bejahen.[32]

cc) Rechtswidrigkeit und Schuld

25 Die Tat ist rechtswidrig und schuldhaft.

dd) Zwischenergebnis

26 A, B und C haben sich somit wegen Körperverletzung in Mittäterschaft gemäß §§ 223 Abs. 1 Alt. 1, 2, 224 Abs. 1 Nr. 1, Nr. 5, 25 Abs. 2 StGB in mehreren Fällen strafbar gemacht.

b) Gefährliche Körperverletzung durch Unterlassen in Mittäterschaft (§§ 223 Abs. 1, 224 Abs. 1, 13, 25 Abs. 2 StGB)

27 Ferner könnten sich A, B und C wegen Körperverletzung in Mittäterschaft durch Unterlassen gemäß §§ 223 Abs. 1, 224 Abs. 1, 13, 25 Abs. 2 StGB strafbar gemacht haben, weil A, B und C es unterließen, die bereits auf den Markt gelangten gefährlichen Produkte der Marke „Beauty Star" zurückzurufen.

aa) Objektiver Tatbestand

(1) Eintritt des Erfolgs

28 Eine körperliche Misshandlung und eine Gesundheitsbeschädigung liegen vor. Ebenso sind die §§ 224 Abs. 1 Nr. 1 und 5 StGB erfüllt (→ Rn. 21, 23).

(2) Unterlassen und Kausalität

29 Wäre rechtzeitig eine Rückrufaktion durchgeführt worden, so wären zahlreiche Körperschäden mit an Sicherheit grenzender Wahrscheinlichkeit vermieden worden.[33] Eine derartige Rückrufaktion – sie war die einzige Möglichkeit einer raschen und sicheren Verhütung weiterer Schäden – war der X-GmbH ohne Weiteres möglich und auch zumutbar; die Gefahr finanzieller Einbußen steht der Zumutbarkeit nicht entgegen.[34]

(3) Garantenstellung

30 Fraglich ist jedoch, ob die Geschäftsführer rechtlich dafür einzustehen hatten, dass der Erfolg nicht eintrat (§ 13 Abs. 1 Hs. 1 StGB). Eine derartige Garantenstellung

---

[31] BGHSt 7, 363.
[32] Ausführlich zu den verschiedenen Vorschlägen zur Definition des dolus eventualis *Wessels/Beulke/Satzger* AT Rn. 333 ff.
[33] Zur Kausalitätsprüfung bei Unterlassungsdelikten vgl. *Baumann/Weber/Mitsch/Eisele* § 21 Rn. 21 ff.
[34] Zur Struktur unechter Unterlassungsdelikte im Einzelnen *Hilgendorf/Valerius* AT § 11 Rn. 5 ff.

setzt beim Täter eine besondere Rechtspflicht[35] zur Schadensabwendung voraus. Während die klassische Lehre die vier Entstehungsgründe Gesetz, Vertrag, enge persönliche Beziehung und vorangegangenes gefährdendes Tun (Ingerenz) unterscheidet,[36] stellt die moderne Lehre auf materielle Gesichtspunkte ab und differenziert nach Sicherungspflichten einerseits und Obhutspflichten andererseits. Sicherungspflichten begründen die Verantwortlichkeit für bestimmte Gefahrenquellen, Obhutspflichten dagegen sind Schutzpflichten für bestimmte Rechtsgüter. Im vorliegenden Fall könnten A, B und C Sicherungsgaranten sein. Dabei sind wiederum verschiedene Entstehungsgründe zu unterscheiden: aus Ingerenz, aus der Eröffnung einer Gefahrenquelle und aus der Pflicht zur Beaufsichtigung anderer.[37]

Zu denken ist zunächst an Ingerenz. Die Garantenpflicht aus gefährdendem Vorverhalten ist Ausdruck des alten Grundsatzes, niemanden zu schädigen (neminem laedere).[38] Um die Haftung nicht ausufern zu lassen, sind aber drei Einschränkungen zu berücksichtigen: **31**

Zunächst reicht die Schaffung minimaler Gefahren nicht aus, um eine Verantwortlichkeit zu begründen (Bagatellprinzip). Im vorliegenden Fall geht es um die Gefahr von – teilweise erheblichen – Körperverletzungen. Das Bagatellprinzip greift deshalb nicht ein. **32**

Das Vorverhalten muss außerdem objektiv pflichtwidrig sein.[39] Es wurde bereits ausgeführt (→ Rn. 6 ff.), dass die Produktion des Körperpflegemittels „Beauty Star" schon vor der Geschäftsführersitzung vom 1.9.2018 objektiv sorgfaltswidrig war, weil die Geschäftsführer die Gefahr von Gesundheitsschäden erkannten und trotzdem zunächst nichts unternahmen, um dieser Gefahr Einhalt zu gebieten. Das gefahrschaffende Vorverhalten von A, B und C war somit objektiv pflichtwidrig. **33**

Die Gefahr eines Schadenseintritts muss schließlich auch nahe (adäquat) sein.[40] Die Schaffung bloß entfernt liegender Schädigungsmöglichkeiten genügt nicht. Da die schadensträchtigen Produkte hier mit dem Vertrieb unmittelbar in den Handel gelangten und von den Konsumenten gekauft werden konnten, ist die Nähe der Schadensmöglichkeit zu bejahen. **34**

Im Ergebnis ist damit eine Garantenstellung kraft Ingerenz gegeben. **35**

Auch eine Garantenstellung aus der Pflicht zur Überwachung von Gefahrenquellen ist zu bejahen. Die X-GmbH und damit ihre Geschäftsführer sind für die Qualität und insbesondere die Sicherheit der von ihr hergestellten Produkte verantwortlich (Verkehrssicherungspflicht).[41] **36**

---

[35] Moralische Pflichten genügen also nicht; ebenso wenig reicht die allgemeine Hilfspflicht gemäß § 323c StGB aus.
[36] Ausführlich Lackner/Kühl/*Heger* § 13 StGB Rn. 7 ff.
[37] Vgl. Schönke/Schröder/*Bosch* § 13 StGB Rn. 11 f.; ausführlich *Kühl* § 18 Rn. 91 ff.
[38] *Haft* S. 187; *Hilgendorf/Valerius* AT § 11 Rn. 60 ff.
[39] Sehr str. Wie hier *Fischer* § 13 StGB Rn. 52; Baumann/Weber/Mitsch/Eisele § 21 Rn. 71 ff.; *Gropp* § 11 Rn. 33, 37. Die Rspr. ließ früher jedes Vorverhalten genügen, ist jedoch in späteren Entscheidungen zur h.L. übergewechselt, vgl. BGHSt 25, 218. Unklar aber BGHSt 37, 106, 117 ff., m. Bespr. von *Kuhlen* NStZ 1990, 566.
[40] Schönke/Schröder/*Bosch* § 13 StGB Rn. 34; Jescheck/Weigend § 59 IV 4a.
[41] Jescheck/Weigend § 59 IV 4b.

Fall 13. Produkthaftung

(4) Entsprechungsklausel

37 Nach § 13 Abs. 1 Hs. 2 StGB ist ferner erforderlich, dass das Unterlassen der Verwirklichung des gesetzlichen Tatbestandes durch ein Tun entspricht (sog. Entsprechungsklausel). Diese Klausel ist jedoch nur bei verhaltensgebundenen Delikten, nicht dagegen bei reinen Erfolgsdelikten von Bedeutung.[42] Das Unterlassen verwirklichte hier auch das typische Unrecht des § 224 Abs. 1 Nr. 1, 5 StGB.

(5) Mittäterschaft

38 A, B und C haben den Rückruf in bewusstem und gewolltem Zusammenwirken unterlassen (§ 25 Abs. 2 StGB).

bb) Subjektiver Tatbestand, Rechtswidrigkeit und Schuld

39 A, B und C handelten vorsätzlich, rechtswidrig und schuldhaft.

cc) Zwischenergebnis

40 A, B und C haben sich wegen gefährlicher Körperverletzung in Mittäterschaft durch Unterlassen (§§ 223 Abs. 1 Alt. 1 und 2, 224 Abs. 2 Nr. 1, Nr. 5, 13, 25 Abs. 2 StGB), in mehreren Fällen strafbar gemacht.

c) Gemeingefährliche Vergiftung (§ 314 Abs. 1 Nr. 2 StGB)

41 Ferner kommt eine gemeingefährliche Vergiftung gemäß § 314 Abs. 1 Nr. 2 StGB in Betracht.

aa) Tatobjekte bzw. Tatmittel

42 Tatobjekte bzw. Tatmittel des § 314 Abs. 1 Nr. 2 StGB sind Gegenstände, die zum öffentlichen Verkauf oder Verbrauch bestimmt sind. Das Produkt „Beauty Star" erfüllt diese Voraussetzung.

bb) Vergiften oder Beimischen von gesundheitsschädlichen Stoffen

43 Das Produkt könnte von A, B und C vergiftet worden sein (§ 314 Abs. 1 Var. 1 StGB). Vergiftet ist ein Gegenstand, wenn die Tathandlung dessen Eignung bewirkt, bei bestimmungsgemäßem Gebrauch die Gesundheit von Menschen durch chemische oder chemisch-physikalische Wirkung dauerhaft zu *zerstören*.[43] Anders als bei § 224 Abs. 1 Nr. 1 StGB reicht eine bloß vorübergehende Gesundheitsbeeinträchtigung nicht aus (→ Rn. 21).[44] Zwar ruft „Beauty Star" gewisse Gesundheitsschäden aus, ein Zerstören der Gesundheit ist jedoch nicht anzunehmen.

44 Dem Produkt könnten jedoch gesundheitsschädliche Stoffe von A, B und C beigemischt worden sein (§ 314 Abs. 1 Var. 2 StGB). Dies ist der Fall, wenn der veränderte Gegenstand bei bestimmungsgemäßem Gebrauch geeignet ist, nicht bloß unerhebliche Schädigungen der Gesundheit herbeizuführen.[45] „Beauty Star" führte teilweise zu Hautreizungen, Atembeschwerden und akuter Atemnot. Es enthielt also Stoffe, die die Gesundheit von Menschen schädigten.[46] Auch bei § 314

---

[42] *Kühl* § 18 Rn. 123 f.
[43] Vgl. *Fischer* § 314 StGB Rn. 3.
[44] Schönke/Schröder/*Heine/Bosch* § 314 StGB Rn. 14.
[45] Vgl. *Fischer* § 314 StGB Rn. 3, 7.
[46] Eine Gesundheits*zerstörung*, wie in § 319 a.F. StGB gefordert, ist gemäß § 314 StGB nicht mehr notwendig.

Abs. 1 Var. 2 StGB ist jedoch schon wegen des hohen Strafrahmens die Gefahr erheblicher und dauerhafter Schädigungen zu verlangen. Die Dauerhaftigkeit ist jedoch zu verneinen, da sich die Geschädigten wieder erholt haben.

cc) Zwischenergebnis
§ 314 StGB liegt deshalb nicht vor.

d) Schwere Gefährdung durch Freisetzen von Giften (§ 330a Abs. 1 StGB)
Das Produkt „Beauty Star" enthält kein Gift, das die Gesundheit von Menschen zu zerstören geeignet ist[47] (→ Rn. 43) und erfüllt somit nicht die Voraussetzungen des § 330a Abs. 1 StGB.

2. Strafbarkeit des D

a) Gefährliche Körperverletzung in Mittäterschaft (§§ 223 Abs. 1, 224 Abs. 1, 25 Abs. 2 StGB)
D könnte als Mittäter der Körperverletzungsdelikte von A, B und C anzusehen sein (§ 25 Abs. 2 StGB). Mittäter ist, wer in bewusstem und gewolltem Zusammenwirken mit den übrigen Tätern handelt.[48] Nach der Tatherrschaftslehre muss der Mittäter zumindest einen Teil des Geschehens „in seinen Händen halten", während die subjektive Teilnahmelehre („animus-Theorie") darauf abstellt, ob der Mittäter die Tat „als eigene" will.[49] Nach beiden Ansichten ist D im vorliegenden Fall nicht als Mittäter anzusehen: Weder war er als Stimmberechtigter an dem Beschluss, das Körperpflegemittel „Beauty Star" weiter zu produzieren und die bereits in den Handel gelangten Packungen nicht zurückzurufen, beteiligt, noch sah er diese Taten bzw. Unterlassungen „als eigene" an. D nahm an der fraglichen Sitzung vielmehr bloß als Sachverständiger teil. Daraus lässt sich eine Mittäterschaft an den Körperverletzungsdelikten der Geschäftsführer nicht herleiten. D ist nicht strafbar wegen gefährlicher Körperverletzung in Mittäterschaft.

b) Anstiftung zur gefährlichen Körperverletzung (§§ 223 Abs. 1, 224 Abs. 1, 26 StGB), bzw. zur gefährlichen Körperverletzung durch Unterlassen (§§ 223 Abs. 1, 224 Abs. 1, 13, 26 StGB)
In Betracht kommt jedoch eine Anstiftung zur gefährlichen Körperverletzung (§§ 223 Abs. 1, 224 Abs. 1, 26 StGB) bzw. zur gefährlichen Körperverletzung durch Unterlassen (§§ 223 Abs. 1, 224 Abs. 1, 13, 26 StGB).

aa) Objektiver Tatbestand
Eine vorsätzliche, rechtswidrige Haupttat liegt vor → Rn. 19ff., 27ff.).

D hat den Geschäftsführern erklärt, er halte eine Rückrufaktion für nicht erforderlich. Es ist anzunehmen, dass A, B und C durch diese Äußerung dazu bewegt wurden, also i. S. d. Vorschrift „bestimmt" wurden, das in den Handel gelangte „Beauty Star" nicht zurückzurufen und weiter zu produzieren. Dass A, B und C omnimodo facturi[50] gewesen sein könnten, ist nicht ersichtlich. Der objektive Tatbestand der Anstiftung ist erfüllt.

---

[47] Schönke/Schröder/*Heine/Bosch* § 314 StGB Rn. 14.
[48] *Hilgendorf/Valerius* AT § 9 Rn. 70; *Wessels/Beulke/Satzger* AT Rn. 812.
[49] *Baumann/Weber/Mitsch/Eisele* § 29 Rn. 16ff., 33ff.; *Baumann* JuS 1963, 85, 90.
[50] Vgl. *Kühl* § 20 Rn. 177.

Fall 13. Produkthaftung

Hinweis: Natürlich ist auch eine andere Sachverhaltsauslegung möglich. Wollten A, B und C „Beauty Star" ohnehin weiterproduzieren und wurden sie hierin von D bestärkt, so ist an psychische Beihilfe gemäß § 27 StGB zu denken.

bb) Doppelter Anstiftervorsatz

51 Fraglich ist, ob D auch mit dem erforderlichen doppelten Anstiftervorsatz gehandelt hat. Der Vorsatz des Anstifters muss sowohl die Anstiftungshandlung als solche als auch die Vollendung der Haupttat umfassen.[51] Ihm war bewusst, dass die Entscheidung hinsichtlich der Rückrufaktion auf seinem Gutachten basieren wird. Fraglich ist jedoch der Vorsatz hinsichtlich der Haupttat, die Verletzung der Kunden. Es ist dabei davon auszugehen, dass D sein Gutachten nach bestem Wissen und dem Stand der Technik angefertigt hat. Da ein Zusammenhang des Produkts mit den Verletzungen nicht eindeutig festgestellt werden konnte, kommt nur ein Vorsatz in Form von dolus eventualis in Betracht. Dafür ist erforderlich, dass der Täter den Erfolgseintritt für möglich hält und ihn billigend in Kauf nimmt.[52] In den Augen des D besteht diese Möglichkeit zwar, jedoch beruft er sich bei seiner Einschätzung auf den mangelnden Nachweis der Kausalität, geht also gerade nicht von einer Gefährlichkeit des Produkts aus. D hat sich nicht wegen Anstiftung zur Körperverletzung strafbar gemacht.

c) Fahrlässige Körperverletzung (§ 229 StGB)

52 Da nicht davon auszugehen ist, dass D eine objektive Sorgfaltspflicht verletzt hat, kommt eine Strafbarkeit wegen fahrlässiger Körperverletzung gemäß § 229 StGB nicht in Betracht. D hat sich nicht wegen fahrlässiger Körperverletzung strafbar gemacht.

Hinweis: Ein anderes Ergebnis ist, auch in Bezug auf die Anstiftung, gut vertretbar. Es ist auch denkbar, darauf abzustellen, dass D mit der Schlussfolgerung, eine Rückrufaktion sei nicht erforderlich, die Grenzen eines bloßen Sachverständigenvortrages überschritten hat. In der Praxis werden Sachverständige übrigens kaum je belangt.

III. Gesamtergebnis

53 A, B und C sind strafbar nach §§ 223 Abs. 1, 224 Abs. 1 Nr. 1, 5; 223 Abs. 1, 224 Abs. 1 Nr. 1, 5, 13; 25 Abs. 2; 52 StGB. Die vor der Geschäftsführersitzung mittäterschaftlich verwirklichte fahrlässige Körperverletzung gemäß § 229 StGB steht dazu in Tatmehrheit (§ 53 StGB).
D ist nicht strafbar.

Fallbeurteilung

Dieser Fall ist vor allem deshalb von besonderer Schwierigkeit, weil an sich bekannte Probleme des Allgemeinen Teils – Kausalität, Abgrenzung von Tun und Unterlassen, Garantenstellung – in unbekanntem Rahmen geprüft werden. Die Produkthaftung wird vielen Studierenden im Studium nicht begegnet sein, und so ist es

---

[51] *Otto* AT § 22 Rn. 41; *Schmidhäuser* 10/124.
[52] Sog. Billigungstheorie, vgl. BGHSt 36, 1, 9 f.; *Zieschang* Rn. 126.

erforderlich, die erlernten Herangehensweisen auch bei neuartigen Problemen nicht aus den Augen zu verlieren. Letztlich können viele Probleme des Falles, insbesondere die Kausalitätsproblematik, mit guter Argumentation gelöst werden. Dies erfordert jedoch ein hohes Maß an eigenständiger Begründungsfähigkeit.

Wenn die Entscheidungen des BGH zu den Problemen bekannt sind, erleichtert sich die Falllösung für die Studierenden zwar erheblich. Allerdings ist auch dann noch darauf zu achten, dass die Probleme richtig verortet werden und von den Entscheidungen nicht nur die Ergebnisse, sondern auch die Gründe bekannt sind. Dies vor allem deshalb, weil zumindest die Holzschutzmittel-Entscheidung keineswegs unproblematisch ist und in der Klausur wohl vieles dafür spricht, zu einem abweichenden Ergebnis zu kommen. Hier ist eine fundierte Kenntnis der Kausalität, der Frage der objektiven Zurechnung und fundamentaler Grundsätze wie „in dubio pro reo" erforderlich. Hinzu kommt die Frage der Garantenstellung: Diese muss dogmatisch sauber, insbesondere ohne Vermischen der verschiedenen möglichen Garantenstellungen, diskutiert werden.

Neben diesen Schwierigkeiten ist der Fall auch dadurch von Bedeutung, dass er wichtige Probleme der Fahrlässigkeitshaftung und der Täterschafts- und Teilnehmerstrafbarkeit anspricht. Diese sind Prüfungsschwerpunkt in vielen strafrechtlichen Klausuren und können gerade dadurch gut eingeübt werden, dass sie in unbekannten Konstellationen zu diskutieren sind. Gerade die Frage, inwieweit D Mittäter oder Anstifter ist, ist in diesem Kontext sorgfältig zu erörtern.

Ein weiteres, kleineres Problem des Falles ist die Auseinandersetzung mit selten vorkommenden Qualifikationen. Hier ist vom Studenten im Mindesten zu erwarten, dass er trotz möglicher Unkenntnis der Definitionen – etwa von Gift – durch juristische Fähigkeiten zu annehmbaren und gut begründeten Ergebnissen kommt.

Weiterführende Hinweise: BGHSt 37, 106 (NJW 1990, 2560–2569 – Lederspray); BGHSt 41, 206 (NJW 1995, 2930–2933 – Holzschutzmittel); *Hilgendorf*, Fragen der Kausalität bei Gremienentscheidungen am Beispiel des „Lederspray-Urteils" BGHSt 37, 106 ff., NStZ 1994, 561–566; *Kühne*, Strafrechtliche Produkthaftung in Deutschland, NJW 1997, 1951–1954; *Landrock*, Das Produkthaftungsrecht im Lichte neuerer Gesetzgebung und Rechtsprechung, JA 2003, 981–989; *Molitoris*, Produkthaftungsrecht. Produktbeobachtung und -rückruf, 2007; *Rönnau*, Grundwissen – Strafrecht: Garantenstellungen, JuS 2018, 526–530; *Schwartz*, Strafrechtliche Produkthaftung, 1999.

Fall 14. Lkw-Unfall

Sachverhalt

Ein Lkw verunglückt in einer einsamen Gegend und fängt Feuer. Der Lkw-Fahrer A ist eingeklemmt und kann nicht mehr befreit werden. Hilfe ist nicht erreichbar. Als sich die Flammen immer weiter nähern, bittet er seinen unverletzt gebliebenen Beifahrer B, ihn schnell zu töten, um ihm das Verbrennen zu ersparen. Unter extremen Gewissensqualen kommt B diesem Wunsch schließlich nach und erschlägt A mit einem schweren Schraubenschlüssel.

Hat sich B strafbar gemacht?

Abwandlung 1: Wie der Ausgangsfall, doch diesmal unternimmt B nichts und sieht zu, wie A verbrennt. Hat er sich dadurch strafbar gemacht?

Abwandlung 2: C befindet sich zufällig in der Nähe des Unfalls und hat das ganze Geschehen zutreffend erkannt. Als er sieht, wie B den Schraubenschlüssel hebt, um A zu töten, stößt er B so heftig zur Seite, dass B eine Platzwunde erleidet. Wie hat sich C strafbar gemacht?

Abwandlung 3: Ändert sich an der Bewertung der Konstellation von Abwandlung 2 etwas, wenn C nur handelt, weil er A möglichst grausam sterben sehen möchte?

Gliederung

	Rn.
Ausgangsfall	
I. Tötung auf Verlangen (§ 216 Abs. 1 StGB)	1
1. Tatbestand	2
a) Objektiver Tatbestand	2
b) Subjektiver Tatbestand	5
2. Rechtswidrigkeit	6
a) Einwilligung	6
b) Notwehr	7
c) Notstand	8
aa) Notstandslage	9
bb) Notstandshandlung	10
cc) Interessenabwägung	12
dd) Subjektives Rechtfertigungselement	14
ee) Zwischenergebnis	15
d) Ergebnis	16
II. Endergebnis und Konkurrenzen	17
Abwandlung 1	
I. Totschlag durch Unterlassen (§§ 212 Abs. 1, 13 StGB)	18
1. Tatbestand	19

	Rn.
a) Objektiver Tatbestand	19
b) Zwischenergebnis	20
2. Ergebnis	21
II. Unterlassene Hilfeleistung (§ 323c Abs. 1 StGB)	22
1. Tatbestand	23
2. Ergebnis	25
III. Aussetzung (§ 221 Abs. 1 StGB)	26
IV. Körperverletzung durch Unterlassen (§§ 223 Abs. 1, 13 StGB)	27
V. Endergebnis und Konkurrenzen	28

Abwandlung 2

	Rn.
I. Körperverletzung (§ 223 Abs. 1 StGB)	29
1. Tatbestand	30
a) Objektiver Tatbestand	30
b) Subjektiver Tatbestand	31
2. Rechtswidrigkeit	32
a) Notwehr	33
b) Notstand	34
aa) Notstandslage	35
bb) Notstandshandlung	36
cc) Interessenabwägung	37
Problem: Welche Interessen sind gegeneinander abzuwägen?	
dd) Zwischenergebnis	38
3. Schuld	39
a) Entschuldigender Notstand	40
b) Erlaubnistatbestandsirrtum	41
c) Verbotsirrtum	42
d) Zwischenergebnis	44
4. Ergebnis	45
II. Behinderung von hilfeleistenden Personen (§ 323c Abs. 2 StGB)	46
1. Tatbestand	46
2. Ergebnis	47
III. Endergebnis und Konkurrenzen	48

Abwandlung 3

	Rn.
I. Köperverletzung (§ 223 Abs. 1 StGB)	49
1. Tatbestand	50
2. Rechtswidrigkeit	51
3. Schuld	52
4. Ergebnis	53
II. Mord (§§ 212 Abs. 1, 211 StGB)	54
1. Objektiver Tatbestand	55
2. Subjektiver Tatbestand	57
3. Rechtswidrigkeit und Schuld	58
4. Ergebnis	59
III. Behinderung von hilfeleistenden Personen (§ 323c Abs. 2 StGB)	60
IV. Endergebnis und Konkurrenzen	61

Fall 14. Lkw-Unfall

Lösung

Ausgangsfall

I. Tötung auf Verlangen (§ 216 Abs. 1 StGB)

1   B könnte sich durch den Schlag mit dem Schraubenschlüssel auf den Körper von A wegen Tötung auf Verlangen gemäß § 216 Abs. 1 StGB strafbar gemacht haben.

1. Tatbestand

a) Objektiver Tatbestand

2   Als anderer Mensch ist A taugliches Tatobjekt i.S.d. § 216 Abs. 1 StGB. Der Tatererfolg, der Tod des A, ist auch eingetreten. Da A nicht selbst gehandelt hat, liegt keine (straflose) Teilnahme an einer Selbsttötung vor.[1] Insbesondere hatte B in dem Zeitpunkt der Tat Tatherrschaft.

3   Es müsste ein ausdrückliches und ernstliches Verlangen des Getöteten vorliegen. Verlangen bedeutet dabei mehr als bloßes Einwilligen. Das Opfer muss seine Tötung ernstlich begehren und das Verlangen ausdrücklich kundtun.[2] Ernstlich bedeutet, dass das Verlangen auf einer fehlerfreien Willensbildung beruht. Auch muss dieses Verlangen noch im Augenblick der Tathandlung fortbestehen.[3] Hier bittet A den B ausdrücklich, ihn schnell zu töten, um ihm weitere Qualen durch das Verbrennen zu ersparen. Das Verlangen lag beim Schlag mit dem Schraubenschlüssel noch vor, zudem wurde B hierdurch zur Tötung bestimmt.

4   Der objektive Tatbestand des § 216 Abs. 1 StGB ist damit erfüllt.

b) Subjektiver Tatbestand

5   B müsste vorsätzlich gehandelt haben (§ 15 StGB), also mit Wissen und Wollen den objektiven Tatbestand verwirklicht haben.[4] B zweifelt zwar zunächst, ob er dem Wunsch des A entsprechen soll, schlägt jedoch im Anschluss mit dem Ziel, den A zu töten, zu und handelte damit mit Wissen und Wollen zur Tatbestandsverwirklichung.

2. Rechtswidrigkeit

a) Einwilligung

6   Als Rechtfertigungsgrund kommt zunächst die Einwilligung in Betracht. Umstritten ist, ob die Einwilligung nicht rechtfertigend, sondern tatbestandsausschließend wirkt. Letzteres ist jedoch aufgrund des eindeutigen Wortlauts des § 228 StGB abzulehnen.[5] Im Rahmen des § 216 StGB kommt eine Einwilligung nach allgemeinen Regeln aber von vornherein nicht in Betracht, da die Zustimmung des Rechtsgutsträgers schon im objektiven Tatbestand, der eine Privilegierung gegenüber § 212 StGB

---

[1] Zur Abgrenzung vgl. ausführlich Schönke/Schröder/*Eser*/Sternberg-Lieben § 216 StGB Rn. 11.
[2] *Fischer* § 216 StGB Rn. 7.
[3] *Wessels/Hettinger/Engländer* BT 1 Rn. 107.
[4] *Kühl* § 5 Rn. 6.
[5] *Kühl* § 9 Rn. 21 ff.

darstellt, berücksichtigt wird. Der Gesetzgeber wollte das Rechtsgut Leben nicht zur Disposition des Inhabers stellen. Somit scheidet eine Einwilligung als Rechtfertigungsgrund hier aus.

b) Notwehr

Die Tat könnte durch Notwehr (§ 32 StGB) gerechtfertigt sein. Die Notwehr setzt einen gegenwärtigen rechtswidrigen Angriff voraus. Angriff ist die Bedrohung rechtlich geschützter Interessen durch ein menschliches Verhalten.[6] Hier liegt zwar eine drohende Verletzung der körperlichen Unversehrtheit des A durch das Feuer vor, jedoch gerade nicht durch das Verhalten eines Menschen. Somit liegt schon kein Angriff vor, eine Notwehr scheidet aus. 7

c) Notstand

In Betracht kommt ein rechtfertigender Notstand nach § 34 StGB. 8

aa) Notstandslage

Es muss eine Notstandslage vorliegen, also eine gegenwärtige Gefahr für ein notstandsfähiges Rechtsgut bestehen. Als ein solches Rechtsgut kommen grundsätzlich sämtliche Rechtsgüter in Betracht.[7] Aufgrund des Brandes besteht hier sowohl eine Gefahr für die körperliche Unversehrtheit als auch für das Leben des B. Diese stand im Zeitpunkt des Eingreifens durch B unmittelbar bevor, war also gegenwärtig. Eine Notstandslage liegt somit vor. 9

bb) Notstandshandlung

Die Rettungshandlung müsste auch erforderlich gewesen sein, die Notstandslage zu beseitigen. Erforderlich ist sie, wenn durch die Handlung Rettungschancen für das gefährdete Rechtsgut bestehen, sie also zur Rettung geeignet ist, und wenn sie das relativ mildeste Mittel ist.[8] Ob der Handelnde die Gefahr von sich oder einem anderen abwenden möchte, ist gleichgültig, das Gesetz rechtfertigt auch die Notstandshilfe.[9] 10

Der Schlag mit dem Schraubenschlüssel war geeignet, um die Gefahr des qualvollen Verbrennens zu beseitigen. Da sich beide Personen in einer abgelegenen Gegend befinden, somit rechtzeitige Hilfe nicht ersichtlich ist, spricht vieles dafür, in einem Schlag das relativ mildeste Mittel zu sehen. Vielleicht könnte man daran denken, dass ein leichter Schlag, der nur zur Bewusstlosigkeit des A führt, ausgereicht hätte, dem A die Schmerzen zu ersparen, jedoch ist es schwer, die Schlagintensität in einer solchen Situation richtig zu steuern. Somit ist auch die Notstandshandlung gegeben. 11

cc) Interessenabwägung

Die Tat ist nicht rechtswidrig, wenn bei der Abwägung widerstreitender Interessen, namentlich der betroffenen Rechtsgüter und des Grades der drohenden Gefahren, das geschützte Interesse das beeinträchtigte wesentlich überwiegt. Man könnte hier 12

---

[6] Lackner/Kühl/*Kühl* § 32 StGB Rn. 2; *Zieschang* Rn. 202.
[7] *Kühl* § 8 Rn. 21.
[8] *Hilgendorf/Valerius* AT § 5 Rn. 78; *Wessels/Beulke/Satzger* AT Rn. 469.
[9] *Hilgendorf/Valerius* AT § 5 Rn. 73; *Wessels/Beulke/Satzger* AT Rn. 468.

darauf abstellen, dass mit dem Schlag des B das Rechtsgut Leben beeinträchtigt wird. Dann wäre unbeachtlich, ob damit die körperliche Unversehrtheit oder das (qualfreie) Leben geschützt wird. Jedenfalls würde kein Überwiegen des geschützten Interesses vorliegen.[10]

13 Man könnte die in Rede stehenden Rechtsgüter allerdings auch anders abwägen. Zum einen ist möglich, darauf abzustellen, dass Schmerz, Pein und Qualen das Leben des Einzelnen so sehr beeinträchtigen, dass die Achtung der Menschenwürde auch die lebensverkürzende Schmerzlinderung rechtfertigt, wenn es nur noch eine Frage der Zeit ist, bis der Betroffene der Unerträglichkeit der Schmerzen erliegt.[11] Zum anderen kann man berücksichtigen, dass das Leben des A ohnehin verloren ist. Dann kann man bei der Interessenabwägung den Schmerz und die Qualen bei gleichzeitig fehlendem Lebenswillen und damit das Selbstbestimmungsrecht als das Leben des A überwiegend erachten.[12] Mit dieser Argumentation kommt man jeweils zum Ergebnis, dass das geschützte Interesse die beeinträchtigten Interessen wesentlich überwiegt.[13]

> **Hinweis:** Folgt man dieser Ansicht nicht und hält sich an die h.M., kommt eine Entschuldigung nach § 35 StGB in Betracht. Hier fehlt es jedoch am persönlichen Näheverhältnis. Zwar sind A und B Arbeitskollegen, jedoch sind beide nicht so eng verbunden, dass eine Gefahr für den A auch von B selbst als Drucksituation empfunden werden kann wie zum Beispiel bei Verwandten, Lebensgefährten, *nahen* Freunden, Hausgenossen.
>
> Lehnt man somit eine Entschuldigung wegen fehlenden Näheverhältnisses ab, könnte noch der übergesetzliche entschuldigende Notstand in Betracht kommen. Diese Figur ist rechtlich stark umstritten. Sie kann zur Anwendung kommen, wenn der Täter ein anderes rechtlich gleichwertiges Rechtsgut aufopfern muss, um ein bedrohtes Rechtsgut zu retten.

dd) Subjektives Rechtfertigungselement

14 Der Täter müsste gehandelt haben, um die Gefahr von sich oder einem anderen abzuwenden. Ist das subjektive Rechtfertigungselement, der Rettungswille, nicht gegeben, ist umstritten, ob sich der Täter wegen vollendeter Tat oder wegen Versuchs strafbar gemacht hat.[14] Hier schlägt der B mit dem Schraubenschlüssel auf den A ein, um ihm ein qualvolles Verbrennen zu ersparen. Somit ist auch das subjektive Rechtfertigungselement zu bejahen.

ee) Zwischenergebnis

15 Der rechtfertigende Notstand in Form der Notstandshilfe ist gegeben.

d) Ergebnis

16 B ist gerechtfertigt, hat sich also nicht gemäß § 216 Abs. 1 StGB strafbar gemacht.

II. Endergebnis und Konkurrenzen

17 B hat sich nicht gemäß § 216 Abs. 1 StGB strafbar gemacht. Die tatbestandlich erfüllten Körperverletzungsdelikte sind ebenfalls nach § 34 StGB gerechtfertigt.

---

[10] H.M., vgl. nur MünchKommStGB/*Erb* § 34 StGB Rn. 116 m.w.N.
[11] *Otto* BT § 6 Rn. 32.
[12] *Herzberg* NJW 1996, 3043, 3048.
[13] Grundlegend zur Frage des rechtfertigenden Notstands bei aktiver Sterbehilfe NK/*Neumann* Vor § 211 StGB Rn. 139 ff.
[14] *Fischer* § 34 StGB Rn. 28 m.w.N.

Abwandlung 1

I. Totschlag durch Unterlassen (§§ 212 Abs. 1, 13 StGB)

B könnte sich durch das Zusehen und Nichteingreifen beim Verbrennen wegen 18
Totschlages durch Unterlassen gemäß §§ 212 Abs. 1, 13 StGB strafbar gemacht
haben.

1. Tatbestand

a) Objektiver Tatbestand

Mit dem Tod eines anderen Menschen ist der Erfolg des § 212 Abs. 1 StGB einge- 19
treten. B ist untätig geblieben und hat damit eine Rettungshandlung unterlassen.
Das Unterlassen ist kausal, wenn das gebotene Verhalten nicht hinzugedacht werden kann, ohne dass der tatbestandliche Erfolg mit an Sicherheit grenzender Wahrscheinlichkeit entfiele.[15] Hier kann keine Rettungshandlung hinzugedacht werden,
die den Erfolg (Tod des A) entfallen ließe. Es bestand keine physisch-reale Möglichkeit, ihn zu retten.

b) Zwischenergebnis

Der objektive Tatbestand wurde nicht verwirklicht. Eine Pflicht zur Bewahrung des 20
A vor weiteren Qualen, etwa durch Handlungen wie in der Grundkonstellation,
besteht mangels Garantenstellung nicht (dazu → Rn. 26). Zudem wäre die Zumutbarkeit entsprechender „Rettungshandlungen" höchst zweifelhaft.

2. Ergebnis

B hat sich somit nicht wegen Totschlags durch Unterlassen gemäß §§ 212 Abs. 1, 21
13 StGB strafbar gemacht.

II. Unterlassene Hilfeleistung (§ 323c Abs. 1 StGB)

B könnte sich durch das Zusehen beim Verbrennen wegen unterlassener Hilfeleis- 22
tung nach § 323c Abs. 1 StGB strafbar gemacht haben.

1. Tatbestand

Dafür muss ein Unglücksfall, eine gemeine Gefahr oder Not gegeben sein. Ein Un- 23
glücksfall ist jedes plötzlich eintretende Ereignis, das die unmittelbare Gefahr eines
erheblichen Schadens für andere Menschen oder fremde Sachen mit sich bringt.[16]
Eine gemeine Gefahr ist ein Zustand, bei dem die Möglichkeit eines erheblichen
Schadens an Leib oder Leben oder an bedeutenden Sachwerten für unbestimmt
viele Personen nahe liegt.[17] Eine gemeine Not bedeutet eine Notlage der Allgemeinheit.[18] Hier ist durch den Unfall und den dadurch bewirkten Lkw-Brand eine
erhebliche plötzlich eintretende Gefahr für A gegeben. Es handelt sich mithin um
einen Unglücksfall. Hilfe hat B dem A nicht geleistet.

---

[15] *Fischer* Vor § 13 StGB Rn. 39.
[16] *Kindhäuser/Hilgendorf* § 323c StGB Rn. 4; *Wessels/Hettinger/Engländer* BT 1 Rn. 1091.
[17] Lackner/Kühl/*Kühl* § 323c StGB Rn. 3.
[18] Lackner/Kühl/*Kühl* § 323c StGB Rn. 3.

24 Eine Hilfeleistung müsste erforderlich gewesen sein. Das ist hier zweifelhaft. A konnte gerade nicht mehr gerettet werden, eine Hilfe war mithin nach objektiver nachträglicher Prognose von vornherein aussichtslos. Die einzige „Hilfe", die B dem A hätte leisten können, hätte in einer raschen Tötung bestanden. Es besteht jedoch keine Rechtspflicht zu einer derartigen Hilfeleistung; sie wäre nicht zumutbar.

2. Ergebnis

25 B hat sich somit nicht wegen unterlassener Hilfeleistung nach § 323c Abs. 1 StGB strafbar gemacht.

III. Aussetzung (§ 221 Abs. 1 StGB)

26 B könnte sich durch das Zusehen beim Verbrennen wegen Aussetzung gemäß § 221 Abs. 1 Nr. 2 StGB strafbar gemacht haben. Dafür ist erforderlich, dass A bei B in Obhut oder einer sonstigen Beistandspflicht stand, also eine Garantenstellung besteht.[19] Hier kommt allein eine Garantenstellung aus engem Vertrauensverhältnis in Betracht. Ein enges Vertrauensverhältnis liegt vor, wenn Personen auf Gedeih und Verderb miteinander verbunden sind (zum Beispiel die Teilnehmer einer Bergbesteigung). Davon abzugrenzen ist jedoch die Gefahrengemeinschaft. Diese ist gegeben, wenn beispielsweise bei einem Schiffsunfall „alle in einem Boot sitzen".[20] Hier ist nicht ersichtlich, dass A und B ein Vertrauensverhältnis über die Arbeit hinaus haben. Folglich scheidet eine Garantenstellung aus besonderem Vertrauensverhältnis hier aus. B hat sich somit nicht wegen Aussetzung gemäß § 221 Abs. 1 Nr. 2 StGB strafbar gemacht.

IV. Körperverletzung durch Unterlassen (§§ 223 Abs. 1, 13 StGB)

27 Auch eine Körperverletzung durch Unterlassen (§§ 223 Abs. 1, 13 StGB) scheidet jedenfalls mangels Garantenstellung aus (→ Rn. 26).

V. Endergebnis und Konkurrenzen

28 B hat sich nicht strafbar gemacht.

Abwandlung 2

I. Körperverletzung (§ 223 Abs. 1 StGB)

29 C könnte sich durch das Stoßen des B wegen Körperverletzung gemäß § 223 Abs. 1 StGB strafbar gemacht haben.

1. Tatbestand

a) Objektiver Tatbestand

30 Hierfür müsste der C den B körperlich misshandelt oder an der Gesundheit geschädigt haben. Eine körperliche Misshandlung ist jede üble und unangemessene Behandlung, auf Grund derer das körperliche Wohlbefinden oder die körperliche

---

[19] *Fischer* § 221 StGB Rn. 4 f.; *Kindhäuser/Hilgendorf* § 221 StGB Rn. 12.
[20] *Kühl* § 18 Rn. 67.

Unversehrtheit nicht nur unerheblich beeinträchtigt wird.[21] B wurde so gestoßen, dass er eine Platzwunde erlitt. Er wurde deshalb körperlich misshandelt. Dadurch wurde auch ein pathologischer (krankhafter) Zustand[22] hervorgerufen, B also auch an der Gesundheit geschädigt. Der objektive Tatbestand des § 223 Abs. 1 StGB wurde in beiden Alternativen verwirklicht.

b) Subjektiver Tatbestand

C wusste, dass er den objektiven Tatbestand durch das Stoßen verwirklichen würde und wollte dies auch, handelte also mit Vorsatz (§ 15 StGB). 31

2. Rechtswidrigkeit

C müsste auch rechtswidrig gehandelt haben. Das wäre nicht der Fall, wenn Rechtfertigungsgründe eingreifen würden. 32

a) Notwehr

C könnte durch Notwehr gerechtfertigt sein (§ 32 StGB). Dafür muss eine Notwehrlage vorliegen. Ein gegenwärtiger – weil unmittelbar bevorstehender[23] – Angriff ist in dem Ausholen mit dem Schraubenschlüssel zu sehen. Fraglich ist, ob der Angriff rechtswidrig war, also objektiv im Widerspruch mit der Rechtsordnung steht.[24] Hier handelte B jedoch im Rahmen seines Notstandsrechts (→ Rn. 8 ff.). Der Angriff war damit nicht rechtswidrig, eine Notwehrlage bestand somit nicht. 33

b) Notstand

Als Rechtfertigungsgrund kommt allerdings der rechtfertigende Notstand in Betracht (§ 34 StGB). 34

aa) Notstandslage

Zunächst muss eine Notstandslage vorliegen, also eine gegenwärtige Gefahr für ein notstandsfähiges Rechtsgut bestehen. Hier sind Leib und Leben des A in Gefahr, durch den Schlag des B beeinträchtigt zu werden. Der Schlag steht zudem unmittelbar bevor. Eine Notstandslage ist gegeben. 35

bb) Notstandshandlung

Infolge des Stoßes zur Seite kann B die Tötungshandlung nicht zu Ende führen. Das Leben des A bleibt (wenn auch nur vorübergehend) geschützt. Somit ist die Handlung zur Lebensrettung geeignet. Im Rahmen der Erforderlichkeit stellt sich außerdem die Frage nach dem relativ mildesten Mittel. Zwar könnte C erst B ansprechen, um ihn davon zu überzeugen, den Schlag nicht auszuführen, jedoch kann durch diese Alternativhandlung das Rechtsgut nicht mit Sicherheit geschützt werden, da sich B gerade im Schlagvorgang befindet. Somit ist die Notstandshandlung zu bejahen. 36

cc) Interessenabwägung

Des Weiteren muss die Interessenabwägung positiv ausfallen, das geschützte Rechtsgut müsste das beeinträchtigte also wesentlich überwiegen. Geschütztes Rechtsgut 37

---

[21] *Kindhäuser/Hilgendorf* § 223 StGB Rn. 2; *Wessels/Hettinger/Engländer* BT 1 Rn. 216.
[22] *Wessels/Hettinger/Engländer* BT 1 Rn. 219.
[23] Vgl. Schönke/Schröder/*Perron/Eisele* § 32 StGB Rn. 14.
[24] Schönke/Schröder/*Perron/Eisele* § 32 StGB Rn. 19 f.

ist hier das Leben des A. Beeinträchtigtes Rechtsgut ist die körperliche Unversehrtheit des B. Jedoch ist wie im Ausgangsfall zu beachten, dass auf der Seite der beeinträchtigten Rechtsgüter auch die Menschenwürde des A steht. Durch den Schlag will B den qualvollen Tod des A gerade vermeiden, der ohnehin in Kürze eintreten würde. Der Stoß bewirkt, dass die Qualen des A verlängert werden, andererseits führt er nicht dazu, dass das Leben des A gerettet wird. Das geschützte Rechtsgut überwiegt das beeinträchtigte aus diesem Grunde nicht.

Hinweis: Mit entsprechender Argumentation kann man schon die Notstandshandlung als nicht geeignet sehen, da das Rechtsgut (Leben des A) ohnehin verloren ist und somit das Stoßen des B nicht geeignet ist, um dieses zu retten.

dd) Zwischenergebnis

38 Auch der rechtfertigende Notstand greift nicht. Weitere Rechtfertigungsgründe sind nicht ersichtlich. C handelte rechtswidrig.

3. Schuld

39 C müsste auch schuldhaft gehandelt haben. Das wäre nicht der Fall, wenn Schuldausschließungs- oder Entschuldigungsgründe eingreifen würden.

a) Entschuldigender Notstand

40 Es könnte der entschuldigende Notstand gemäß § 35 StGB in Betracht kommen. Die Notstandslage im Rahmen des § 35 StGB muss eine gegenwärtige Gefahr für Leben, Leib oder Freiheit darstellen. Des Weiteren müsste eine persönliche Nähebeziehung gegeben sein. Hier ist zwar eine gegenwärtige Gefahr für das Leben des A anzunehmen, jedoch ist aus dem Sachverhalt keine persönliche Nähebeziehung zwischen A und C erkennbar. Somit ist der entschuldigende Notstand nicht gegeben.

b) Erlaubnistatbestandsirrtum

41 Es könnte jedoch ein Erlaubnistatbestandsirrtum des C vorliegen, wodurch die Schuld entfallen könnte. Ein solcher liegt vor, wenn der Täter über die sachlichen Voraussetzungen eines anerkannten Rechtfertigungsgrundes irrt, er also irrig Umstände annimmt, die im Fall ihres wirklichen Vorliegens die Tat rechtfertigen würden.[25] C erkennt jedoch die Umstände zutreffend. Ebenso ist davon auszugehen, dass er erkennt, selbst rechtswidrig zu handeln. Er irrt nicht über Voraussetzungen, die einen Rechtfertigungsgrund zulassen würden. Somit liegt kein Erlaubnistatbestandsirrtum vor.

c) Verbotsirrtum

42 Des Weiteren könnte hier ein Verbotsirrtum (§ 17 StGB) vorliegen. Dieser ist gegeben, wenn der Täter eine Verbotsnorm nicht kennt, diese für ungültig hält oder infolge unrichtiger Auslegung zu Fehlvorstellungen über ihren Geltungsbereich gelangt und aus diesem Grunde sein Verhalten als rechtlich zulässig ansieht.[26] Auch kann dieser Irrtum vorliegen, wenn es dem Täter an der Unrechtseinsicht fehlt.

---

[25] *Hilgendorf/Valerius* AT § 8 Rn. 40; *Wessels/Beulke/Satzger* AT Rn. 740.
[26] *Hilgendorf/Valerius* AT § 8 Rn. 33; *Wessels/Beulke/Satzger* AT Rn. 730 ff.

Hinweis: Früher wurde auch die Vorsatztheorie vertreten, die im Vorsatz auch das Unrechtsbewusstsein sah.[27] Liegt dieses nicht vor, entfalle der Vorsatz. Diese Theorie würde jedoch zu Strafbarkeitslücken in den Bereichen führen, in denen Fahrlässigkeitsdelikte fehlen. Somit ist sie überholt.

Nichts deutet darauf hin, dass sich C über die Situation unzureichend Gedanken gemacht hätte. Da C die Lage zutreffend erkennt und auch nicht ersichtlich ist, dass es ihm an der Unrechtseinsicht fehlt oder er über die Anwendung einer Verbotsnorm irrt, ist hier kein Verbotsirrtum gegeben. **43**

d) Zwischenergebnis
C handelte schuldhaft. **44**

4. Ergebnis
C hat sich wegen Körperverletzung zum Nachteil des B gemäß § 223 Abs. 1 StGB wegen Stoßens des B strafbar gemacht. **45**

II. Behinderung von hilfeleistenden Personen (§ 323c Abs. 2 StGB)
1. Tatbestand
Durch das Beiseitestoßen des B könnte sich C außerdem wegen einer Behinderung von hilfeleistenden Personen gemäß § 323c Abs. 2 StGB strafbar gemacht haben. Eine Notsituation i. S. d. § 323c Abs. 1 StGB liegt vor (→ Rn. 23). Allerdings ist fraglich, ob C den B in einer Situation behindert hat, in der B einem Dritten Hilfe geleistet hat oder Hilfe leisten wollte. Ausweislich der Gesetzesbegründung bedarf es einer Rettungstätigkeit, die durch den Täter beeinträchtigt wird.[28] Hier hat B aber gerade keine Rettungstätigkeit vorgenommen, sondern wollte im Gegenteil den A töten. Mangels objektiven Vorliegens einer Rettungshandlung hat C den objektiven Tatbestand des § 323c Abs. 2 StGB nicht verwirklicht.[29] Da es sich bei § 323c Abs. 2 StGB um ein Vergehen handelt und die Vorschrift nicht eine Strafbarkeit des Versuchs anordnet, kommt auch ein untauglicher Versuch des C nicht in Betracht. **46**

2. Ergebnis
C hat sich nicht gemäß § 323c Abs. 2 StGB strafbar gemacht. **47**

III. Endergebnis und Konkurrenzen
C hat sich der Körperverletzung zum Nachteil des B gemäß § 223 Abs. 1 StGB wegen Stoßens des B strafbar gemacht. Eine Strafbarkeit des C zum Nachteil des A ist auszuschließen, da im Sachverhalt keine Hinweise auf eine vorsätzliche oder fahrlässige Begehung einer Tat zum Nachteil des A gegeben sind. **48**

Abwandlung 3

I. Körperverletzung (§ 223 Abs. 1 StGB)
C könnte sich durch das Stoßen des B wegen Körperverletzung zum Nachteil des B gemäß § 223 Abs. 1 StGB strafbar gemacht haben. **49**

---
[27] So etwa *Schmidhäuser* JZ 1979, 361, 365 ff.
[28] BT-Drs. 18/12153 S. 6 f.
[29] Ebenso ist die Behinderung von offenkundig untauglichen oder überflüssigen „Rettungshandlungen" tatbestandlich auszuschließen, vgl. *Fischer* § 323c StGB Rn. 22.

1. Tatbestand

50 Objektiver und subjektiver Tatbestand liegen vor (→ Rn. 30 f.).

2. Rechtswidrigkeit

51 Auch Rechtswidrigkeit liegt vor. Notwehr, Nothilfe (§ 32 StGB) oder Notstand (§ 34 StGB) kommen nicht in Betracht, da es C gerade auf die Tötung des A ankommt. Somit ist kein Rettungswille gegeben. Es fehlt also zumindest das subjektive Rechtfertigungselement.

3. Schuld

52 Auch handelte C schuldhaft. Ein Erlaubnistatbestandsirrtum ist jedenfalls aufgrund eines fehlenden Irrtums über das Vorliegen eines Rechtfertigungsgrundes sowie des fehlenden Rettungswillens nicht gegeben. Es liegt auch Unrechtsbewusstsein vor.

4. Ergebnis

53 C hat sich folglich wegen Körperverletzung gemäß § 223 Abs. 1 StGB zum Nachteil des B strafbar gemacht.

II. Mord (§§ 212 Abs. 1, 211 StGB)

Hinweis: Da nun A tatsächlich verbrennt, weil C ein Eingreifen des B erfolgreich verhindert hat und selbst nicht eingreift, stellt sich die Frage, ob C sich dadurch seinerseits strafbar gemacht hat.

54 C könnte sich durch das Stoßen des B wegen Mordes zum Nachteil des A gemäß §§ 212 Abs. 1, 211 StGB strafbar gemacht haben.

1. Objektiver Tatbestand

55 Der tatbestandsmäßige Erfolg ist eingetreten; A ist durch den Brand verstorben. Das Handeln des C müsste hierfür kausal gewesen sein. C hat den B, der A gerade mit dem Schraubenschlüssel erschlagen wollte, beiseite gestoßen. Ohne das Handeln des C wäre der A nicht durch den Brand verstorben, sondern durch den Schlag mit dem Schraubenschlüssel durch B. Fraglich ist, ob dem C hier eher ein aktives Tun oder ein Unterlassen vorzuwerfen ist. Da C hier fremde Rettungsbemühungen vereitelt hat und nicht eigene unterlassen hat, liegt der Schwerpunkt der Vorwerfbarkeit in einem aktiven Tun.[30] Der Stoß gegen B war kausal für den konkreten Tod des A.

56 Möglicherweise hat C dabei auch Mordmerkmale verwirklicht. In Betracht kommt hier das Mordmerkmal „grausam" (§ 211 Abs. 2 Gruppe 2 Var. 2 StGB). Grausam tötet, wer dem Opfer im Rahmen der Tötungshandlung aus gefühlloser, unbarmherziger Gesinnung durch Dauer, Stärke oder Wiederholung der Schmerzverursachung besonders schwere Qualen körperlicher oder seelischer Art zufügt.[31] A stirbt hier durch Verbrennen, also durch besonders schwere körperliche Qualen. Aufgrund der Dauer und der Schmerzverursachung, die einer gefühllosen Gesinnung des Täters entspringt, ist diese Art der Tötung grausam.

---

[30] Vgl. *Wessels/Beulke/Satzger* AT Rn. 1161 f.
[31] *Hindhäuser/Hilgendorf* § 211 StGB Rn. 25; *Wessels/Hettinger/Engländer* BT 1 Rn. 56.

2. Subjektiver Tatbestand

C müsste auch vorsätzlich gehandelt haben. Er wusste, dass A durch den Stoß nicht vor den Qualen gerettet werden würde und wollte, dass A durch die Flammen stirbt. C erstrebte den Erfolg sogar, handelte also absichtlich i.S.v. dolus directus ersten Grades. Der Vorsatz bezieht sich auch auf die Grausamkeit, C wollte gerade den grausamen Tod des A durch Verbrennen. Für die Annahme subjektiver Mordmerkmale (z.B. Mordlust, niedrige Beweggründe) enthält der Sachverhalt keine ausreichenden Informationen zum inneren Vorstellungsbild des C. **57**

3. Rechtswidrigkeit und Schuld

C handelte rechtswidrig und schuldhaft. **58**

4. Ergebnis

C hat sich wegen Mordes gemäß §§ 212 Abs. 1, 211 Abs. 2 Gruppe 2 Var. 2 StGB zum Nachteil des A strafbar gemacht. **59**

III. Behinderung von hilfeleistenden Personen (§ 323c Abs. 2 StGB)

Eine Strafbarkeit des C gemäß § 323c Abs. 2 StGB kommt mangels objektiven Vorliegens einer Hilfeleistung durch B nicht in Betracht (→ Rn. 46f.). **60**

IV. Endergebnis und Konkurrenzen

C hat sich wegen Körperverletzung gemäß § 223 Abs. 1 StGB zum Nachteil des B sowie wegen Mordes gemäß §§ 212 Abs. 1, 211 Abs. 2 Gruppe 2 Var. 2 StGB zum Nachteil des A strafbar gemacht. **61**

Fallbeurteilung

Dieser Fall entspricht im Grad seiner Schwierigkeit einer anspruchsvollen Klausur. Der Stoff ist überschaubar, die Fragestellungen sind aber ungewöhnlich und anspruchsvoll. Der Bearbeiter sollte juristisch und nicht rechtspolitisch oder ethisch argumentieren. Entscheidend kommt es hier auf die richtige Schwerpunktsetzung an.

Problemkreise ergeben sich vor allem im Rahmen der Unterlassungsdelikte, der Rechtswidrigkeit und der Schuld. Die Interessenabwägung bei § 34 StGB ist ein zentraler Punkt. Der Bearbeiter muss generell zeigen, dass er die Tötungsdelikte sicher beherrscht. Auch sollte die unterlassene Hilfeleistung zumindest kurz erwähnt werden.

Bei guter Argumentation und Begründung würde gerade angesichts der hoch umstrittenen Fragestellungen ein von diesem Lösungsvorschlag abweichendes Ergebnis nicht negativ bewertet werden. Der Bearbeiter sollte klar die Probleme erfassen, aufzeigen und überzeugend lösen.

Fall 14. Lkw-Unfall

Mit einem solchen Fall sollte man als Student vor allem im Rahmen einer Hausarbeit rechnen, da er detailliertes Wissen auf einem nicht ganz alltäglichen Problemfeld zum Thema hat.

Weiterführende Hinweise: *Herzberg,* Sterbehilfe als gerechtfertigte Tötung im Notstand?, NJW 1996, 3043–3049; *Herzberg/Scheinfeld,* Der praktische Fall. Strafrecht: Aktive Sterbehilfe, JuS 2003, 880–887; *Lüderssen,* Aktive Sterbehilfe – Rechte und Pflichten, JZ 2006, 689–695.

Fall 15. Fußballspiel

Sachverhalt

Die Mannschaften von A-Land und B-Land spielen im Endspiel um die Weltmeisterschaft im Fußball. Der durch Spielwetten reich gewordene X bietet dem Schiedsrichter S 100.000 EUR, wenn er das Spiel zugunsten der Mannschaft von A-Land manipuliert. Dieser erklärt sich einverstanden und erhält das Geld. X setzt eine hohe Summe auf den Sieg der A-Mannschaft. In Wirklichkeit hatte S nie vor, das Spiel zu manipulieren. Das Geld allerdings will er für sich behalten.

Das Endspiel zieht viele Menschen an. Y stellt an einem Farbkopierer zwei Dutzend Karten her, die den Eintrittskarten täuschend ähnlich sehen, und verkauft sie gewinnbringend. Weder die vom Veranstalter verkauften Originalkarten noch die von Y kopierten sind individualisiert. Eine davon erwirbt Z, der allerdings als einziger die Täuschung durchschaut. Dennoch will Z die Karte benutzen, um in das Stadion zu gelangen. Bei der Einlasskontrolle fliegt er auf und wird festgenommen.

Trainer T hat dem Spieler A1 ohne dessen Wissen ein Mittel gegeben, das dessen Ausdauer wesentlich erhöht, dabei aber in einem von zehn Fällen zu einem – nicht lebensgefährlichen – Kreislaufzusammenbruch führt. A2, der dies erfährt, droht T mit einem Skandal, wenn er ihm (dem A2) das Mittel nicht ebenfalls verabreiche. A2 will bei dem Spiel möglichst gut „herauskommen", um großzügig dotierte Werbeverträge abschließen zu können. Den A1 informiert er nicht. T lässt sich jedoch darauf nicht ein.

Das Spiel beginnt. A2 gelangt in Ballbesitz und stürmt auf das gegnerische Tor zu. B1 stellt sich ihm in den Weg. Als ihn A2 umspielen will, lässt sich B1 fallen und schreit laut auf. Daraufhin pfeift der Schiedsrichter einen Freistoß für B1. A2 ist ob der zerpfiffenen Großchance empört. Er ruft A1 zu, sie sollten sich den B1 einmal „vornehmen". Allerdings hört A1 den A2 nicht, was wiederum A2 nicht bemerkt. Als B1 wieder am Ball ist, nähern sich ihm A1 und A2 von links und rechts. A1 erreicht den B1 als erster und foult ihn so hart, dass B1 zu Boden geht. Dies ist genau das, was A2 zusammen mit A1 erreichen wollte.

Das Publikum rast. Auf den Tribünen formt sich bei den Anhängern der A-Mannschaft der Schlachtruf: „Mannschaft B – Versagertruppe!". Mittendrin sitzt W und skandiert begeistert mit. Die A-Mannschaft gewinnt schließlich 3:1.

Prüfen Sie die Strafbarkeit aller Beteiligten nach dem StGB!

Gliederung

	Rn.
I. Erster Tatkomplex: Die Vereinbarung zwischen X und S	1
1. Strafbarkeit des X	1
a) Betrug zum Nachteil des Wettanbieters (§ 263 Abs. 1 StGB)	1
aa) Tatbestand	2
bb) Ergebnis	5

Fall 15. Fußballspiel

	Rn.
b) Versuchter Betrug zum Nachteil des Wettanbieters (§§ 263 Abs. 1, 22, 23 Abs. 1 StGB)	6
aa) Vorprüfung	7
bb) Tatentschluss	8
cc) Unmittelbares Ansetzen	10
dd) Rechtswidrigkeit, Schuld und Rücktritt	11
ee) Ergebnis	12
c) Versuchter Betrug zum Nachteil der anderen Wettteilnehmer (§§ 263 Abs. 1, 22, 23 Abs. 1 StGB)	13
aa) Vorprüfung	14
bb) Tatentschluss	15
cc) Ergebnis	16
d) Sportwettbetrug (§ 265c Abs. 4 StGB)	17
aa) Tatbestand	18
bb) Rechtswidrigkeit und Schuld	23
cc) Strafzumessung	24
dd) Ergebnis	26
e) Manipulation von berufssportlichen Wettbewerbern (§ 265d Abs. 4 StGB)	27
aa) Tatbestand	28
bb) Rechtswidrigkeit und Schuld	30
cc) Strafzumessung	31
dd) Ergebnis	32
f) Vorteilsgewährung (§ 333 StGB)	33
aa) Tatbestand	34
bb) Ergebnis	35
g) Bestechung (§ 299 Abs. 2 StGB)	36
2. Strafbarkeit des S	37
a) Betrug zum Nachteil des X (§ 263 Abs. 1 StGB)	37
aa) Tatbestand	38
(1) Objektiver Tatbestand	38
Problem: Nach welchem Vermögensbegriff wird der Vermögensschaden bestimmt?	
(2) Subjektiver Tatbestand	42
bb) Rechtswidrigkeit und Schuld	43
cc) Ergebnis	44
b) Unterschlagung zum Nachteil des X (§ 246 Abs. 1 StGB)	45
aa) Tatbestand	46
bb) Ergebnis	47
c) Sportwettbetrug (§ 265c Abs. 3 StGB)	48
aa) Tatbestand	49
bb) Rechtswidrigkeit und Schuld	51
cc) Strafzumessung	52
dd) Ergebnis	53
d) Manipulation von berufssportlichen Wettbewerbern (§ 265d Abs. 3 StGB)	54

	Rn.
aa) Tatbestand	55
bb) Rechtswidrigkeit und Schuld	56
cc) Strafzumessung	57
dd) Ergebnis	58
3. Konkurrenzen im ersten Tatkomplex	59
II. Zweiter Tatkomplex: Die Eintrittskarten	62
1. Strafbarkeit des Y	62
a) Urkundenfälschung (§ 267 Abs. 1, 3 StGB)	62
aa) Tatbestand	63
(1) Objektiver Tatbestand	63
(a) Herstellen einer unechten Urkunde	64
Problem: Kann eine Kopie Urkundenqualität haben?	
(b) Gebrauchen einer unechten Urkunde	67
(2) Subjektiver Tatbestand	68
bb) Rechtswidrigkeit und Schuld	69
cc) Strafzumessung (§ 267 Abs. 3 StGB)	70
(1) Gewerbsmäßiges Handeln (§ 267 Abs. 3 Satz 2 Nr. 1 StGB)	71
(2) Erhebliche Gefährdung des Rechtsverkehrs (§ 267 Abs. 3 Satz 2 Nr. 3 StGB)	72
dd) Ergebnis	73
b) Betrug zum Nachteil der Käufer mit Ausnahme von Z (§ 263 Abs. 1 StGB)	74
aa) Objektiver Tatbestand	75
bb) Subjektiver Tatbestand	77
cc) Rechtswidrigkeit und Schuld	78
dd) Ergebnis	79
c) Versuchter Betrug zum Nachteil des Z (§§ 263 Abs. 1, 22, 23 Abs. 1 StGB)	80
aa) Vorprüfung	81
bb) Tatentschluss	82
cc) Unmittelbares Ansetzen	83
dd) Rechtswidrigkeit, Schuld und Rücktritt	84
ee) Ergebnis	85
2. Strafbarkeit des Z	86
a) Versuchter Betrug zum Nachteil des Spielveranstalters (§§ 263 Abs. 1, 22, 23 Abs. 1 StGB)	86
aa) Vorprüfung	87
bb) Tatentschluss	88
Problem: Worin ist der Vermögensschaden zu sehen?	
cc) Unmittelbares Ansetzen	91
dd) Rechtswidrigkeit, Schuld und Rücktritt	92
ee) Ergebnis	93
b) Versuchtes Erschleichen von Leistungen zum Nachteil des Spielveranstalters (§§ 265a Abs. 1, 22, 23 Abs. 1 StGB)	94
c) Urkundenfälschung (§ 267 Abs. 1 StGB)	95
aa) Objektiver Tatbestand	96

	Rn.
bb) Subjektiver Tatbestand	97
cc) Rechtswidrigkeit und Schuld	98
dd) Ergebnis	99

III. Dritter Tatkomplex: Das Ausdauermittel ... 100
  1. Strafbarkeit des T ... 100
    a) Gefährliche Körperverletzung zum Nachteil des A1 (§§ 223 Abs. 1, 224 Abs. 1 StGB) ... 100
      aa) Tatbestand ... 101
        (1) Objektiver Tatbestand ... 101
          (a) Objektiver Tatbestand des Grunddelikts (§ 223 Abs. 1 StGB) ... 101
          (b) Objektiver Tatbestand der Qualifikation (§ 224 Abs. 1 StGB) ... 103
        (2) Subjektiver Tatbestand ... 104
      bb) Rechtswidrigkeit ... 105
      cc) Schuld ... 106
      dd) Ergebnis ... 107
    b) Betrug zum Nachteil der Zuschauer (§ 263 Abs. 1 StGB) ... 108
    c) Betrug zum Nachteil der B-Mannschaft (§ 263 Abs. 1 StGB) ... 109
  2. Strafbarkeit des A2 ... 110
    a) Versuchte Erpressung zum Nachteil des T (§§ 253 Abs. 1, 22, 23 Abs. 1 StGB) ... 110
      aa) Vorprüfung ... 111
      bb) Tatentschluss ... 112
      cc) Unmittelbares Ansetzen ... 115
      dd) Rechtswidrigkeit, Schuld und Rücktritt ... 116
      ee) Ergebnis ... 117
    b) Versuchte Nötigung zum Nachteil des T (§§ 240 Abs. 1, 22, 23 Abs. 1 StGB) ... 118

IV. Vierter Tatkomplex: Das Spiel ... 119
  1. Strafbarkeit des A1 wegen gefährlicher Körperverletzung zum Nachteil des B1 (§§ 223 Abs. 1, 224 Abs. 1 StGB) ... 119
    a) Tatbestand ... 120
      aa) Objektiver Tatbestand ... 120
      bb) Subjektiver Tatbestand ... 122
    b) Rechtswidrigkeit ... 123
    c) Schuld ... 124
    d) Ergebnis ... 125
  2. Strafbarkeit des A2 ... 126
    a) Körperverletzung in Mittäterschaft zum Nachteil des B1 (§§ 223 Abs. 1, 25 Abs. 2 StGB) ... 126
    b) Versuch einer in Mittäterschaft begangenen gefährlichen Körperverletzung zum Nachteil des B1 (§§ 223 Abs. 1, 224 Abs. 1, 22, 23 Abs. 1, 25 Abs. 2 StGB) ... 128
      aa) Vorprüfung ... 129
      bb) Tatentschluss ... 130

	Rn.
cc) Unmittelbares Ansetzen	131

Problem: Wann liegt unmittelbares Ansetzen bei der Mittäterschaft vor?

	Rn.
dd) Ergebnis	134
c) Anstiftung zu einer Körperverletzung zum Nachteil des B1 (§§ 223 Abs. 1, 26 StGB)	135
aa) Objektiver Tatbestand	136
(1) Vorsätzliche rechtswidrige Haupttat	136
(2) Anstiftungshandlung durch Bestimmen (§ 26 StGB)	137
bb) Ergebnis	138
d) Versuchte Anstiftung zu einer Körperverletzung zum Nachteil des B1 (§§ 223 Abs. 1, 30 Abs. 1 StGB)	139
V. Fünfter Tatkomplex: Schlachtrufe von der Tribüne – Strafbarkeit des W	141
1. Üble Nachrede (§ 186 StGB)	141
a) Tatbestand	142

Problem: Wie ist die Personenmehrheit zu behandeln?

	Rn.
b) Ergebnis	144
2. Beleidigung (§ 185 StGB)	145
a) Tatbestand	146
b) Ergebnis	147
VI. Gesamtergebnis	148

Lösung

I. Erster Tatkomplex: Die Vereinbarung zwischen X und S

1. Strafbarkeit des X

a) Betrug zum Nachteil des Wettanbieters (§ 263 Abs. 1 StGB)

Durch das Abschließen des Wettvertrages könnte sich X wegen Betruges gemäß § 263 Abs. 1 StGB zum Nachteil des Wettanbieters strafbar gemacht haben. **1**

aa) Tatbestand

Dazu müsste X den Wettanbieter über Tatsachen getäuscht haben. Eine Täuschung durch ausdrückliche Erklärung liegt jedoch nicht vor. In Betracht kommt aber eine konkludente Täuschung durch Abgabe des Wettscheins. Hierin könnte nämlich die Aussage enthalten sein, der Spielausgang sei nicht vorherbestimmt worden. Der Spielausgang blieb aber trotz Abrede unsicher – er ist schließlich auch nicht wie zwischen X und S vereinbart eingetreten. **2**

Es könnte aber die Erklärung enthalten sein, dass X auf das Spielergebnis und damit auch auf das Wettrisiko überhaupt keinen Einfluss genommen hat. Legt man einen objektiven Erklärungsempfänger zugrunde, wird man davon ausgehen müssen, dass in der Abgabe des Wettscheins die Erklärung enthalten ist, dass der Spiel- **3**

Fall 15. Fußballspiel

ausgang nicht manipuliert wurde oder wird.[1] Eine Täuschung durch schlüssiges Verhalten liegt damit vor.

Hinweis: Lehnt man eine konkludente Täuschung ab, ist an eine Täuschung durch Unterlassen zu denken. Dabei ist aber zu beachten, dass eine Täuschung durch Unterlassen, also zumeist durch Verschweigen, nur dann in Betracht kommt, wenn der Täter die ihm nach den Umständen mögliche Aufklärung unterlässt, eine dem Vermögensschutz dienende Garantenpflicht zur Aufklärung besteht und das Unterlassen i. S. d. sog. Entsprechungsklausel der Tatbestandsverwirklichung durch ein Tun entspricht.[2]

Eine gesetzliche Garantenstellung liegt hier nicht vor, insbesondere schützt die Schiedsrichterordnung des DFB gerade nicht den Wettanbieter. Wenn eine Aufklärungspflicht ausdrücklich vereinbart wurde, ist eine Garantenstellung aus dem Wettvertrag begründbar.[3] Bei Spielwetten ist das aber in der Regel nicht der Fall. In Betracht kommt allenfalls eine Aufklärungspflicht als Nebenpflicht. Jedoch kann man generell keine Aufklärungspflicht aus dem Gebot von Treu und Glauben (§ 242 BGB) herleiten, da dies mit dem Bestimmtheitsgrundsatz nicht vereinbar ist.[4] Die Aufklärungspflicht wird nur dann bejaht, wenn sie für die Willensentschließung des Vertragspartners von wesentlicher Bedeutung ist, also zum Beispiel die Gefahr eines besonders großen Schadens droht.[5] Ob das bei Fußballwetten der Fall ist, ist zweifelhaft.

Generell ist festzuhalten, dass eine Täuschung durch Unterlassen einen Ausnahmefall darstellt und in der Klausur im Zweifel eine konkludente Täuschung angenommen werden sollte.

4 Durch die Täuschung muss ein Irrtum erregt worden sein. Das ist jeder Widerspruch zwischen der subjektiven Vorstellung des Getäuschten und der Wirklichkeit.[6] Hier stimmt die Vorstellung des Wettanbieters mit der Wirklichkeit überein; der Spielausgang wurde nicht manipuliert. Es liegt also kein Irrtum vor.

bb) Ergebnis

5 X hat sich nicht wegen Betruges nach § 263 Abs. 1 StGB strafbar gemacht.

b) Versuchter Betrug zum Nachteil des Wettanbieters (§§ 263 Abs. 1, 22, 23 Abs. 1 StGB)

6 Durch das Abschließen des Wettvertrages könnte sich X wegen versuchten Betruges nach §§ 263 Abs. 1, 22, 23 Abs. 1 StGB strafbar gemacht haben.

aa) Vorprüfung

7 Der Versuch des Betruges ist strafbar nach §§ 23 Abs. 1 Alt. 2, 12 Abs. 2, 263 Abs. 2 StGB. Die Tat ist nicht vollendet (→ Rn. 4).

bb) Tatentschluss

8 Dazu muss X den Tatentschluss gefasst haben. Tatentschluss bedeutet Vorsatz (§ 15 StGB) in Bezug auf den objektiven Tatbestand sowie das Vorliegen etwaiger subjektiver Merkmale. Hier hatte X Vorsatz bzgl. der konkludenten Täuschung, auch wollte er dadurch einen Irrtum erregen. Der Wettanbieter sollte davon ausgehen, dass alles in Ordnung sei.

---

[1] *Wessels/Hillenkamp/Schuhr* BT 2 Rn. 500; vgl. insbesondere BGH NStZ 2007, 151 – „Fußballwettskandal".
[2] Lackner/Kühl/*Kühl* § 263 StGB Rn. 12.
[3] *Fischer* § 263 StGB Rn. 45.
[4] *Hilgendorf/Valerius* BT II § 7 Rn. 41.
[5] *Wessels/Hillenkamp/Schuhr* BT 2 Rn. 507.
[6] *Fischer* § 263 StGB Rn. 54.

Des Weiteren liegt auch Vorsatz bzgl. der Vermögensverfügung vor. X wollte den **9** Abschluss des Wettvertrags. Fraglich ist aber, ob er Vorsatz bzgl. des Vermögensschadens hatte. In Betracht kommt hier ein Eingehungsschaden bereits beim Abschluss der Wette. So liegt ein Vermögensschaden schon dann vor, wenn die Möglichkeit des endgültigen Verlustes eines Vermögensteils zum Zeitpunkt der täuschungsbedingten Verfügung so groß ist, dass daraus eine objektive Minderung des Vermögens folgt.[7] Bei einer Manipulation wird das Risikoverhältnis für den Wettanbieter verschoben, da der Wettende seine Chancen erhöht, jedoch dem Wettanbieter keine Gegenleistung gewährt. Der Wettanbieter verkauft aus seiner Sicht eine Chance für ein nicht manipuliertes Spiel, obwohl die Gewinnchancen ungleich höher sind.[8] X hatte also Vorsatz hinsichtlich eines Quotenschadens. Dieser musste sonst nicht konkret beziffert werden;[9] aber um hier eine von der jüngeren Rspr. befürchtete Überdehnung des Tatbestand zu verhindern,[10] ist der Schaden der Höhe nach zu beziffern und nachvollziehbar dazulegen. Bestehen hierbei Unsicherheiten, kann ein Mindestschaden unter Beachtung des Zweifelssatzes im Wege einer tragfähigen Schätzung ermittelt werden.[11] Der Schaden könnte hier in dem umgekehrten Risiko-/Quotenverhältnis bzw. in den sich nicht mehr entsprechenden Leistungspflichten liegen. Eine Bestimmung des Mindestschadens ist jedenfalls dann möglich, wenn bei Sportwetten verbindliche Quoten festgesetzt sind.[12] Auch hatte X Bereicherungsabsicht und Vorsatz in Bezug auf die Rechtswidrigkeit der Bereicherung.

cc) Unmittelbares Ansetzen

Das unmittelbare Ansetzen nach § 22 StGB liegt vor, wenn X nach seiner Vorstel- **10** lung von der Tat Handlungen ausführt, die bei ungestörtem Fortgang unmittelbar ohne weitere wesentliche Zwischenakte in die Ausführung der Tat münden sollen.[13] Hier hat er schon den Wettvertrag mit dem Wettanbieter geschlossen. Somit liegt unmittelbares Ansetzen vor.

dd) Rechtswidrigkeit, Schuld und Rücktritt

Rechtswidrigkeit und Schuld liegen vor. X ist auch nicht strafbefreiend vom Ver- **11** such zurückgetreten (§ 24 Abs. 1 StGB).

ee) Ergebnis

Somit hat sich X hier des versuchten Betruges nach §§ 263 Abs. 1, 22, 23 StGB **12** zum Nachteil des Wettanbieters strafbar gemacht.

c) Versuchter Betrug zum Nachteil der anderen Wettteilnehmer (§§ 263 Abs. 1, 22, 23 Abs. 1 StGB)

Durch das Abschließen des Wettvertrages könnte sich X wegen versuchten Betruges **13** gemäß §§ 263 Abs. 1, 22, 23 Abs. 1 StGB zum Nachteil der anderen Wettteilnehmer strafbar gemacht haben.

---

[7] *Fischer* § 263 StGB Rn. 175 ff.; Schönke/Schröder/*Perron* § 263 StGB Rn. 125 ff.
[8] *Rengier* BT I § 13 Rn. 219 f.
[9] BGH NStZ 2007, 151.
[10] BVerfG NStZ 2012, 496; *Jahn* JuS 2012, 266.
[11] BVerfG NStZ 2012, 496; BGH NStZ 2013, 234.
[12] Ausführlicher hierzu BGH NStZ 2013, 234.
[13] *Hilgendorf/Valerius* AT § 10 Rn. 34; *Wessels/Beulke/Satzger* AT Rn. 948.

aa) Vorprüfung

14 Der Versuch des Betruges ist strafbar nach §§ 23 Abs. 1 Alt. 2, 12 Abs. 2, 263 Abs. 2 StGB. Die Tat ist nicht vollendet (→ Rn. 4).

bb) Tatentschluss

15 Dazu müsste X Tatentschluss gehabt haben. X wollte aber niemanden anderen als den Wettanbieter täuschen. Es ist nicht ersichtlich, dass X die Wettteilnehmer zu einer irrtumsbedingten Hingabe von Vermögenswerten – dem Wetteinsatz – bewegen wollte. Fraglich ist aber, ob er diese Möglichkeit nicht billigend in Kauf nahm. Dolus eventualis ist für die Bejahung des Tatbestandes des § 263 Abs. 1 StGB grundsätzlich ausreichend. Mangels genauer Angaben im Sachverhalt kann nicht davon ausgegangen werden, dass X die Möglichkeit der Täuschung anderer erkannte und billigend in Kauf nahm. Tatentschluss liegt nicht vor.

cc) Ergebnis

16 Somit hat sich X nicht nach §§ 263 Abs. 1, 22, 23 Abs. 1 StGB zu Lasten der anderen Teilnehmer strafbar gemacht.

d) Sportwettbetrug (§ 265c Abs. 4 StGB)

17 Allerdings könnte X sich durch das Anbieten und Bezahlen der 100.000 EUR wegen Sportwettbetruges gemäß § 265c Abs. 4 StGB strafbar gemacht haben.

aa) Tatbestand

18 Dafür müsste es sich bei der Fußball-Weltmeisterschaft zunächst um einen Wettbewerb des organisierten Sports handeln. Worum es sich dabei handelt, ist in § 265c Abs. 5 StGB legaldefiniert. Der Begriff des Wettbewerbs erfasst dabei sowohl einzelne Wettkämpfe als auch mehrere aufeinander bezogene Veranstaltungen, etwa in Gestalt von Turnieren, Meisterschaften oder Pokalwettbewerben.[14] Die Endrunde der Fußball-Weltmeisterschaft ist daher ein solcher Wettbewerb. Dieser wird auch von einer internationalen Sportorganisation (hier: FIFA) nach deren Regeln durchgeführt.[15]

19 Als Tathandlung ist aufgrund der tatsächlichen Aushändigung des Geldes die stärkste Form des Gewährens erfüllt (§ 265c Abs. 4 Var. 3 StGB).[16] Die 100.000 EUR stellen eine Leistung materieller Art dar, welche die wirtschaftliche Lage des S objektiv verbessert und auf die er keinen rechtlich begründeten Anspruch hat, mithin handelt es sich um einen Vorteil.[17] Bei dem S als Leistungsempfänger handelt es sich um einen Schiedsrichter i. S. d. Norm.

20 Die erforderliche Unrechtsvereinbarung ist darin zu sehen, dass S das Endspiel der Fußball-Weltmeisterschaft zugunsten der Mannschaft von A-Land manipulieren soll und hierfür die 100.000 EUR erhält. Der Vorteil und die beschriebene Gegenleistung (hier: Spielmanipulation) sind daher inhaltlich miteinander verknüpft. Die Beeinflussung des S geschah auch in regelwidriger Weise.

---

[14] BT-Drs. 18/8831 S. 19.
[15] BeckOK StGB/*Bittmann/Nuzinger/Rübenstahl* § 265c StGB Rn. 49.
[16] Die verschiedenen Tathandlungen stehen in einem Stufenverhältnis, vgl. *Valerius* Jura 2018, 777, 782.
[17] BT-Drs. 18/8831 S. 15 unter Rekurs auf BGHSt 47, 295, 304.

Schließlich sollte die Manipulation des S auch dazu dienen, dem X durch Platzierung einer öffentlichen Sportwette einen rechtswidrigen Vermögensvorteil zu erlangen. **21**

Hinweis: Da es sich bei § 265c StGB (ebenso wie bei § 265d StGB) um ein abstraktes Gefährdungsdelikt handelt, ist eine tatsächliche Vornahme der Manipulation nicht erforderlich.[18] Im vorliegenden Fall ist es daher unschädlich, dass S nie vorhatte, das Spiel zu manipulieren.

Bezüglich dieser objektiven Tatbestandsmerkmale handelte X vorsätzlich. **22**

bb) Rechtswidrigkeit und Schuld
X handelte rechtswidrig und schuldhaft. **23**

cc) Strafzumessung
X könnte eines der Regelbeispiele des § 265e StGB erfüllt haben. Die Tat könnte **24** sich einerseits auf einen Vorteil großen Ausmaßes i. S. d. § 265e Satz 2 Nr. 1 StGB beziehen. Maßgeblich ist hierfür nicht der vom Vorteilsgeber X erstrebte, sich aus der Manipulation ergebende Vorteil, sondern allein die Zuwendung an den Vorteilnehmer S, hier in Höhe von 100.000 EUR.[19] Ein Vorteil großen Ausmaßes ist gegeben, wenn der Vorteil erheblich über dem Durchschnitt der für vergleichbare Fälle gezahlten Beträge liegt.[20] Konkrete Betragsuntergrenzen reichen von 10.000 bis 50.000 EUR,[21] teils wird eine starre Grenze abgelehnt.[22] Bei einer Summe von 100.000 EUR und der enormen Bedeutung des Endspiels der Fußball-Weltmeisterschaft ist aber in jedem Fall von einem Vorteil großen Ausmaßes auszugehen.

Darüber hinaus könnte auch ein gewerbsmäßiges Handeln i. S. d. § 265e Satz 2 **25** Nr. 2 StGB vorliegen. Ein solches ist gegeben, wenn sich der Täter aus wiederholter Tatbegehung eine nicht nur vorübergehende Einnahmequelle von einigem Umfang verschaffen möchte.[23] Da X ausweislich des Sachverhalts durch Spielwetten reich geworden ist, kann davon ausgegangen werden, dass deren Manipulation für X eine auf Dauer angelegte Einnahmequelle darstellt. Er handelte daher gewerbsmäßig.

dd) Ergebnis
X hat sich wegen Sportwettbetruges in einem besonders schweren Fall nach § 265c **26** Abs. 4 Var. 3 i. V. m. § 265e StGB strafbar gemacht.

e) Manipulation von berufssportlichen Wettbewerben (§ 265d Abs. 4 StGB)
Durch die gleiche Handlung könnte X sich auch wegen der Manipulation von berufssportlichen Wettbewerben gemäß § 265d Abs. 4 StGB strafbar gemacht haben. **27**

aa) Tatbestand
Inhaltlich unterscheidet sich der Tatbestand des § 265d Abs. 4 StGB von dem des **28** § 265c Abs. 4 StGB im Wesentlichen in seinem Bezugspunkt: Gegenstand des § 265d StGB sind berufssportliche Wettbewerbe, die in dessen Abs. 5 legaldefiniert

---

[18] Lackner/Kühl/*Heger* § 265c StGB Rn. 2.
[19] BT-Drs. 18/8831 S. 22.
[20] Schönke/Schröder/*Perron* § 265e StGB Rn. 3.
[21] BeckOK StGB/*Bittmann/Nuzinger/Rübenstahl* § 265e StGB Rn. 3.
[22] *Fischer* § 265e StGB Rn. 3.
[23] *Kindhäuser/Hilgendorf* § 243 StGB Rn. 24.

Fall 15. Fußballspiel

werden. Das Endspiel der Fußball-Weltmeisterschaft wird von der FIFA als internationaler Sportorganisation veranstaltet (§ 265d Abs. 5 Nr. 1 StGB), wobei die Teilnehmer deren Regeln beachten müssen (§ 265d Abs. 5 Nr. 2 StGB). Überdies nehmen an diesem Wettbewerb überwiegend Sportler teil, die durch ihre sportliche Betätigung unmittelbar oder mittelbar Einnahmen von erheblichem Umfang erzielen (§ 265d Abs. 5 Nr. 3 StGB). Es handelt sich folglich um einen berufssportlichen Wettbewerb.

29 Zudem hat X dem S einen Vorteil in Höhe von 100.000 EUR dafür gewährt, dass dieser den Verlauf oder das Ergebnis dieses berufssportlichen Wettbewerbs in regelwidriger Weise beeinflusse (→ Rn. 20). Auch insofern handelte X vorsätzlich. Der Tatbestand ist daher erfüllt.

bb) Rechtswidrigkeit und Schuld

30 X handelte rechtswidrig und schuldhaft.

cc) Strafzumessung

31 Zudem hat X beide Regelbeispiele des § 265e Satz 2 StGB verwirklicht (→ Rn. 24 f.).

dd) Ergebnis

32 X hat sich mithin auch wegen der Manipulation eines berufssportlichen Wettbewerbs in einem besonders schweren Fall gemäß § 265d Abs. 4 Var. 3 i.V.m. § 265e StGB strafbar gemacht.

f) Vorteilsgewährung (§ 333 StGB)

33 Durch die Vereinbarung zwischen X und S könnte sich X wegen Vorteilsgewährung nach § 333 StGB strafbar gemacht haben.

aa) Tatbestand

34 Dazu müsste S Amtsträger nach § 333 Abs. 1 StGB sein. Der Begriff des Amtsträgers ist in § 11 Abs. 1 Nr. 2 StGB definiert. Jedoch ist S hier Schiedsrichter eines privaten Fußballspiels und steht insbesondere weder in einem öffentlich-rechtlichen Amtsverhältnis, noch nimmt er Aufgaben der öffentlichen Verwaltung war. Somit ist S kein Amtsträger. Auch ist S kein Schiedsrichter i.S.d. privatrechtlichen Schiedsgerichtsbarkeit nach §§ 1025 ff. ZPO (§§ 101–110 ArbGG).[24]

bb) Ergebnis

35 Eine Strafbarkeit des X gemäß § 333 StGB scheidet somit aus.

g) Bestechung (§ 299 Abs. 2 StGB)

36 Durch die Vereinbarung zwischen X und S könnte sich X wegen Bestechung nach § 299 Abs. 2 StGB strafbar gemacht haben. § 299 StGB liegt jedoch ebenfalls bereits tatbestandlich nicht vor: Ein Schiedsrichter ist weder Angestellter oder Beauftragter eines geschäftlichen Betriebes,[25] noch hat seine Spielleitung etwas mit dem Bezug von Waren oder gewerblichen Leistungen zu tun.[26] Eine Strafbarkeit des X gemäß § 299 Abs. 2 StGB scheidet somit aus.

---

[24] Schönke/Schröder/*Heine*/*Eisele* § 331 StGB Rn. 11.
[25] *Fischer* § 299 StGB Rn. 5 ff.
[26] Vgl. Schönke/Schröder/*Heine*/*Eisele* § 299 StGB Rn. 24 ff.

2. Strafbarkeit des S

a) Betrug zum Nachteil des X (§ 263 Abs. 1 StGB)

Durch die Aussage, er würde das Spiel manipulieren, obwohl er dies gar nicht vorhatte, könnte sich S wegen Betruges nach § 263 Abs. 1 StGB zum Nachteil des X strafbar gemacht haben. 37

aa) Tatbestand

(1) Objektiver Tatbestand

Hier täuscht S den X ausdrücklich darüber, dass er das Fußballspiel manipulieren würde, obwohl er dies in Wirklichkeit gar nicht vorhatte. Es liegt also eine Täuschung über innere Tatsachen vor.[27] X geht davon aus, dass seine Vereinbarung mit S Gültigkeit habe, somit ist auch ein Irrtum gegeben. Durch die Übergabe der 100.000 EUR liegt eine Vermögensverfügung vor. 38

Fraglich ist, ob ein Vermögensschaden vorliegt, also ein negativer Saldo zwischen dem Wert des Vermögens vor und nach der irrtumsbedingten Vermögensverfügung des Getäuschten.[28] Eigentlich hätte X hier die Spielmanipulation als Gegenleistung für seine 100.000 EUR erhalten sollen. Ob ein Vermögensschaden vorliegt, hängt also davon ab, welcher Vermögensbegriff zugrunde gelegt wird und insbesondere, ob diese Gegenleistung als Vermögenswert betrachtet wird. 39

Nach dem wirtschaftlichen Vermögensbegriff besteht das Vermögen aus allen geldwerten Gütern einer Person, ohne Rücksicht auf deren rechtlichen Bestand.[29] Demnach hätte S hier also das Vermögen des X geschädigt. 40

Der juristisch-ökonomische Vermögensbegriff erfasst alle wirtschaftlichen Werte einer Person, die ihr unter dem Schutz der Rechtsordnung oder zumindest ohne deren Missbilligung zustehen.[30] Die Abrede zwischen X und S ist an sich nach § 138 Abs. 1 BGB nichtig, sodass auch die Gegenleistung rechtswidrig ist. Da aufgrund der Einheit der Rechtsordnung der strafrechtliche Vermögensbegriff nicht weiter zu fassen ist als der zivilrechtliche Schutz reicht, läge demnach kein Vermögensschaden vor. Dem ist allerdings entgegenzuhalten, dass auch der rechtswidrig erlangte Besitz geschützt wird, etwa durch § 861 BGB. Außerdem würde man bei einer zu engen Auffassung des Vermögensbegriffes strafrechtsfreie Räume im Bereich der Ganovenkriminalität schaffen. Zudem liegt der Schaden nicht im Ausbleiben der sittenwidrigen Gegenleistung, sondern in einer wirtschaftlich sinnlosen Ausgabe des Geldes.[31] Somit liegt ein Vermögensschaden vor. 41

Hinweis: Solche Fälle werden auch von den Vertretern des juristisch-ökonomischen Vermögensbegriffs nicht einheitlich behandelt. Mit entsprechender Argumentation ist hier eine andere Lösung gut vertretbar.

---

[27] Vgl. Schönke/Schröder/*Perron* § 263 StGB Rn. 10.
[28] *Fischer* § 263 StGB Rn. 88.
[29] Vgl. Lackner/Kühl/*Kühl* § 263 StGB Rn. 35.
[30] Vgl. *Fischer* § 263 StGB Rn. 98, 101 ff.; *Rengier* BT I § 13 Rn. 121.
[31] Eingehend *Kindhäuser/Hilgendorf* § 263 StGB Rn. 162 ff.

(2) Subjektiver Tatbestand

42 S hatte Vorsatz bzgl. aller objektiven Tatbestandsmerkmale. Auch die Absicht, sich rechtswidrig zu bereichern, liegt vor, da der Vorteil des S unmittelbar aus dem geschädigten Vermögen des X stammt und auf der Verfügung beruhen sollte, somit stoffgleich sein sollte.

bb) Rechtswidrigkeit und Schuld

43 S handelte rechtswidrig und schuldhaft.

cc) Ergebnis

44 S hat sich wegen Betruges nach § 263 Abs. 1 StGB zum Nachteil des X strafbar gemacht.

b) Unterschlagung zum Nachteil des X (§ 246 Abs. 1 StGB)

45 Durch die Annahme des Geldes könnte sich S wegen Unterschlagung nach § 246 Abs. 1 StGB zum Nachteil des X strafbar gemacht haben.

aa) Tatbestand

46 Dazu müsste er sich oder einem Dritten eine fremde bewegliche Sache zugeeignet haben. Das Geld ist eine bewegliche Sache. Problematisch ist aber, ob es für S fremd ist. So ist eine Sache fremd, wenn sie auch im Eigentum einer anderen Person steht.[32] Die Scheine könnten S aber von X nach § 929 Satz 1 BGB wirksam übereignet worden sein. Hier ist keine Fehleridentität nach § 138 Abs. 1 BGB gegeben, da der sittlich zu missbilligende Erfolg nicht in der Übereignung des Geldes lag, sondern in der Manipulation des Spiels als Gegenleistung. Es ist also nach dem Abstraktionsprinzip nur das Verpflichtungsgeschäft unwirksam, nicht jedoch das Verfügungsgeschäft. Folglich ist die Übereignung wirksam, S ist Eigentümer geworden. Die Sache ist somit für ihn nicht fremd.

bb) Ergebnis

47 Eine Strafbarkeit des S zum Nachteil des X wegen Unterschlagung kommt somit nicht in Betracht.

c) Sportwettbetrug (§ 265c Abs. 3 StGB)

48 Durch die Annahme des Geldes könnte S sich allerdings wegen Sportwettbetruges nach § 265c Abs. 3 StGB strafbar gemacht haben.

aa) Tatbestand

49 Bei dem Endspiel der Fußball-Weltmeisterschaft handelt es sich um einen Wettbewerb des organisierten Sports i.S.d. § 265c Abs. 5 StGB (→ Rn. 18). S hat als Schiedsrichter i.S.d. Norm eine Gegenleistung in Höhe von 100.000 EUR dafür angenommen (§ 265c Abs. 3 Var. 3 StGB), dass er den Verlauf oder das Ergebnis dieses Wettbewerbs in regelwidriger Weise beeinflusse und infolgedessen für X ein rechtswidriger Vermögensvorteil durch eine diesbezügliche öffentliche Sportwette erlangt werde.

---

[32] *Fischer* § 242 StGB Rn. 5.

Problematisch könnte sein, dass S von vornherein gar nicht vorhatte, das Spiel zu **50** manipulieren. Allerdings ist ein solcher innerer Vorbehalt unbeachtlich, vielmehr ist der vom Vorsatz erfasste äußere Erklärungswert des Verhaltens des S entscheidend.[33] Schließlich wird die Integrität des Sports als geschütztes Rechtsgut des § 265c StGB bereits dadurch beeinträchtigt, dass sich der Täter gewillt zeigt, sportliche Werte zu verraten und darüber hinaus den Vorteilsgeber zu weiteren derartigen Absprachen motiviert.[34] Durch die Annahme der Leistung muss S damit rechnen, dass X eine entsprechende Sportwette auf den gegenständlichen Wettbewerb setzen wird, um einen rechtswidrigen Vermögensvorteil zu erlangen. Der Tatbestand ist daher auch in subjektiver Hinsicht erfüllt.

bb) Rechtswidrigkeit und Schuld
S handelte rechtswidrig und schuldhaft. **51**

cc) Strafzumessung
S könnte zudem ein Regelbeispiel des § 265e StGB verwirklicht haben. Für eine **52** Gewerbsmäßigkeit i.S.d. § 265e Satz 2 Nr. 2 StGB enthält der Sachverhalt auf Seiten von S keine ausreichenden Anhaltspunkte. Allerdings bezieht sich die Tat auf eine Leistung in Höhe von 100.000 EUR, mithin auf einen Vorteil großen Ausmaßes (→ Rn. 24). Das Regelbeispiel des § 265e Satz 2 Nr. 1 StGB ist daher erfüllt.

dd) Ergebnis
S hat sich wegen Sportwettbetruges in einem besonders schweren Fall gemäß **53** § 265c Abs. 3 Var. 3 i.V.m. § 265e StGB strafbar gemacht.

d) Manipulation von berufssportlichen Wettbewerben (§ 265d Abs. 3 StGB)
Überdies könnte S sich wegen der Manipulation eines berufssportlichen Wettbe- **54** werbs nach § 265d Abs. 3 StGB strafbar gemacht haben.

aa) Tatbestand
Bei dem Endspiel der Fußball-Weltmeisterschaft handelt es sich um einen berufs- **55** sportlichen Wettbewerb i.S.d. § 265d Abs. 5 StGB (→ Rn. 28). S als Schiedsrichter hat einen Vorteil dafür angenommen, dass er den Verlauf oder das Ergebnis dieses Wettbewerbs in regelwidriger Weise beeinflusse. Sein innerer Vorbehalt, gar keine Manipulation vorzunehmen, ist unbeachtlich. Der Tatbestand ist daher erfüllt.

bb) Rechtswidrigkeit und Schuld
Rechtswidrigkeit und Schuld liegen vor. **56**

cc) Strafzumessung
S hat aufgrund der Höhe der Zuwendung das Regelbeispiel des § 265e Satz 2 Nr. 1 **57** StGB verwirklicht.

dd) Ergebnis
S hat sich mithin auch wegen der Manipulation eines berufssportlichen Wettbe- **58** werbs in einem besonders schweren Fall gemäß § 265d Abs. 3 Var. 3 i.V.m. § 265e StGB strafbar gemacht.

---

[33] BT-Drs. 18/8831 S. 16.
[34] Schönke/Schröder/*Perron* § 265c StGB Rn. 25.

3. Konkurrenzen im ersten Tatkomplex

59 Die Delikte des § 265c und des § 265d StGB stehen sowohl bei X als auch bei S aufgrund ihrer unterschiedlichen Schutzrichtung zueinander im Verhältnis der Tateinheit (§ 52 StGB).[35]

60 X hat zusätzlich zu § 265c Abs. 4 Var. 3 und § 265d Abs. 4 Var. 3 StGB in Tatmehrheit[36] einen versuchten Betrug zum Nachteil des Wettanbieters gemäß §§ 263 Abs. 1, 22, 23 Abs. 1 StGB verwirklicht.

61 S hat zusätzlich zu § 265c Abs. 3 Var. 3 und § 265d Abs. 3 Var. 3 StGB tateinheitlich einen vollendeten Betrug gemäß § 263 Abs. 1 StGB zum Nachteil des X verwirklicht.

II. Zweiter Tatkomplex: Die Eintrittskarten

1. Strafbarkeit des Y

a) Urkundenfälschung (§ 267 Abs. 1, 3 StGB)

62 Y könnte sich durch Kopieren und Verkaufen der Eintrittskarten wegen Urkundenfälschung in einem besonders schweren Fall gemäß § 267 Abs. 1, 3 StGB strafbar gemacht haben.

aa) Tatbestand

(1) Objektiver Tatbestand

63 Dazu müsste die kopierte Eintrittskarte eine Urkunde sein. Eine Urkunde ist eine dauerhaft verkörperte Gedankenerklärung, die zum Beweis im Rechtsverkehr dient und ihren Aussteller erkennen lässt.[37]

(a) Herstellen einer unechten Urkunde

64 Y könnte hier durch das Fotokopieren die Tathandlung des Herstellens einer unechten Urkunde erfüllt haben (§ 267 Abs. 1 Var. 1 StGB).

65 Fraglich ist zunächst, ob die Kopien Urkundenqualität haben. Anders als eine beglaubigte Kopie ist eine einfache Kopie lediglich die bildliche Wiedergabe der im Original verkörperten Erklärung. Sie enthält nicht die Merkmale der Urkunde, insbesondere nicht Ausstellererkennbarkeit, Beweis- oder Garantiefunktion.[38] Ausnahme hiervon sind Konstellationen, in denen der Täter eine sog. scheinbare Urkunde herstellt. Diese sind dann anzunehmen, wenn die Kopie gerade den Anschein einer Originalurkunde erwecken soll.[39] Ein Indiz dafür kann die Qualität der Urkunde sein. Y erstellt auf einem Farbkopierer Karten, die den Originalen täu-

---

[35] So die h.L. entgegen der Gesetzesbegründung (BT-Drs. 18/8831 S. 20), die einen Vorrang von § 265c StGB annimmt, vgl. etwa Schönke/Schröder/*Perron* § 265d StGB Rn. 12; BeckOK StGB/*Bittmann/Nuzinger/Rübenstahl* § 265d StGB Rn. 60.
[36] BT-Drs. 18/8831 S. 15; BeckOK StGB/*Bittmann/Nuzinger/Rübenstahl* § 265c StGB Rn. 83.
[37] *Wessels/Hettinger/Engländer* BT I Rn. 808.
[38] *Fischer* § 267 StGB Rn. 19; BeckOK StGB/*Weidemann* § 267 StGB Rn. 16.
[39] BeckOK StGB/*Weidemann* § 267 StGB Rn. 17; BGH wistra 2013, 192; OLG Stuttgart NStZ 2007, 158.

schend ähnlich sehen. Außerdem will er die Kopien als Original verwenden. Es handelt sich bei den Kopien daher um Urkunden.

Eine Urkunde ist dann unecht, wenn der aus der Urkunde erkennbare Aussteller nicht mit dem wirklichen Aussteller identisch ist.[40] Geistiger Urheber ist hier Y, als Aussteller der Karten erkennbar ist jedoch der Veranstalter des Spiels. Die Urkunde ist also unecht. Herstellen ist das Hervorbringen einer Urkunde. Y hat unechte Urkunden, nämlich die Kopien, hergestellt. **66**

(b) Gebrauchen einer unechten Urkunde

Ferner könnte Y diese unechten Urkunden auch gebraucht haben (§ 267 Abs. 1 Var. 3 StGB). Ein Gebrauchen liegt dann vor, wenn der Täter die unechte Urkunde der sinnlichen Wahrnehmung zugänglich macht; zum Beispiel durch Übergeben, Vorlegen oder Bereitstellen.[41] Y verkauft hier die Karten an Interessenten. Er hat sie also gebraucht. Da das Herstellen lediglich Vortat zum Gebrauchen darstellt, liegt eine einheitliche Tat der Urkundenfälschung vor. **67**

(2) Subjektiver Tatbestand

Y hat Vorsatz bzgl. des objektiven Tatbestandes. Außerdem müsste er die Absicht haben, die Urkunde zur Täuschung im Rechtsverkehr einzusetzen. Das ist der Fall, Y will die Käufer über die Echtheit der Eintrittskarten täuschen und zum Kauf der Karten bewegen. **68**

bb) Rechtswidrigkeit und Schuld

Rechtswidrigkeit und Schuld liegen vor. **69**

cc) Strafzumessung (§ 267 Abs. 3 StGB)

Des Weiteren könnte Y Regelbeispiele des § 267 Abs. 3 StGB verwirklicht haben. **70**

(1) Gewerbsmäßiges Handeln (§ 267 Abs. 3 Satz 2 Nr. 1 StGB)

In Betracht kommt gewerbsmäßiges Handeln (§ 267 Abs. 3 Satz 2 Nr. 1 Var. 1 StGB). Gewerbsmäßig handelt, wer sich aus wiederholter Tatbegehung eine nicht nur vorübergehende Einnahmequelle von einigem Umfang verschaffen möchte.[42] Hier verkauft Y Karten für das Endspiel einer Fußballweltmeisterschaft, also für ein begehrtes sportliches Ereignis. Es ist von einem verhältnismäßig hohen Preis pro Karte auszugehen, sodass bereits beim Verkauf von 24 Karten davon auszugehen ist, dass eine Einnahmequelle von einigem Umfang vorliegt. Es handelt sich bei dem Endspiel jedoch um ein einmaliges Ereignis, sodass eine wiederholte Tatbegehung nicht in Betracht kommt. Gewerbsmäßiges Handeln liegt somit nicht vor. **71**

(2) Erhebliche Gefährdung des Rechtsverkehrs (§ 267 Abs. 3 Satz 2 Nr. 3 StGB)

Y könnte jedoch durch eine große Zahl von unechten Urkunden den Rechtsverkehr erheblich gefährdet haben (§ 267 Abs. 3 Satz 2 Nr. 3 StGB). Eine große Zahl wird bei etwa 20 Urkunden angenommen.[43] Hier verkauft Y 24 unechte Karten. Durch den Verkauf wird das Vertrauen in die Echtheit von derartigen Eintrittskarten all- **72**

---

[40] *Wessels/Hettinger/Engländer* BT I Rn. 840.
[41] *Fischer* § 267 StGB Rn. 36; *Kindhäuser/Schramm* BT I § 55 Rn. 68.
[42] *Hilgendorf/Valerius* AT § 3 Rn. 35; *Rengier* BT I § 3 Rn. 34.
[43] *Fischer* § 267 StGB Rn. 54; *Kindhäuser/Schramm* BT I § 55 Rn. 77.

Fall 15. Fußballspiel

gemein erschüttert und die Sicherheit des Rechtsverkehrs gefährdet. Somit ist das Regelbeispiel erfüllt.

Hinweis: Zu den Regelbeispielen ist eine andere Lösung bei entsprechender Begründung vertretbar. Wichtig für die Klausurbearbeitung ist nur, dass die entsprechenden Vorschriften gesehen werden.

dd) Ergebnis

73 Y hat sich wegen Urkundenfälschung in einem besonders schweren Fall nach § 267 Abs. 1 i. V. m. Abs. 3 Satz 2 Nr. 3 StGB strafbar gemacht.

Hinweis: Zwar hat Y 24 Urkunden gefälscht und gebraucht, dennoch liegt hier nur eine Gesetzesverletzung durch iterative Tatbegehung vor. § 267 StGB ist ein Delikt gegen Gemeinschaftswerte, die iterative Begehung verletzt somit auch nicht die Rechtsgüter verschiedener Personen, was zu mehrfacher Gesetzesverletzung geführt hätte.

b) Betrug zum Nachteil der Käufer mit Ausnahme von Z (§ 263 Abs. 1 StGB)

74 Durch den Verkauf der gefälschten Karten könnte sich Y wegen Betruges nach § 263 Abs. 1 StGB strafbar gemacht haben.

aa) Objektiver Tatbestand

75 Y hat den Käufern vorgespiegelt, er verkaufe Originalkarten. Durch die Täuschung hat er bei den Käufern einen Irrtum erregt. Mit der irrtumsbedingten Bezahlung der Karten nahmen die Käufer eine Vermögensverfügung vor.

76 Fraglich ist, ob auch ein Vermögensschaden vorliegt. Hier haben Y und die Käufer einen Kaufvertrag über eine Inhaberkarte (§ 807 BGB) geschlossen; Y wurde also verpflichtet, den Käufern einen Anspruch auf Zugang zum Stadion zu verschaffen. Gerade aber diese Verpflichtung wollte und konnte Y nicht einhalten. Somit liegt ein Schaden der Käufer darin, dass ihr Vermögensnachteil nicht durch ein wirtschaftlich gleichwertiges Äquivalent ausgeglichen wurde. Sie erhielten eine wertlose Eintrittskarte und wurden dadurch geschädigt. Dass die Fälschung bei der Einlasskontrolle nicht erkannt wurde, spielt dabei keine Rolle.

bb) Subjektiver Tatbestand

77 Y handelte vorsätzlich und in der Absicht, sich rechtswidrig zu bereichern. Der subjektive Tatbestand ist erfüllt.

cc) Rechtswidrigkeit und Schuld

78 Y handelte rechtswidrig und schuldhaft.

dd) Ergebnis

79 Y ist strafbar wegen mehrfachen Betruges gemäß § 263 Abs. 1 StGB.

c) Versuchter Betrug zum Nachteil des Z (§§ 263 Abs. 1, 22, 23 Abs. 1 StGB)

80 Durch den Verkauf der gefälschten Karte an Z könnte sich Y wegen versuchten Betruges nach §§ 263 Abs. 1, 22, 23 Abs. 1 StGB strafbar gemacht haben.

aa) Vorprüfung

81 Der Versuch ist strafbar nach §§ 23 Abs. 1 Alt. 2, 12 Abs. 2, 263 Abs. 2 StGB; die Tat ist nicht vollendet, da bei Z kein Irrtum hervorgerufen wurde.

bb) Tatentschluss

Y hatte Tatentschluss, auch den Z zu täuschen, ihn zu einer irrtumsbedingten Vermögensverfügung zu veranlassen und einen Vermögensschaden herbeizuführen. Er hatte auch die Absicht, sich rechtswidrig aus dem geschädigten Vermögen des Z zu bereichern. **82**

cc) Unmittelbares Ansetzen

Da Y hat die Karten schon an Z verkauft hat, hat er auch unmittelbar angesetzt (§ 22 StGB). **83**

dd) Rechtswidrigkeit, Schuld und Rücktritt

Rechtswidrigkeit und Schuld liegen vor. Ebenfalls ist Y nicht strafbefreiend vom Versuch zurückgetreten (§ 24 Abs. 1 StGB). **84**

ee) Ergebnis

Y hat sich wegen versuchten Betruges nach §§ 263 Abs. 1, 22, 23 Abs. 1 StGB zum Nachteil des Z strafbar gemacht. **85**

2. Strafbarkeit des Z

a) Versuchter Betrug zum Nachteil des Spielveranstalters (§§ 263 Abs. 1, 22, 23 Abs. 1 StGB)

Durch die Benutzung der gefälschten Karte könnte sich Z wegen versuchten Betruges nach §§ 263 Abs. 1, 22, 23 Abs. 1 StGB strafbar gemacht haben. **86**

aa) Vorprüfung

Z fliegt bei der Einlasskontrolle auf; die Angestellten bzw. der Veranstalter haben sich also nicht über die Echtheit der Eintrittskarten geirrt. Die Tat ist demnach nicht vollendet. Der Versuch ist strafbar nach §§ 23 Abs. 1 Alt. 2, 12 Abs. 2, 263 Abs. 2 StGB. **87**

bb) Tatentschluss

Bei der Einlasskontrolle sollten die Angestellten des Spielveranstalters über die Echtheit der Karten getäuscht werden. Somit liegt Vorsatz des Z bzgl. der Täuschungshandlung vor. Auch wollte Z einen Irrtum über den Aussteller der Karten bei den Angestellten hervorrufen. **88**

Fraglich ist, ob hier Z Vorsatz bzgl. einer Vermögensverfügung hatte. Eine Vermögensverfügung ist jedes Tun, Dulden oder Unterlassen, das sich unmittelbar vermögensmindernd auswirkt.[44] Die Nichtgeltendmachung eines Zahlungsanspruchs des Veranstalters gegenüber Z könnte eine Vermögensverfügung darstellen. Aus Sicht des Z sollten die Angestellten des Spielveranstalters jedoch gerade davon ausgehen, Z habe seine Karte bereits bezahlt. Die Vermögensverfügung liegt vielmehr bereits im Gewähren des Zugangs zum Stadion. Somit liegt Vorsatz bzgl. einer Vermögensverfügung vor. **89**

Z müsste zudem Vorsatz gehabt haben, durch diese Vermögensverfügung einen Vermögensschaden herbeizuführen. Das Spiel hätte ohnehin stattgefunden; selbst **90**

---

[44] *Fischer* § 263 StGB Rn. 70; *Rengier* BT I § 13 Rn. 63.

Fall 15. Fußballspiel

wenn Z einen Zuschauerplatz bekommen hätte, wären dem Veranstalter die gleichen Kosten entstanden. Ein Schaden läge allenfalls dann vor, wenn Z den letzten Platz im Stadion ergattert hätte und der Veranstalter einen anderen potentiellen Besucher hätte abweisen müssen, oder wenn die Karten sitzplatzgebunden sind. Dafür gibt es aber keine Anhaltspunkte. Ein Vermögensschaden kann jedoch auch im Vorenthalten der Gegenleistung liegen. Dies liegt vor, wenn bei einem Austauschverhältnis die dem Opfer zufließende Gegenleistung hinter dem Geschuldeten zurückbleibt.[45] Hier wollte der Z gerade keine Gegenleistung erbringen und dennoch Zutritt zum Endspiel erlangen. Dies stellt den Schaden dar, bzgl. dessen Z Vorsatz hatte. Auch wollte sich Z aus dem geschädigten Vermögen des Veranstalters rechtswidrig bereichern.

cc) Unmittelbares Ansetzten

91 Z wurde bei der Einlasskontrolle ertappt. Er hat nach seiner Vorstellung Schritte unternommen, die unmittelbar in die Tatbestandsverwirklichung einmünden, also unmittelbar zur Tatbestandsverwirklichung angesetzt (§ 22 StGB).

dd) Rechtswidrigkeit, Schuld und Rücktritt

92 Rechtswidrigkeit und Schuld liegen vor. Z konnte auch nicht (mehr) strafbefreiend vom Versuch zurücktreten (§ 24 Abs. 1 Satz 2 StGB).

ee) Ergebnis

93 Somit hat sich Z wegen versuchten Betruges nach §§ 263 Abs. 1, 22, 23 Abs. 1 StGB zum Nachteil des Spielveranstalters strafbar gemacht.

b) Versuchtes Erschleichen von Leistungen zum Nachteil des Spielveranstalters (§§ 265a Abs. 1, 22, 23 Abs. 1 StGB)

94 Durch die Benutzung der gefälschten Karten könnte sich Z wegen versuchten Erschleichens von Leistungen nach §§ 265a Abs. 1, 22, 23 Abs. 1 StGB strafbar gemacht haben. § 265a Abs. 1 StGB enthält jedoch eine Subsidiaritätsklausel.[46] Hier hat sich Z schon wegen versuchten Betruges nach §§ 263 Abs. 1, 22, 23 Abs. 1 StGB strafbar gemacht. Somit liegt ein Fall der Gesetzeskonkurrenz vor – § 265a StGB wird verdrängt.

c) Urkundenfälschung (§ 267 Abs. 1 StGB)

95 Z könnte sich wegen Urkundenfälschung nach § 267 Abs. 1 StGB strafbar gemacht haben.

aa) Objektiver Tatbestand

96 Einschlägig könnte hier das Gebrauchen einer unechten Urkunde nach § 267 Abs. 1 Var. 3 StGB sein. Die kopierte Eintrittskarte ist eine unechte Urkunde (→ Rn. 62 ff.). Ein Gebrauchen liegt dann vor, wenn der Täter die unechte Urkunde der sinnlichen Wahrnehmung zugänglich macht, beispielsweise durch Übergeben, Vorlegen oder Bereitstellen.[47] Z hat bei der Kontrolle den Angestellten des Ver-

---

[45] *Hilgendorf/Valerius* BT II § 7 Rn. 98.
[46] *Fischer* § 265a StGB Rn. 30; *Eisele* Rn. 723.
[47] *Fischer* § 267 StGB Rn. 36; *Kindhäuser/Schramm* BT I § 55 Rn. 68.

anstalters die kopierte Eintrittskarte vorgelegt; somit liegt ein Zugänglichmachen, folglich ein Gebrauchen einer unechten Urkunde vor.

bb) Subjektiver Tatbestand

Z wusste, dass die Urkunde unecht ist. Fraglich ist, ob er auch die Absicht hatte, die Urkunde zur Täuschung im Rechtsverkehr zu gebrauchen. Gegenstand dieser Täuschung muss eine Tatsache sein, die im Rechtsverkehr erheblich ist.[48] Z handelte in der Absicht, die Angestellten des Veranstalters über die Echtheit der Eintrittskarte zu täuschen, um Zugang zum Spiel zu erhalten. Bei Inhaberkarten (vgl. § 807 BGB) besteht zunächst ein Vorvertrag, der eigentliche Vertrag kommt erst bei Einlass zustande. Somit liegt in der Vorlage der kopierten Eintrittskarte ein rechtserhebliches Verhalten. Z hatte auch Täuschungsabsicht. Dass die Täuschung keinen Erfolg hatte, ist unbeachtlich. 97

cc) Rechtswidrigkeit und Schuld

Rechtswidrigkeit und Schuld liegen vor. 98

dd) Ergebnis

Z hat sich wegen Urkundenfälschung nach § 267 Abs. 1 Var. 3 StGB strafbar gemacht. 99

III. Dritter Tatkomplex: Das Ausdauermittel

1. Strafbarkeit des T

a) Gefährliche Körperverletzung zum Nachteil des A1 (§§ 223 Abs. 1, 224 Abs. 1 StGB)

Durch das Verabreichen des Mittels könnte sich T wegen gefährlicher Körperverletzung (§§ 223 Abs. 1, 224 Abs. 1 StGB) zum Nachteil des A1 strafbar gemacht haben. 100

aa) Tatbestand

(1) Objektiver Tatbestand

(a) Objektiver Tatbestand des Grunddelikts (§ 223 Abs. 1 StGB)

Zunächst müsste eine Körperverletzung nach § 223 Abs. 1 StGB vorliegen. Dafür müsste T eine Person körperlich misshandelt oder an der Gesundheit geschädigt haben. Eine körperliche Misshandlung nach § 223 Abs. 1 Alt. 1 StGB liegt vor, wenn das körperliche Wohlbefinden nicht nur unerheblich beeinträchtigt wird,[49] wofür es hier keine Anhaltspunkte gibt. 101

Jedoch könnte hier eine Gesundheitsschädigung nach § 223 Abs. 1 Alt. 2 StGB vorliegen. Diese liegt vor, wenn ein pathologischer Zustand hervorgerufen oder gesteigert wurde.[50] A1 hat keinen Kreislaufzusammenbruch erlitten, das Mittel führte sogar zu einer Leistungssteigerung. Jedoch liegt auch darin eine Abweichung vom körperlichen Normalzustand, sodass ein pathologischer Zustand gegeben ist. Das 102

---

[48] Schönke/Schröder/*Heine/Schuster* § 267 StGB Rn. 87a.
[49] *Fischer* § 223 StGB Rn. 4; Schönke/Schröder/*Sternberg-Lieben* § 223 StGB Rn. 3.
[50] *Fischer* § 223 StGB Rn. 8; Schönke/Schröder/*Sternberg-Lieben* § 223 StGB Rn. 5.

Mittel wurde nicht zu Heilzwecken verabreicht, sodass eine Gesundheitsschädigung jedenfalls vorliegt.

Hinweis: Ähnlich gelagert sind ärztliche Heileingriffe, bei denen nach h. M. ebenfalls eine tatbestandliche Körperverletzung gegeben ist; dazu → Fall 10 („Der eifrige Zahnarzt").

(b) Objektiver Tatbestand der Qualifikation (§ 224 Abs. 1 StGB)

103 Auch könnte T hier eine Qualifikation des § 224 Abs. 1 StGB erfüllt haben. Das Mittel könnte ein Gift oder einen anderen gesundheitsschädlichen Stoff i. S. d. § 224 Abs. 1 Nr. 1 StGB darstellen. Gift ist jeder Stoff, der unter bestimmten Bedingungen durch chemische oder chemisch-physikalische Wirkung nach Art und eingesetzter Menge generell geeignet ist, ersthafte gesundheitliche Schäden zu verursachen.[51] Das Dopingmittel wirkt chemisch und führt in einem von zehn Fällen zu einem Kreislaufzusammenbruch. Ein solcher Fall kann auch einen ernsthaften gesundheitlichen Schaden darstellen. Das Mittel ist also Gift i. S. d. § 224 Abs. 1 Nr. 1 Alt. 1 StGB.

(2) Subjektiver Tatbestand

104 T handelte mit Wissen und Wollen bzgl. des Grunddelikts und der Qualifikation.

bb) Rechtswidrigkeit

105 Eine Einwilligung des A1 ist nicht ersichtlich, da T ohne Wissen des A1 handelte. Somit liegt auch die Rechtswidrigkeit vor.

cc) Schuld

106 T handelte schuldhaft.

dd) Ergebnis

107 T hat sich wegen gefährlicher Körperverletzung nach §§ 223 Abs. 1, 224 Abs. 1 Nr. 1 Alt. 1 StGB zum Nachteil des A1 strafbar gemacht.

b) Betrug zum Nachteil der Zuschauer (§ 263 Abs. 1 StGB)

108 T könnte sich, indem er die Spieler aufgestellt und damit konkludent vorgetäuscht hat, die Spieler seien frei von Dopingmitteln, wegen Betruges nach § 263 Abs. 1 StGB strafbar gemacht haben. Zwar kann noch davon ausgegangen werden, dass die Zuschauer die Eintrittsgelder im irrtümlichen Glauben an ein faires, den Wettkampfregeln entsprechendes Spiel gezahlt haben und dies zu einem Schaden geführt hat. Die Bereicherung des T wäre jedoch nicht stoffgleich, da keine Hinweise auf eine finanzielle Beteiligung an den Eintrittsgeldern vorliegen.

c) Betrug zum Nachteil der B-Mannschaft (§ 263 Abs. 1 StGB)

109 Ein Betrug zu Lasten der Mitkonkurrenten muss mangels Vermögensschadens verneint werden. Ein Unterlassen, etwa die Nichtgeltendmachung der Spielanfechtung durch die B-Mannschaft, führt bei dieser nicht unmittelbar zu einem Vermögensverlust, es wurden lediglich die Chancen auf eine eventuelle Gewinnprämie verringert. Darüber hinaus müsste Stoffgleichheit verneint werden, da die Bereicherung auf der Auszahlung durch den Veranstalter, nicht hingegen auf der Verfügung der B-Mannschaft beruhen würde.

---

[51] *Kindhäuser/Hilgendorf* § 224 StGB Rn. 2.

2. Strafbarkeit des A2

a) Versuchte Erpressung zum Nachteil des T (§§ 253 Abs. 1, 22, 23 Abs. 1 StGB)

A2 könnte sich durch das Gespräch mit T wegen versuchter Erpressung nach §§ 253 Abs. 1, 22, 23 Abs. 1 StGB zum Nachteil des T strafbar gemacht haben. 110

aa) Vorprüfung

Die Tat ist nicht vollendet, da sich T auf die Drohung des A2 nicht eingelassen hat und das Mittel nicht verabreichte. Der Versuch der Erpressung ist nach §§ 23 Abs. 1 Alt. 2, 12 Abs. 2, 253 Abs. 3 StGB strafbar. 111

bb) Tatentschluss

Es müsste Vorsatz bzgl. der Nötigungshandlung, also bzgl. Gewalt oder einer Drohung mit einem empfindlichen Übel gegeben sein. Eine Drohung mit einem empfindlichen Übel liegt hier in dem angekündigten „Skandal", also dem Bekanntmachen des Dopings. Vorsatz bzgl. der Drohung mit einem empfindlichen Übel liegt demnach vor. 112

Des Weiteren müsste Vorsatz bzgl. des Nötigungserfolgs bestehen. A2 wollte, dass T auch ihm das Mittel verabreicht. Vorsatz bzgl. des Nötigungserfolgs liegt vor. Auch ist Vorsatz bzgl. der Vermögensverfügung und des Vermögensnachteils durch die Verabreichung des vermögenswerten Mittels ohne entsprechende Bezahlung gegeben. 113

Die Bereicherungsabsicht muss vorliegen. Problematisch ist hier die Stoffgleichheit zwischen Vermögensvorteil des Täters und Vermögensschaden des Opfers. Der Vorteil muss unmittelbare Folge der Vermögensverfügung sein, die einen Schaden des Opfers herbeiführt.[52] Ziel des A2 ist zwar primär, gut dotierte Werbeverträge abzuschließen, er erstrebt jedoch auch die Bereicherung um das Dopingmittel. Der Vermögensnachteil des T ist daher notwendiges Zwischenziel. Bereicherungsabsicht liegt vor. 114

cc) Unmittelbares Ansetzen

A2 hat unmittelbar zur Tatbestandsverwirklichung angesetzt (§ 22 StGB), da er das Dopingmittel bereits unter Androhung eines Skandals von T verlangt hat. 115

dd) Rechtswidrigkeit, Schuld und Rücktritt

Rechtfertigungsgründe sind nicht ersichtlich. Nach § 253 Abs. 2 StGB muss die Tat aber auch verwerflich sein. Dies wäre problematisch, wenn die Drohung in einem rechtlich erlaubten Verhalten, beispielsweise im berechtigten Stellen einer Strafanzeige, liegen würde. A2 droht aber mit der Erregung eines Skandals, es geht ihm also primär um die öffentliche Bekanntmachung. Zwischen der Drohung mit einem Skandal und dem Zweck der eigenen Leistungssteigerung besteht kein innerer Zusammenhang. Es handelt sich um eine rein willkürliche Verknüpfung, sodass die Erpressung auch verwerflich war.[53] Die Tat war rechtswidrig und schuldhaft. Des Weiteren ist A2 nicht strafbefreiend vom Versuch zurückgetreten (§ 24 Abs. 1 StGB). 116

---

[52] *Fischer* § 263 StGB Rn. 187; *Eisele* Rn. 638.
[53] Vgl. Schönke/Schröder/*Eisele* § 240 StGB Rn. 23.

ee) Ergebnis

117 Somit hat sich A2 wegen versuchter Erpressung gemäß §§ 253 Abs. 1, 22, 23 Abs. 1 StGB zum Nachteil des T strafbar gemacht.

b) Versuchte Nötigung zum Nachteil des T (§§ 240 Abs. 1, 22, 23 Abs. 1 StGB)

118 A2 hat sich auch wegen versuchter Nötigung nach §§ 240 Abs. 1, 22, 23 Abs. 1 StGB zum Nachteil des T strafbar gemacht. Diese tritt jedoch hinter der versuchten Erpressung zurück.

IV. Vierter Tatkomplex: Das Spiel

1. Strafbarkeit des A1 wegen gefährlicher Körperverletzung zum Nachteil des B1 (§§ 223 Abs. 1, 224 Abs. 1 StGB)

119 A1 könnte sich durch das Foul wegen Körperverletzung nach § 223 Abs. 1 StGB zum Nachteil des B1 strafbar gemacht haben.

a) Tatbestand

aa) Objektiver Tatbestand

120 Bei Sportverletzungen wird diskutiert, ob die Tatbestandsmäßigkeit des § 223 StGB überhaupt gegeben ist.[54] Handelt es sich um eine sozialübliche Verletzung, liegt eine Risiko-Einwilligung vor, die bereits den Tatbestand ausschließt.[55] A1 foult B1 so hart, dass er zu Boden geht. Somit kann man hier schon von einer mittelschweren Missachtung der Spielregeln sprechen, ein Tatbestandsausschluss auf Grund einer sozialüblichen Verletzung kommt nicht infrage. Eine körperliche Misshandlung liegt durch das Foul vor. Ob auch die Gesundheit des B1 verletzt wurde, geht aus dem Sachverhalt nicht hervor. Der objektive Tatbestand ist gegeben.

121 Möglicherweise hat A1 beim Foul gegen B1 ein Qualifikationsmerkmal des § 224 Abs. 1 StGB erfüllt. A1 könnte die Körperverletzung mittels eines gefährlichen Werkzeuges i. S. d. § 224 Abs. 1 Nr. 2 Alt. 2 StGB begangen haben. Ein gefährliches Werkzeug ist jeder bewegliche Gegenstand, der nach seiner objektiven Beschaffenheit und seiner konkreten Verwendung im Einzelfall dazu geeignet ist, erhebliche Körperverletzungen zuzufügen.[56] Einem Schuh kann unter bestimmten Voraussetzungen die Qualität eines gefährlichen Werkzeuges zukommen.[57] Hier fehlen jedoch genauere Angaben über die konkrete Ausgestaltung des Fouls, sodass zugunsten des A1 davon auszugehen ist, dass die Körperverletzung nicht mittels eines gefährlichen Werkzeuges begangen wurde. § 224 Abs. 1 StGB ist abzulehnen (a. A. mit entsprechender Begründung vertretbar).

bb) Subjektiver Tatbestand

122 A1 wollte den B1 foulen und zu Boden strecken. Somit ist Vorsatz gegeben.

---

[54] Vgl. etwa LK/*Grünewald* § 228 StGB Rn. 35.
[55] *Fischer* § 228 StGB Rn. 22; a. A. BGHSt 4, 88, 92; NK/*Paeffgen/Zabel* § 228 StGB Rn. 109; LK/*Grünewald* § 228 StGB Rn. 35; Schönke/Schröder/*Sternberg-Lieben* § 228 StGB Rn. 27 und § 15 StGB Rn. 214, wonach nur die Rechtswidrigkeit ausgeschlossen sein soll.
[56] *Fischer* § 224 StGB Rn. 14.
[57] Vgl. BGH NStZ 1999, 616; 2003, 662; *Hettinger* JuS 1982, 895.

b) Rechtswidrigkeit

A1 könnte durch eine Einwilligung des B1 in die Körperverletzung gerechtfertigt sein. Die Einwilligung ist eine bewusste vorherige Erklärung der Zustimmung zu dem tatbestandsmäßigen Verhalten einer bestimmten Person.[58] Bei einem Fußballspiel ist davon auszugehen, dass es zu fahrlässigen Verletzungen kommen kann. Jedoch ist bewusst regelwidriges Verhalten nicht mehr von einer Einwilligung gedeckt.[59] Ein derart hartes Foul, wie es von A1 begangen wurde, kann nicht mehr als sozialadäquates Verhalten angesehen werden. B1 hat nicht in die Körperverletzung eingewilligt, A1 handelte damit rechtswidrig. 123

c) Schuld

A1 handelte auch schuldhaft. 124

d) Ergebnis

A1 hat sich durch das Foul wegen Körperverletzung nach § 223 Abs. 1 StGB zum Nachteil des B1 strafbar gemacht. 125

2. Strafbarkeit des A2

a) Körperverletzung in Mittäterschaft zum Nachteil des B1 (§§ 223 Abs. 1, 25 Abs. 2 StGB)

A2 könnte sich durch das Foul des A1 wegen Körperverletzung in Mittäterschaft nach §§ 223 Abs. 1, 25 Abs. 2 StGB zum Nachteil des B1 strafbar gemacht haben. A2 war selbst an der Tatausführung des A1, dem Foul, nicht direkt beteiligt. Ihm könnte jedoch die Tat zugerechnet werden, wenn er Mittäter war. 126

Zunächst müsste ein gemeinsamer Tatplan gegeben sein. A2 rief dem A1 zu, sie sollen sich B1 einmal „vornehmen". Er wollte also gemeinsam mit A1, gerade durch ihr Zusammenwirken, die Körperverletzung begehen. Auch hatte A2 die Vorstellung, den Plan zusammen mit A1 auszuführen. A1 hat A2 jedoch nicht gehört, sodass kein gemeinsamer Tatplan vorliegt. A2 hat sich demnach nicht wegen einer mittäterschaftlichen Körperverletzung nach §§ 223 Abs. 1, 25 Abs. 2 StGB strafbar gemacht. 127

b) Versuch einer in Mittäterschaft begangenen gefährlichen Körperverletzung zum Nachteil des B1 (§§ 223 Abs. 1, 224 Abs. 1, 22, 23 Abs. 1, 25 Abs. 2 StGB)

Durch das Zurufen und Losstürmen könnte sich A2 wegen des Versuchs einer in Mittäterschaft begangenen gefährlichen Körperverletzung gemäß §§ 223 Abs. 1, 224 Abs. 1, 22, 23 Abs. 1, 25 Abs. 2 StGB zum Nachteil des B1 strafbar gemacht haben. 128

aa) Vorprüfung

Eine vollendete mittäterschaftliche Körperverletzung liegt nicht vor. Der Versuch ist nach §§ 23 Abs. 1 Alt. 2, 12 Abs. 2, 224 Abs. 2 StGB strafbar. 129

bb) Tatentschluss

A2 müsste Vorsatz bzgl. der mittäterschaftlichen Körperverletzung gehabt haben. A2 wollte B1 zusammen mit A1 regelwidrig foulen, also körperlich misshandeln 130

---

[58] *Frister* Kap. 15 Rn. 4ff.; *Hilgendorf/Valerius* AT § 5 Rn. 109.
[59] *Fischer* § 228 StGB Rn. 22.

(→ Rn. 101). Außerdem hatte A2 die Absicht, das Foul in Zusammenarbeit mit A1 zu begehen, sodass das Merkmal „mit einem anderen Beteiligten gemeinschaftlich" i. S. d. § 224 Abs. 1 Nr. 4 StGB in den Vorsatz mit aufgenommen wurde.

cc) Unmittelbares Ansetzen

131 Fraglich ist aber, ob A2 nach seiner Vorstellung unmittelbar zur Tatbestandsverwirklichung angesetzt hat (§ 22 StGB). Zunächst rief A2 dem A1 zu und lief los, dadurch ist jedoch noch keine Gefährdung des B1 eingetreten. Das unmittelbare Ansetzen könnte jedoch im Foul selbst zu sehen sein. Allerdings foulte nicht A2, sondern A1. Fraglich ist daher, ob man die Handlung des A1 dem A2 zurechnen kann. Nach der Gesamtlösung ist dies möglich. So wird schon die Schwelle zum Versuch für alle Mittäter überschritten, wenn einer von ihnen zur Verwirklichung des Tatbestandes ansetzt.[60] Hier hat A1 den Tatbestand der Körperverletzung sogar verwirklicht.

132 Problematisch ist jedoch, dass A1 überhaupt keine Kenntnis von den Absichten des A2 hat.[61] Der BGH leitet aus den Grundsätzen des untauglichen Versuchs ein unmittelbares Ansetzen her. So sei nach § 22 StGB allein die subjektive Vorstellung des Täters für das unmittelbare Ansetzen entscheidend.[62] Wenn nach Meinung des Täters ein Mittäter angesetzt hat, liege auch ein unmittelbares Ansetzen des Täters vor. Bezeichnend für den untauglichen Versuch sei gerade, dass die Handlung nicht zum Erfolg führen kann.[63]

133 Dieser Auffassung wird jedoch entgegengehalten, dass auch für einen untauglichen Versuch die Schwelle zum Versuchsbeginn objektiv überschritten werden müsse. Eine Zurechnung sei nur möglich, wenn ein gemeinsamer Tatplan vorliege.[64] Ein gemeinsamer Tatplan zwischen A1 und A2 ist aber gerade nicht gegeben (→ Rn. 127). Mangels unmittelbaren Ansetzens käme nach dieser Meinung daher nur eine Alleintäterschaft in Betracht. Diese Auffassung ist vorzuziehen. Der bloße Glaube an das Bestehen eines gemeinsamen Tatplans ist noch nicht rechtlich zu missbilligen. Somit hat A2 nicht unmittelbar zur Tatausführung angesetzt.

Hinweis: Es ist hier natürlich ebenso gut möglich, der ersten Auffassung zu folgen.

dd) Ergebnis

134 A2 hat sich demnach nicht wegen einer versuchten gefährlichen Körperverletzung in Mittäterschaft nach §§ 223 Abs. 1, 224 Abs. 1, 22, 23 Abs. 1, 25 Abs. 2 StGB zum Nachteil des B1 strafbar gemacht.

c) Anstiftung zu einer Körperverletzung zum Nachteil des B1 (§§ 223 Abs. 1, 26 StGB)

135 Durch das Zurufen und Losstürmen könnte sich A2 wegen Anstiftung des A1 zu einer Körperverletzung nach §§ 223 Abs. 1, 26 StGB strafbar gemacht haben.

---

[60] *Hilgendorf/Valerius* AT § 10 Rn. 45.
[61] Vgl. *Beulke/Zimmermann* Rn. 240; *Kühl* § 20 Rn. 123a; *Wessels/Beulke/Satzger* AT Rn. 965 ff.
[62] BGH NJW 1995, 142; *Küpper/Mosbacher* JuS 1995, 488, 491.
[63] Mittlerweile hat der BGH diese Auffassung etwas eingeschränkt, vgl. BGH NStZ 2004, 110; *Krack* NStZ 2004, 697.
[64] *Kühl* § 20 Rn. 123a; *Küpper/Mosbacher* JuS 1995, 488; *Wessels/Beulke/Satzger* AT Rn. 969; *Zieschang* Rn. 520.

aa) Objektiver Tatbestand

(1) Vorsätzliche rechtswidrige Haupttat

Eine vorsätzliche rechtswidrige Haupttat ist in der Körperverletzung des A1 zu sehen. 136

(2) Anstiftungshandlung durch Bestimmen (§ 26 StGB)

A2 müsste bei A1 den Tatentschluss hervorgerufen haben. Hier rief zwar der A2 dem A1 zu, sie sollten sich den B1 einmal vornehmen, jedoch hört A1 den A2 nicht. Somit wurde kein Tatentschluss bei A2 hervorgerufen. 137

bb) Ergebnis

Eine Strafbarkeit nach §§ 223 Abs. 1, 26 StGB kommt somit nicht in Betracht. 138

d) Versuchte Anstiftung zu einer Körperverletzung zum Nachteil des B1 (§§ 223 Abs. 1, 30 Abs. 1 StGB)

A2 könnte sich aber durch das Zurufen und Losstürmen wegen versuchter Anstiftung des A1 zu einer Körperverletzung nach §§ 223 Abs. 1, 30 Abs. 1 StGB strafbar gemacht haben. 139

Die Anstiftung darf nicht vollendet sein. Wie soeben gezeigt (→ Rn. 137), liegt kein Bestimmen i.S.d. § 26 StGB vor. Somit ist die Anstiftung nicht vollendet. Die Anstiftung zu einer Tat ist jedoch nur strafbar, wenn es sich um die versuchte Anstiftung zu einem Verbrechen handelt. Eine Körperverletzung nach § 223 StGB ist aber nur ein Vergehen (§§ 12 Abs. 1, 223 Abs. 1 StGB). A2 hat sich nicht wegen §§ 223 Abs. 1, 30 Abs. 1 StGB strafbar gemacht. 140

V. Fünfter Tatkomplex: Schlachtrufe von der Tribüne – Strafbarkeit des W

1. Üble Nachrede (§ 186 StGB)

Durch den Ausruf „Mannschaft B – Versagertruppe" könnte sich W wegen übler Nachrede nach § 186 StGB strafbar gemacht haben. 141

a) Tatbestand

Fraglich ist hier zunächst die Beleidigungsfähigkeit der Spieler der B-Mannschaft. Mehrere Einzelpersonen können als Angehörige einer Personenmehrheit unter einer Kollektivbezeichnung beleidigt werden.[65] Dafür muss aber diese Personenmehrheit zahlenmäßig überschaubar und auf Grund bestimmter Merkmale so umgrenzt sein, dass sie deutlich aus der Allgemeinheit hervortritt.[66] Hier sind die Spieler als Zugehörige der B-Mannschaft klar von der Allgemeinheit abgegrenzt und zudem zahlenmäßig überschaubar. Somit liegt die Beleidigungsfähigkeit vor. 142

Gegenstand der Tat müsste eine Tatsachenbehauptung sein. Tatsachen sind äußere Geschehnisse und Zustände, die überprüfbar sind. Die B-Mannschaft hat das Fußballspiel verloren, sodass eine Nachprüfbarkeit nicht von vornherein ausgeschlossen erscheint. Bei der Abgrenzung von Tatsachenaussage und Werturteil kommt es je- 143

---

[65] *Fischer* Vor § 185 StGB Rn. 9.
[66] *Kindhäuser/Hilgendorf* Vor §§ 185–200 StGB Rn. 6.

doch auf den Schwerpunkt an. Der Ausruf „Mannschaft B – Versagertruppe" stellt eher die Kundgabe eines Meinens und Wertens dar und ist somit als Werturteil zu sehen. Somit liegt keine Tatsachenaussage vor. Der Tatbestand ist nicht gegeben.

b) Ergebnis

144 Somit hat sich W nicht nach § 186 StGB strafbar gemacht.

2. Beleidigung (§ 185 StGB)

145 Durch den Ausruf „Mannschaft B – Versagertruppe" könnte sich W aber wegen Beleidigung nach § 185 StGB strafbar gemacht haben.

a) Tatbestand

146 Die Beleidigungsfähigkeit der B-Mannschaft liegt vor, der Schlachtruf ist ein Werturteil (→ Rn. 143). Fraglich ist, ob das Werturteil ehrverletzend ist. Für die Beurteilung müssen die Umstände der Kundgabe im konkreten Einzelfall Berücksichtigung finden. So kommt es unter anderem auf die örtlichen und zeitlichen Verhältnisse, die Gewohnheiten und Gebräuche, die Persönlichkeit des Akteurs und die gesellschaftliche Ebene an.[67] Hier stammt die Aussage von einem Zuseher eines emotionsgeladenen Fußballspiels, dessen Mannschaft gerade dabei ist, das Spiel um die Weltmeisterschaft zu gewinnen. Der Schlachtruf ist daher als sozialadäquat einzustufen und nach den Gesamtumständen nicht geeignet, den sozialen Achtungsanspruch der Spieler zu verletzen. Er war also nicht ehrverletzend.

b) Ergebnis

147 W hat sich nicht nach § 185 StGB strafbar gemacht.

VI. Gesamtergebnis

148 Im ersten Tatkomplex hat sich X nach §§ 263 Abs. 1, 22, 23 Abs. 1 StGB zum Nachteil des Wettanbieters in Tatmehrheit mit § 265c Abs. 4 Var. 3 i. V. m. § 265e StGB in Tateinheit mit § 265d Abs. 4 Var. 3 i. V. m. § 265e StGB strafbar gemacht. S ist strafbar nach § 263 Abs. 1 StGB zum Nachteil des X, § 265c Abs. 3 Var. 3 i. V. m. § 265e StGB sowie § 265d Abs. 3 Var. 3 i. V. m. § 265e StGB, jeweils in Tateinheit.

149 Im zweiten Tatkomplex hat sich Y nach § 267 Abs. 1 i. V. m. Abs. 3 Satz 2 Nr. 3 StGB in Tateinheit mit § 263 Abs. 1 StGB zum Nachteil der Käufer strafbar gemacht. Hinzu tritt ein versuchter Betrug, §§ 263 Abs. 1, 22, 23 Abs. 1 StGB, zum Nachteil des Z (§ 52 StGB). Z hat sich nach §§ 263 Abs. 1, 22, 23 Abs. 1 StGB zum Nachteil des Veranstalters und nach § 267 Abs. 1 Var. 3 StGB in Tateinheit (§ 52 StGB) strafbar gemacht.

150 Im dritten Tatkomplex hat sich T nach §§ 223 Abs. 1, 224 Abs. 1 Nr. 1 StGB zum Nachteil des A1 strafbar gemacht. A2 hat sich nach §§ 253, 22, 23 StGB zum Nachteil des T strafbar gemacht.

151 Im vierten Tatkomplex hat sich A1 nach § 223 Abs. 1 StGB zum Nachteil des B1 strafbar gemacht. A2 ist straflos.

152 Im fünften Tatkomplex ist W straflos.

---

[67] LK/*Hilgendorf* § 185 StGB Rn. 14 ff., 21; *Wessels/Hettinger/Engländer* BT 1 Rn. 500 f.

Fallbeurteilung

Der Fall hat den Schwierigkeitsgrad einer anspruchsvollen Hausarbeit in der Übung für Fortgeschrittene.

Im ersten Tatkomplex sollte der Bearbeiter gute Kenntnisse im Bereich der Vermögensdelikte zeigen. So sollte die Figur des Eingehungsbetruges und des Quotenschadens bekannt sein. Eine klare Abgrenzung, ob ein Betrug zum Nachteil des Wettanbieters durch Unterlassen oder durch konkludente Täuschung vorliegt, fällt bei der Bearbeitung positiv ins Gewicht. Zudem sollte der Bearbeiter die Systematik der neu eingefügten §§ 265c ff. StGB verstanden haben und auf den Fall anwenden können.

Der zweite Tatkomplex befasst sich mit Urkundendelikten. Positiv ist zu bewerten, wenn ein Bearbeiter zwischen den verschiedenen Tathandlungen des § 267 StGB korrekt differenziert. Die Urkundenqualität einer Kopie ist ein Standardproblem. Zusatzwissen zu den Regelbeispielen des § 267 Abs. 3 StGB rundet diesen Teil ab. Des Weiteren sollten im Rahmen des versuchten Betruges zum Nachteil des Z der Vermögensschaden sowie im Rahmen des versuchten Betruges zum Nachteil des Veranstalters die Vermögensverfügung und der Vermögensschaden problematisiert werden.

Beim dritten Tatkomplex geht es zum einen um gefährliche Körperverletzung, zum anderen um Erpressung zum Nachteil des T. Für die Rechtswidrigkeit der Drohung im Rahmen der Erpressung ist der korrekte Anknüpfungspunkt, hier die Bekanntmachung des Skandals, entscheidend.

Der vierte Tatkomplex behandelt Probleme des Allgemeinen Teils, insbesondere Einwilligung, Mittäterschaft (§ 25 StGB) und das Problem der nur vermeintlichen Mittäterschaft.

Im letzten Tatkomplex wird vom Bearbeiter Grundwissen zu Delikten gegen die Ehre (§§ 185, 186 StGB) erwartet. Er sollte zwischen Tatsachenaussagen und Werturteilen abgrenzen können und die Figur der Beleidigung unter einer Kollektivbezeichnung kennen.

Weiterführende Hinweise: OLG Stuttgart NJW 2006, 2869–2870 (Falschparken mit fotokopiertem Schwerbehinderten- und Sonderparkausweis); *Bode/Ligocki*, Ungelöste Probleme des Urkundenbegriffs, JuS 2015, 989–993; *Bott/Volz*, Die Anwendung und Interpretation des mysteriösen § 228 StGB, JA 2009, 421–425; *Jahn/Maier*, Der Fall Hoyzer. Grenzen der Normativierung des Betrugstatbestandes, JuS 2007, 215–219; *Küpper/Mosbacher*, Untauglicher Versuch bei Mittäterschaft (zu BGH NJW 1995, 142), JuS 1995, 488–492; *Radtke*, Sportwettenbetrug und Quotenschaden, Jura 2007, 445–451; *Saliger/Rönnau/Kirch-Heim*, Täuschung und Vermögensschaden beim Sportwettenbetrug durch Spielteilnehmer. Fall „Hoyzer", NStZ 2007, 361–368; *Schlösser*, Der „Bundesliga-Wettskandal". Aspekte einer strafrechtlichen Bewertung, NStZ 2005, 423–429; *Valerius*, Schneller, höher, reicher? Strafbarkeit von Wettbetrugsfällen im Sport, SpuRt 2005, 90–93; *ders.*, Sportwettbetrug (§ 265c StGB) und Manipulation von berufssportlichen Wettbewerben (§ 265d StGB), Jura 2018, 777–788.

Stichwortverzeichnis

Fette Zahlen verweisen auf die Fälle, magere auf deren Randnummern.

Aberratio ictus 6 3
Abgrenzung
– zwischen bedingtem Vorsatz und bewusster Fahrlässigkeit **5** 53 f.
– zwischen Tun und Unterlassen **13** 3
Actio libera in causa (a. l. i. c.) 9 6, 14 ff.
Angriff 2 6
Animus-Theorie 6 16
Ansetzen, unmittelbares **4** 26; **15** 131 ff.
Anstiftervorsatz, doppelter **13** 51
Anwendbarkeit des deutschen Strafrechts 9 2, 19 f.
Äquivalenztheorie 13 4
Aussage, falsche uneidliche **1** 44
Aussetzung 14 26

Bauwerke, Zerstörung **3** 8
Bedingter Vorsatz, Abgrenzung zur bewussten Fahrlässigkeit **5** 53 f.
Behandlungsabbruch 11 53 ff.
Beleidigung 3 13 ff.; **8** 5 ff.; **15** 145 ff.
– tätliche **8** 50 f.
– unter einer Kollektivbezeichnung **8** 27 ff.
Beleidigungsfähigkeit als Personenmehrheit 8 26
Berechtigte Interessen 8 16 ff.
Bereicherungsabsicht 7 13
Beschädigung 5 2; **11** 6
Besitztum, befriedetes **12** 5
Bestechung 15 36
Bestimmen 15 137
Beteiligung an einer Schlägerei 6 41 ff., 61, 69 ff.
Betrug 4 31 ff.; **7** 16 ff.; **15** 1 ff., 45 ff., 108 f.
– versuchter **15** 6 ff., 13 ff.
Beweggründe, niedrige **6** 6
Brandstiftung 12 35 ff.
– schwere **12** 41 ff.

Computersabotage 3 31 ff., 50 ff., 61

Conditio-sine-qua-non-Formel 13 4
Daten 3 26
Datenunterdrückung 3 47 ff.
Datenveränderung 3 25 ff., 46 ff.
Datenverarbeitung 3 51 ff.
Delikt
– erfolgsqualifiziertes **6** 54
– heimliches **4** 5
Diebstahl 3 63 f.; **4** 1 ff., 18 ff.; **12** 51 ff.
– räuberischer **7** 65 ff., 77
– räuberischer ~ mit Todesfolge **7** 84 ff.
– schwerer räuberischer **7** 72 ff.
– mit Waffen **12** 21 ff.

Ehrbegriff, normativ-faktischer **8** 7
Ehre, innere **8** 9
Ehrverletzung 8 7 ff.
Einverständnis, tatbestandsausschließendes **11** 3, 8
Einwilligung 10 10 ff., 61 ff.; **11** 11; **14** 6
– mutmaßliche **3** 59
Erlaubnistatbestandsirrtum 2 18, 35 ff., 47 ff.; **5** 65 ff.; **10** 31 ff.; **14** 41
Erlaubtes Risiko 13 7
Erpressung 15 110 ff.
Error in persona 6 3
Erschleichen von Leistungen 15 94

Falsche uneidliche Aussage 1 44
Festnahmerecht 2 9 ff.
Freiheitsberaubung 2 13 ff.; **12** 12 ff.

Garantenstellung 11 39; **13** 30 ff.
– Ingerenz **1** 29
Gefährdung des Rechtsverkehrs, erhebliche **15** 72
Gefährlicher Eingriff in den Straßenverkehr 9 40 ff.
Gemeingefährliche Vergiftung 13 41 ff.
Geschäftsräume 12 4
Gesundheitsschädigung, schwere **7** 39
Gesundheitsschädlicher Stoff 13 21

Gewalt **1** 4; **4** 83
Gewerbsmäßigkeit **15** 71
Gift **13** 21
Glied, wichtiges **6** 43 ff.

Handeln, gewerbsmäßiges **15** 71
Hausfriedensbruch **2** 22; **3** 17 ff.;
 5 13 ff.; **11** 1 ff.; **12** 1 ff., 63 ff.
Hehlerei **1** 37 ff.
Heileingriff, ärztlicher **10** 5 f.; **11** 17 ff.
Hemmschwelle **5** 55 f.
Herrschaftswille des Gewahrsams-
 inhabers **4** 3 f.
Hilfeleistung, unterlassene **10** 52 ff.;
 14 22 ff.
Hinterlistiger Überfall **5** 60; **6** 11;
 7 53

Innere Ehre **8** 9
Interessenabwägung **1** 33; **5** 8 f.;
 14 12 ff., 37
Irrtum **7** 9

Kausalität **13** 4 f., 29
– hypothetische **10** 46
Körperliche Misshandlung **1** 21; **10** 3;
 11 17
Körperteil **7** 24
Körperverletzung **2** 30 ff.; **4** 87 ff.;
 6 30 ff.; **15** 119 ff.
– Eintritt der schweren Folge **10** 19 ff.
– fahrlässige **5** 30 ff., 45 ff., 79 ff.
– gefährliche **2** 53
– in Mittäterschaft **10** 70 ff.

Leben gefährdende Behandlung **5** 61;
 7 54; **13** 23
Lehre von den negativen Tatbe-
 standsmerkmalen **2** 37; **5** 71 f.
Leichtfertigkeit **7** 87
Leistungen, Erschleichen von ~ **15** 94

Merkmale, besondere persönliche
 6 21 ff.
Misshandlung, körperliche **1** 21; **10** 3;
 11 17
Mittäterschaft, fahrlässige **13** 14
Mord **6** 1 ff., 14 ff.; **14** 54 ff.

Niedrige Beweggründe **6** 6
Nothilfe **5** 41 ff.

Nötigung **4** 82 ff.; **5** 17 ff.; **7** 43 ff.;
 12 29 ff.
Nötigungsnotstand **5** 8 ff.
Notstand **14** 8 ff., 34 f.
– entschuldigender **2** 50; **5** 11; **14** 40
– rechtfertigender **5** 6 ff.; **11** 25 ff.;
 14 8 ff.
– übergesetzlicher entschuldigender
 11 32
Notwehr **2** 5 ff.; **5** 4 f.; **8** 44 ff.; **14** 34 ff.

Pathologischer Zustand **11** 36
Patientenverfügung **11** 62
Personenmehrheit, Beleidigungsfähig-
 keit **8** 26

Raub **4** 75 ff.; **12** 19
Räuberischer Diebstahl **7** 65 ff., 77
– schwerer **7** 72 ff.
– mit Todesfolge **7** 84 ff.
Raubqualifikation **7** 38 ff., 74 ff.
Rauschtat **9** 20, 47
Reklame **7** 5
Risiko, erlaubtes **13** 7

Sachbeschädigung **2** 23 ff.; **3** 1 ff.;
 5 1 ff.
– in mittelbarer Täterschaft **5** 24 ff.
Sache, fremde bewegliche **4** 11
Schlägerei **6** 38 ff., 60 ff.
– Beteiligung an einer ~ **6** 41 ff., 61,
 69 ff.
Schuldtheorie
– eingeschränkte **2** 38; **5** 76 ff.
– eingeschränkte rechtsfolgenver-
 weisende **9** 38
– strenge **5** 73 ff.
Schuldunfähigkeit **9** 6
Schwerpunkt der Vorwerfbarkeit **4** 33
Schwerpunktformel **11** 51
Soldatenurteil **8** 29
Sorgfaltswidrigkeit **13** 6
Sportwettbetrug **15** 17 ff.
Sterbehilfe **11** 58
Stoff, gesundheitsschädlicher **13** 21
Strafvereitelung **1** 45 ff.; **10** 80 ff.
Straßenverkehr, gefährlicher Eingriff in
 den ~ **9** 40 ff.
Substanzverletzung **3** 3 f.

Tat, auf frischer ~ betroffen **2** 9
Tatentschluss 5 53 ff.
Tatsachenaussage 7 4 ff.; **8** 2 f.
Täuschung 7 3
Totschlag durch Unterlassen 14 18 ff.
Tötung auf Verlangen 11 44 ff.; **14** 1 ff.
Trunkenheit im Verkehr 9 48
Tun und Unterlassen, Abgrenzung **13** 3

Überfall, hinterlistiger **5** 60; **6** 11; **7** 53
Üble Nachrede 3 9 ff.; **15** 141 ff.
Unerlaubtes Entfernen vom Unfallort 9 50
Unglücksfall 10 53
Unmittelbares Ansetzen 4 26, 44
Unterlassen, Totschlag durch ~ **14** 18 ff.
Unterlassene Hilfeleistung 10 52 ff.; **14** 22 ff.
Unterschlagung 1 15 ff.; **3** 65; **4** 53 ff.; **15** 45 ff.
Untreue 3 37
Urkundenfälschung 1 55; **15** 62 ff., 95 ff.
Urkundenunterdrückung 3 38 ff.

Verbotsirrtum 2 19; **14** 42 ff.
Vergiftung, gemeingefährliche **13** 41 ff.
Verkehr, Trunkenheit im ~ **9** 48
Verleumdung 8 34 ff.
– öffentlich begangene **8** 36

Vermögensschaden 7 11
Vermögensverfügung 4 35 ff.; **7** 10
Versuch 4 22 ff.
– fehlgeschlagener **4** 28 f.
Vollrausch 9 34 ff.
Vollstreckungsbeamte, Widerstand gegen ~ **9** 49
Vorhersehbarkeit, objektive **10** 38
Vorsatz, bedingter, Abgrenzung zur bewussten Fahrlässigkeit **5** 53 f.
Vorsatztheorie 5 69 f.
Vorteilsgewährung 15 33 ff.

Wahrnehmung berechtigter Interessen 8 16 ff.
Wegnahme 1 7; **4** 3, 78; **7** 32
Werkzeug, gefährliches **2** 55; **5** 59; **7** 24, 52, 74 ff.; **9** 29; **11** 21 f.
Wichtiges Glied 6 43 ff.
Widerstand gegen Vollstreckungsbeamte 9 49
Wohnung 12 3

Zerstören 5 2
Zerstörung von Bauwerken 3 8
Zueignungsabsicht 1 9 ff.; **4** 7; **12** 53
– Manifestation **1** 15 ff.; **4** 55 f.
Zurechnung, objektive **5** 33 f., 48; **13** 9
Zusammenhang, gefahrspezifischer **7** 61
Zustand, pathologischer **11** 36